U0565951

读懂投资　先知未来

舵手证券图书
www.duoshou108.com

大咖智慧
THE GREAT WISDOM IN TRADING

成长陪跑
THE PERMANENT SUPPORTS FROM US

复合增长
COMPOUND GROWTH IN WEALTH

一站式视频学习训练平台
WWW.DUOSHOU108.COM

期货实战英雄榜中榜

《期货日报》社编委会

主　编：陈邦华

副主编：丁　笠

成　员：张新辉　王伟真　李　航　赵　彬
　　　　张海强　谭亚敏　韩　乐　吕双梅
　　　　郗梦雯　郑　泉　孙慧平　崔　蕾
　　　　张田苗　董依菲　王　宁

山西出版传媒集团
山西人民出版社

图书在版编目（CIP）数据

期货实战英雄榜中榜/陈邦华主编；丁笠副主编 .
— 太原：山西人民出版社，2022.12
ISBN 978-7-203-12400-9

Ⅰ.①期… Ⅱ.①陈… ②丁… Ⅲ.①期货交易—基
本知识 Ⅳ.① F830.93

中国版本图书馆 CIP 数据核字 (2022) 第 161499 号

期货实战英雄榜中榜

主　　编：陈邦华
副 主 编：丁　笠
责任编辑：张晓立
复　　审：崔人杰
终　　审：梁晋华
装帧设计：周周設計局®

出 版 者：山西出版传媒集团·山西人民出版社
地　　址：太原市建设南路 21 号
邮　　编：030012
发行营销：0351-4922220　4955996　4956039　4922127（传真）
天猫官网：https://sxrmcbs.tmall.com　电话：0351-4922159
E-m a i l：sxskcb@163.com　发行部
　　　　　sxskcb@126.com　总编室
网　　址：www.sxskcb.com

经 销 者：山西出版传媒集团·山西人民出版社
承 印 厂：廊坊市祥丰印刷有限公司

开　　本：710mm×1000mm　1/16
印　　张：26
字　　数：453 千字
版　　次：2022 年 12 月　第 1 版
印　　次：2022 年 12 月　第 1 次印刷
书　　号：ISBN 978-7-203-12400-9
定　　价：98.00 元

如有印装质量问题请与本社联系调换

序　期货赢家

《期货日报》社总经理、总编辑　陈邦华

　　投资者是资本市场发展的重要基石。我国资本市场拥有全球规模最大、交易最活跃的投资者群体。中国证券登记结算有限公司发布的数据显示，我国证券市场投资者数量已突破 2 亿大关，其中 95% 以上为中小投资者。中小投资者占我国资本市场的绝大多数，但在专业知识、投资理念以及维权保护等方面，很长时间处于"弱势少数"。保护好广大中小投资者合法权益，既是市场监管践行初心使命的时代要求，又是资本市场行稳致远健康发展的重要基础，关系着维护社会的公平正义，关系着亿万人民群众的切身利益。

　　我国投资者保护工作近几年不断加强。一是法制化建设的推进。继新证券法、《刑法修正案（十一）》之后，《期货和衍生品法》于 2022 年 8 月 1 日正式施行，投资者保护被写在期货领域基础性法律中，资本市场投资者保护的渗透力、辐射力和影响力在不断提升。二是投资者救济赔偿机制的完善。在最高法和地方法院的大力支持下，出台了证券纠纷代表人诉讼司法解释。通过特别代表人机制、专业力量支持以及诉讼费用减免等制度安排，投资者维权成本和诉讼风险逐步降低。三是投资者权利保障和回报机制的强化。12386 服务热线累计处理投资者诉求 60 余万件。5 万多名投资者通过纠纷多元化解、支持诉讼、先行赔付、示范判决等各类维权机制挽回损失。上市公司通过现金分红、股份回购等方式切实回报投资者。在世界银行发布的《全球营商环境报告 2020》中，我国"保护中小投资者"指标连续两年大幅提升，从 119 位提升至 28 位。

　　投资者保护评估体系不断健全。2015 年以来，中国证券投资者保护基金公司立足资本市场投资者保护实际问题，持续开展资本市场投资者保护状况评价并编制《中国资本市场投资者保护状况蓝皮书》系列报告（简称《蓝皮书》）。现《蓝皮书》已形成"1个总报告+6个子报告"内容体系，6个子报告包括《资本市场投资者保护制度评价报告》《证券期货稽查执法投资者保护评价报告》《证券期货行业自律组织投资者保护报告》《证券公司投资者保护状况评价报告》《公募基金管理人投资者保护状况评价报告》和《上市公司投资者保护状况评价报告》。《蓝皮书》主动回应社会对投资者保护成效的关切，连续6年发布，受到了社会广泛好评。

投资者教育作为投保工作的重要内容，通过多年探索实践成效明显。"依法开展投资者教育"是新《证券法》规定的监管机构应尽职责。我国已建立由监管部门主导推动、相关部门联动、行业主动尽责、公众积极参与的投教长效机制，坚持理性投资、价值投资和长期投资的理念不断深入人心。证监会联合教育部印发《关于加强证券期货知识普及教育的合作备忘录》以来，31个省市自治区将投资者教育纳入国民教育体系，累计在近5000所学校开展教学试点工作。作为我国资本市场创新性的基础设施，71家国家级和128家省级投教基地，在普及证券期货知识、提高投资者风险意识和提升国民财经素养，推动中国特色资本市场软实力建设上发挥了重要作用。

近几年，投教活动的专业性、精准度和实效性不断提升。在抓好证券期货知识常态化宣传教育的同时，证监会系统各单位和市场经营主体精准聚焦，靶向发力，围绕注册制改革、退市制度改革、基础设施REITs、投保机构代表人诉讼、防范非法证券期货活动等重点工作，结合广大投资者对投教知识的实际需求，制作了大量原创投教产品，通过中国投资者网、投教基地与各大主流权威媒体、新媒体投放推广，传播力、引导力、影响力不断提升。比如中国期货市场监控中心制作的《警惕团伙作案 防范跨境期货诈骗》《期货配资险上加险 提高防范慎之又慎》漫画长图，通过网站、公众号、投资者查询服务系统等多渠道向投资者推送，覆盖200万期货市场活跃投资者。其中，中国金融期货交易所制作的"远离非法集资"原创系列图文和"以案说法"系列音频，中国期货业协会联合央广"经济之声"开展的"期货投资者保护宣传月"活动，在传播期货知识与政策法规，帮助投资者提高警惕，远离陷阱上都取得了很好效果。

《期货日报》作为资本市场重要组成部分，既是投教活动的主体，也是投教宣传的载体。长期以来，《期货日报》除普及推广期货知识、宣传期货功能和作用外，还致力于做好期货投资者教育工作，通过法规制度解读、典型案例分析、风险事件总结、投教活动报道等多种体裁、多种形式，强化风险防范意识，树立理性投资观念，推动和促进市场投资者结构优化。特别是《期货日报》开设多年的"投资交流"版面，以投资者教育为根本，凝聚市场各方力量和智慧，和广大投资者一起探讨交易技巧、交易理念、交易合规、风险控制等，共同学习共同提升，共同推动交易者群体的交易素质提升。

《期货日报》主办的全国期货实盘交易大赛，经过十五年的发展，实现了为市场培育合格的投资者群体，为行业和机构发掘优秀人才，引导投资者建立长期投资、价值投资理念，强化风险意识，提高盈利能力的办赛宗旨。一些参赛者通过连年历练，经验不断丰富，实力不断增强，管理资金从几万元、几十万元，逐步扩大到上千万甚至上亿元的规模。一些投资者加入私募行业后成长迅速，产品规模从几千万元，逐步发展到几亿、几十亿元。从近三届的大赛数据来看，以基金组、量化组为代表的专业投资者的市场优势越来越突出。2021年大赛基金组、量化组的权益占比分别为42.9%、16%，盈利面分别为55%、41%，净利润分别为33.2亿元、5.18亿元，各项指标连年提升。代表专业水平的期权组的参赛账户数继续保持增长，2021年达到10765个，同比增长40%，占比15.14%。为了发掘更多资管人才，大赛创造性开展了账户资管能力评级。从结果看，全部星级账户资产收益率超过50%，无本金回撤的占29%，本金回撤在5%以内的占61%，共实现盈利83亿元，日均总权益160亿元。这些成绩，不仅验证了"寓教于赛"创新投教的效果，也为市场投教创新提供了比较样本。

期报商学院是《期货日报》旗下的金融衍生品投教平台，致力于为金融衍生品领域的企业及个人投资者提供包括直播、课程、调研、游学、会议、沙龙在内的优质内容及服务。投教内容包含期货品种知识、企业风险管理、交易技术分析、热点行情分析、交易体系讲解、程序化交易编程等。2019年创立至今，注册用户接近10万人，直播700余场，推出线上课程36套，克服疫情影响，组织9场线下活动。

期货实战排排网也是《期货日报》开展投教活动的重要载体。通过展示账户的综合数据、盈利能力、风险控制水平、交易习惯与模式等，为市场发掘推介期货投资精英、优秀基金管理机构以及完善的期货自动交易决策系统。十年来，期货实战排排网通过举办专业投资者年会，发起成立华南私募俱乐部、华中私募俱乐部、中原私募联盟，组织量化明星、人机大战、FOF 种子基金、MOM 之星等赛事，以及近 50 场产品推介会，实现近百亿元资金对接，累计为 5000 多家中小机构成长提供服务。

实盘大赛全国行是《期货日报》投教活动里机构参与度最高的。2017 年推出以来，得到了 40 多家指定交易商、50 多个金牌导师的响应，已开展 75 场投教活动，线上活动单场在线人数最高超 5000 人，线下超 500 人。活动主题包括宏观经济、产业政策、品种基本面以及交易技术和投资感悟等。全国行足迹遍布近 30 个城市，促进了金牌导师与普通投资者之间的交流互鉴，理性投资理念的传播，以及指定交易商对客户的服务。

当前，资本市场不断扩容、投资者数量迅速攀升、新业务新产品层出不穷，三重叠加给投保工作提出了许多新挑战。从 12386 热线投诉和满意度调查数据来看，2021 年有 11.4% 的被调查者遭遇了交易软件故障的问题，有 11.2% 的被调查证券投资者和 5.3% 的被调查基金投资者遭遇了适当性不匹配的问题。从 2021 年稽查执法部门查办的案件类型分布来看，虚假陈述、操纵市场、内幕交易、中介机构未勤勉尽责等传统违法案件占比仍然偏高，达到八成。违法行为包括通过虚构存货及贸易业务实施系统性财务造假，滥用会计准则和会计政策虚增利润，实际控制人、大股东以市值管理之名，与私募机构、操盘方、配资中介等合谋，利用资金、持股优势拉抬公司股价，大股东获悉公司业绩亏损信息后提前卖出股票避损，审计机构搞"抄账式"审计，甚至与上市公司提前商定审计意见类型等。这些突出问题的长期存在，严重损害了广大中小投资者利益。

投教工作虽然已有国务院和部委文件明确要求，但不同主体认识上仍有差异，地区发展不平衡。在边远地区或其他资本市场发展相对滞后的地区，地方政府相关部门对资本市场发展以及投资者教育保护工作的重要性认识不足，投教保护工作人力资源及经费有限，为工作有效开展增加了难度。金融证券知识教育纳入到义务教育和高中阶段教育地方课程体系的试点地区，主要集中在上海、广东、浙江等发达地区的部分中小学校，投教纳入各地区各阶段国民教育仍需凝聚共识。另外，投教基地重复建设和恶性竞争，投教内容针对性和层次性不强，有效性不断降低，投教方式单向说教，缺少互动反馈机制，投教产品平面化与同质化，存在信息碎片化、传播"眼球"化，这些问题说明投教工作与资本市场发展和人民群众要求相比仍有差距，投教任务依然艰巨。

投资者教育保护是一项系统工程，需要立法司法机关、相关部委、地方政府、市场主体形成合力。不断强化"大投保"理念，坚持"零容忍"态度，坚决打击资本市场各类违法违规乱象，围绕新证券法和《期货和衍生品法》的贯彻落实，加快有关配套规章制度的制定、修订，抓紧完善相应的工作措施和标准，优化投资者适当性安排，适时研究启动制定投资者权益保护条例，研究建立投资者保护专项赔偿基金，为广大投资者提供更加有效的监管保护和救济渠道，构建公开公平公正的市场环境，增强投资者信任和信心，切实增强投资者的安全感、获得感。

充分发挥媒体的桥梁纽带作用，调动各个市场主体积极性。引导广大投资者持续增强自我保护意识，树立理性投资、价值投资、长期投资的理念，强化"卖者尽责，买者自负"的风险自担意识。助力资本与教育两个市场深化合作，提升投教纳入国民教育的覆盖面和影响力，持续推出更加丰富的证券期货学习资源，真正实现知识改变命运，有效阻断贫困代际传递。创新投资者教育形式，利用大数据、人工智能等科技手段，制作"看得懂""记得住""有文化"的投教产品，使理财知识入脑入心，真正转化成理性投资理念和能力，形成健康可持续的良好发展生态，推动投资者保护事业不断取得新发展。

不断完善投教服务体系。从投资者自身专业知识水平角度出发，针对特点不同的投资者因材施教。对投资者进行分类，建立全国性投资者数据库。围绕投资者需求搭建层次丰富的投教服务团队，提升针对性与有效性，从通用教育走向特定教育。比如以经营机构总部为主导传授正确投资理念，以各分支机构为主导提升防范意识与风险应对能力，以互联网客服中心为主导及时解答纠偏。畅通投教反馈渠道，使投资者的意见和声音能够及时传达到主管部门和单位。重视反馈意见，对有代表性的问题和意见及时回复和公示，同时在后续的教育工作中逐步吸纳和采用改进意见和措施。

充分保护投资者合法权益。鼓励独立董事、机构投资者、投资者保护机构就上市公司利润分配公开征集表决权，提高中小股东在上市公司利润分配决议中的参与度，保证利润分配方案的公平合理。引入当事人承诺制度。健全行政执法、民事赔偿和刑事惩戒相互补充的立体有机投资者权益保护体系，完善多元纠纷解决机制，打造更加健康、和谐、公平的资本市场生态系统，构建规范、透明、开放、有活力、有韧性的资本市场。

投资者教育是一项长期性、基础性工作。本书的编辑，是对《期货日报》一直全方位开展投资者保护宣传教育、舆论引导工作的阶段性总结。希望本书的出版，给资本市场良好生态建设的每一个主体以力量。

目　录

下　篇

全国期货（期权）实盘大赛暨

全球衍生品实盘交易大赛

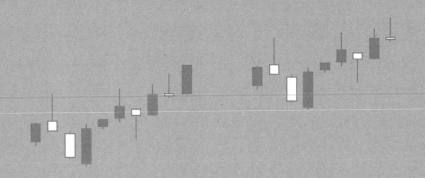

　　"全国期货实盘交易大赛"是《期货日报》在 2006 年首创的全国性规模的期货实盘交易比赛，发展到 2021 年，已成功举办了十五届。从 2013 年第八届全国期货实盘交易大赛开始，实盘大赛顺应国内期货市场国际化趋势，将大赛拓展到全球范围，到 2021 年已成功举办了八届全球衍生品实盘交易大赛。

　　经过十几年的积累和沉淀，《期货日报》主办的实盘交易大赛，汇集了国内外顶尖期货交易高手，见证了一批又一批期货人在期货交易的战场上厮杀博弈，遴选出了期货交易中的标杆人物，倾听了他们在这个市场中成长、磨炼、成功、失败等跌宕起伏的故事。本书精选了一批具有代表性的实战高手，讲述他们在期货这个零和市场中博弈的经历，希望能给继续在期货市场上奋斗的投资者一些启发。

上 篇

第十五届全国期货（期权）实盘大赛暨
第八届全球衍生品实盘交易大赛英雄榜

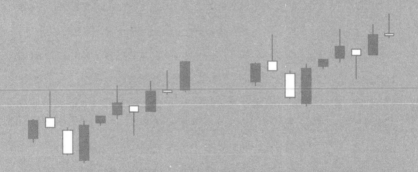

《期货日报》主办的第十五届全国期货（期权）实盘大赛暨第八届全球衍生品实盘交易大赛（在本篇统称为本届大赛），于2021年3月26日顺利开赛，9月30日结束，来自全国以及海外110多家期货机构以及9万多名参赛者，再度演绎了一场精彩的年度盛事。

本届大赛全国赛坚持到最后的账户为71077个，较上届的57721个增幅23%，参赛资金最高达到360亿元。从结构看，重量组【参赛资金在100万元（含）—500万元（不含）之间的参赛选手】增幅37.69%，基金组增幅最高，达到56.5%，百万元以上的大资金参赛数量明显增多。量化组【参赛资金在20万元（含）以上，且有完整的量化策略，全自动、半自动计算机下单的参赛选手】增幅仅有6.1%，但是权益增幅为34.82%。从参赛权益增幅看，轻量组【参赛资金在1000元—100万元（不含）之间的参赛选手】增幅出现减少，其他组的权益增幅仍比较大。其他分组标准为：长期稳定盈利组为1000元以上，同一参赛者的同一参赛账号的多届参赛成绩，系统自动统计；外盘轻量组为500美元—10万美元（不含）；外盘重量组为10万美元（含）以上。

比赛期间，全国赛参赛账户共成交4.5亿手，较上届增幅15%；成交金额33.48万亿元，较上届增幅33.3%。其中，螺纹钢、PTA、郑醇、菜粕是成交量最大的品种，成交量在1000万手以上的品种有16个，共成交2.9亿手，占比赛期间所有品种成交量的64%。成交金额较多的品种主要集中在黑色系、金融期货等。

整体上看，本届大赛延续了牛市品种能挣钱的规律。盈利靠前的品种，在比赛期间基本上都是多头趋势流畅的品种，而亏损居前的品种多是跌势明显或者大幅震荡。另外从盈亏额看，2021年共有10个品种盈利超过1亿，8个品种亏损超过1亿，相比2020年大赛，盈亏超过1亿的品种明显增加。而中证500股指期货连续两年都位于盈利品种前列。

第十五届全国期货（期权）实盘交易大赛暨第八届全球衍生品实盘交易大赛于2021年9月30日圆满收官。经过6个月的激烈角逐，两项赛事170多个奖项各归其主。本篇着重筛选2021年度大赛各奖项的获奖选手，分享优秀交易者的投资经验和心得体会，以飨读者。

第1章　多年不懈努力，一朝"蟾宫折桂"

——专访全国赛轻量组冠军六盘山

2004 年 10 月，由于股票投资不利，六盘山转战期货市场，希望既能弥补股市损失，又能获得新的成长。事实证明，这是一个明智的选择，此后他专攻期货市场，在期海中摸爬滚打，经过多年努力，取得了令自己满意的成绩，实现了当初的愿望。2021 年，他给自己起了个昵称，名为"六盘山"，当年在第十五届全国期货（期权）实盘交易大赛中斩获轻量组冠军。

六盘山的交易模式主要为中长线趋势交易，据他介绍，参加实盘交易大赛一方面是为了检验自己的"学习成果"，另一方面也可以与业内众多高手交流。带着这样的初衷，他在本届大赛中满载而归。

看 K 线判强弱 比赛中保本色

2004 年，六盘山踏入期市门槛。《股票操作学》《日本蜡烛图技术》《期货市场技术分析》《趋势跟踪》《系统交易方法》等书，他读了很多遍，并将理论运用于实践。2006 年，六盘山开始在期市尝到甜头，此后十多年在不断摸索中持续进步。

"我的交易理念是趋势交易，有时也会看基本面是否配合，交易逻辑是 K 线组合的强弱。"六盘山说，他的交易模式主要是中长线趋势交易，基于 K 线组合进行强弱判断，有时也用基本面分析加以印证。"我对交易品种没有特别的偏好，只看哪些品种有行情。"

在本届大赛中，六盘山仍沿用平时的交易风格，没有刻意规避交易风险。他告诉《期货日报》记者，在比赛的最后阶段，他看到自己名次进了本组别前五，心里起了波澜，产生了想保住名次的念头，一度打算落袋为安，但最终还是觉得比赛是对一个阶段期货交易情况的展示，应该保持本色，最后放弃了改变交易风格的念头。

本届大赛，六盘山交易的品种较多，其中在硅铁、生猪等品种操作中表现尤为亮眼。对于获利最大的品种硅铁，六盘山有自己稳操胜券的止盈理念。"平仓和建仓的逻辑是一样的，都是基于 K 线组合来进行强弱判断，决定是否继续持仓。在持仓品种表现较好时，会关注一下基本面情况，若能支撑行情的发展，会考虑加仓。"

在止损方面，六盘山则按照亏损幅度操作，并根据仓位大小进行调整。"总体来说，仓位大时，止损幅度就小些，反之，就大些。具体幅度还要结合当时的行情来确定，一次亏损或多次亏损，通常不会影响下一次操作。"

对于仓位，六盘山在比赛期间平均保持在 60% 以上，"仓位的大小最终由品种行情大小决定，我平时的持仓也差不多是这个水平。"

六盘山认为，无论是平时还是比赛期间，在交易过程中，除了日常的技术分析，还要关注品种一天的极端变动价格、位置，预判未来的操作方向。

总结成功经验，反省失败教训

回顾自己十几年的期市人生，他直言并非一帆风顺。在以往的交易历程中，六盘山也有过失败的惨痛经历。

2015 年 6 月，六盘山注意到第九届全国期货实盘交易大赛中的一位选手股指期货做得非常好。他研究了那位选手的方法，总结为"坚定多头，逢低加仓"。当时，他也坚定地看涨后市，但此前一遇到下跌，就不敢再持有多单，他开始模仿那位选手的方法，逢低建仓，坚定持有，结果在当年 6 月中旬，一周时间内亏损超 50%。

这次经历让六盘山明白，交易时不能执着于一个方向，同时，学习借鉴他人的方法，不能一知半解就全盘套用，不然会吃大亏。

就这样有盈有亏摸索了十多年，六盘山不断总结成功的经验，也不断反省失败的教训，终于做出了一些成绩，也有了自己的经验之谈。

六盘山认为要在期货市场做好交易，以下三方面缺一不可：第一是恰当的方法。不管是中长期的趋势交易、中短期的波段交易还是日内交易，要想获得成功，关键是有适合自己的方法。第二是坚定的信念。期货交易中常常会遇到亏损，有时还会连续亏损、大幅亏损，这时尤其需要坚定的信念，要坚持自己的方法方能走向成功。第三是要有一定的悟性。不管是自学，还是从师，都需要有一定的悟性，再加上超乎常人的努力，才能最终取得成功。

本次夺冠，对六盘山来说是意外之喜。"对于比赛期间的交易方法，我没有进行特别调整，能获得冠军，多亏了行情的助力，参赛之初，我只希望名次能较之前有所突破。"

对于大赛，六盘山给出了自己的建议，他说："从参与人数看，轻量级人数最多，设置 0.1 万—100 万元的区间有点大，建议在重量级和轻量级之间设一个次重量级，资金区间设在 10 万—100 万元，轻量级区间也可进行相应的调整，这样更有利于'最大参赛群体'中的优秀选手脱颖而出。"

"我的回撤比较大，和私募合作要看缘分。"对于此后的比赛，六盘山表示还会继续参加。

第2章 适合自己的策略才是"圣杯"

——专访全国赛轻量组亚军羽帛

2021年羽帛第一次参加全国期货（期权）实盘交易大赛（下称实盘大赛），获得了全国赛轻量组亚军的好成绩。对此，羽帛表示，虽然是首次参加，但是每年都在关注大赛和风格独特的选手，历届大赛选手使用的策略都会给予他一定的启发，参赛的主要目的是检验期货投资策略。

多年的投资经历以及金融行业从业经验，让羽帛对期货市场的理解格外深入：即使期货交易之路处处存在风险，但这也不代表期货就是洪水猛兽。他对期货的理解理性而浪漫，"交易不是苦行僧，交易只是一段孤单但并不孤独的旅程。"

羽帛从事金融投资行业已经有十六年了，开始接触期货是在2015年股灾之后，主要是为了和持有的股票现货套期保值，后面股市交易量萎缩，羽帛慢慢开始一边学习，一边尝试着进行期货投资。

"自2016年起接触期货投资，开始是以套期保值为主，后来接触到商品期货，经过几次起落后逐渐形成了以宏观基本面、政策面作为投资依据，以日线趋势交易为主的投资风格。"羽帛说。

2021年羽帛第一次参加全国期货（期权）实盘交易大赛，获得了全国赛轻量组亚军的好成绩。对此，羽帛表示，虽然是首次参加，但是每年都在关注大赛和风格独特的选手，历届大赛选手使用的策略都会给予他一定的启发，参赛的主要目的是检验期货投资策略。

"我很感谢《期货日报》提供这么好的交流平台，借此机会更要向全国的高手交流取经，完善策略，提升自己。"羽帛说，实盘大赛是期货交易者的盛宴，它构建了一个选拔期货投资人才的良好平台，未来希望能够加大对接资管、盘手孵化机构的力度，使大赛不仅能发现人才，更能够培养、输出人才。

在接触期货市场之前，羽帛在金融机构工作，对国家的宏观经济政策和产业政策的变化较为关注，因此在期货交易中也形成了从宏观及供求关系上选择交易品种的习惯。微观方面，他以日线级别的趋势交易为主，看准了就持有。"刚开始做期货的时候，也经历了大起大落，也爆过仓，尝试过不少方法，最终还是选择了适合自己性格的，做起来舒服的方法。"羽帛说。

在这次比赛中，羽帛主要交易黑色和部分化工品种。"对于宏观政策，特别是影响品种供求关系的政策，我较为关注，也经常花时间分析，当这些品种符合自己的交易策略时，就选择开仓交易。"羽帛说。

虽然在大赛期间抓住了焦煤、硅铁、动力煤等品种的连续性机会，但羽帛坦言，还是有些许遗憾。例如，硅铁左侧高点出现时没有触发平仓策略，因为利润比较丰厚，又没有加仓，所以选择继续持有，结果忽略了硅铁已经多次提保，到日内低点的时候，账户风险度预警，又接到期货公司风控电话，心态受到影响，平仓在相对低点，影响了不少盈利。

这也是羽帛在比赛中印象比较深刻的一笔交易。"硅铁期货当时日内会有大幅振荡其实我是有所预期的，但是我不想抱着'先出来观察一下'这种有悖于策略的心态平仓在相对高位，所以当时没有细想，只是认为自己的成本非常低，振荡不会产生多大影响。结果就是在盈利比例超 100%的情况下，被期货公司通知超风险度，打乱了心态，被动在低位平仓。"羽帛说，此次经历促使自己在盘后及时跟期货公司了解风控政策的变化情况，以免再次出现类似的失误。

关于仓位管理，羽帛的理念是仓位的轻重要和确定性的概率挂钩，如果概率较高就重仓介入，概率低就空仓或者少量试仓。关于风险控制，则是在自己对宏观政策，包括经济政策、货币政策的理解基础上形成的，微观到具体的交易上，有几点特别注重：一是不能开逆势仓，不抄底搏短差，可以主观，但不能幻想；二是开仓时设的止损位较近，持有中设的止损位较远。

"有人说，交易是苦行僧孤单的修行，是自己与自己较量，但是我认为，从事期货投资虽然牺牲了不少社交，但是交易孤单而不孤独。交易也是一门学问，需要你用心研究，交易更是一门艺术，源于生活，高于生活。"羽帛对《期货日报》记者说。在他看来，交易中最重要的还是建立合理的、适合自己的策略。条条大路通罗马，想建立起好的投资策略就要勇敢尝试。"人的性格不同，自然交易的风格也不同，投资之路千万条，重要的是寻找适合自己的、自己能够一直执行下去的策略。一个优秀的操盘手，更像一个猎手，要善于蛰伏等待机会，机会到来的时候才能坚决果断地出击。"他说。

羽帛表示，自己从事期货交易同样有赖于家人的理解和支持，不然是很难坚持下去的。"期货交易的智慧可以映射出生活的哲理，生活中的认知也可以应用到期货交易之中，总而言之，期货与生活是相辅相成的。"羽帛说。

第 3 章　做自己熟悉的品种，顺势而为
——专访全国赛量化组冠军林斌斌

　　　　量化组冠军林斌斌，踏入期货市场三年，2021 年第一次参加全国期货实盘交易大赛就获得量化组冠军。

　　林斌斌告诉《期货日报》记者，他 2019 年开始进入期货市场，当时想的是不追求利润最大化，而是能有一套自己的交易系统实现稳定盈利就行。对于第一次参赛就能荣获冠军，他的交易秘诀是什么呢？

　　林斌斌认为，要做自己熟悉的品种，有行情的时候要顺势而为。在交易中要减少情绪、环境等外界因素对交易的影响。此次参赛也有不足之处，比如有时候对基本面因素参考不足。

　　林斌斌的交易风格以日线为主，参考几个重要指标判断一天的涨跌趋势，顺势而为。在比赛中，每日盘后他都会复盘，写下交易计划并坚决执行。"每日复盘写交易计划，收盘后对盘面判断能更客观。"林斌斌说，坚决执行自己的交易系统，从繁到简，就能保持较高的成功率。

　　记者发现，在本届比赛中，林斌斌操作的最多的就是螺纹钢、铁矿石和热卷，盈利最大的品种是螺纹钢。

　　为何林斌斌只钟爱黑色品种，且钟情于螺纹钢？

　　"自己本身在钢贸行业待了有十年，无意间接触到期货，一开始小量尝试做交易，做一段时间感觉还可以就慢慢投入资金。"林斌斌说。

　　做期货要的是盈利，且实现稳定盈利，盈利是交易员的目的。"通往目的地的路有千万条，我只是刚好在这半年走在了正确的道路上。刚开始接触螺纹钢期货就有不错的盈利，但是尝试做其他品种又把盈利部分亏进

去了。每个商品都有自己的运行规律，我也尝试过其他品种但并不理想，最终决定就只做自己熟悉的螺纹钢品种。"林斌斌说。

回首去年的交易历程，林斌斌告诉记者，盈利最大的一次是 2021 年 5 月，刚好碰到钢材大涨价，亏损最大的一次是因为受外界影响没能遵守自己的交易系统。

"印象最深的就是那次最大回撤，当时钢贸市场一致看好钢价，对我影响很大，也因此导致交易回撤巨大，以后会避免受外界影响，坚持自己的交易系统。"林斌斌说。

性格决定交易方式，对于林斌斌而言也是如此。林斌斌告诉记者，"性格对交易影响很大，我是原则性比较强的人，不喜欢随波逐流，处事果断。"

谈及做期货的感悟及心得，林斌斌认为，盈利需要看准行情写下交易计划并坚决执行，每一步都很难，到现在自己也没办法 100% 做到。但有一点很重要：不要刚买入就怕亏，没到自己的止损点坚决持有，盈利后不要想着在最大盈利点出货，没到自己的卖点坚决持有。选择进入这个市场就要有亏的准备才能保持平常心做好交易。

第4章 能长期在期货市场中存活才是真正的成功

——专访全国赛量化组亚军王元昊

在 2021 年全国实盘交易大赛中，王元昊操作的账户"凤凰院凶真"以净值 4.67 斩获量化组亚军。王元昊告诉《期货日报》记者，他参赛主要有两个目的，一是为了证明自己的交易能力，二是为了展示自己的业绩。

这是王元昊第二次参加大赛。"对于在比赛中取得的成绩，我非常高兴，因为这不单单是赚了钱，也证明了我的研究和策略在一定的时间里是有效的。"王元昊兴奋地说，自己的兴趣和努力得到市场认可，才能继续在市场上生存发展，进而更大地激发自己的兴趣，努力去研发策略，形成良性循环。

据王元昊介绍，他原来是一家科技公司的算法工程师，后来，他的一位同学想做量化交易，拉他入了伙，之后他接触到了 CTA 策略，开始进入期货市场。其实，王元昊做量化交易的时间并不长，专业做量化交易仅仅只有六年时间。王元昊本科毕业于浙江大学，研究生毕业于纽约大学，研究生毕业后，他自学了金融工程方面的知识，刚开始是业余做量化交易，2016 年 1 月组建团队，成立了私募公司专业做量化交易。

2021 年比赛期间，王元昊操作的账户交易了大约 40 个活跃品种，主要盈利品种在黑色板块上。王元昊告诉记者，他的交易方法主要是统计套利，操作风格偏向于保守。这几年，他一直在研究各种研报，吸收别人的经验，同时自己也会做一点交易，对于真实交易有一定自己看法后，开始写策略，这个过程还是相对比较顺利的。"比赛期间我对自己的交易方法进行了优化，让收益曲线表现得更加平滑。"王元昊坦言。

"2021年做量化交易特别难，我们能获得第二名的成绩，里面有很大的运气成分。"王元昊告诉记者，2021年的行情尤其对于较长周期的策略非常不友好，他们运气较好地选择了复合策略参赛，用了两个策略并组合起来，一个是截面多空策略，另一个则是特定几个品种的时间序列分析策略。"截面多空策略相对收益低一些，但是因为多空轧差较小，相对风险比较可控。时间序列分析策略收益高一些，两个策略组合起来，既保证了收益也相对控制了风险。"

至于风控，王元昊告诉记者，他是通过控制仓位和杠杆率控制风险的。"我对风险的看法是盈亏同源，厌恶风险就是厌恶盈利，我在自己能接受的最大回撤（20%）范围内设置常用仓位，当超过我能接受的最大回撤时，我的心情会有很大波动，影响正常的生活。我希望交易仅仅是工作，不希望影响我的生活。"王元昊说，如果一笔单子出现亏损，他会根据不同策略，止损有所区别，日线级别的策略止损是1/4涨跌停板幅度，更长级别的策略止损会更宽，更短级别的策略止损会更小，甚至可能在10个跳价之内。

"交易没有所谓的成功和失败。一次交易的盈利或者亏损其实都不能算作成功或者失败，即便一段时间赚了大钱也不算成功，一段时间回撤很大也不能算失败，交易是一个长期的过程，能够长期在期货市场中存活才是真正的成功。"王元昊说，交易中他最看重的就是如何减少回撤。

王元昊认为，个人性格和交易的关系非常密切，激进的人交易也激进，谨慎的人一般交易也比较谨慎。"我的性格比较谨慎，我认为一个好的量化研究员，应该能够区分自己回测结果过拟合与否，这是非常重要的，事实上避免过拟合，使用未来数据，这些都是量化研究基本功。"

"期货市场是高度竞争的市场，是高风险、高收益的市场，是最能检验人性弱点的市场。我从最初的业余交易者到今天的专业投资者，身份的转变，如同破茧成蝶，经历了很多，虽然是量化交易，但我们一直在克服自身的弱点。"王元昊说。

　　此外，王元昊认为，只有拥有强健的体魄才能把工作做好，有清醒的头脑才能看清工作中的问题并解决这些问题，所以他每天都坚持去健身房锻炼身体。

第5章　悟得三位一体交易法的精髓

——专访长期稳定盈利奖冠军汪星敏

汪星敏，踏入期市二十余载，他采用"三位一体"交易法，短中长线同时灵活应用，经过近十年的反复锤炼，实现了稳定盈利。从2010年起，汪星敏每年都参加全国期货实盘交易大赛，荣获第七届、第九届重量组冠军，第十四届、第十五届"长期稳定盈利奖"冠军。汪星敏回忆称，起初参加大赛是为了增加自己的交易经历，后来时间久了，就跟大赛有了感情，如果不参与大赛，总感觉少了点什么。每年的大赛跟交易之间慢慢地也就融为一体了。

"三位一体"交易法

在高手如云的实盘赛历史上，两次获得同一组别冠军殊荣，汪星敏是第一人。

"参加大赛，不是为了名利，而是为了证明我能够取得更好的收益。"汪星敏说，大赛是一面镜子，更能锻炼交易者，参赛可以更好地学习和提高自己的交易水平。因此，每次参加比赛，他都很有激情，很有动力。

在2020年的比赛中，汪星敏交易的品种主要是原油、股指、黄金、白银和铜等品种。"这些都是我熟悉的品种，研究主要是从供需面出发。2020年疫情期间欧美大'放水'，要考虑放水造成的影响。对于金银和原油来说，更加复杂一些，但也要考虑这些。至于入场时间，还要再结合技术面、市场情绪等。"汪星敏说。

大多数参赛者 2020 年比赛期间收益率均有较大波动，汪星敏也不例外。汪星敏说，2020 年的行情比较复杂，如果长时间在一个品种上难以取得好成绩，不妨换一个自己同样熟悉的品种来转变一下思维方式。

在 2020 年的比赛中，汪星敏以中短线交易为主。"中短线交易必须着眼于中长线的大局观。"经过二十年的交易锤炼，汪星敏从 2010 年开始形成一套自己的交易体系，即"三位一体"交易法，特别是参加多年比赛后，更加稳定了这种交易模式，同时也锻炼了自己的心态。这也是汪星敏多年能够持续稳定盈利的一个先决条件。

"2021 年，从交易铜开始，后来交易了原油、硅铁和锰硅，主要的利润来自做多硅铁的上涨获利。我在重仓入市之前仔细研究品种的基本面、技术面以及资金进出情况。即三位一体交易法，注重基本面、技术面、资金面的完美结合。在符合交易体系的情况下，我会积极入市。起初交易铜跟原油，因为整体上是一个振荡的走势，所以交易起来非常困难。但是在那种情况下，几个月的时间，我始终守住资金的底线，稳步操作。后来受国家政策影响，硅铁出现了较大行情，所以我就轻仓做多硅铁，从而获得比较大的利润。获得利润之后，我就谨小慎微，争取保住利润，所以对最终的结果还比较满意。"汪星敏说。

交易系统必须具备持续性和连贯性。"交易自己熟悉的品种，确定基本面的牛熊特点，再找技术入场点，最后通过该品种的资金运动特点，使用适当的资金建立适当的仓位。"

有交易者认为，交易员初期对各种交易工具和交易方法的学习属于"术"的层面，对各种方法融会贯通后才能寻找到适合自己的方法，但这并不代表一劳永逸，交易员还需要向"道"的层面提升，需要不断完善自己的交易体系，提升人生境界，以适应复杂的市场变化。

保持平常心，不因外界干扰改变策略

2020 年以来，受疫情影响，市场阶段性行情较大。汪星敏告诉《期货日报》记者，因为这些年连续参赛，练就了一颗平常心，稳定的收益正是他所追求的。不会因为参加大赛而改变交易策略，或者说没有特意为大赛而交易。

"不苛求一定要取得什么样的成绩，也不能因为以往取得过好成绩而要求自己每年必须达到这个水准或者更高的水准。另外，每年还需要不断学习，提高自己。"他说，即便这样，由于整个市场的交易水平都在进步，当自己的进步难以超过其他同行，你取得的成绩可能会比以往差一些，这很正常，"保持平常心就好"。

做交易，有成功，也有失败。"在交易体系没有形成之前，失败很常见，特别是在 2009 年之前。从 2010 年参加大赛开始我就没有大的失败，主要是保持了一颗平常心。起伏也是交易的一部分，交易起伏很正常，利润可以回吐甚至回吐大部分，但要注意保护本金的安全。"汪星敏说。

实际上，有相当一部分参赛者比赛期间重仓交易，用激进的策略来博取名次。汪星敏告诉记者，他参加比赛和平时交易一样，因为他已经有了稳定的交易体系。

在汪星敏看来，性格决定交易方式，每个人的性格不同，适合的交易品种也不同。性格比较缓的人，适合交易波动率较小的农产品，性格比较急的人适合交易那种波动频率大的品种。

实现盈利难，实现长期稳定盈利更难，汪星敏做到了。在他看来，这需要扎实的基本功和后天不断的努力与付出，同时还要保持一颗谦和的心，一颗平常心。

在期货交易中如何实现稳定盈利呢？二十年前，汪星敏因为一个偶然的机会接触到了期货，当时以为期货的成功会像期货公司的老师们说的那样简单，等真正做了交易才发现这一行其实非常困难。对于汪星敏来说，干一行，爱一行，干一行是一行，一步一个脚印地走下去，不管遇到多大的困难也都要克服。其实在初期的十年，他的交易一直都是比较困难的，起起落落不稳定，但是通过经验的积累，加上自己的刻苦努力，逐步建立了一套交易系统，慢慢地也就走向了稳定。

"我的交易方法经过十多年的锤炼，已经慢慢成形，在过去的十年当中取得了稳定盈利。方法的核心就是三位一体交易法，具体来说属于右侧交易。首先，寻找基本面供需矛盾失衡的品种，研究基本面突出的品种，不管是基本面利多还是利空，只要往一方面突出就可以；其次，因为基本面突出，行情就会慢慢走出盘局。这个时候，技术分析很重要，技术形态上一定要走出一个大形态，即行云流水般的上涨或者下跌；最后，这个时候有没有更多的资金追捧和参与也非常关键。如果有大量的资金追捧这个品种，那么就符合我说的三位一体交易法，我就积极入市，甚至是重仓。虽然我的右侧交易法在成本方面没有优势，但往往进场之后立竿见影，迅速脱离成本，从而实现入市，就为最终的胜利打下坚实的基础。"汪星敏说。

交易只是生活的一部分

对于很多交易者而言，交易和生活是分开的。交易就是交易，生活即是生活，若混为一谈，幸福指数会大大降低。可对于汪星敏而言，期货交易已经成为他生活的一部分。生活就是交易，交易即是生活。"但是我们还是要好好过日子，要多陪伴亲人，同时也要注意自己的身体健康。只有拥有一个健康的身体，我们才能在日夜奋战中取得不错的成绩，从而把付出的时间、精力兑现成财富。"汪星敏说。

汪星敏回忆说，其实在过去的十几年当中，也曾经有很多次大起大落，享受了日赚千万的喜悦，也经历了日亏千万的痛苦。所以随着时间的流逝，年龄的增长，慢慢地也就变得越来越稳重了，宁可少赚点，也要更加稳定。通常情况下，经历大赚之后，应该适当出金来守住胜利成果，同时也要放慢节奏。经历大亏的话，最好的办法就是停止交易，慢慢总结和放松下来。等过一段时间再有强烈交易欲望的时候，重新回到市场，这样效果会更好一些。

"因为我的交易方法是中长线交易，在控制风险方面，我采取了中短期结合，或者说用对冲来回避风险，我现在非常重视回撤和风险控制，这也是这么多年经历过一些大的回撤、大的盈利之后总结出来的经验教训，仓位管理跟资金控制风险，其实最主要还是得益于对行情的精确研判，这个是核心。有了这个核心，才能谈仓位管理跟资金管理。通常情况下，回撤轻易不能超过 30%，达到了 30% 的回撤就应该停下来好好休整一下。"汪星敏说。

谈及亏损后，下次何时再去做交易，汪星敏告诉《期货日报》记者，休整过后，会寻找更好的入场机会。如果单笔单子出现了亏损，通常会把亏损控制在 5% 以内，但是更主要的是这笔单子在当时的时间点，当时的位置点的一个风险程度，如果当时风险比较大，会果断离场。

注重长期的稳定盈利

"我觉得交易员要选择适合自己性格的交易品种，比方说你的性格比较激进，你可以选择激进型的品种。如果你的性格比较沉稳，你就选择波动比较小一点的品种，比如说农产品、股指期货。"汪星敏说。

谈及自己的交易心得，汪星敏感叹道："这么多年，我在交易第一线付出了大量的劳动，从而也培养了良好的盘感。或者说挖掘了一些交易天赋，经历了大赚大亏，慢慢地悟到，长期稳定盈利是最难能可贵的。作为一个优秀的交易员不应该只求一时暴利，而是要注重长期的稳定盈利。建立自己完善的交易系统，把交易当作一项工作慢慢经营。长期生存还必须克服贪婪，不必跟人家去比较，做最适合自己的交易。"

做交易这么多年，市场结构也发生了翻天覆地的变化。也就是说，现在的期货市场跟二十年前不可同日而语，跟十年前比也是相差很大。这主要基于市场的进步，以及资金结构的巨大变化。所以每个人在交易的时候，就应该有所理解。这也是为什么很多人认为现在市场难做、钱难挣的原因所在，所以一定要搞清楚，此一时彼一时，在不同的环境下交易，难度也有所不同。

第 6 章　盈利出金，稳步前进，厚积薄发

——专访长期稳定盈利奖季军吴伟淼

作为大赛"老兵"，2021 年已经是吴伟淼第五次参加实盘大赛了。谈起这些年的参赛经历，吴伟淼感叹："回想起初次参赛，只是想看看自己在实盘大赛里水平如何，能否拿到奖金。第一次参赛与奖金擦肩而过，第二次参赛时如愿以偿，拿到轻量组冠军并获得 10 万元奖金。如今已经是第五次参赛，对于名次高低可以说是并无追求了，更多的是希望能持续突破自己，每年都比前一年有所提升。"

吴伟淼在大学期间就开始炒股，毕业后求职的第一意向本是股票操盘手，但最终却应聘上了股指期货的交易员职位。"当时下决心进入这行的原因很简单，就是觉得这行的收入空间大一些。"他告诉记者，"那时候也不是没想过'一夜暴富'，但想要'一夜暴富'，有时候需要浮盈加仓并隔夜，风险会大大提高，如果没有足够心理承受能力，安不下心，还是选择盈利出金更平稳。"

2017 年初，吴伟淼身陷亏损的阴影中，但当年 4 月，他参加了《期货日报》实盘大赛，交易行为开始偏向小心谨慎，心态随之逐步改善，对交易也有了更多感悟，他开始越来越看重回撤。"不亏就是赚也是交易中的一种思想。"他说那时候自己就觉得，虽然一直追求稳定，可能会失去一些机会，但有舍才有得。回顾自己参加实盘大赛的五年历程，吴伟淼坦

言，自己已经从最初的"新兵蛋子"逐渐向"老油条"转变了。

目前，吴伟淼的主要交易方式是超短线交易，以技术面为主。据他介绍，他的技术分为两个基本能力，一个是技术指标体系建立，另一个是盘口信息读取技术。交易中，他先通过技术体系对当下行情方向做出预期判断，同时紧跟盘口，一旦盘口与技术指标指引方向一致，就符合进场规则，及时进场。技术指标给了方向预判，盘口弥补了技术指标的滞后性和部分钝化问题。

极端行情下做好风险控制

2021 年以来，极端行情频发。吴伟淼对此感受颇深："受疫情和政策影响，很多期货品种急涨急跌，这对于投资者来说是机会与风险并存。通过大赛我们也可以粗略了解到，抓住机会、做对方向的投资者赚得盆满钵满，而搞错大方向且投入资金比重很高的投资者或许已经爆仓。"

在行情波动如此巨大的时候，应该做哪些应对措施呢？吴伟淼也分享了自己的看法："在比赛期间，我的成绩算是中规中矩。从事期货交易至今，风险控制一直是我首要思考的问题，因此我放弃了很多高风险高收益的隔夜机会，这也是我近几年一直能够持续盈利、在极端行情下没有巨大回撤的原因之一。"

在交易中坚决不留隔夜仓，是吴伟淼控制和规避风险的主要方式。吴伟淼告诉记者，他在早盘盘中休盘 15 分钟、午盘休息、下午以及夜盘收盘时均不留仓，除非是已经制订好计划的波段单且轻仓位。"因为在非连续性行情中，止损点数并不掌握在我们手中，即使用其他账户做波动，也是轻仓隔夜。对于仓位与风控，我一直坚持把止损留给自己，而盈利则看市场给多少。"他向记者解释，这样的理念与他起初接触期货时掌握的短线方法有关。在这几年的交易中，他觉得这个理念很适合自己，所以保持至今，但随着对长周期交易模式的探索，未来思维理念也可能有新的变化。

止损能力决定一个交易员能否在证券市场里长期生存。在吴伟淼看来，单子出现亏损，需要将亏损控制在什么范围，其实都是由投资者的止损理念决定的。"我每一次进场前就会提前预算这笔单子如果做错会亏损多少，进场时就设置好止损位。因为交易周期比较短，所以止损点数相对小一些，一般的行情都会控制在 10 个价位以内。"他介绍说，其实连续多天出现亏损也很常见，只要累计亏损额度不大，对账户总体影响也有限。但假如连续多天且每天亏损额都较大，他就暂停下来，对这段时间的交易进行反思，并且坚持亏损不入金的原则，等待自我状态恢复。

交易员盘后要学会释怀

交易与生活，一直是无数交易员需要权衡取舍的难题。吴伟淼不仅不留隔夜仓，交易造成的失落情绪也不能"隔夜"，甚至不能"留到盘后"。在他看来，实现较稳定的盈利后，期货交易就只是一份工作。因为他目前的交易方式是：基本不留仓位，也无须花时间去关注了解基本面，所以每天下午 3 点，他就与市场"划清界限"，回归生活。

对此，吴伟淼说道："交易向来以结果论成败，不以过程论英雄。我们若能够在市场里取得丰厚收益，自然也容易得到家人及周边人的认可和支持，若失败，那么我们也会被视为赌徒。既然进入这一行，我们自身就需要承受一些外界的压力，并且尽量处理好一些关系，特别是与家人的关系。不要因为从事期货交易而对自己的生活造成太多负面影响，得不偿失不如放弃。我是一名职业交易员，我将期货交易单纯地视为一份工作，我尽量把交易跟生活分开。作为一名以日内为主的技术派投资者，我每天下午 3 点后就下班了，盘后时间基本不再工作。"

"即使交易中出现不顺，在盘后一定要释怀，尽量不要影响生活。当然这对于刚入行、刚起步的投资者来说可能难以做到，但是以后若是条件允许，一定也要多回归生活，多锻炼身体。"吴伟淼向《期货日报》记者分享了自己的经验。

连续五届实现稳定盈利

2021 年吴伟淼获得了长期稳定盈利第三名，这也是他连续五届实现稳定盈利。对他而言，实盘大赛已经逐渐开始成为他交易生涯的一部分。"这几年每届比赛我都参加，一是通过大赛可以观察自己，另外是通过关注大赛可以了解很多其他优秀投资者的投资方式。"在他看来，实盘大赛不仅仅是作为投资者展现自己的一个平台，更是所有的投资者互相交流和学习的平台。

对于自己出色的成绩，吴伟淼分享了三点看法：

第一，稳定盈利的前提是已经形成一套经过多次验证的成熟可行的交易模式，而非偶然的运气所赚，靠运气难持久。在这个市场里久待的人，没有人敢说自己天天赚钱，也没有人天天亏钱，亏和赚都是常事。如果没有一套交易模式，在市场里瞎折腾，那么大概率会以失败出局。所以对于刚进入期货市场的投资者来说，一定要先去寻找适合自己的交易模式，比如先模拟，特别是对于日内短线来说，模拟盘都挣不到钱，如何才能在实盘中挣钱？从模拟盘到实盘也需要过渡，甚至有人难以完成过渡。实盘操作要从小做起，在这个市场，做得好，多少钱都能做起来，做不好，多少钱都要亏光。不要一开始就带很多本金进来，否则等你感觉自己学有所成时，本金已经没了。

2020年赛事期间，吴伟森的账户盈利主要来自4、7、8三个月，这也正是部分品种出现巨大波动的时期。吴伟森认为，要在期货市场获利，就要抓住个别品种波幅较大时候的利润空间，同时，在慢涨慢跌、振荡等不适合短线交易的时候，也能够守住利润，他认为多数时候"不亏就是赚"。从数据看，2020年比赛期间，吴伟森累计交易了大概30余个品种，交易较多也是盈利较多的品种，包括白银、苹果、鸡蛋、大豆、聚丙烯、菜油。据他介绍，他总是在品种出现剧烈波动的时候，才开始介入操作，通过每天的筛查，选取波动率高的品种及合约来进行交易。

"我其实比较擅长日内超短线操作，所以只在遇到适合这种交易手法且自己比较有把握的行情时才会介入，虽然不免会错过很多机会，但总体收益情况却更稳健。"他向《期货日报》记者解释。

2020年实盘大赛的经历让吴伟森深刻感受到，学会快速应对不同市场行情、开发不同的策略其实很重要。据他回忆，2020年9月22日，白银跌停，由于他对行情方向判断过于主观，没有及时转变，也没有严格遵循自己的技术系统，导致在白银上损失了20%。但白银跌停后，他立马追空黄金，反向抄底，直接扳回了亏损。"当时没有立马转变思路，那天的日内盘中亏损是我近两年来亏损最大的一次，好在后面转变了思路，扭转了亏损。"他感慨，这次经历他印象极深，也为他敲响了一记警钟。

第二，在交易过程中要盈利出金，稳步前进，厚积薄发。我们多数人进入期货市场追求财富自由，但是暴富不是一蹴而就的。在这个市场里，即使你突然抓住了一两次机会暴富，如果守不住仍然会亏回去，到头来只是一场空。"我目前交易以风险控制能力较好的日内短线为主，选择盈利适当出金，没人想体验'一夜归零'。我很佩服那些被市场一次次打趴下又一次次东山再起的人，不过'一将功成万骨枯'，无数人尝试着盈利加仓，再创辉煌，又有多少人成功呢？所以盈利要适当出金，当我们的资金有了一定的积累之后，才可以拿出部分资金进行高风险操作。我们要非常清楚自己每个决策所带来的收益与风险，操作之前进行权衡，能接受风险再去执行。在这个市场里我们应当永远把'如何避免失败'置于'如何暴富'之前。"吴伟森说。

吴伟森认为，交易者带入市场的资金一定要在自己能承受亏损的范围内，否则即便有好的策略，也很容易因心态等因素导致失利。此外，盈利出金的方式适合多数人，但亏损不能轻易入金，毕竟亏损时最容易"上头"，不要待亏损不可收拾时才幡然醒悟。

第三，心态调节能力。心态调节不仅是调节交易者个人的心态，也是围绕影响心态的因素展开一个关乎自身对交易的认知思考。比如亏钱的时候心态很容易发生变化，多数人出现较大亏损时都想迅速回本，这是正常思维，但急于回本容易出现问题。"亏损时，我一直都劝导自己乃至身边朋友不入金。目前为止我从未在亏损的时候入金，因为越是亏损，行情就越难做，越不符合自己的策略。抑或是自身状态不好时加大投入想回本，或许有时候能赚回来，但我相信多数情况下会越亏越多，万劫不复。所以我一直秉承'亏损不入金，亏完推倒重来'的原则，让自己不会因为某一次亏损而彻底失败。"吴伟森总结道。

交易者的性格，往往决定他的交易思维和交易方法。"在交易上，我其实是个偏急促的人，喜欢见效快，不喜欢磨蹭的行情，所以短线是我至今都比较喜欢的交易方式。"他告诉记者，在刚开始交易期货时，由于交易逻辑比较缺失，又急于赚钱，心态不够稳定，不仅没赚到钱，还经历了几次比较严重的亏损。虽然当时资金量较小，比较好恢复，但对心理上的打击也刻骨铭心。

第 7 章　进攻果断抓行情，防守稳健控风险

——专访全球赛重量组冠军 "职业玩家"

早在 2006 年，"职业玩家" 就经历了 "期货初体验"。回忆当初，开期货账户还只是跟风，试着交易了豆粕和豆油，首战就实现了盈利，但那时候他的交易重心仍在股票上，在期货上的投入很少。2011 年后，他作为一个全职的投资者再度开始期货交易，从黄金、白银、股指期货着手，这才算是真正开始进入期货市场交易。他说，期货市场规则公平、节奏快、博弈性强，这些特点他都很喜欢，希望在衍生品市场中集中精力，走得更远。

保持专注交易，简单或许是最好的

"职业玩家" 向记者介绍，自己的性格属于稳健防守类型，做交易首先要确保安全，然后才会去寻找机会扩大战果。"我不会在单次交易中承担过大风险。可以犯错，但是不能犯大的错误，因为一次大的错误，可能很难爬起来。我必须始终确保我能在市场中存活下来，只要活下来，总能很快找到下一个机会。"他认为，一个交易员，要想在市场中存活下来，首先要了解市场的风险，对风险有深刻的认知，并且知道怎么控制风险；其次，要具备某方面的优势，可以是技术上，也可以是研究上或者是执行力方面；再次，要有很好的自我控制能力。

在他看来，期货与生活密切相关，如果想在期货上做出成绩，必然

要保持专注、勤奋，需要花费很多时间研究，整个的生活方式都要做出相应的调整，以交易为中心，实现规律的作息。"平淡的生活和静心的思考，才更有利于让自己时刻保持清晰的头脑，实现更好的交易。"他感慨。

据了解，"职业玩家"目前的交易模式是"期货＋期权"，研究的标的主要是商品期货和金融衍生品。他认为，期货是杠杆交易，控制风险是第一位的，做好资金管理，然后尽量去寻找趋势行情，并且加入它。对于期货投资而言，方向比成本重要，方向不明朗的时候要观望，一旦脱离盘局，趋势明朗，即使成本高了一些，也要大胆加入。而期权是精确制导武器，除了看对方向，还需要对时间和幅度有精准判断，难度更大，挑战性更强。

在交易方面，不管是技术还是策略，"职业玩家"都认为简单、实用才是最好。例如，交易期权，他一直是单边买方。在他看来，虽然从统计学上来看，期权买方失败率很高，但是买方期权就是用一连串小的失败成本，去不断试探，最终抓住那个暴利的机会。"虽然买权需要对标的有深入研究和精准判断。但期权是以小博大的最佳工具，可以创造奇迹，我会把期权作为主要研究方向。"他向《期货日报》记者表示。

做交易，首先要正确面对风险。"职业玩家"认为，风险要控制、管理，但是不能回避。他从经验中了解到，过分谨慎往往会让人错过大机会，在交易中获利的前提条件就是面对不确定性，承担风险，然后才能获得回报。"期货上的控制风险，我主要靠资金管理加上及时止损。期权的控制风险，主要是初始投入资金的控制，过程中反而不用考虑止损，除非很明显判断错误才会离场，否则就等到最后。"他分享说。

一般情况下，如果交易中出现亏损，他会把亏损控制在总资金的 3% 以内。但是如果发现是自己判断错误，就会立刻主动离场。如果情况不明朗，市场的走势还不能证明判断失误，他不会因为价格波动而主动离场，而是交给市场自动止损。

"要参与这个市场，首先就一定要了解这个市场的本质。"在他看来，这个市场的本质就是强者恒强，价格一旦形成趋势会保持惯性、自我强化。"这一点很重要，我们常规的思维都会觉得有些品种涨得高了，风险比较大。但其实，高低都是相对的，我们不能用日常的评判标准去衡量。"他表示，我们应该以未来的眼光看当下值不值得参与。趋势发展过程中会提供很多个买点，不要恐高，方向永远比成本重要。同时，尽量要选择最强的品种去参与，擒贼先擒王，龙头品种是第一目标。

提前充分布局，果断出手抓住机会

今年参与实盘赛的外盘重量组中，"职业玩家"参赛账户累计净值达到 6.46，获得了外盘重量组的冠军。提及为何参与实盘赛，他表示主要是想通过比赛挖掘自己的潜能、检验交易的能力和水平。同时，他也想在这个平台上结交更多志同道合的朋友，一起探讨交易之道。据他介绍，这次参赛，他主要交易了美国玉米、美黄金、美白银、伦敦铜、美棉花、标普指数、纳指等品种。期间他没有因为参加比赛调整自己的策略，而是保持平常心，延续了自己以往的交易风格和资金管理。

据了解，赛事期间，"职业玩家"盈利最大的单子来自美国玉米。实际上，早在 2020 年年底，"职业玩家"就开始关注美国农产品。"我的主要逻辑有两点"，他说，"一个是美国疫情之后货币泛滥，导致大宗商品上涨，另外就是美国干旱，玉米、小麦等品种产量下降，从技术形态上来看，农产品大都处在十年大底部，具备爆发的条件，于是判断在全球疫情的背景下，农产品的行情会比较大。其中，美国玉米是龙头品种。"

据介绍，前年 12 月，玉米已经走了一波流畅的主升浪行情，去年 3 月份在高位盘整。当时，他从各角度分析，认为玉米行情没有走完，后面还有主升浪，所以决定主做玉米。研究了玉米的技术形态和时间周期，推演主升浪行情可能到来的时间和幅度，他最终确定用期权合约来进行布局。通过期权抓住了主升浪，实现了账户净值快速飙升。

在买入玉米期权之后，"职业玩家"经历了一段时间的市场振荡期，期权的时间价值衰耗比较快。但后来，他在行情振荡上涨即将加速时再次加仓，确保了在主升段期间手里有足够的筹码。"5 月玉米期权到期之后，其实行情并没有结束，7 月的期权是远月合约，我不太想移仓，当时如果切换一部分仓位到 7 月的期货合约上，收益率应该会更高。"提起这些，他不禁觉得遗憾。

这些经历让他领悟到，首先，当趋势处在初级阶段的时候，不要在一个点上重仓，以免行情在加速之前，因时间价值的衰耗，期权贬值太快；其次，当处在一段确定趋势里面的时候，不要轻易下车，失去暴利的机会，要坚持把仓位持有到最后；最后，用买方期权去参与行情，用自己承受得起的钱去参与，尽量不要止损。因为这种情况下，止损出局就相当于失去了机会。

此外，对于其他品种，赛事期间虽然也发现了一些机会，例如跟踪外盘棉花时发现 9 月下旬已经看出有启动迹象，但由于准备不够充分，行情飙升时踏空，没能实现收获。大部分时候，期货市场节奏都很快，所以一旦想到了看懂了，就要立马行动起来。等调整、找理想中的买点等完美主义行为都无益于交易。

总结本次赛事的成绩，他觉得主要有两点。一是在"进攻"方面，抓住了大行情，提前分析出来主升浪，并且进行了细致的研究和策略部署，当趋势起来的时候牢牢拿住仓位将盈利最大化。二是在"防守"方面，他采用了稳健的资金管理，严格控制风险，轻仓试探，错了及时止损，整个比赛期间，基本上没有犯大的错误，整体回撤很小，稳扎稳打。

第8章 深挖交易护城河，做长期盈利的恒星

——专访全球赛重量组亚军邓凯

邓凯最看重的是仓位，这决定了是否能一直在市场里生存，是否会因为一次比较大的回撤就要从零开始。他一般单笔亏损会控制在 5% 以内，连续出现亏损则清仓一段时间。在他看来，想要在市场上长期生存最主要的就是具备控制回撤的能力，否则只会是流星，很难成为恒星。

本届大赛外盘重量组亚军邓凯，在期货公司和饲料养殖企业都有过任职经历，专注于农产品期货、期权的分析与交易。他以主观趋势交易为主，倾向于在控制风险的情况下做相对确定的策略。在他看来，交易始终需要把控制风险放在第一位，然后再谈分析、策略或其他，这才是长期稳定盈利的密码。

大学毕业后的邓凯先后就职于期货公司和饲料养殖集团，从事分析市场、期现结合、做策略等日常工作，所以对期货市场相对比较了解。"相对很多人我是比较幸运的，刚毕业就进入了最好的期货公司做研究员，之后去了饲料集团上市公司做期现，所以少走了很多弯路。"他说。

他开始外盘交易的初衷其实是练练手、试试策略。"对我来说交易只是工作的一部分，生活和工作会分得比较开，在不影响生活的前提下，交易以娱乐为主。"他说，自己是一个"佛系"交易者，做好自己的事剩下的交给市场。

在交易风格上，邓凯对风险和收益如何取舍比较明确，以控制回撤来反推适合的交易仓位，通过交易高胜率策略获取适当收益。在控制交易风

险上，他主要是吃透行情，然后根据所能承受的回撤来决定仓位。"这个理念是因为曾经连续盈利后的重仓导致'一夜返贫'，自此，杜绝大的回撤就变成了最重要的事，而杜绝大回撤就要始终控制仓位。"他说。

在交易中，邓凯最看重的是仓位，这决定了是否能一直在市场里生存，是否会因为一次比较大的回撤就要从零开始。"失败不要紧，对我来说留得青山在不怕没柴烧，只要一直在市场里，总有回本的机会。"他向《期货日报》记者说，他一般单笔亏损会控制在5%以内，连续出现亏损则清仓一段时间，放松情绪，心态平稳后再分析新的行情，找到机会做个相对保守的策略，一点点将亏损补回。

总结本次参赛的成果，他认为主要靠判断大势，选择适用的策略，提前想好止损比例，按止损比例反推需要交易的仓位，不用恐惧，在优势价位进入并持有，最后获利了结。

每年大赛期间总会有一个或几个"明星"品种，它们的波动幅度远超其他品种。去年外盘农产品波动幅度不小，这给他的策略带来了大量的机会，因此邓凯对去年的操作是比较满意的。"我在年初对农产品行情判断就是高位大幅振荡，针对这种判断，我采取的是用买期权的方式代替以往惯用的期货，效果非常明显。"他说，自己在波动巨大的情况下，前期先设好止损，再以止损来决定期权的仓位，即规避了大幅波动，又控制了回撤。大赛期间他也没有做针对性的调整，过程相对平稳，心态没有什么太大的波动，认为自然而然最好。

大赛期间，邓凯交易的品种有美国大豆、豆油和玉米，以及大豆和玉米的期权，其中盈利最多的是大豆期权。"盈利主要是因为前期判断外盘农产品将维持高位振荡，冲多高不能确定，但价格波动一定会非常大，所以在美豆价格冲高的过程中用买入看跌期权的方式替代了期货交易，这样风险可控，收益也不错。"他介绍，最大回撤则是预测美农报告做空大豆期货被套，但总体控制风险使赚赔影响都不大，提高胜率即可。

邓凯眼中的大赛是一个选拔优秀交易者的平台，也是增加交易者交流机会及相互取长补短的平台。他参加了三次大赛，目的就是一方面了解自己的水平，另一方面通过对比找到优秀参赛者，学习他们的优点，完善自己的交易系统。他也表示，还会继续参加大赛。

邓凯认为，大赛可以更加注重选拔长期稳定的基金型选手，操作资金大、回撤小、曲线稳定是这类选手的特点，这也是很多私募急需的。之所以这么建议是因为一届比赛中谁获得优胜有很大的概率是看选手熟悉的品种有没有大行情，或者对量化选手来说比赛期内市场的波动或趋势是不是跟其交易系统相匹配，这就具有比较大的偶然性，无法确定选手是否能够长期稳定地盈利。另外，选拔长期稳定盈利的账户，需要把历次回撤、最大回撤以及持仓比例等因素考虑进选拔标准，在严控回撤的情况下对比盈利水平将更有意义，更有利于选拔长期稳定盈利的选手，为机构输出人才。

在他看来，想要在市场上长期生存最主要的就是具备控制回撤的能力，否则只会是流星，很难成为恒星。"追求短期暴富是'一将功成万骨枯'，我们很难确定我们自己是那一将，更多的是枯骨。"他说，加深自己护城河的同时控制风险，才可能实现长期盈利。

第9章 只做自己能力范围内的交易

——专访全球赛轻量组亚军徐传福

与大多参赛者不同，徐传福是一名兼职交易者，但是他同样花费了大量心力学习、研究。当被问及如何平衡工作和交易之间的关系，并能在交易中取得不错的成绩时，徐传福表示，他只是严格遵循"在自己能力范围内交易"这一原则。

严格风控，做有把握的品种

因为还要正常上班，徐传福花费在交易上的时间、精力也就相对有限。经过长期的自学、研究，他成了一名中长期交易者，专注技术面分析，只交易那些有把握的品种和趋势。

与大多数境内交易者一样，徐传福对于交易的最初印象来自股票市场。采访中徐传福告诉《期货日报》记者，他 2017 年开始参与境外衍生品市场交易。"当时听说国内有个规模很大的实盘交易大赛，秉着学习的想法，我开通了境外期货账户，准备通过比赛了解一下自己在交易市场中的能力和排位。通过大赛，我对境外市场的认知有所提升，对自己的交易系统也有了调整思路。自此，每年的实盘交易大赛我都会参加，未来也会继续参与。"

据了解，徐传福之所以愿意一直参赛，主要是因为大赛给出的数据非常系统直观，这对于类似徐传福这样周边缺乏相关圈子的独立交易者来说，不仅提供了重要的学习资源，还提供了验证自身交易系统和能力的良好环境。通过成绩的评估方式、赛事的时间限制等给交易划定了一些边框，不仅使交易者能更为直观地了解自己的交易，也更容易找出自己的弱点。

徐传福告诉记者，交易市场中机遇与风险并存，交易者既要具有规避风险的能力，还要保证稳定的收益，最重要的是执行好交易计划和风控管理。"提前做好各种可能情况的应对预案，冷静面对市场波动，耐心等待交易计划中的信号。"在他看来，作为一个主观交易者，交易的结果与交易时的情绪变化有很大关联。"以我自身为例，一旦亏损超过总资金的2%，我的心态就会不稳定，之后交易计划的执行就很容易出现问题。"徐传福告诉记者，为避免情绪不稳定时发出错误的交易指令，交易者需要建立并严格遵守自己的交易体系和风控管理规则。比如他的习惯就是在交易前先做好必亏的心理预设，认真分析市场并做好交易和风控计划，然后耐心等待交易信号且严格执行。

近两年，随着阅历的增加，徐传福对自己的交易系统亦有所调整。他非常喜欢曾国藩"物来顺应，未来不迎，当时不杂，既过不恋"的十六字箴言并将其融入自己的交易。面对不确定的走势，只应对，不预测。"毕竟，近两年在不确定性因素持续增加的过程中，市场波动有所加大，与其过度担忧未来可能发生什么，还不如心无杂念，只关注当下市场给出的信号。"

徐传福认为，交易中最难的是执行，尤其在持续亏损或持续盈利的过程中，交易者难免会因侥幸心理无视自己的风控，进而让风险乘虚而入。面对这样的情况，徐传福表示，交易者需要持续锻炼个人的自律和耐心。"实盘交易大赛给实盘增加了一个时间限制，更能磨炼交易者交易时的心态。其给出的数据可以更清晰地量化因未严格执行风控造成的损失，或许可帮助部分交易者快速提升个人交易能力。"

坚持运动，保持良好状态

据徐传福介绍，刚开始参与外盘交易时，与很多交易者一样，他也曾将大量的时间、精力用于看盘、盯盘、复盘以及学习相应的知识。加上外盘交易的活跃时间恰好是国内的夜间，在这样的情况下，他不仅曾因为晚上的操作而过度兴奋无法入眠，还曾因长期睡眠不足影响后续的交易和日常生活。

现在对他来说，交易只是生活的一部分。为了不让交易过多影响生活，他一直专注当下，做交易的时候就专注地交易，做其他事情的时候就专注于当前的事情，这样反倒给了他足够的时间、空间去思考、成长。尤其是在交易上，在做好交易计划和风控管理的前提下，其心态已较为平稳。他很注重充分的休息和适当的运动，这可以使其在交易时精力充沛，不轻易受情绪影响。据徐传福介绍，近两年，虽然在疫情的影响下，他运动的方式、频率都有所调整，但一直坚持每周定量的有氧运动，以保持良好的精神状态。

徐传福认为，每次参赛都是一次很好的经历，不仅在一定程度上磨炼了自己的心志，也让他更坚定了自己的交易理念——只做自己能力范围内的交易。

第10章 专注基本面研究，追求可量化的确定性机会

——专访全国赛基金组第七名任长海

"我是第一次参加这个全国期货业规模最大、水平最高的期货专业赛事，这次的比赛成绩也是对我过去几年交易水平的肯定。"任长海对《期货日报》记者说。据了解，在第十五届全国期货实盘交易大赛中，任长海用昵称为"少年"的账户取得了基金组第七名的好成绩。由于种种原因，2019年他错失了参赛机会，所以2021年一直关注比赛消息，终于弥补了这个遗憾，在这个平台上展现了自己的专业水平。"因为比赛，交易时感觉有压力，但压力也是动力，促使我更加努力，更加踏实地交易，对交易者来说非常有帮助，《期货日报》实盘交易大赛一定越办越好。"任长海说。

任长海这次参赛的账户就是平时的交易账户，他并没有因为比赛特意改变自己的交易方式和习惯。"我对交易成绩总体上还是比较满意的，特别是资管能力评级获得了最高分。当然也有些小小的遗憾，由于对股指期货对锁及交易规则不了解，增加了交易成本，影响了收益率，损失了不少分。"

据任长海介绍，比赛中他主要交易了螺纹、

苹果、铁矿、焦炭、纯碱等品种，这正好也是他盈利最多的 5 个品种。"苹果期货是我进入期货市场后的第一个交易品种。开始的两年多时间，我都只做苹果一个品种，现在对苹果的基本面及市场交易逻辑可以说了如指掌，交易的胜率也很高，能抓住较多的交易机会。所以我觉得专注一个品种，不断增加自己的认知，是成功的关键。"

任长海回忆，大赛中回撤最大的单子是 2021 年 7 月底买入的螺纹钢。"当时我判断 5800 点应该属于偏高的位置，继续交易性价比不高，但由于一时的贪婪，又遇到市场对政策的误读，那次多单回撤较大。鱼尾刺多，'尾声行情'还是尽量不做。"

任长海一直把风险控制放在第一位，轻仓、追求确定性机会理念贯穿他交易的全过程。"这些理念的形成得益于过去的股票交易经历。2000 年年初我股市满仓，上证综指达到 2245 点的高位，收益丰厚。但随后几年，由于我还在念大学，没有过多关注股市，大熊市也没清仓，最终手里股票的市值只有高点时的 20%，亏损严重。"任长海说，那次经历以后，他不断反思，开始敬畏市场，慢慢形成了风控第一的交易理念，宁可错过也不能做错。

"大赛中，经过研究有确定性机会的情况下，我才会进行交易，尽量保证下单当天这笔交易是盈利的。下单后如果市场的波动方向和我的预判相反，会严格止损，重新思考基本面研究是否有疏忽的地方，若找不到疏忽之处，我会重新建立多头头寸。我一直坚信，好单子不会折磨你，会马上赚钱，但凡不断折磨你的单子，往往是因基本面研究不透。"任长海说。

据了解，任长海是一位坚定的基本面交易者，日常工作就是收集分析每个品种的常规基本面数据，如供求数据、行业政策等，再根据数据、政策的变化及行业、现货市场状况做出交易决策。在制定决策的过程中，他会先确认供求矛盾是否可量化、能否用数字来体现，计算后再考虑交易中自己能承受多大的回撤，然后根据可接受的回撤幅度及可能的价格波动幅度确定仓位。"一次成功的交易，在下单后往往能立刻盈利。我会根据商品价格及其他因素的变化，动态计算矛盾的大小及变化，确定持仓的去留。"任长海认真地说。

在交易中，他一直追求可量化的确定性机会，否则尽量不做或者少量参与。"对比赛期间的交易，我整体上比较满意，略有点遗憾的是没抓住

2021年8—9月焦炭和焦煤的交易机会。8月份看到股市交易机会较多，内心很不淡定，把大量资金重仓投入了股市，但事与愿违，并没有取得满意的结果，反而因挪用期市资金影响期货交易，错过了焦炭和焦煤的大行情。为了专注于期货交易，9月份我暂停了持续了二十多年的股票交易。"因为这次交易经历，任长海更加确定长期的专注是非常重要的。

相对而言，任长海对股市有不一样的感情。1993年，他用800元压岁钱买入了人生中第一手股票——延中实业，涨到24元/股卖出，赚取了人生第一笔投资收益1600元。随后二十多年，他一直坚持基本面研究，把价值投资理念用于股票投资，刚开始专买四川长虹、青岛海尔等绩优股，财务知识丰富后，股票投资中更注重计算公司的业绩，每次重仓交易前，总要把公司未来的业绩算清楚。遇到房产类股票，他会将上市公司的所有楼盘销售价格、销售面积统计清楚，还会计算楼盘的建设成本等费用，再根据楼盘交付时间推算公司未来的业绩。遇到周期股、电力股，他会把产品单位成本和销售价格、销售量弄明白，算出未来的每股收益。他坚持持有业绩能算清楚的股票，二十多年来，股票的累计收益率超过了1000倍。

2018年，一次偶然的机会，一位投资水平很高的朋友对他说："你去做商品期货吧，一定能赚大钱。"就因为这样一句话，任长海开启了自己的期货投资生涯。幸运的是，入市之初他就遇到了苹果期货的大行情。他就用做股票的方法来做期货，坚持基本面研究，看到苹果因冻害造成减产，他用量化方法计算出了苹果的供需矛盾。于是，初始投资80万元，2018年他的收益率就达到了10倍。

"做期货三年多，整体上还算顺利，收益相对稳定，也比较可观。"任长海认为，这主要得益于他二十多年股票投资的经验，"做股票主要研究公司未来业绩的成长性，做期货就是研究商品现在和未来的供求关系。"

经过几年的期货交易，任长海渐渐形成了自己的交易风格和理念。

第一，尽量不亏或少亏钱，就是少做随意的交易、冲动的单子。大多数人交易中有很多随意的下单，比如突然看到某个信息或因为朋友的推荐而冲动下单，交易决策若仅凭借一个信息，而不是对该品种基本面有清楚细致的研究，最后会发现这些交易大多是亏损的。因此，没研究透的品种不要做。

第二，只做可量化、可计算的确定性机会。经过观察和统计就可以发现，盈利的总是那几个自己研究得最透、最熟悉的品种。所以要想赚钱，平时就要好好做研究，把一个品种的供需研究清楚。当发现某个品种出现一个可量化、可计算清楚的大矛盾，也就是发现确定性机会时才进行交易。平时加强对自己的认知，关键时刻便能将认知变现。

第三，要敬畏市场。以平和的心态面对每次下单，每次下单前思考最多的是可能会亏多少，而不是能赚多少。要坚持快乐投资、慢慢变富的理念。

"三年多的期货交易经历，让我改变了很多，各方面都有所成长，心态也更加乐观，做事更努力也更有毅力。这些积极的改变，让家人更支持我从事金融投资行业。"任长海说。

任长海认为一个人的交易风格和性格有很大关系。"生活中，我做事专注、努力，处事谨慎。我觉得要成为优秀的操盘手，必须努力、勇敢、果断、敬畏市场，同时还要经过多年历练，外加一点运气。"他说。

二十八年的投资经历，有成功的喜悦，也有失败的痛苦。"以后交易中，我会更加注重规避风险，致力于降低和控制风险。因为在这个市场中，'活下来'才是最重要的。市场从来不缺机会，缺的是让你重来的资本，所以每次交易，都要控制资金投入规模，让自己即便失败了，也有重来的机会。"

第 11 章　顺势而为，不做逆势交易

——专访全国赛轻量组第七名王天瑞

从实业到期货，从小白到今日的获胜者，王天瑞的交易生涯并非一帆风顺。在王天瑞看来，要想长期在期货市场生存下去，本金安全一定是第一位的，不可逆势扛单。此外，在交易过程中要做到胜不骄败不馁。

王天瑞，具有一年股指期货交易经验、五年期货市场交易经验，是一名趋势交易者，主要做中长线交易。2021 年参加第十五届全国期货实盘交易大赛，账户昵称为"势在必得我其谁"，荣获轻量组第七名。在 2021 年比赛期间，王天瑞共交易了能源化工、煤炭系、黑色系等 15 个品种，其中盈利最大的品种是硅铁，占净利润的 78%。

在进入期货行业之前，这位 32 岁的年轻人已有过不少实业经历，但由于性格原因，不擅长与人打交道，导致实业以数次失败告终。此后，一次偶然的经历让他接触到了股指期货。杠杆高、可双向交易等特点，让王天瑞产生了浓厚的兴趣，由于股指期货资金门槛较高，所以他转向了期货市场。

"这是我第一次参加比赛，参赛目的也是为了证明一下自己的交易系统。"王天瑞告诉《期货日报》记者，从实业的屡次尝试到期货的优秀成

绩，王天瑞的交易感悟是学无止境。在这一路的不断探索中，王天瑞从未停止学习的脚步，也越发坚定自己的交易模式和理念。

"我的交易模式是趋势交易，交易方法其实很简单，只要趋势不变，逢低做多或者逢高做空。我对品种没有特殊偏好，持仓量不是很小就可以。"王天瑞说道。

在这种交易模式下，王天瑞的交易理念很明确，顺势而为，不做逆向交易。在交易逻辑方面，则以技术面为主，基本面为辅，形成共振时介入。

回顾参与本次比赛的交易计划，王天瑞表示，自己在交易前会提前复盘，对有可能出现机会的品种进行追踪，一旦有了"信号"会及时入场，在交易过程中如果出现与预期相违背的情况，会根据情况做出相应的交易部署。交易后，会对自己判断失误的地方作出评估并总结，在下一次出现同类情况时做出更正。

"信号"在王天瑞的交易过程中像一个警示标志，也像一条安全线，更是他取得最终胜利的关键。

"对于止损，我只看信号。"王天瑞告诉《期货日报》记者，他的止损理念是入场出现连续数日的浮亏，"首先证明是自身判断方向出现问题了，因为我是浮亏减仓或者清仓的，当方向一旦出现问题，我就要止损了。我回撤最大的单子是硅铁，当时就是要等离场信号，出现信号我就离场。"

在止盈理念上，王天瑞同样是盯准方向，一旦方向发生改变，止盈离场。在平时的交易中，王天瑞的做法与比赛中并无两异。一旦看到机会，小仓位试错，确定的时候加仓，十分确定的时候翻倍加仓，同时调高止盈位。"我一般是一成或者两成仓位试单，"王天瑞告诉《期货日报》记者，这个理念是长期自身交易及学习总结出来的，"这在我的交易生涯中坚信不疑。"

从实业到期货，从小白到今日的获胜者，王天瑞的交易生涯并非一帆风顺。在这期间，有过无数次的失败，也有过无数次的自我否定，但他没有放弃努力，在失败之后及时总结，直至找到了"命运中"的交易方法，并坚持至今。这样的经历恰似王天瑞的期货交易理念。"要想长期在期货市场生存下去，首先本金安全一定是第一位的，不可逆势扛单。其次，在交易过程中要做到胜不骄败不馁。"王天瑞总结道。

王天瑞还提到了自己的老师赵绍文。老师曾经告诉他："行情一旦出现，就不会轻易掉头，只要趋势没有改变，就一直拿下去，不要因为短暂的涨跌改变了自己的认知。"这句话对他的交易手法产生了决定性影响，他也将这句话贯彻到了自己的交易中来。

"不做逆势交易，不因几根 K 线便丢失信仰，一个品种一旦开始启动，不要轻易下车。"王天瑞告诉《期货日报》记者，自己曾经也被分时线的一涨一跌牵动着，导致出现很多错误交易，趋势交易好比是跑马拉松，只要抬着头看着目标，奔跑过程中的困难是可以忽略不计的，不管怎样信仰一直都在。"

回想起自己当初因为性格内敛在实业上的挫折，如今在期货行业找到了适合自己的交易方式，王天瑞认为，这也是自己情绪波动小的好处。"我这种性格耐性较好，可以做到自己独处，去独立思考一些问题。所以在学习过程中，因为我的性格避免了很多干扰，可以更专注地学习、思考。"

"2021 年能取得这个成绩我还是比较满意的，在比赛过程中我只是按照'信号'做出交易，并未刻意调整。"王天瑞说，第一次参赛充满了新鲜与好奇，《期货日报》就像所有期友的桥梁，搭建了一个平台可以让大家更好地交流。如果条件允许，以后还会继续参赛。

第 12 章　成功始于初心，成于坚守

——专访全国赛轻量组第九名王晓伟

> 王晓伟认为，要想成为一名优秀的操盘手，在市场长期生存，需要具备一些基本要素：第一是坚持下去的韧性；第二是独立思考的能力；第三是沉下心做事的耐心；第四是完善的交易体系；第五是严格的资金管理。

"211"大学经济学本科学历，让王晓伟对投资这一行并不陌生。大学期间的他就对投资有了一定的基础理论知识及初步认知，大学毕业后进入一家化工类贸易公司做业务方面的工作，然后又转行到金融行业。"兜兜转转终是相逢"，王晓伟和交易之间的关系亦是如此。

2021 年是他首次参加实盘大赛，一举取得轻量组第九名的好成绩。王晓伟表示，能取得满意的成绩，主要源于十多年来对期货的坚守。

仔细算来，截至 2021 年，王晓伟进入期货市场已经十三年了。虽然算得上一个"期货老炮儿"，但也不过是这几年开始才实现稳定盈利。"我从 2007 年开始接触期货，2008 年正式开始期货交易，前些年赚赚亏亏、亏亏赚赚，整体亏损，不过好在我有稳定的工作收入，且在期货市场投入的资金不大，所以交易的亏损对生活质量并没有造成什么影响。"他坦言，即使没有实质性的影响，但这个漫长的过程也是十分痛苦的，还好自己并没有放弃交易这条路。2016 年以后感觉逐渐走上正轨，2017 年期货实现五倍收益，2018 年又出现亏损，2019 年后持续稳定盈利。

"如果说交易有什么方法，那应该是交易体系的完善、经验及对趋势的信仰和沉稳的心态。"王晓伟对《期货日报》记者说，操作理念是一个盘手在长期的交易实践中摸索逐渐形成的，自己在2016年前是一个短线交易者，迷恋技术分析，还喜欢重仓一两个品种，后来在复盘时发现很多交易都不够合理，因此促成了操作理念的转变。在2016年后逐渐成为一个趋势交易者，形成了以基本面分析为主，技术分析为辅，参考市场情绪的操作风格。

在过去走过不少"弯路"的交易实践中，让王晓伟学会了敬畏市场，形成了只能顺应趋势而不能逆趋势的操作理念。"我在交易中最看重的是交易体系的完善，前些年期货交易的亏损，主要在于没有完整的交易体系，对市场及交易认知不够，迷恋技术分析，交易频繁。"他说。

王晓伟表示，自己交易的依据是基本面定方向，技术面作为入场参考，同时也兼顾市场情绪，市场情绪高亢时要尤为谨慎，不追多。此外，他还采用多品种策略分散风险。在品种交易池中总会有部分工业品和部分农产品组合。

在本次比赛中，王晓伟践行了自己"鸡蛋不放在一个篮子里"的交易理念，参与交易的品种有棉花、铁矿石、燃料油、短纤、苹果、菜粕、橡胶、PTA、甲醇、沥青、鸡蛋等。其中，在棉花、铁矿石、燃料油、短纤等品种上盈利较多，盈利最多的品种是棉花，占总盈利额近50%。

他介绍说，考虑到2021—2022年度美国、中国、巴西棉花种植面积减少，且需求将增加，全球棉花库存持续下降，美棉库销比降至十年来极低水平，于是在2021年4—5月期间，开始在棉花2109合约15000—16000元/吨之间逐步建多，最终建仓接近40%，并在18000元/吨附近进行了部分平仓，后来在棉花2201合约、2205合约进行了调仓。对全国棉市基本面的精准判断让其在大赛中取得了较为丰厚的收益。

此外，王晓伟表示，对于交易品种，会选择确定性较高的品种进行交易，等待合适价格出现才考虑入场。"交易中风险控制至关重要，我的理念是：如果是小资金，交易经验丰富，确定性高，可以重仓，此时收益第一，风险第二；但资金规模做大了，一定要降低仓位，此时风险第一，收益第二。这样的理念同样也是在交易过程中总结出来的。"他说。

对待交易亏损，王晓伟一般会先思考、后决定。"如果一笔单子出现亏损，我会寻找亏损的原因，如果是市场出现了明显变化，我会考虑止损；如果市场没有出现明显变化，我会坚持拿着头寸。即使是出现连续多天的亏损，我也是这样应对的。"他说。

"今年受碳中和、能耗双控、限电限产等政策影响，很多品种出现大级别行情，如硅铁、锰硅、动力煤、焦煤等品种行情较大，这些品种我都没有参与。"王晓伟认为，交易者应尽量少参与受政策面影响较大的品种。

针对本次比赛，王晓伟表示，比赛期间，自己的交易方式方法并没有做多么大的调整，只是态度上更加重视，将研究工作做得更多更细致一些，如对交易品种的研究，对自己的研究，对交易对手的研究。

在王晓伟看来，期货交易与生活有着密切的关系，他的原则是尽量不让期货交易影响自己的生活。他表示，家人基本上也支持我做交易，主要原因是我期货投入的资金不多，且都在可承受的范围内。另外，大学毕业后一直在上班，有固定的工资收入，只是把期货当作副业和业余爱好。

此外，王晓伟认为，一个人的性格和交易有着很强的关系，沉稳的心态在交易中显得尤为重要。"要想成为一个优秀的操盘手，在市场长期生存，需要具备一些基本要素：第一是坚持下去的韧性。做期货坚持下来很难，尤其是面临持续亏损或大亏时，更难坚持，但是只有坚持下来才有赢的机会。第二是独立思考的能力。每天市场上都会出现很多声音、很多消息，但是不能盲目相信某一个人的观点，一定要学会独立思考，为自己的交易负责。第三是要有耐心。盈利时要有耐心，亏损时也要有耐心。第四是完善交易体系。虽然交易体系是因人而异，但是一定要有，交易体系能使自己进可攻、退可守。第五是资金管理。根据交易计划合理进行资金管理；第六是心态平和。最好在平和、无压力的状态下进行交易，做交易最好不要带有情绪。"王晓伟说。

第13章 期货交易要理解市场，更要理解人性

——专访全国赛重量组第九名崔强

> 成为一个优秀的操盘手，扎实的基本功是不可或缺的，这是立足之本。知识的学习并不难，但一定要沿着正确的学习轨迹。

从证券到期货，从个人到团队，2021年第十五届全国期货实盘交易大赛重量组第九名获得者崔强的期货之道就是将基本面研究与对人性的研究相结合。在他看来，期货就是浓缩的人生，市场的非理性及非对称性与人的发展极其一致，市场就是人们的预期和行为的结果。所以交易期货不能只看盈亏，期货对他最大的提高是更好地理解自己和他人，从而成为更好的自我。

低仓位做稳定型增长的交易

大学学习新闻专业，研究生是工商管理专业的崔强，在毕业时赶上了2007年大牛市，于是义无反顾地进了证券公司，从此开始走上金融之路。2010年，股指期货品种上市，是他接触期货业务的开始。"2013年我从北京回到了山东，加入了一家国有省管投资公司，主要从事资产管理业务。"他介绍，2015年股市大跌后，他和一个合伙人申请了私募基金牌照，2018年成立信迹投资，发行第一只产品。

公司最早以股票策略为主，后来发现期货交易跟股票有很多相同之

处，即都需要研究行业供需及市场情绪矛盾。"2019 年 3 月，我们开始自己交易期货，经过两年时间沉淀并小有心得，2020 年 10 月发了第一只期货私募产品。2021 年相对成熟后，公司陆续推出了三只期货类产品。"他说。

"我的交易之路和很多人一样，是从一个韭菜开始，经历了一无所知、学习各种技术、建立投资体系、实战总结、回炉重造、反省内观、逐渐稳步盈利的过程。"他坦言，自己的交易方式一开始相对粗放，基本是重仓单品种，是基于市场理性认识下对预期矛盾的应用的初步理解。2019 年到2020 年，个人账户起起落落有了差不多过千万的盈利，交易风格也适当做出了改变，不再持仓单个品种，会配置一定量产业链上下游的品种，个别时候还有比较低的对冲仓位。对冲不是为了对冲而对冲，最好的风控是做确定性大的机会和品种的配置。大资金一定要注意轻仓，做好配置低仓位也能放长线赚大钱。

从公司层面，崔强介绍，自己所在的信迹投资位于山东济南，是一家交易策略以股票多头和商品期货为主，类现金管理为辅，励志打造小而美、个性化，为客户带来可持续稳定收益的私募机构。

交易风格上，公司的策略格外重视市场大众交易情绪的分析判断，交易体系以产品供需矛盾与情绪预期矛盾一致作为建仓条件。"可以概括为是将基本面和市场情绪两者结合作为判断依据。"崔强解释，底层逻辑体系确立后很多经验教训要摸着石头过河慢慢总结。目前最重要的经验就是要低仓位做稳定型增长的交易，交易过于顺利后一定要低调谦逊，在不太顺利有回撤后要耐心多等待一段时间。

"大众普遍的认知是市场所有信息体现在价格中，但在信息和价格中间还有人的预期与行为。"崔强告诉记者，做好交易一定要知道谁是你的对手，并研究他们的想法和行为。

补认知短板及提高自我控制能力

2021 年已经是崔强第三次参加大赛了，2021 年市场受到各方面的影响，多数品种波动比较大。"从更大周期角度观察，这并不是一个偶然而是一个必然，以后还会出现，因此我们更多是以不变应万变。"他说，"从交易结果上给自己打 70 分，我们的长处是品种配置，有更适合振荡的优化能力，但需要继续提高的是平仓止盈的时机与市场情绪结合判断的能力。"

他介绍，大赛期间交易盈利最大的分别是双焦、动力煤、玻璃做多及铁矿石的波段多空交易，都是通过在了解产业供需矛盾基础上结合交易品种的大众情绪矛盾逆向思维做配置持仓实现的盈利。崔强具体介绍，7月在焦炭1800附近建仓做多到3400多逐步止盈，开仓逻辑在于煤炭存在供应紧张的预期，但是市场大众对于上涨明显怀疑，所以建仓后越是上涨越是拿得住。这就是预期矛盾与产业矛盾一致的典型，一年能做一两次自己认知内确定的机会就够了。

比较失败的一段交易是2021年10月19日动力煤从高位受政策调控连续下跌，当时账户的多单浮盈很大，跌停三个板后才逐步平仓，与其相关品种的持仓也出现较大的盈利回吐，原因主要是前期盈利后对于调控预期不敏感。"交易是逆人性的，一段时间过于顺利就要有危机意识，风险控制要更加敏感，这次回撤让我们更加敬畏市场，完善自己的认知体系和风控体系。"他说。

在风险控制上，他表示，目前对一段时间的盈亏并不太在意，在意的是建立的预期矛盾交易体系认识下的执行完善能力。"我们单品种亏损一般不超过一个涨跌停，一个品种配置仓位不超过10%。我们的交易出发点是逆大众预期及交易方向，一段时间的亏损只要不影响后面的判断和操作就行。"崔强说。

回想多年前，自己第一次交易，一手单都打哆嗦，现在持仓几千手的单子也能镇定自若。"这种改变源于对市场的认识，有能让自己信服的底气。"他说，面对自己的内心，控制欲望是一场修炼，这是长期生存必须面对的。要成为一个优秀的操盘手，扎实的基本功是不可或缺的，这是立足之本。知识的学习并不难，但一定要沿着正确的学习轨迹。最重要的是在学习和实战过程中，要深度剖析和洞察理解交易的本质以及自身，从而融会贯通，建立属于自己的交易体系，并长期坚持下去。其中学习能力、思考能力、洞察能力、自我品性修养缺一不可。

崔强认为，当下要做的是继续补认知的短板及提高自我控制的能力。"交易不是说参加完一个比赛，拿了还不错的名次就结束了。市场永远充满机会、充满陷阱，任何时候都不能得意忘形。专注市场信息客观反应，做好自我约束是最难的，我们还有很多方面需要提高、沉淀。"他最后说。

第14章　抓住机会，稳扎稳打走好每一步

——专访全国赛重量组第四名姚智腾

> 一个优秀的交易员无论市场好与坏都要做到攻守兼备，有机会就要抓住，市场行情波动大就要注意回撤风险，做到进可攻退可守。

姚智腾在国内接触到期货，是机缘巧合。

留学回国后，姚智腾从事其他行业也有一段时间，但一直没有找到自己感兴趣的项目，就跟着家里长辈做了一段时间的模具钢和动力煤现货。

2019 年，一个偶然的机会，姚智腾陪家人去参加华泰期货组织的活动。课上及随后的联系中，华泰期货的工作人员和投研人员提供了很多的专业知识和系统的期货概念，这些内容正好也和姚智腾上学时的专业有一定联系，引发了他的兴趣。于是，他就在家人的鼓励和支持下开始认真对待期货。当时，他就觉得，期货其实是个可以做一辈子的行业。

好的猎人最具耐心

回想最初，身边不少朋友和长辈听说他要做期货后，都给过他建议和忠告，但随着学习的逐步深入，他发现大多数人对期货的认知并没有那么准确。入行至今的几年里，姚智腾经历了由亏损到盈亏平衡再到盈利的转变。如今，他已经形成了主观顺应趋势的模式，自上而下梳理投研思路，

进行品种筛选，配合日内短线策略。

一路走到今天，背后是系统的经济金融理论学习和交易实操——通过大量的训练和总结将信息转变成认知，将认知付诸实施，通过交易系统确保最后的实操结果。"大概每个交易员都有过多次惨痛的记忆。"姚智腾感慨，一笔单子的盈利带来的喜悦很容易被新的机会所带来的喜悦冲散，但是失败的单子带来的那种惨痛、一败涂地的感觉却很难消散。惨痛的经历让他学会了狠下心，止损砍仓。"与预期不符的行情发生便证明判断错了，这个时候要第一时间减仓，少亏损的部分就是你盈利的部分。"他说。

交易成功与否与交易员的性格有一定关系，但不是绝对的。"一个人的性格可以决定将来的成就有多大，路可以走多远。一个好的交易员的性格一定是稳定的，沉稳不带有太多情绪，才能客观地面对一切行情。"他认为这点很重要。"财不入急门，好的猎人一定是最具有耐心的。"

姚智腾比较谦虚，他说自己相对也比较喜欢内敛的人，可以及时反思自己的问题，避免犯第二次错误。在他看来，强大的自省能力可以让人走得更远，不会在金钱面前沉沦，不会过于焦躁，做到这些在期货市场中至关重要，因为盲目的自信会很快"吃掉"利润并且摧毁交易者的心态，这一点，他也自我保持警醒。

保持空杯心态面对市场

2021 年是姚智腾第一次参加实盘大赛。通过客户经理了解到《期货日报》主办的实盘大赛后，他希望通过参加大赛测试一下自己的交易水平。"就是想看看自己现在和好的交易员的水准有多大差距。"他坦言，实盘大赛的赛时足够长，规模也足够大，对于参赛选手是一个很好的平台。

"虽然 2021 年很多品种波幅较大，但也正是因为市场波动较大才给了我们更多的机会。"姚智腾觉得，一个优秀的交易员无论市场好与坏都要做到攻守兼备，有机会就要抓住，市场行情波动大就要注意回撤风险，做到进可攻退可守。交易本身就是要抓取波动带来的价差。为了适应比赛，除了沉下心稳扎稳打走好每一步，他还对以往的交易思路稍作修改，防止出现过大的利润回撤。

2021 年大部分热门的品种姚智腾都没有"放过"：4 月、5 月的螺纹钢、热卷，6 月的原油、有色，以及比赛进入尾声期的 PVC、棉花、焦煤、焦炭。其中，2021 年年初的螺纹钢和后期的 PVC、棉花是他的盈利"大头"。回想当时在 PVC 的交易上，离场其实有些早，但依然获得了 2021 年最大的一笔盈利。棉花前期也盈利较多，但也遭遇了最大的回撤单。"当时对后期的市场有期待，所以没有有序离场。"他提到，其实交易就是要有取舍，有回撤是为了得到更大的机会，做到知行合一，自己消化掉情绪就可以了。

在平时的交易中，姚智腾非常注意控制仓位，不随意加仓，保持动作的一致性。"仓位管理看自己水平吧。"他觉得，艺高人胆大，胆大艺更高，但不建议满仓。毕竟，即便是专业的投机者，也会在关键位置提前减仓，不暴露太高的风险。对于交易亏损，一般情况下，姚智腾都坚持日内的单子尽量不超过单笔交易额的百分之十，亏损不要超过总权益的百分之五。波段亏损则不要超过总权益的百分之十，一旦跨过这一"警戒线"，他就会立刻选择减仓。如果遇到连续亏损，他就会选择休息几天，远离市场调整好情绪。在他看来，做交易就要永远保持一个空杯心态来面对市场，适当休息有时候比思考更重要。

经过半年的比赛，比获得名次更让姚智腾开心的是验证和发现了目前自身在交易方面的优势和劣势，通过了解更多交易高手的资金管理等情况后，他对自己未来的职业规划有了更清晰的认识。目前，他已经开始考虑组建团队。对于未来，姚智腾表示，打算继续参与实盘大赛，帮助自己时刻保持对自身的清晰认知。同时，他也享受大赛带来的紧迫感，督促着他交易精细化，更快地走向更好的自己。

第15章 不断提高胜率和盈亏比才能获胜

——专访全国赛重量组第十名林斌慧

林斌慧出生于1991年，在读硕士期间，受父亲影响开始接触期货，经历过大起大落后不断沉淀自己，林斌慧逐步建立起适合自己的交易系统。林斌慧擅长趋势交易，持仓时间相对较长，以右侧交易为主，偶尔会用波浪进行左侧交易。在他看来，没有人能完全预测期货走势，只有不断把胜率和盈亏比提高，运用合适的仓位配比，才能在交易中获胜。

林斌慧本科毕业于浙江大学化学系，之后去新加坡国立大学读应用经济学硕士。在读硕士期间，受父亲的影响，他初次接触到了期货。回忆那时候自己做交易的情形，他告诉《期货日报》记者，当时并没有自己的交易系统，用着最简单的技术方法。起始本金有30万的账户，两年时间下来，账户起起落落，最终以亏损6万元收场。

毕业后的三年时间里，林斌慧从事着与金融毫不相关的工作，期货交易也暂停了三年，但是他与期货的故事却并没有就此了结。2016年年初，在各种机缘巧合下，他认识了期货恩师并成为他的徒弟，与期货的故事得以续写。

2016年到2019年，是林斌慧交易系统慢慢建立并改善的四年。"2016年40万本金的账户做到200万，然后又在2017年和2018年大幅回撤，亏到只有 5 万。"林斌慧说，经历过大涨大亏，他对交易的认识也更加深刻，自己从不缺少爆发力，缺的是在行情不利的情况下的回撤控制。

在林斌慧看来，交易系统必须是全方位的，包含买卖点、仓位控制、净值管理，只有三个方面都能经受住市场的考验才能算一个完整的系统。在初步形成系统后，2019 年，林斌慧期货账户的净值便开始稳步向上。2019 年 8 月时 100 万的账户，在 2020 年 9 月做到 900 万。2020 年 5 月另一个 140 万的账户，因为中途出金没能做到复利，但目前为止的净值也达到了 17，这也是他 2021 年的获奖账户。

对于 2021 年的成绩，林斌慧还是觉得稍有遗憾，没有抓住 2021 年年初和上半年大部分的行情。"我的交易并没有针对比赛，毕竟是自己的真金白银，并不会为了比赛刻意重仓。"他说。

林斌慧的交易理念是"看清局势、顺势而为、物极必反"。操作以中长线为主，做趋势交易，交易主要看技术面，一般用得比较多的指标是日线、均线、MACD、布林线和波浪理论。尤其是波浪理论，往往可以偏左侧进行交易，预判短期低点。在交易中他会尽量寻找多周期、多指标共振的机会，同时全品种覆盖。林斌慧交易过大部分品种，主要盈利品种是动力煤、硅铁、塑料、乙二醇。

林斌慧按照系统进行交易，对行情不做预测，"所以一波行情到底能到哪个程度我并不知道，我只会在有开仓信号的时候开仓，有平仓信号的时候平仓。我主要以技术面为主，政策方面的消息并不会太关注，只按照技术面的指标开平仓。"

因为经历了大起大落，趋势行情和振荡行情都经历过，所以林斌慧更加清楚地认识到交易不单单是简单的开仓平仓，而是包括仓位管理、回撤控制、心态稳固的综合交易系统。"我对风险的认识更加深刻，明白了在期货市场中不用担心缺少爆发力，只要能生存，保住足够的本金，总会有契合你方法的行情到来，在那个时候，抓住机会，就能一击即中"，他说。

在交易系统中，风险控制永远是第一位的。林斌慧介绍，一般在交易之前他会定下大概的止损位置，根据止损幅度来计算交易的仓位。在交易中如果走势发生变化止损位置也会改变，做移动止损。"一般一笔单子的止损我会定在本金的 1%。就算一段时间内一直被止损，我也会按照系统操作，不会做任何改变。"他说，因为没有一套交易系统能契合所有行情，暂时的不顺也并不代表长久的不顺。

在交易系统形成后，林斌慧的交易模式就基本固定了，不管行情走势如何，只赚交易系统能赚到的钱。按照系统来操作，在回撤时控制好亏损，盈利时拿住单子。

"就像2021年行情振荡向上，最忌追涨杀跌。"林斌慧说，大赛期间印象最深的交易就是动力煤，2021年2月初成功在低点买进，一直持有到6月，虽然6月后面的涨幅远比之前的大，但能做到交易系统应该做到的，就已经满足了。

他又具体讲道，大赛中，他的动力煤持仓从2月初的610点一直拿到6月底的800点，虽然盈利颇丰，但之后800点到1800点都只能观望。硅铁从8500点拿到10700点，后面快涨阶段也没有拿到单。"好在塑料和乙二醇分别在8460点和5420点做多后一直持有到现在。"他说，其实自己在做单时并不知道行情最终能走到哪里，只是系统给了入场信号就进场，等什么时候出了离场信号就出场，并不会主观去推测走势。

2021年最大的一波亏损来自橡胶，他在春节假期后第一天于15200点左右入场，之后几天大涨却没有止盈，一直到最后跌到13600点附近止损。"这波止损也让我明白处在期货市场中一定要时刻保持谨慎、如履薄冰，之前橡胶在大幅盈利后止损应该定在本金位置，而我因为疏忽错过止损位置后就开始不设止损一直扛，最终对账户也造成了很大的伤害。"他说。

现在，期货已经成为林斌慧生活的一部分，在日常生活中总会时不时去看一下7×24的金融新闻，每个周末都会复盘并寻找下周潜在的交易机会。更难得的是，林斌慧父母做期货也有10多个年头，他对期货最初的理解就来自父母。林斌慧的夫人也十分支持他的事业，在最艰难的时候也一直陪伴着他。

"2021年我是重量组第10名，我会继续参加比赛，毕竟大家的目标永远都是第一名。"他坦言，自己还是希望能走上资管这条路，希望能够借助大赛的经历敲开资管的大门。

第16章 顺势而为，逆势思考

——专访全国赛量化组第六名吴雅楠

在2021年全国期货实盘交易大赛中，吴雅楠操作的账户"亚厚量化CTA2号"斩获量化组第六名。吴雅楠，上海亚厚资产管理有限公司的创始人和董事长，已经拥有二十六年投资经历，曾管理全球包括股票、债券、货币和衍生品等多种资产，设计并实施量化对冲、资产证券化、负债驱动投资和可转移阿尔法等创新产品，擅长大类资产配置和量化投资。2021年是他第三次参加比赛，能够在量化组中脱颖而出，对于他而言，一方面检验了策略的有效性，提升了市场竞争力；另一方面，通过大赛平台结交行业同仁，可共同交流学习进步。

"顺势而为，逆势思考"是吴雅楠的投资理念，在他看来，交易必须经过市场周期的检验和捶打，它需要交易者不仅具有乐观和坚强的性格，还需要有不断进取、不断学习、谦卑好学的品质，唯有这样才能在金融市场长期生存。

在2021年众多选手中，有不少有过海外衍生品投资经历的选手，吴雅楠便是其中之一。吴雅楠在海外很早就有了期货及衍生品投资交易的经历，那时国内期货及衍生品市场还在孕育发展中。

"我最早在加拿大管理养老金和社保基金，当时管理全球包括股票、债券、货币和衍生品等多种资产，设计并实施量化对冲、资产证券化、负债驱动投资和可转移阿尔法等创新产品，管理规模超过 300 亿加元。"吴雅楠如是说。

2010 年，从加拿大回国，吴雅楠开始在公募基金中信保诚担任量化投资总监，负责中信保诚量化投研体系的搭建和产品的投资。2015 年离开中信保诚，创立了亚厚资管。

在海外全球投资管理与资产配置的实际经历中，吴雅楠逐步打造与磨炼出符合个人风格的交易及投资体系，以量化投研为策略开发基础，以宏观分析补充大势研判及配置依据，追求具有较高的风险收益比的组合配置体系，覆盖多资产、多策略和多周期。

在他的眼中，国内期货及衍生品市场目前相比于海外成熟市场还处于早期发展阶段，还缺乏足够丰富的定价工具，在这样的市场中，市场波动较大，价格发现机制尚待完善，投资收益与风控也需要适应这样的高波动市场。也正因为如此，在亚厚的投研团队中，一直专设有进行 CTA 策略投研的研究小组。"我们相信依靠不断提升的策略投研体系和因子迭代，一定可以保持亚厚在期货和衍生品市场上的资管核心竞争力，不断为投资者创造价值。"吴雅楠说。

对于 2021 年的产品管理的业绩以及参赛的成绩，吴雅楠是满意的。"我们专注于量化投资，为保持我们产品的一致性，我们没有针对此次大赛调整产品交易方式。参赛 CTA 产品与我们其他产品，在策略和交易方式等方面均保持一致。"吴雅楠介绍，对他们而言，投资交易策略不是单一的品种或策略，而是要经过经济周期、市场周期和政策周期的多重检验，才能磨炼出穿越周期的长期稳定的具有一定风险收益性价比的策略组合。

在过去四年中，亚厚的 CTA 产品逐步形成多品种多周期多策略的投资组合配置。产品的特点在于既有能抓住市场较长期波动的日间中频策略配置，也有能应对市场较短期波动的日内高频策略配置，既有抓住强势品种的趋势策略，也有跨品种跨周期的套利策略。在风控环节，亚厚 CTA 还设置了对冲市场异常波动的单个因子与策略组合的综合风控体系，这也是此次大赛能获得较好成绩的"秘籍"。

据吴雅楠介绍，在实盘中，亚厚的量化 CTA 多因子策略组合包含 197 个套利类和趋势类策略因子，并分别基于对量价、期货持仓和期限结构等多维度数据进行统计挖掘和机器学习，交易覆盖期货全市场流动性较好的近 50 个品种，交易频率包含日间中频交易和日内高频交易。不仅如此，策略组合还通过算法交易下单，降低交易成本，减少市场冲击，轧差净头寸，以增强产品收益。

作为一家专注于以量化投资为基础的私募基金，亚厚通过 CTA 量化策略的研究和投资将各个品种落地到交易中。"今年来看，亚厚的 CTA 策略在黑色、能化和有色等版块上盈利较多，对于农产品也有一定收益。"在他印象里，大赛期间，盈利最大阶段应该是在 9 月，当时期货市场整体上波动率加大，且无序波动减少，亚厚的策略组合比较适应这阶段行情，不同频率的趋势类因子均开始获利，产品在此期间获得了不错的收益。

回撤阶段主要发生在开赛初期的 3 月。"当时，在 PPI 不断创新高的情况下，工业品出现了非常强的上涨压力，与此同时，调控政策频繁出台，造成市场在一段时间内连续出现无序的大幅波动。"吴雅楠表示，这种市场环境在近几年从未有过，这一阶段对亚厚策略的考验在于低频趋势类因子出现较为明显的回撤。

"不过，我们产品是多策略多周期组合交易，高频类策略在这一阶段贡献了不少收益，降低了产品整体回撤幅度。"在他看来，产品回撤带来的启示是，相比只交易某种类型策略，多策略模式在市场上具有更好的适应性。

事实上，多年的投资交易，成功和失败都让吴雅楠和团队获得了成长。"相比成功，我认为遇到挫折和失败对我的印象更深，每次从失败中爬起来进行总结，对我们的成长尤为重要。"吴雅楠称，在自己做投资的初期，一直是把收益的高低放到第一位，当时并没有意识到风险控制的重要性。"我相信这种心态在很多初入投资行业的交易者身上都有。但是当市场的不确定和黑天鹅出现，对我们的收益造成大幅回撤之后，就会让我们明白，相比于收益，风险管理是投资中的第一要事，活下来最重要。"

"在一款产品实际运行之前，就应该将它能承受的风险和交易仓位设定好，做到事前有计划，使它的仓位水平能与产品潜在的最大风险相匹配。这样的理念是我在投资生涯初期摸索出来的，这样的理念目前也是我做投资的准则之一，它是不断汲取与修正的成果。"吴雅楠如是说。

从一名交易的新进者成长为一名投资交易市场的成熟者，要经历很长的不断自我否定和不断学习的过程，这对个人而言，如同要经过一座少有人走过的独木桥。但当走过这座独木桥，曾经看起来是自我否定的过程，会成为理所当然。交易本身就是去人性化的自我修炼历程，而这也恰恰是吴雅楠"顺势而为，逆势思考"的投资理念。

在吴雅楠看来，个人性格决定着交易的成败。如果对自己性格做一个客观评价，那便是乐观、坚持、善于学习与总结。"不轻言放弃、有韧劲、风控第一、终身学习，是投资者在期货市场长期生存必备的交易基本功。"

这届比赛已画上圆满句号。立足新起点，踏上新征程，吴雅楠表示，自己还会继续参加比赛。作为私募管理人，他对未来的规划是，在投研方面继续提升，做好产品业绩，给投资者创造持续而稳健的收益，并希望在三年内资管规模可以进入百亿行列。

第17章　不持有亏损单

——专访长期稳定盈利奖第七名毛环成

　　毛环成拥有十六年金融市场实战投资经验，现任凡旭资产管理有限公司投资总监。十多年来每年都能稳健获利，其股指期货账户多次在国内外实盘大赛中获奖：在 2013 年《期货日报》举办的全国实盘交易大赛中获轻量级组 16 名；在 2017 年《期货日报》举办的全国实盘交易大赛中获金融组 13 名；在 2018 年《期货日报》举办的全球衍生品实盘大赛中获重量级组亚军；在 2019 年《期货日报》举办的全国实盘大赛中获金融组第 3 名；在 2021 年《期货日报》举办的全国实盘大赛中获长期稳定盈利奖。

　　"我们已经参赛八年，对实盘大赛很熟悉，最初参赛目的是向市场里的高手学习，总结经验，提升自己；最近几年主要有两点想法：一是向稳健型盘手取经，看人家是怎样设置风控、资金配置以及稳健盈利的；二是从市场里失败的案例中学习，反思自己的交易系统与市场的契合度。"毛环成坦言。

轻仓应对极端行情

　　受疫情和政策的影响，2020 年很多品种波幅较大。谈及 2020 年的极端行情，毛环成表示，2020 年受疫情影响，全球央行开闸放水，大幅通胀的预期特别明显，造成很多品种涨跌非常极端。"政府为了防御通胀，出台了一些调控政策，市场下跌也出现了极端的踩踏效应，我们认为，'反者道之动'，物极必反是市场正常现象，适应瞬息万变的市场，轻仓应对为良策。"

据毛环成介绍，凡旭资产团队2020年以股指期货日内交易为主，偶尔轻仓参与商品趋势交易，在股指的交易上盈利相对多些。

"团队交易，有一套完整的久经市场检验的交易体系，公司基金经理配有研究员、交易员、风控人员，每天制定好交易策略、风控策略等交易计划，并且公司有系统的、严格的奖惩管理制度，以此来保证整个交易计划执行到位、不扭曲。"毛环成说。

不持有亏损单

对多年来的交易经历，毛环成总结了六个字：不持有亏损单。

"不持有亏损单这一交易理念，是凡旭团队经过漫长时间，从反复不断的亏损经验教训当中提炼所得。早期我们亏损的原因主要有两点：一是一直扛单造成巨亏，二是频繁交易频繁止损。针对这两个原因，我们设计了两个应对方案：第一，规定每天或每周的最大亏损幅度，到了就无条件止损；第二，限制每天和每周的交易频次，规避了频繁止损。久而久之就形成了公司的一套交易制度，从而把'不持有亏损单'这一理念编入风控制度中。"毛环成解释道。

"不持有亏损单"是交易者特别是初入者最基本的素质，而盈利能力是交易者长期稳健盈利的基本保障，因此，"从市场里寻找规律"这个课题是凡旭资产团队长期、主要的研究方向。

凡旭资产团队所有建模都是以创建一个"以小博大"、有效的正交易系统为目标，以小风险博取大收益。怎样让风险可控？毛环成给出的答案是执行无条件止损。如何做到无条件止损？毛环成进一步解释："通过长时间训练，公司上下所有员工都达成了一个理念上的共识——不持有亏损单。不仅每天每周总结探讨这一观点，并且以不持有亏损单为图腾符号，把它上升为一种仪式，融于公司文化中。通过每天的不断自我暗示，不持有亏损单这一原则现已深入到团队每一个成员的骨髓里，交易时做到了这一点，就规避了大亏巨亏，才能在市场里长期活着。"

计划你的交易，交易你的计划

毛环成认为，资金大幅度亏损是做期货投资的最大风险。

为了规避这一风险，必须形成一套严格的交易管理制度、风险管控制度以及资金使用制度。凡旭资产团队经过长期的探索与总结，形成了一套适用于自己的止损止盈体系，在资金使用率、周期操作频次、持仓上限、隔夜仓单等方面都有明确的规定和限制，并且配套制定对下单员和风控专员所执行的情况进行正负激励。

"'计划你的交易，交易你的计划'，我们在证券投资、期货交易、期权套利、商品套利、固定收益等各类投资上都经过缜密的事前设计、基本面与技术面的深入研究分析，严谨地制定出交易策略、资金分配比例、最大风险与收益比等，做到有目的、有计划、有风控措施和有纪律性的交易。开仓之前，计算好能够承受的最大风险，把亏损控制在最大风险之内，如果连续出现亏损，就调整资金使用额度，缩小止损空间，并且保持耐心等待，提高出击的准确性。"毛环成说。

谈及交易与生活的平衡，毛环成表示，交易即生活，交易是生活的一部分，但不是全部。不要本末倒置，如果把生活的全部变成交易，心态就会扭曲、交易也会扭曲、生活更会扭曲，即使能从市场盈利，生活也会变得无趣、交易也变得无意义。认清交易和生活的关系，取得家人及周边人的支持，是做好交易、过好生活的外部保障。

"无知论"

在证券期货市场上，很多交易者包括基金经理经常犯一个错误：知道但做不到，没有达到知行合一。因此，凡旭资产团队给自己定义了一个"无知论"的理论：作为交易者，知道但没做到，就是无知。

"我们定义的'无知论'把知行合一提到一个更高的高度，只要没做到，就是无知，就是不知道。市场里绝大部分交易者都处于一种无知的状态，当然也包括我们团队的成员。但是我们知道自己做不到，就用一套制度、规范去执行，把做不到的用制度来强化、干预，从而使其无条件地执行。"毛环成说。

最后，毛环成提醒所有交易者，贪婪和恐惧是人的本性，贪婪、胆小及赌徒心态重的人不适合从事期货交易。要想成为一个优秀操盘手，必须在市场里反复磨炼、反复学习，同时具备有效的反思、总结、自醒、提炼能力。

第18章　佛系交易，越简单越易成功

——专访全国赛量化组第八名尹先志

尹先志，现任北京子辰私募基金管理有限公司总经理，中国人民大学统计学专业，拥有多年量化交易经验，曾就职于国内知名私募。相信规则制胜，以严格的程序化交易代替主观判断，坚持稳中求进，在保障本金安全的前提下追求超额收益，长期年化收益回撤比保持在5以上。参赛昵称"凡尔小周"。

坚持自己的交易系统

2020年是尹先志第四年参加实盘大赛，这一次，他再次选择了量化组。从第一年的100多名，到第二年的30名，第三年的22名，一次比一次"运气好"的他，在第四年冲进了前十，斩获了第8名。

当得知这一成绩时，尹先志欣喜之余还有一丝"小确幸"。毕竟正处创业之时，这份荣誉对他来讲，为"打一打榜"也是值得的。

事实上，对于尹先志而言，选择量化交易也是"水到渠成"。

从他个人的经历上来看，高中开始炒股，上大学后又交易了几年外汇，最后进入期货市场，而做这些的原动力就是想赚钱。

那个时候尹先志痴迷交易，昼夜所思，但是做主观交易并不理想。几年下来他不断反思总结，得出结论：无论用什么样的方式交易，主观也好，量化也好，终归是需要系统化的。于是，便开始做起了量化交易。

从实习到毕业工作，这十余年间，尹先志基本都泡在私募里。从研究员做到基金经理，2020 年辞职后，创业成立了北京子辰私募基金管理有限公司。

"我之所以参赛，是希望能够通过这个公开的、权威的平台，帮助了解自身在行业内的位置，更多地发现自身的不足并向同行们学习。同时希望大赛能在赛后将选手们更加紧密地团结起来，增进交流，增进友谊。"尹先志称。

尹先志是全程序化交易，覆盖的品种也比较全面，从策略上来看比较偏爱高波动，总体下来成绩还不错。

在他看来，2020 年的期货市场与 2019 年相比，做起来有一定的难度。"2020 年期货市场振幅较大，短线策略可能占一点优势，中长期的策略在 9 月后才有所表现，时间上不占优势。"尹先志告诉《期货日报》记者，偏好佛系的他，在技术上应对操作有点滞后，需要多一些精力以应对不断变换的市场环境。

在因子和组合两者中，更侧重因子的质量。尹先志的大部分工作精力，也是沉浸在数据中找规律。从商品到股指，不断挖掘新的因子，就是尹先志工作的主要内容。

2019 年，尹先志把基于规则的策略体系升级为基于因子值的组合体系，这一转变也为他在 2020 年后的发展打下了基础。

"因为还在创业，私募牌照刚下来，从全局考虑投资组合，此次大赛我将短线策略账户来打一打榜。"尹先志称，自己的主要精力还是集中在策略的研发和迭代上。"基本上有流动性的都交易，具体盈利在哪些品种上，其实我个人不是特别关注。全市场交易通常跟着行情走，行情出在哪里，我这边的盈利就在哪里。"

稳定压倒一切

由于主要在因子层面做策略迭代，尹先志很少关注交易盈亏。"我一般不过分关注盈亏，平时偶尔登登账户，大部分时候都不知道盈亏情况。只要程序不出错就行。"尹先志称，如果一笔单子出现亏损，基本不做处理。

至于如何控制和规避交易风险，尹先志解释基本是基于历史回测和过往的实盘业绩表现来进行仓位管理和风控。尤其在成立私募基金后，产品层面的仓位管理和风控就更加重要，在他看来，稳定压倒一切。

"其实我自己平时的工作比较多，主要在做投研。我感觉自己离市场不是很近，甚至我都不能算是一个交易者，因为盈亏也好、市场也好，对我的心态基本没有影响，更不会影响到我的投资决策。"尹先志称。

在他看来，股市分析员和交易员的职业定位、素养还是不一样的。自己可能是一个及格线附近的股市分析员，但应该不是一个成功的交易员。"我的工作其实和程序员、分析师的工作有一些相同之处，它其实是一个中规中矩的工作，这么多年下来，家人及周围的人一般都是我的投资人，大家取得丰厚的投资回报后，对我的支持基本上还是挺不错的。"尹先志称。

对于交易员而言，面对成功或失败，心态平和、情绪稳定比较重要。事实上，"佛系"气质也贯穿于尹先志的整个交易。

"首先还是要看淡财富，专注于这个工作本身，当你把策略做好的时候，财富会自然而然地来。"尹先志认为，量化交易更加注重积累，在人生轨迹的夏普比率上，可能稍稍优于主观交易者。"我主要的资金还是在全周期的趋势策略上，这种组合夏普比率不高，从统计学意义上，是有可能很长时间不赚钱的。"在他看来，能熬得住回撤，坚持自己的交易系统，泰然处之比较重要。

对于交易者而言，无论是主观还是量化，都需要有一个明确清晰的交易系统；心态平和、情绪稳定是管理大资金比较重要的一个前提。无论是哪个阶段，贫穷或富有，专注于热爱的事情本身最重要。

关注和参与实盘大赛也是尹先志专注热爱的事情之一。既然已经参赛四年了，那就继续比下去。"2020年虽然是短线策略得了奖，但是我大一些的账户还是没能进到前十，有一点遗憾，希望能再接再厉。"尹先志称，希望自己的职业生命周期能更久一点，把公司这个平台做起来。

第19章 投资是一场马拉松，耐力很重要

——专访全球赛轻量组第六名曹仲宇

> 　　作为期货实盘市场的"新兵"，第二次参加大赛就取得了不错的成绩，曹仲宇表示这主要得益于他成功地将股市的投资经验迁移到了期货投资上。他认为大赛不仅为投资者提供了自我展示的平台，证明了选手的实力，还为广大投资者提供了一个免费学习的平台。曹仲宇表示，未来他还会继续参加比赛，通过比赛提升交易水平并不断完善自己的投资模型和理念。

近两年，在疫情的影响下，全球经济受到冲击，金融市场大幅波动。作为期货市场的"新兵"，在经济形势多变的情况下第二次参赛就取得不错的成绩，曹仲宇表示主要原因是他成功地将股市的投资经验迁移到了期货投资上。

以"史"为鉴

据曹仲宇介绍，他是技术面投资者，习惯把每个合约缩到最小，通过比较该合约当前价位在其运行历史中的位置，衡量该品种的投资价值。他喜欢交易那些处于历史低位或历史高位的合约，因为这样的合约未来上涨或下跌的潜力比较大，相对更容易获利。"交易这样的合约时，我的仓位往往也会高一些。"

"当然，谁也不能保证每次开仓的位置都是最合适的。因此，我第一次开仓时的仓位一般不会太高，而且会在开仓时就设好止损位，确保此次

交易即便不成功，损失也不会超出自己的承受范围。"曹仲宇告诉《期货日报》记者，一般情况下，他会将亏损控制在 10% 以内，而且只要不到预设的止损位，就会一直持有。一旦到了止损位，不管未来有没有盈利空间，都会立即平仓。

曹仲宇表示，由于他参与期货市场的时间较短，交易的次数和品种也相对有限，交易理念和模式均有待进一步完善。实际上，对于他来说，每一笔失败的交易都是一次很好的学习机会。"我要做的就是找到失利的原因，避免以后犯同样的错误。"曹仲宇告诉记者，目前交易时他最看重的是发现机会时能否抓住，能否果断建仓，以及一笔交易从建仓到清仓的过程中，能否坚持自己的操作理念。

据了解，曹仲宇进入期货市场之前，只参与过股市投资。之所以介入期货市场，主要是发现当时期货市场上许多品种的价格都处于历史低位。依据股市投资经验，他认为在这样的情况下，一旦迎来一波上涨行情，上升空间就会较大。事实也证明了他这一决策的正确性。据曹仲宇介绍，参与期货交易以来，其收益一直保持在比较满意的水平。尤其是 2021 年大赛期间，他交易的品种是豆油和天然气，因为建仓时商品价格处于历史低位，建仓后他就一直持有，取得了不错的收益，并助其在本届全球赛中取得了轻量组第六的名次。

坚持自我

总结这三年的期货交易经历，曹仲宇表示最大的感悟就是要有耐心。在他看来，期货市场的价格波动其实比股市小很多，排除杠杆因素，只要不让短期的价格波动影响到自己的决策和心态，盈利基本上是大概率事件。"事实上，一直以来我的投资模式都没有什么变化，就是把之前股票投资的方法用到期货投资上而已。"

在曹仲宇看来，能取得好成绩不仅与他此前的交易经验有关，跟他的性格也有一定关系。他认为每个投资者都要找到符合自己性格的投资模式，才有可能获得最大的收益。"以我自己为例，因为性格比较沉稳，拿得住单子，不容易受到短期价格波动的影响。这也是我近三年能获得不错收益的主要原因之一。"

此外，曹仲宇认为不畏人言，坚持自我的判断也是非常重要的。据介绍，他刚开始做期货交易时，很多朋友不理解，劝他做点实事，不要去追求这种他们觉得虚无缥缈的赚钱机会。但他不为所动，坚持做投资，也获得了不错的成绩。他认为，投资本质上是一场马拉松，一两年的输赢证明不了什么，重要的是坚持并坚守自己的交易理念。

据了解，刚开始参与实盘交易大赛时，曹仲宇并没有太多想法和目标，但参赛后他发现，大赛不仅为投资者提供了自我展示平台，证明了选手的实力，交易者还可以通过官方系统提供的净利润、当日权益、回撤率、品种盈亏统计等各种数据，了解市场上其他人的交易方式，通过这个免费的学习机会完善和提高自己。曹仲宇表示，未来他还会继续参加比赛，通过比赛提升交易水平并不断完善自己的投资模型和理念。

第20章　不带情绪是交易者最好的"保护色"

——专访全球赛轻量组第八名陈思源

> 2021年5月才开始期货交易，首次参加实盘大赛便取得了全球赛轻量组第八名的好成绩，陈思源认为这与他在金融市场其他领域积累的丰富经验不无关系。他的交易方法与大多数期货交易者不同，由于股指期货的底层资产是一揽子股票，权重股的影响特别突出，所以他交易时主要看美国六大科技巨头的表现。

"这与我在金融市场其他领域积累的丰富经验不无关系。"接受采访时，陈思源对《期货日报》记者说。2021年5月才开始期货交易的陈思源，在第十五届全国期货（期权）实盘交易大赛暨第八届全球衍生品实盘交易大赛中，取得了全球赛轻量组第八名的好成绩。

找到最合适的工具

"2020年，疫情导致美股恐慌性下跌并触发多次熔断，我果断进场抄底美股。在美股市场我用半年多的时间完成了资金翻倍，之后开始考虑用期货杠杆效应放大收益。"陈思源说。

陈思源表示，他的交易方法与大多数期货交易者不同，由于做的是股指期货，底层资产是一揽子股票，权重股的影响特别突出，所以他交易时主要看美国六大科技巨头也就是FAAMGT（脸书、苹果、亚马逊、微软、谷歌、特斯拉）公司的基本面。同时他也会关注美财政部和美联储的动态，分析相关政策对市场的影响。

"我参与过 ETF、个股、期权、期货等多个市场的交易，逐渐熟悉了不同投资工具的特点，发现最适合我的是期货交易。"陈思源说，自己的投资风格比较激进，追求高收益且可以承受大幅回撤。对比 Penny Stock（低价股票）和 Long Call（买入看涨期权），他认为期货市场的风险更小、收益更高，所以能不带任何情绪地进行期货交易。

陈思源认为，他的交易和情绪已经形成了良性交互。"期货交易让我变得更沉着、冷静，而这又让我能更好地进行期货交易，形成了良性循环。"在他看来，最适合交易的性格是沉稳型，这类性格的人情绪不容易波动甚至没有情绪。因此，在交易过程中，陈思源努力使自己向沉稳靠拢。

"我会把账户资产、浮动盈亏都当成一个数字，把主要精力放在数据分析、逻辑判断上，作出判断，再去验证自己的逻辑，最后总结哪里对、哪里错。在我看来，交易的本质是信息不对称，所以最大的难点在于快速准确地获取信息，并分析这些信息会带来什么影响。这需要一个交易者对世界、对市场有一个正确的认知。"陈思源说。

把握能抓住的机会

陈思源认为，本届实盘大赛期间美股期指市场行情整体稳中向好，这主要得益于疫情的逐步控制以及科技巨头的业绩增长，但美联储态度的不断转变给市场增添了很多不确定性，也给投资者带来了很多机会。

据了解，陈思源盈利最大的一笔交易发生在 2021 年 5 月 12 日。当时美国即将公布 2021 年 4 月的 CPI 数据，主流媒体的报道风向均指出市场预期 CPI 同比增速会突破 3% 的历史高位，通胀非常严重，需要立即收紧货币，这将对股市造成严重冲击。他自己的研究则表明，2021 年 4 月是美国的通缩转折点，基数非常低，CPI 同比增速一定大于 3%，甚至接近 4%，但这只是数据波动的假象，正如之后鲍威尔反复强调的"通胀是暂时的"。

"当时我判断短线会有大量恐慌抛售，随后市场消息逐渐消化后会迅速反弹。于是我进行了做空操作，并在低点转多。"陈思源说，两天时间他的收益率就超过了 100%。

大赛期间，陈思源回撤最大的一笔交易持续了半个月左右。"那是2021 年 8 月底，我判断苹果公司的新产品销售会不及预期，而且当时纳指大幅跑赢道指和标普，于是我开始做空纳指。但随后谷歌和微软大涨，苹果也稳步爬升。但我坚信自己的判断没错，认为这只是市场短期内的非理性波动。"他说，最终他遭受了 30% 左右的净值回撤，不过发布会后苹果股价如期下跌，叠加"四巫日"的影响，30% 的回撤迅速收复，最后还收获了约 10% 的盈利。

市场永远是对的

"一次或几次交易的成败，对我来说并不重要。无论盈利还是亏损，我都会一视同仁地去总结分析，而不会觉得赢了就是我厉害，输了就是庄家割韭菜。市场永远是对的，理性客观地面对市场，不管成败都应该回过头去验证自己的逻辑判断是否正确，只有这样才能不断地提高自己。"陈思源说。

交易中，陈思源最看重风险收益比。他坦言，不管高胜率低赔率还是低胜率高赔率，只要他判断"期望收益"为正，就会纳入考虑范畴。

关于仓位管理和风控，陈思源也有自己的处理方式。"由于一般情况下股指的波动不大，所以我基本上不做仓位控制，长期保持在 60%—80%。我会在多空转换时，用对冲规避风险。比如 2021 年 9 月最后一周，我一直半仓做多道指，半仓做空纳指，赚取道指跑赢纳指的部分。这个风控理念来自股票的交易经验。"在他看来，交易中不应该加入太多变量影响自己的决策，放弃仓位控制，将更多精力放在多空判断上会有更好的效果。

以赛代练 提升实力

"很感谢实盘大赛提供的平台，让我能认识和了解很多优秀交易者。"陈思源表示，实盘大赛能帮助参赛者了解自己的水平，并激励参赛者不断提高。"交易者要让自己变得更专业，市场也需要更专业的交易者，这是一个互利双赢的局面。"在他看来，优秀交易员和期货市场是共生关系，互相促进，共同发展。优秀交易员越多，市场的走势就越理性，越能吸引优秀的交易员参与，从而形成良性循环的局面。

"从整体盈利水平看，本届大赛还是头部交易者掌握了大部分利润，基金组的表现也远胜其他组别。所以我认为很多交易者仍有较大的提升空间，可以通过多学习、多交流，不断提高自己的交易水平，在市场中获取更高的利润，证明自己的实力。"陈思源说。

第21章　选择一个品种做深做精

——专访全球赛重量组第六名李大鹏

> 总结多年来的交易经历，李大鹏认为，作为一个交易者，在市场上一定要全力以赴，首先需要选择好标的，其次是耐心等待好的时机，在机会来临时要看准方向、敢于重仓出击，最后才会收获不菲的投资收益。

沉着冷静、处事不惊，是李大鹏在期货市场交易中每年都能保持盈利的心态秘诀。作为第二次参与实盘大赛的新生代选手，李大鹏并没有把最终名次看得很重，而是在比赛期间一直都保持原有的交易节奏。在选定一个标的、确定交易标准后便按照计划操作，心态和交易模式都没有过多的改变。

在李大鹏看来，想成为一名优秀的操盘手并非易事，不被这个市场淘汰出局的重点不在于如何赚更多的钱，而在于如何少赔一点。操盘手应该先学会保障资金安全，然后形成一致性的获利能力，最后才能获取超额风险收益。

看淡名次，不受外界干扰

"2021年继续参与比赛其实就是为了学习优秀交易者的长处，发现并改进自己日常操作中的不足。"李大鹏说道，实盘大赛最重要的作用是能够促进交易者不断学习和进步，给予更多交易者一个相互较量和交流的平台，最终比赛名次并不那么重要。

面对比赛期间市场的波动，李大鹏表示，其实每年市场中都有大事件发生，只不过 2021 年市场受疫情和相关政策影响波动会更大一点，交易者在操作上难度会更高一些。"对于我本身来说，因为我交易的是纳斯达克，所以并没受到太多影响。"

李大鹏告诉《期货日报》记者，比赛期间，自己一直都按照原有的计划操作，心态和交易模式也没有因为比赛而特别做出改变。通过这次比赛，也更加深刻地认识到交易过程中要遵守交易标准，要按照计划去操作，不要受他人干扰而随意改变。

"2021 年，微型 E- 迷你标普指数期货（MES）、微型 E- 迷你纳斯达克 100（MNQ）、FDAX 期货等我都有参与交易，其中 MNQ 的盈利较多。我的交易计划主要采取长短结合的方式，一部分底仓做长线，另一部分资金做短线。"李大鹏说，"在日常操作中，我也会多总结自己的得失，回顾历史数据，找出可行的规律，在有行情和机会的时候，就先投入小资金尝试一下，获利的话再加大投入。"

在风险控制方面，李大鹏告诉《期货日报》记者，自己一直长期坚持不满仓的策略，最多只利用一半的资金来进行操作。从美国股市来说，更多会以基本面分析为主，行情好的时候会加大长线资金的仓位，减少短线资金的操作，在出现重大风险事件的时候，就降低长线底仓，更多地进行短线操作。在前期美股大跌时，李大鹏便根据自己的计划降低了长线底仓，回撤幅度很小，有效地防控了风险。

"一般来说，我会将亏损控制在 10%—20%，做到及时止损。若连续多天都亏损，则会看具体情况进行操作，如果整体趋势没有走坏，就会做短线降低成本，已经破位就直接平仓。"李大鹏说。

选好标的，长期坚持不懈

在进入期货市场之前，李大鹏曾在证券公司担任投资顾问，为了更好地服务客户便开始对期货进行研究，后来在操作中发现期货相较于股票而言能够更有效地利用资金，便对期货产生了浓厚兴趣。而凭借着在股市中的经验，李大鹏也迅速领悟到期货交易的方法，找到了一条属于自己的盈利之路。

"我的交易方式是坚持重仓策略，看准了标的物就全力出击。在交易中我最看重的是交易标的物和对标的物基本面的把握。在 2021 年比赛过程中，因为本身专注于对于高科技行业的长期看好，所以选择了操作纳斯达克期货指数这个单一品种。"李大鹏告诉《期货日报》记者，自己在交易上一直算是比较成功的，基本上保持着每年都在盈利的纪录，没有什么特别失败的经历。2021 年以来，由于纳斯达克指数走势比较平稳，自己的账户盈利也一直较为稳定。

谈及比赛中最大的一次回撤，李大鹏表示，是在比赛快要结束时，伴随着纳指的下跌出现了一定的回撤。"通过这次经历，我也领悟到了在交易中一定要选好标的，长期坚持，把一个品种做深做透彻。"他说。

除了灵活的交易方式和坚持不懈的精神外，李大鹏的成绩也和他沉稳、淡然的性格密不可分。在他看来，个人性格和交易密切相关，优秀的性格会为交易带来很多益处，反之交易者若没有坚韧的性格就很难在市场中存活下来。

总结多年来的交易经历，李大鹏认为，作为一个交易者，在市场上一定要全力以赴，首先需要选择好标的，其次是耐心等待好的时机，调整自己的心态，在机会来临时要看准方向、敢于重仓出击，最后才会收获不菲的投资收益。当然，交易者也要坚持向成功人士学习，从错误中总结经验，只有通过不断的思考和学习，才能获得更大的进步。

多年来一直在期货市场中驰骋，对于李大鹏来说，期货交易已经成为他生活中不可分割的一部分。他告诉《期货日报》记者，以后会继续支持和参加实盘大赛，同时也正在考虑组建一支专业的团队，期待未来能够将更好的想法付诸实践，在市场中获得更多的能量和进步。

第22章　生活要轻松，交易要有趣

——专访全球赛重量组第四名沈学初

沈学初表示，大赛期间一定要和平时一样，尽自己最大努力保住本金，把仓位控制在 30% 以内，有盈利再加仓，但也要根据情况随时调整策略。同时，出场时机非常重要，盈利到一定程度的单子要尽量避免再亏损。

2003 年接触期货，2010 年开始做交易。十八年的期货交易经历，十一年的外盘交易经历，能在期货市场摸爬滚打这么多年，首次参加全球赛便金榜题名，无论从哪个方面来说，沈学初都算是成功的。

沈学初在接受《期货日报》记者采访时表示，自己当初是经朋友介绍进入期货市场的，但在进入市场之前就一直在做铜现货交易，因此当时虽是期市新手，但并不陌生。"我那时对期货市场的风险和杠杆原理都比较了解，主要是对期货投资很感兴趣，就抱着尝试一下的心态入市了。"

跟大多数期货投资者相比，沈学初应该算是理性的。据他介绍，最开始的几年，主要抱着学习的心态，在期市的投资比较谨慎，投入的本金也不高，其间小盈小亏，影响不大。但像绝大多数投资者一样，2010 年，已成为期货老手的沈学初也经历了一场至今记忆犹新的较大失败，"当时刚接触外盘不久，内盘做的品种比较杂，二者无法兼顾，连续亏损之后，心态没控制好，一年亏了近 800 万元。"

　　"好在自 2014 年开始，我的状态越来越好，心态也很少有大的波动了。现在基本每年都能保持稳定盈利，期货交易也成为我的主业之一，成了生活的一部分，家人也都比较支持。"沈学初认为，在期货实盘交易中，心态、交易模式、技巧三要素至关重要。心态平和才能面对大幅盈亏时不激动、行情大幅波动时不冲动，再加上好的交易模式和投资技巧，就不会有大问题。"也可能是我比较幸运，能够在这竞争激烈的市场中生存下来，或者说是经过这么多年的期货交易，盈利和亏损已经不大能影响我的心情了。其实周围还有很多失败的例子，我有时也会分析一下别人的操作得失，结合自己的操作方式，总结一些经验和教训，逐渐找出适合自己的交易方法。"

　　"平时操作中，我是以技术分析为主。在期市打拼，不可能永远不亏，把亏钱的单子做成短线、赚钱的单子尽可能做成长线，能实现小亏大赚已是最好的了。当然，任何事情都不会千篇一律，要根据情况及时调整策略，要设好止损，顺势而为。"

　　第一次参加大赛就能获得重量组第四名以及芝商所铜期货奖的成绩，沈学初还是比较满意的。"虽是初次参赛，但由于往年身边好多投资者朋友都参加过，我对大赛的赛制、赛程等都有一定了解，这次也是抱着试试看的心态，主要是想在这个大平台上测试一下自己的交易水平。参与过程中也没有调整自己的交易品种和交易策略，和平常交易一样。"他认为，大赛对于交易者来说能得到更多人的认可，对交易员以后的成长与发展也有很大帮助。"希望大赛能吸引更多热爱期货交易的人参与到市场中来。"

　　据沈学初介绍，他交易的品种主要包括原油、道指、黄金、铜和一些农产品。由于自己是做铜现货贸易出身，有一定的经验，对这个品种的产业链比较了解。"身边也有朋友在做铜实物贸易，对我做交易也有一定帮助，因此比赛期间，我也是在铜这个品种上获利较多。盈利最多的也是铜的一波行情，刚开始是滚动做多，有波动调整时高抛低吸。"虽然这波操作是其获奖的主要助力，但沈学初提起来却仍有遗憾："中间也有回撤，而且我当时没有及时止损，算是一个小失误。每次交易都应该尽量把亏损降到最低，这波行情中我觉得自己没有做到，以后一定要多加注意，不再犯同样的错误。"

　　沈学初提醒大家，大赛期间一定要和平时一样，尽自己最大努力保住本金，把仓位控制在 30% 以内，有盈利再加仓，但也要根据情况随时调整策略。他认为，出场时机非常重要，盈利到一定程度的单子要尽量避免再亏损，当然这要根据自己多年的操盘经验和盘感而定，非短时之功。

"性格和心态很重要，要输得起。把每次交易看成一个数字游戏，交易者的任务就是如何把自己账户的数字变大。"沈学初强调，要做到这一点，心态、交易方式、技术三者缺一不可。他表示，自己做外盘交易时会尽量把每手的亏损都控制在 1000 美元之内，如果出现连续亏损，就会强迫自己休息几天，完全放松后再重新投入期货交易。"大巧不工，用适合自己的最简单的方式去做，别把自己搞得太累，那样会很无趣。希望每次交易都是开心的，把每次亏损对心情的影响减到最小。"

对于以后的比赛，沈学初表示自己应该还会参加。"跟这么多志同道合的朋友同场竞技，亦是一种乐趣。"最后他表示自己也有组建团队的想法，因为他强调交易要开心、有趣，一个人单打独斗有时候也会觉得累，如果有人一起商量、分担，交易有可能会更轻松、快乐。

第 23 章　十年磨一剑，把握交易的道与术

——专访全球赛重量组第七名顾明喆

　　大部分投资者都只一味追求进攻得分能力，却轻视了防守，结果就是一边前方攻城略地，后方守不住胜利果实，最终黄粱一梦。科学的做法是通过机会的过滤和资金管理，略微降低进攻能力，增强防守，最终的结果反而更好。

　　对于普通投资者来说，要想在市场中持续盈利，核心便是把握交易中的道与术。道是市场运行的规律，是持续盈利的准则，是投资的智慧；术是交易技术到战法再到交易系统的层层递进，其最高形态就是交易系统。术要在道的框架下承载道、阐述道，发挥道的威力。

　　他是拥有十五年股票市场、国际期货投资经验的职业交易者，是芝商所（CME）等全球多家知名交易所的特约讲师，同时也是赢在起点投资学院的创始人，现任上海期汩信息技术总经理。作为活跃在国际期货平台上的中国身影，顾明喆的头衔却仍远不止于此。2021 年，他再次成为实盘大赛外盘赛中的领跑选手，将全球赛重量组第七名、芝商所 COMEX 铜期权奖第一名、十年期美国国债期权奖第一名和 NYMEXWTI 原油期权第二名多个奖项轻松收入囊中。

对于多次扛住市场大风大浪的顾明喆来说，期货交易没有终点，永远都是进行时。从投资小白到业界精英，从痴迷技术到领悟交易之道，顾明喆在长达十五年的投资经历中悟出，想要成为一个成功的职业交易者，首先要找对老师踏踏实实学个明白，然后要找到属于自己的一套完整的交易系统，懂得将情绪管理和风险控制相结合，如此才能在稳定盈利的交易之路上越走越远。

攻城略地不忘防守　风险控制更重要

在 2021 年偏向振荡的全球市场环境中，全球赛参赛选手的操作难度明显大于往年。在此情况下，顾明喆非常注重风险控制和调整回撤策略。

顾明喆对《期货日报》记者表示，2021 年比赛期间，铜、美豆等品种皆呈大幅振荡走势，原油、股指等主升浪品种的幅度和流畅度也远不如内盘品种，2021 年 9 月下旬，美股股指经历了一次超过 5% 的多日调整，使得很多一路做多死拿的选手出现了不小的回撤。

"2021 年 4 月和 5 月，我的参赛账户资金曲线也经历了振荡，进入 6 月后我开始微调交易策略，更加注重回撤管理和机会的过滤。其中，在交易趋势品种时，我利用期权对冲风险、增强收益，使资金曲线平滑上升，其间最大回撤不超过 2%，净值增长近 30%。此外，对美股股指、原油、黄金白银等品种，我主要通过基本面和技术面结合来制订交易计划；CME 的主要期货品种则具有丰富的期权合约，基本上 2—3 天就有一个新的期权合约，为此我选择了盈透证券作为交易商平台，利于我多周期、多品种期权期货的全天候策略的实施。"顾明喆说。

顾明喆告诉记者，在比赛的最后阶段，还出现了有些选手为了最后投机冲刺，放大风险去博的现象，而自己却采用了稳健的打法，保持原有策略不变，适度地参与高胜算机会的博弈，没有很好的机会就不出手，最后的结果反而更好。

与大多数人奔着高额回报的目标参与市场不同的是，顾明喆一直是抱着做资管产品的心态进行交易，他始终将风险控制放在第一位，非常看重资金曲线和回撤。在亏损控制上，顾明喆会提前在交易计划中设定好亏损额度，通常设在 0.5%—1% 之间，如果连续多天亏损就停下来找到问题原因进行调整，然后再慢慢上实盘。

"在平时和许多交易员交流的过程中，我发现不少有一定经验的交易员认为稳定持续盈利是不可能实现的，期货交易就应该追求重仓暴利，这个观点是一个重大误解。实际上，持续稳定盈利并不是遥不可及的目标，只要遵循一定的规则，就不难做到，但是如果交易员无法控制回撤，那么他以往再辉煌的盈利都毫无意义。"在顾明喆看来，仓位的提升是一个过程，初始仓位可以根据交易机会的确定性、行情的级别和风控计划分配的额度来确定，这是一个科学量化的过程，其中细节要和自身的交易风格相匹配。总体来说，重仓押注高确定性行情和轻仓长线持有，两者并不矛盾，核心在于资金管理和风控系统参数的转换。

顾明喆进一步表示，不论是哪种交易模式，情绪管理和风险控制是所有交易员都无法绕开的，其中情绪管理可以确保行为不失控，做到知行合一，风险控制可以保证本金和净值不会大幅回撤，造成很难挽回的局面。这两点是交易的防守端，防守做得好，交易员只需要提高进攻得分能力，比如扎实的研究，细腻的资金管理，高确定性、高盈亏比机会敢于下注等方面进行提高，就可以获得比较不错的盈利。

"但实际情况是，市场中大部分投资者都一味追求进攻得分能力，却轻视了防守，结果就是前方攻城略地，后方守不住胜利果实，最终黄粱一梦。科学的做法是通过机会的过滤和资金管理，略微降低进攻能力，增强防守，最终的结果反而更好。"顾明喆说。

成功跨界纵横期市　参悟交易真谛

在成为一名对国际政治财经、大宗商品、外汇、期货拥有独到认识和见解的职业交易人之前，很难想象顾明喆一开始也曾对股市、期市的金融知识一窍不通，是个甚至连交易软件都看不懂的股市小白。

2006 年一个偶然的机会，顾明喆接触到股市，对金融市场开始产生浓厚的兴趣。本着对进入金融市场的渴望，当时担任全球 500 强通信设备企业项目总监的他毅然辞去高薪工作，坚定地迈进了期货投资行业，同时也开启了无止境的金融学习生涯。

刚开始，顾明喆只靠互联网搜索引擎学习一个个金融术语，之后又研读了知名交易类、财经类博客，并跟随当时全国主要财经媒体前三的知名博主学习操盘技术。令人惊喜的是，凭借其超强的学习能力，两年之后顾明喆便经常能准确地预测行情，在周围朋友中小有名气。

但获得成功的路往往并非一帆风顺。2008 年，顾明喆便迎来了自己的第一个低谷。在熊市环境下，由于自身交易时间无法保证，加上逆势操作和缺乏情绪管理，导致他所谓的技术在大趋势面前不堪一击，开始投资的 100 万资金最后亏得只剩 20 万。在开始交易的前五年里，据顾明喆回忆，虽然自己大部分时候都能看对行情，但是未必能赚到钱，每年结账总是小亏。经历失败之后，顾明喆又花重金参加了"知行合一"等系列培训，他把风险控制、情绪觉察和管理加入自己的交易系统后，自己原来储备的技术和研究能力终于发挥了作用，资金曲线也慢慢稳定下来。

从通信行业切换到金融行业，从 500 强企业项目经理到现货公司的分析师，顾明喆终于看似走了一条简单和直奔梦想的跨界之路，可背后却是他对专业技术的不懈学习和投资经验的不断积累，如此才进入了自己理想的行业。回忆自己的交易和学习经历，他感慨道："要想进入期货这个行业并取得成绩，就一定要找对老师，踏踏实实学个明明白白，交给老师的学费远比交给市场便宜。"

在成为现货公司的分析师之后，由于工作需要，顾明喆又关注到外盘期货市场，同时自己也开了外盘账户进行交易，开始在外盘期货市场大展拳脚。2015 年 3 月，顾明喆公开提出"原油将在 4 月确认底部"的观点，并获得市场验证；同年 3 月 27 日，他又通过国际期货市场成功布局港股、恒生指数，短短 2 周斩获 3000 点大行情，并在市场极度疯狂之时理性退场；2018 年 12 月、2020 年 3 月，顾明喆再次精准把握美股下跌大行情，做空标普指数期货，在权威媒体实盘提前公开进出场点位。

不忘初心，方得始终。十五年来，在国内外期货市场中已经拥有赫赫战绩的顾明喆一直坚守投资理念，不仅专注于市场和自己的目标，也仍在不断地学习和参悟交易。

"这两年，我增加了对期权的应用，构建了全天候的交易系统，理论上可应对市场行情的各个阶段。具体来说，是通过简单的方法判断行情的性质，如果是主趋势行情，就采用期货或期权的单边策略；如果是振荡，就用期权卖方策略，选择关键位置作为防守和进攻的依托，根据行情不同阶段，切换不同的策略组合。"顾明喆表示，目前自己的交易风格是偏向稳健，注重回撤控制，对于大级别的行情，在保持持仓的情况下，会运用期权策略增强收益和控制回撤，平滑资金曲线。

与此同时，不论胜败，交易心态保持平静，投资策略保持稳定，在一定框架内灵活选择，也是顾明喆的交易规则之一。

总结自己多年来的交易经历，顾明喆感悟到，金融市场会放大人性中的缺点，交易者一定要追求长期盈利舍弃短暂暴利。对于普通投资者来说，要想在市场中持续盈利，核心便是把握交易中的道与术，道是市场运行的规律，是持续盈利的准则，是投资的智慧；术是交易技术到战法再到交易系统的层层递进，其最高形态就是交易系统，好的交易系统近乎于道，术要在道的框架下承载道、阐述道，发挥道的威力。股票、期货、期权、涡轮等是工具，由术来操控。

"举例来说，同样一种买卖点技术，如果用来逆势操作，抄底摸顶，成功率、盈亏比就都会下降，工具使用效果不佳不是技术本身的问题，而是没有遵循市场的规律和盈利的规则，反之如果在顺势思维下，情况就完全不一样。可见道是高于术的，市场中多数人都痴迷于术而忽略了道，也就是忽略了交易理念，这也是市场中为什么只有少数人能够持续盈利的秘密。"顾明喆说。

立足比赛放眼全球传播科学投资理念

2021 年是顾明喆第四年参加实盘大赛，他对《期货日报》记者表示，对于全球范围内的交易者来说，实盘大赛已经成为一个能够展示投资交易能力、和各路高手互相切磋技艺的学习交流的最佳平台。通过参加比赛，交易者可以看到各种交易理念、交易思维和交易策略的互相碰撞，收获不一样的投资经验。

"我参赛的目的就是为了能够和来自世界各地的交易员切磋交易能力和风险控制能力，想通过比赛结识更多的交易员，另外更重要的是想通过比赛来向更多交易者、投资者传播科学的投资理念。"顾明喆说。

作为全球多家交易所的特约讲师参与比赛，顾明喆是理论与实践相结合的真正践行者。据记者了解，在比赛期间，作为 CME 的特约讲师，顾明喆还参加了《期货日报》实盘大赛全国行北京站的两次线下活动和一次线上活动，专门就大宗商品和股指的走势研判及交易策略进行了精彩的阐述，同时还为投资者分享了其投研交易方法论，概括来说就是用宏观的方法观察市场、用简单有效的方法判明趋势、用K线系统找出关键位置、用量化的系统交易市场四个方面，每个方面都代表了投研的一个阶段，背后都有一套理论体系支撑运行。

在日常交易之外，顾明喆告诉记者，自己每年都会在券商和媒体公开讲课，同时赢在起点投资学院也已经上线了交易系统相关课程，提供全球市场策略、交易机会分享和全球重点金融事件点评等服务。

"我非常希望能够传播科学的交易理念和完整的交易系统，从而帮助大众建立国际视野，把握全球市场投资机会。对自身来说，发行投资海外市场的基金是我未来的目标。"他说。

通过参与全球衍生品大赛，顾明喆认为，实盘大赛还可以继续完善，从而为投资者提供更高质量的平台。他建议，开设股票衍生品组，为只交易港美股或者利润主要来自港美股的投资者增开一个股票衍生品组进行排名，区别于期货组，这样能够更好地突出大赛的期货、期权属性，鼓励更多的人关注参与期货市场，同时兼顾各券商的公平性和大赛获奖选手的含金量。

对于全球的市场投资者来说，顾明喆表示，相较以往，在当前复杂的国际环境下保持国际视野，专注全球市场交易更加重要、更具价值。在国际投资舞台上，不应该缺少中国交易员和机构的身影！

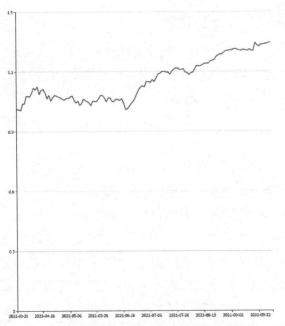

图为顾明喆比赛期间账户净值增长率

第 24 章　做自己有把握的交易

——专访产品组第三名郭旷

　　2015 年进入期货市场的郭旷，已经是一位身经百战的投资"老炮"了。2007 年开始从事股票交易的他未曾想到，一入期市"深似海"，两波大行情正在等着他。

期货交易牢记三大经验教训

　　2015 年股市异常波动让郭旷体会到股指期货在大牛市的爆发力和熔断中的保护作用，也意识到这种大牛市、大行情非常值得去等待、把握，于是果断开始从事期货交易。

　　"我刚进入期货市场，就盯住了2016 年阿根廷洪水导致的豆粕大行情，随后就是 2017 年泰国洪水导致的橡胶行情。过去，我从事工程领域的研究设计工作很多年，参与了很多重大建设项目工程的前期规划、论证和设计工作。一般来说，需要经历可行性分析、项目和资金立项、现场踏勘、研究设计、讨论审查、施工组织、竣工验收几个阶段，每个阶段都需要协调解决很多问题，再复杂的工程也是同样的模式重复做。"郭旷表示，期货也有类似地方，所以会把以前的研究框架和思路用在期货上，把一个品种、一波行情当作一个工程项目完整周期来做完，做一个算一个。

　　"当然这个过程也走了很多弯路，做了很多探索，现在也还在完善。"

郭旷回忆称，这几年几经失败，从中总结了三个教训：第一是不要想当然。期货交易中，经常会做无谓交易、冲动交易、报复交易，比如觉得某品种价格低了就贸然入场。第二是求大求快。比如小行情大仓位，大行情满仓。成功的交易员都有自己的体系、逻辑、止损措施，大机构还有外部风控措施，为什么还会遭遇重大挫折？答案大概率是重仓。提高认知能力，多把握几波行情，不要押在一波行情上，就会自然降低每波行情仓位的权重，仓位下来后自然会提高持有的幅度，最终就能提升做期货的幸福感和性价比。第三是了解自己的承受能力。情绪和心态问题的本质是承受力的问题，承受力范围以内情绪可控，承受力范围以外情绪会占据主导，再坚定的基本面信仰也会动摇。承受力的临界点是止损的窗口，低于或超过就会麻木。当然，人对盈利也有承受力。所以，如果说认知、策略、承受力是交易的三条腿，承受力即基础，是把认知落实到策略的前提。明白自己亏损和盈利的承受力在哪里，据此做出仓位策略计划，才能解决情绪和心态问题。

从交易过程中，郭旷总结了三个经验：一是一定要做熟悉的长期跟踪的品种，做深做透，才能抓住它可能的机会；二是反复用适中仓位去博这些品种的大行情，博不中就合理止损；三是通过持续跟踪和深入研究，动态确定目标价格，主动放弃与认知不匹配的利润，放下患得患失、多赚少赚的情绪。

好成绩需要实力和运气

谈及 2021 年取得的成绩，郭旷感慨："我觉得品种本身是否有大行情是成功最关键的因素，占比要在 60% 以上。另外具备发现大行情的能力是其次，占比在 20%，再就是执行能力。"

据郭旷介绍，大行情背后一般是大事件、大矛盾，比如疫情初期对股指的冲击、中美贸易第一阶段协定奠定美豆大牛市基础、非洲猪瘟对肉蛋价格的影响、玉米供求缺口下的长期上涨。

如何抓住大行情？郭旷也分享了三个心得：首先，发现大行情需要对品种比较熟悉，对品种的历史走势、价格规律、波动特征、成本利润、各阶段事件影响都有亲身经验体会，这需要长期积累。其次是对事件、缺口、政策三大矛盾因素要有敏锐的反应力，反应力不是天生的，交易时间长了才会慢慢形成感觉，哪些是大矛盾、假矛盾、小矛盾，哪些值得做，哪些应该放弃。最后的执行层面也很重要。有些大行情矛盾突出、主逻辑清晰、变化少，比如 2020 年的美豆。有些大行情持续期间小矛盾不断，比如 2019 年鸡蛋、2020 年苹果。前者持有合适仓位保持不动即可，后者由于变化多，交易时心理波动大，客观上行情也存在随时转变的可能，需要及时调整仓位，但每次调整说起来容易做起来难。

"后来我明白，遭遇小矛盾干扰说明整体矛盾客观上已经有变数了，需要阶段性空仓或者轻仓回避。随着小矛盾退去，大矛盾重新主导，再调整回原来仓位甚至略加仓都是可行的，而如果大矛盾退去、反向的小矛盾占据上风或者大矛盾在价格上已经体现到位，那就应该彻底回避了。所以，这个阶段是矛盾冲突的临界期，上述过程可能会反复循环或者模糊多变，表现在行情上就是振荡或者转折，此时一定要对自己的认知保留一份清醒，如果不具备驾驭能力，就果断放弃，如果有驾驭能力，也需要轻仓，并克服患得患失和锚定效应两个情绪，这也是一个长期自我反省的过程。"郭旷总结道。

郭旷表示，自己以基本面交易为主，不太擅长变化很频繁反复进出的行情，大多数时候是选准行情、持有不动、适度调整。"开始做股票时，我先是研究很多技术图形和公式指标，后来做价值投资，最后做套利低风险交易。做期货后先是纯事件性交易，然后多品种频繁交易，最后才是现在的交易模式。2021 年主要交易了苹果和红枣，两个品种上都有所盈利。"

如何做好某个品种？郭旷也分享了自己的心得："一般我会实地调查，得到基础信息，然后持续研究、跟踪这些信息。调查是为了构建一个基础矛盾框架，确定值不值得交易，研究是为了分析相似矛盾发生时的历史价格波动情况，确定价格路径和目标，跟踪是为了证实或者证伪这个框架下的价格判断，以便坚定持有或者及时调整仓位。"

少做或者不做是最好的风控

风控是期货交易者必备的技能之一。郭旷分享了三点风控理解：第一，少做不做是最好的风控。看懂的做，看不懂、不熟的不做。第二仓位合适，不大不小，涨跌压力都不大，没有过度踏空和恐慌心理。第三将自身亏损承受力的点位和行情最大回调的点位相结合，作为最后一道止损红线。

　　总有交易者讲，做基本面交易最麻烦的事情就是预测和走势相反，相信预测坚持不动还是相信走势做出应对？

　　如何做到既仔细预测，又无压力应对？郭旷表示，首先要明白预测就是要承受压力，预测肯定会错，否则就是信息层面的永动机。投资者不是比谁预测得准，而是比谁反应得快，就好比发令枪打出来了，谁第一个意识到并迅速起跑。其次，要构建模型，但模型本质上不是为了预测，而是做出认识理解过程的框架，精心构造一个基于严密约束条件的假说或预言，然后把它作为灯塔，不断在现实情况下小心求证，调整假设。其实，市场参与者没那么伟大，作为一个整体，"市场"可以说很短视，市场本身也在不断假说、验证、修正，走一步看一步，每天波动，有正确也有错误。最后，接受确定性，也要接受随机性。预测做到快和准之后，还要有贝叶斯概率思维，要做好应对调整。预测中一定要思考或然概率，因为博弈中还有人这个不确定因素。

　　"如果把多年的投资经历总结成一句话，那就是做自己看明白的、简单的、性价比高的交易。"郭旷最后说道。

第 25 章　投资本质上是知行合一的检验过程

——专访产品组第四名侯雨欣

就侯雨欣个人而言，他的家人一直从事期货行业，是最早的国内期货场内交易员，所以侯雨欣从小耳濡目染地对期货交易有了一些基础的认识，在大学一毕业就加入了兆信资产。早在 2014 年与 2015 年，侯雨欣所在团队在实盘大赛中取得了金融期货最佳交易奖。他后来在海外学习之后，重新在 2018 年回到兆信资产，并开始担任基金经理，开始实际管理私募基金产品。兆信资产已经连续参赛多年，侯雨欣本人是第四次参赛。在他看来，大赛有一个客观公正的机制来考评投资者交易的能力，大赛和交易者是一个鱼和水的关系，优秀的投资者能在大赛的机制中展现实力，也能被更多的投资者所认可。

截至 2022 年，侯雨欣已经拥有十年证券、期货投资经验，在兆信资产历任行业分析师、策略研究员、基金经理。擅长将宏观认知通过交易工具转化为投资策略，注重对商业逻辑及经济模式的研究。而兆信资产也一直致力于构建一个优秀团队，参与到国内期货市场发展中去，为投资人创造长期的超额收益。

大赛中，侯雨欣所在团队主要交易了上证 50 股指期货、中证 500 股指期货，以及沪深 300 股指期权。他们在股指期货上的盈利是较多的。对于该品种，他们会基于对宏观形势的把握来配置基础的仓位。在此基础上，会通过品种间交易结构及其规律来选择具体的交易合约，并会通过波动率及潜在风险等因素来选择配置对冲头寸的比例。一是本事指数上涨所带来的获利，二是来源于通过升贴水套利的形式带来的获利。最大的回撤来源于指数同期的下跌，以及贴水放大所带来的短期损失，但是这个损失会随着交割日的到来而被弥补。

对于投资的认识，侯雨欣认为，要客观地看待这个世界发展运行的规律，不执拗，敢于否定和不断进步。在此基础上通过严谨地研究来判断大趋势方向，建立基础仓位，并在交易上精益求精，去细化量化每一个细节及指标，抓大放小，把握影响事物的主要矛盾。在实际过程中，积极地去检验思考的成果，通过调研、走访等方式来修正思维模式及观点。而由此得来的经验是，通过独立且协同的工作与协作机制能够有效地提高工作的质量与效率。侯雨欣认为，从研究、决策到交易的过程，是一个系统工程，并非一个人的力量所能完成的，取得好的成绩是团队协作的结果，而团队如何协作又是有学问的，他将其关系定义为独立且协同，在实践中也取得了较为良好的结果。

"投资本质上是知行合一的检验过程，必须对投资者诚实，因为每一次的判断与操作都会体现在最后的结果中。"在侯雨欣看来，要尽最大努力去做好前期准备与交易工作，无论结果如何都要坦然面对。敢于否定自己，敢于直视自己的缺陷。这一点很重要，这不一定会提高交易的成功率，但是会降低交易的失败率。每一个交易行为，都尽量让自己和团队感觉到舒服，最后都能有应对的方式去进行从容的处理。

在交易实操过程中，侯雨欣会基于对宏观形势的把握来配置基础的仓位。在此基础上，会通过品种间交易结构及其规律来选择具体的交易合约，并会通过波动率及潜在风险等因素来选择配置对冲头寸的比例。若风险及波动加大，在其交易模型中仍可以相对从容地应对。"对于最后的结果，我们团队没有想过满不满意，因为无论是否参赛，我们的目的并不是为了获奖，而是为投资人创造持续稳定的超额收益。我们团队及交易并非为了比赛做出刻意的调整。"他说。

侯雨欣讲究抓住主要矛盾，优先完成对主要矛盾的仓位配置，在此基础上更加持续优化投资组合。在此过程中，对场内、场外衍生品工具均有较为灵活的运用。他认为，金融工具本质的作用是帮助投资者建立一个最优风险收益比的投资组合，在本身有坚实逻辑支撑的基础上，在金融工具的帮助下，会有更佳的方式来践行投资逻辑转化。侯雨欣注重事前的风控，也就是在一笔交易进行前，都会有详细的测算来预知其会带来的最大潜在风险，这也是最关键的逻辑风控。另外，他会通过期权的方式来化解投资组合的边际风险。理念是注重事前逻辑的风控，做好心态的调节，通过衍生品工具来锁定边际风险所带来的伤害，这整个过程是一个系统性的工程，会应变而变。

侯雨欣的团队持续关注着行为金融学中性格与交易的关系。侯雨欣认为，首先，性格与思维方式是决定交易成果的第一维度，也是最为重要的维度。其次是一些技术层面的内容。他对自己性格的评价是，不以物喜，不以己悲。能够相对客观地看待自己的能力，客观地看待这个世界的潜在不确定性。技术层面的基本功自不必多说，必须足够地专业，深度地了解经济与金融学的理论知识，与此同时有良好的资讯获取渠道，能够有较好的媒介素养，这会帮助到我们理性认知世界的角度与优化思辨方式。最后，最关键的还是心态和思维方式。

在他看来，交易中，承载财富的能力是关键的，从心态上要能承担大幅盈利和亏损。而且思维方式是最重要的，要正确地认识这个世界和自己。同时还要建立良好的媒介素养，建立优质的信息获取渠道。"衍生品的本质是优化主要投资逻辑的风险收益比，不能因噎废食，保持开放心态，进行持续学习。"他说。

侯雨欣表示，未来还会代表公司继续参加比赛。兆信资产会继续以价值研究与发现为基础，在此基础上深耕行为金融学，通过对各种金融衍生品工具的灵活运用来构建最具风险收益比的投资组合，从而为投资人创造长期的超额收益与价值。

第 26 章 一位物理学博士的交易"经"

——专访全国赛产品组第六名王昌南

一般而言，交易跟个人性格有很大的关系。要想成为一位优秀的操盘手，必须要对期货市场的技术面、资金面以及基本面都有较好的理解，这是在市场上长期生存的基本要求。控制风险，控制仓位，避免恐慌，以及预先设定止损线。期货交易是一个复杂的过程，也是一个千变万化的过程。交易者需要在瞬息万变的交易中不断学习、努力成长。

采访王昌南，他给记者的第一印象是低调、谦虚。这位美国麻省理工学院（MIT）物理学博士，目前任浙江浩期资产管理有限公司（下称浙江浩期）董事长，同时还有英国华人金融家协会主席、浙江国际对冲基金人才协会副会长、中国量化俱乐部理事等头衔，但给人的感觉是丝毫没有"架子"。

在 2021 年的实盘大赛中，浙江浩期操作的账户获得了产品组第六名的好成绩。这是他们首次参加实盘大赛，对于取得的成绩，王昌南基本满意。

在这份成绩的背后是王昌南多年的沉淀和积累。"我是在国际投行（高盛和美林证券）开始从业的。在进入金融行业之前，在美国麻省理工学院攻读物理学博士。进入行业以后，主要利用量化工具做投资指导。"

王昌南介绍，作为原美银美林（Bank of America Merrill Lynch）董事总经理、股票量化部门全球负责人，他此前主管多产品量化交易策略研究，专注于各种股票衍生品的计算和风险分析，研发了美国、欧洲和亚洲多种金融产品的数据模型。任职于高盛（Goldman Sachs）期间，他与芝加哥期货交易所一起推动和引进标普 500 股指波动指数期货 VIX Futures，研发股指波动率期货的计算模型。

王昌南告诉《期货日报》记者，他们没有因为这次参加比赛特意改变自己的交易方式，比赛期间一直使用量化交易，同时控制好仓位和风险。他主要交易了硅铁、豆油、棕榈油、焦煤、焦炭和动力煤等品种，盈利最丰厚的是焦煤、焦炭，然后是动力煤，主要是因为这些品种当时趋势比较明显，仓位也敢放大。

"我们主要是通过量化来指引交易的，也就是通过量价、走势等指标判断哪些品种有趋势性行情，哪些品种只有短期行情等。刚开始交易期货时，仓位控制不是很理想，在回撤阶段会有些压力，也容易恐慌，总是会造成没必要的砍仓等错误操作。在这个过程中，慢慢学会了控制仓位，在合理的回撤阶段也能抗住压力，不轻易恐慌。"他总结说，比赛期间，市场也出现了一些比较恐慌的时刻，有时候会有大跌大涨或超跌的现象，如果处理不好，就会有较大的损失，这时候需要交易者作出正确的反应。

对于风险管理和仓位控制，王昌南认为，要先明确自己的仓位在正常情况下可能产生多大的亏损、在极端的情况下可能有多大的亏损。"一般我们会有一个指标去衡量这些最大亏损，叫 Value At Risk。参照这个参数，把风险控制到你能接受或愿意接受的范围。总体来说，这个指标是随着市场变化和交易组合变化而变化的，预先设定止损是很有必要的。"他表示，一般亏损到达一定程度，再判断趋势是否结束了。如果结束了，或者以前看错了，就需要平仓；如果确定趋势还在，为防止亏损扩大，可以先适当减仓。

在王昌南看来，截至目前的交易中，除了正常的回撤以外，总体还是成功的。"早期在交易的过程中，我有时有一些一厢情愿的想法，会导致亏损继续扩大。交易最重要的艺术就是知道什么时候应该砍仓认错，什么时候应该坚持，这是期货交易者终生都需要经历和面对的过程，谁能在大部分时间做对了，谁就会胜出。"他说。

谈及期货交易与生活的关系，王昌南认为，期货交易需要一个比较好的家庭环境，如果在亏损的时候能得到另一半的鼓励和支持，交易者也更容易调整心理状态。"我的家人和朋友都很支持我做交易，在交易亏损的情况下，他们给予我的是鼓励和信任，这使得我在交易时能更理性地应对。"

他表示，一般而言，交易跟个人性格有很大的关系。有一些人在熊市中表现比较好，有一些人在牛市会有比较出色的表现。总体来说，要想成为优秀的操盘手，必须要对期货市场的技术面、资金面以及基本面都有较好的理解，这是在市场上长期生存的基本要求。

"这次获奖挺荣幸的，是对于我在这个阶段期货交易的一种肯定。将来希望能够参加这样高档次的期货实盘大赛，希望能够借助比赛加强与同业者的探讨和交易，也能让投资者对我们有更好的了解。"他表示，未来要再接再厉，在期货交易上争取成为更成熟、更优秀的投资者。

在采访过程中，当被问到"总结自己的交易经历，有什么最深的感悟跟大家分享"时，王昌南认真地说："控制风险，控制仓位，避免恐慌，还有就是预先设定止损线。"

最后，他告诉记者，在最近的交易中他有了一些新的感悟，希望分享给投资者朋友：期货交易是一个复杂的过程，也是一个千变万化的过程。交易者需要在瞬息万变的交易中不断学习、努力成长。

第 27 章　热爱是动力，稳健是核心

——专访全国赛产品组第七名钱成

　　"稳健"，是一切的核心，这是要印在骨子里的。从最初的启动资金，到今天公司近百亿私募规模，"热爱并稳健"是他认为最不可缺少的元素。即使拥有了自己的私募和投研团队，他依然坚持做交易，都是因为兴趣驱动。每一次比赛也都本着稳扎稳打的原则，不求第一但求长期稳定盈利，参赛至今几乎每年都在前十名的成绩也给了他很多信心。

　　钱成博士已经从业近十年。还在读书时，他就进入了这个领域，一路稳扎稳打，取得了一些成绩，更是积累了许多对这个行业的认知和对交易的心得。能够坚持下来，最大动力在于钱成博士对于交易的热爱，无论是在起步时，抑或公司规模快速增长时，他始终都在交易一线。同时，热爱并不狂热，在风险和波动中寻找平衡，并最终获得最合理的回报，找到较大概率赚钱的模式并重复操作，"稳健"是他实现目标的有效路径。

持续参加比赛，持续检验自己

　　最早参加比赛时，他还是密歇根大学安娜堡学院的统计学在读博士

生，对量化交易超乎寻常的兴趣驱动着他参赛。之所以参与实盘大赛，是因为可以通过比赛向其他交易者学习更多的交易经验。

2015年，钱成博士成立了自己的私募公司。自2014年以来，他6次参与实盘大赛。作为实盘大赛的老朋友，几乎每年都有斩获。谈及经验，他说仓位轻一点、少做一点，做量化也要做好资金管理，通过做好仓位管理控制交易风险。要保持长期的稳定盈利，就一定要把策略写好，持续稳定盈利最重要，"每年都不会总想着第一名，而是落实到交易本身。"

稳健，一直是他的风格，不管是平时的投资还是比赛过程中，操作品种下手都比较轻，资金介入都比较平均，尽量保证风险可控，收获更好的回报。"期货是保证金交易，用免费的杠杆解决资金利用率的问题，目标是保证每一年都参与这个市场，而不是一年收益高后面就在市场上失去了声音。"钱成博士说。

从2014年开始，他坚持参赛，到如今依然保持着认真审慎的态度，坚持复盘策略的运行报告和交易记录，这些是优化策略的重要依据。在这一过程中不断撰写新的东西出来，虽然工作量很大，但是对于策略的完善和迭代是非常必要的。对于这件事，钱成博士一直非常认真且投入。

市场的变化没人可以预测。2017年，可以说是他们的策略最困难的时期。在此之前，他们的策略包括阿尔法策略和CTA策略等，但是由于CTA策略过于依赖跨品种套利，2016年"双11"行情前后，产品账户出现回撤。这次波动后，钱成博士对策略进行了重新完善优化，将各种风格进行了考虑，实现产品策略组合再优化，力求在不同风格的市场情况下，平滑产品净值波动。

严谨对待投资，专心投入交易

在外行人看来，交易就是坐在电脑前工作，似乎不见得有多辛苦。而若真的观察现实中一个量化人一天的工作，就会发现这真的不是一个简单的事。钱成博士每天的工作充实而井然有序。不管前一天忙到多晚，第二天开盘前又要出现在电脑前，在日复一日的枯燥中践行量化初心。

自从成立私募以后，需要应对的挑战来自四面八方，他深知，量化行业从来没有一劳永逸，前方的一切充满未知，只有用勤奋和努力做好当下的每一件小事。"做私募，想把每一件事都做好需要加大投入，不管是在时间、金钱还是管理上，当然一切的支撑都是自己的兴趣，自己很喜欢交易，现在无论多少事情自己都还是会处在交易一线。"钱成博士说，他自己的资产也大多投在公司的产品中，最大的原因是没时间管理自己的账户，"现在已经把参赛当成了一个业余爱好。"

一晃七年过去了，钱博士在量化交易上的方式方法有了很大的改变，不会改变的就是对这件事的热爱，还有一如既往的努力，在策略工具上进行不停地优化设计，现在的习惯、策略等也是曾经训练的结果，后面就是不断打磨细节，做精、做细有助于策略的长期稳定，反观到每一件小事，都是如此。

他坦言，严谨的性格是天生的，尤其是对自己严谨，对别人则要更多站在别人的角度去考虑问题，对自己严格则要对自己了解得更全面一些，而生活和管理上的事都可以用沟通解决。

做量化交易严谨也是必需的，尽量维持风格的稳定，避免过于频繁地更换或迭代策略，更忌讳后知后觉地盲目追随市场热点风口。从人性角度来说，人往往会被赚钱的方式方法吸引，实际上面对诱惑能够不为所动才更加靠谱。除此以外，还要有高度计划性，盘中如非突发情况不要去干预程序，找到一个适合自己的方式稳定实现盈利才是关键。

"稳健"，是一切的核心，这是要印在骨子里的。从最初的启动资金，到今天公司近百亿私募规模，"热爱并稳健"是他认为最不可缺少的元素。即使拥有了自己的私募和投研团队，他依然坚持做交易，在于兴趣驱动。每一次比赛也都本着稳扎稳打的原则，不求第一但求长期稳定盈利，参赛至今几乎每年都在前十名的成绩也给了他很多信心。"要树立好的目标，有规划、有毅力去实现，有了目标有了能力就可以把事情做成。"这是他对今天成绩的一个总结。

第 28 章　找到适合自己的交易策略

——专访全国赛贵金属组亚军单铭哲

毕业于华盛顿大学建筑系的单铭哲 2020 年进入期货市场，主要投资品种为贵金属。他认为交易的过程也是学习和完善的过程，需要不断摸索，每个交易者都应该找到最适合自己的交易策略，找到最适合自己的交易方式，赚自己该赚的钱，这比判断方向更重要。对个人投资者而言，不管仓位有多重，必须把本金控制在不影响正常生活的范围内。他认为参加比赛能向很多优秀交易者学习，大赛能对交易者产生正向影响。

本届全国期货实盘交易大赛中，昵称为"山姆"的账户取得了全国赛贵金属组第二名的好成绩，获奖人就是单铭哲。2015 年毕业于华盛顿大学建筑系的单铭哲，2018 年开始创业，当时主要从事企业服务与商业资产管理等相关工作，2020 年进入期货市场，主要投资品种为贵金属。

这是单铭哲首次参加《期货日报》举办的实盘大赛。他表示，这次本来是抱着重在参与的想法尝试一下，参加比赛的主要目的是检验自己的交易体系。"大赛对于交易者来说一定是能产生正向影响的，在比赛中选手能向很多优秀的交易者学习。而且能在展示平台上看到其他优秀选手的数据，对自己以后的交易有参考和警醒的作用。但对于非程序化交易者来说，个人情绪很容易受到比赛成绩起落的影响，一定不要让外在因素干扰自己本来的交易习惯与节奏。"单铭哲对《期货日报》记者表示。

"我接触期货交易的时间比较短，而且是首次参赛，对于本次比赛的最终成绩还是非常满意的。我在交易上是以技术分析为主，基本面分析为辅。交易时要保持良好心态，尽量做到知行合一。"单铭哲表示，在比赛期间他并未刻意调整交易方法，只是在可承受的范围内加重了仓位。据介绍，比赛中他的交易品种主要是贵金属，在白银期货上盈利最多。

"其实是在赛程近半的时候，我才想起来查一下自己的比赛成绩，结果发现当时我的排名还比较靠前，便有意调整了仓位，尽量让盈利扩大，最终取得了不错的成绩。"当然，因为临时改变策略，他也经受了比较惨痛的教训。"在仓位加重后，因为还没适应这种状态，在止损上犹豫不决，遭遇了两次比较大的回撤。所以还是不能把比赛成绩看得太重，任何时候都要坚持自己的交易方式和习惯，做好本身该做的事情就行。"单铭哲说。

谈及进入期货市场的过程，单铭哲介绍，由于当时他处在创业阶段，管理着两家从事企业服务和商业资产管理业务的公司。因为有朋友就职于期货公司，他了解后觉得期货挺好玩就开了户。"刚开始就是自己随意做，有盈有亏，后来在朋友的建议下读了几本关于期货的经典书籍，也总结了一些投资经验，再结合一些分析师的策略方法，现在已经基本达到稳定盈利的状态。"单铭哲说。

"一般情况下我只做黄金和白银两个品种。在这两个品种上，技术面上找到支撑或压力位后，我会用比较重的仓位做短线博弈，频率为 1—2 天交易一次，止损位放的比较小。还有些操作我干脆就不止损（这种情况下操作方向要和基本面保持一致），后续有盈利继续加仓。在一段趋势内我会尽量只做一个方向。"单铭哲认为，交易的过程也是学习和完善的过程，需要不断摸索，找到最适合自己的交易方式。据了解，单铭哲在研究了很多交易者的交易体系后发现，有些交易体系实际上是相互冲突的，但最后的结果却都能赚钱。他认为生搬硬套别人的交易体系只会让自己在交易中非常难受，找到适合自己的方式才最重要，即使这个方式在别人眼里是错误的或跟别人的交易系统是冲突的，但只要能盈利就说明它是最适合自己的，对错只能让结果来证明。

在单铭哲看来，交易中他最看重的就是心态。"交易时要保持良好的心态，必须在战略上不把交易当回事，否则很容易越做越亏。对像我这样的个人投资者而言，不管仓位多重，必须把本金控制在不影响正常生活的范围内。"他说。

"大赛中，随着资金量的变化，理念必然会随之变化，自然也伴随着逐步适应的过程。对于个人投资者来说，如果本金的损失不会对日常生活造成影响，控制仓位其实是次要的，重要的是保持好心态。"单铭哲提醒大家，一定要做到错了就认，及时转变交易思路，这样才能在应对风险时游刃有余。当然，做期货交易就一定不能惧怕风险，因为盈亏同源，有风险才有机会。

"如果连续多天亏损，我一般会直接平仓，这样不管之后新开仓的方向如何，都能帮助我转换心态和预期。"单铭哲说。

单铭哲认为，交易者采用的交易策略不要与自身的性格背道而驰。"比如我的性子比较急，有时候也比较容易冲动，我觉得这种性格比较适合短线交易，我就把这种交易方式琢磨好、琢磨透，在短期盈利的情况下能产生正向循环。"他表示自己一直坚持一个原则，就是只赚自己该赚的钱。"抓住一波大行情肯定很让人心动，但那种策略不符合我的性格，我也做不到，那就做好自己该做的事就行。要在期货市场长期生存必须具备的基本功有很多，但我觉得对基本面的判断是最重要的一个。"单铭哲认为，每个交易者都应该找到适合自己的交易策略，这比判断方向更重要。

第 29 章　不断挑战自己，克服人性弱点

——专访全国赛工业组季军石伟

> "不断挑战自己，克服人性弱点。努力提高市场分析的技术水平，不幻想。"这是石伟（参赛昵称"金融街 Bets"）获胜的启示。

18 岁开始做期货交易

"我刚满 18 岁就开户参与期货交易了，当时还在高中阶段，到现在已经十多年了。"提及过往，石伟笑道。据介绍，他上高中时开始参与贵金属期货交易，刚开始的时候赚了些钱，便有点洋洋得意。但盲目入市的后果还是比较严重的。"开始时比较幸运，亏损了死扛着不平仓，最后竟然解套还稍有盈利。后来遭遇连续止损，心态就变了，在趋势不利的情况下重仓操作，结果是爆仓，账户清零。"

"浮盈加仓我不在，暴跌补仓我最棒。"石伟这样调侃自己那段仅仅持续了一个暑假的交易经历。他也明白了没有任何金融知识，仅靠感觉去下单，也不能严格执行止盈止损，失败是必然的。为了充实自己，他开始认真学习《期货市场技术分析》《日本蜡烛图技术》等经典书籍，并不断将理论知识应用于实践。"要做好交易计划并严格执行，止盈止损不犹豫。"石伟对《期货日报》记者说。

2018 年，石伟硕士毕业，开始在私募基金做量化研究员，通过构建的数学模型在金融市场交易。目前他在北京经营一家投资公司，主要做商品期货量化交易。

在石伟看来，他之所以在第一次投资失败后，仍坚定地选择投资行业，看中的便是期货市场公平、公正的原则。"其他行业有专家，有权威，有人情世故，但期货市场不存在这些，收益更多取决于个人能力，人们关注的是收益曲线。"他觉得自己的性格是大胆和谨慎并存。作为一名普通投资者，虽然没有"主角光环"，但他相信收益和风险并存，愿意在市场中冒险，寻找市场规律，也能"赚点小钱"。

品种选择很关键

"我的主要交易方向是做多。"石伟说，如果分析基本面向好，且价格在底部，就建立试单仓位，止损位设置要够大，这主要是为了集中注意力，时刻关注该品种的价格走势。如果看到日线形态出现旗形或三角形突破，且持仓量、成交量放大，就重点关注盘口，在行情"起爆点"开仓做多。

石伟分析认为，通常在行情上涨到一个旗形旗杆高度或三角形高度时，要平掉一半仓位。日线级别的趋势轻易不会结束，如果出现新的三角形突破，可继续加仓做多，出现顶部形态平掉一半仓位。

石伟认为，技术分析固然重要，但品种选择也是成败的关键。他此次能够在大赛中取得优异成绩，主要就是通过基本面分析，找出合适的交易品种，再靠技术分析方法开仓和调整仓位。

"我主要找价格在低位且基本面看涨的品种，开仓建多而且有盈利就及时提现。时刻保持理性，技术分析中出现见顶信号就平仓离场。"据石伟介绍，比赛期间，他交易的品种有玻璃、棉花、豆一等，盈利较多的是玻璃。

他认为玻璃没有替代品，环保限产政策会限制玻璃产能，凸显其稀缺性。"玻璃主要用于房地产，现在的建筑，一般整面墙都是落地窗，而且为了隔音隔热，都要用双层甚至三层玻璃，所以我觉得玻璃市场会供不应求。"5 月中旬之前，他抓住了玻璃期货的上涨行情，一路做多并滚动加仓，获得了不错的收益。

另外，当时石伟还看好棉花的行情。他认为棉花的基本面是减产，而且从技术角度分析，棉花的表现也很强势，基于技术分析三大假设之一的"历史会重演"，他觉得棉花价格会出现不错的上涨行情。

大胆和谨慎并存

石伟表示，交易风格能反映出交易者的个人性格。同样的行情，有的人赚几个点就会非常开心，然后平仓离场；有的人则会一直持有，直至翻倍甚至获得更多盈利；有的交易者的账户资金曲线像过山车。做交易看起来像是一个没什么门槛的竞争，谁都可以参与，简单到动动鼠标或手指就能做交易，但实际上，金融市场竞争十分激烈，可以说是波涛汹涌、暗礁丛生。交易者要想在期货市场长期生存，必须有概率思维，不能计较单次交易的得失。还要大胆激进和谨小慎微并存，发现机会要敢于开仓，持仓阶段要谨小慎微，时刻关注并分析局势变化，不能一有风吹草动就被洗出局，但发现行情有结束的迹象就要及时撤退。

"面对风险不能逃避，要积极拥抱风险，在风险中发现并抓住机会。"石伟认为，风险与收益同在，交易者没必要为了控制风险、控制回撤而缩手缩脚。关于仓位管理和风险控制，石伟也给出了自己的建议：看准行情可满仓做多，如果保证金出现盈余就及时提现或加仓，到需要追加保证金时就要及时平仓。

在石伟看来，期货市场与股票市场存在很大区别，期货市场的保证金交易制度会放大风险，当然也能放大收益。"常识告诉我们要分散投资，要顺势、轻仓、及时止损。但据我了解，对这些常识深信不疑的许多人都没怎么赚钱，所以有时候要敢于放开手脚，特别是发现比较确定的机会时。当然这也因人而异，每个人都要找到适合自己的交易模式。"他坦言。

他认为，做交易时不能看着图表胡思乱想瞎研究，随意改变交易品种、方向，进而频繁交易，这样很容易亏钱。真正的研究是基于科学方法和统计学规律的研究，要专一，关键时刻重仓、加仓，瞄准一个品种要投入全部精力去交易，要研究透这个品种。

"看日线、周线确定大方向，看 30 分钟 K 线调整仓位，看成交记录感受市场的跳动，还可以发现大资金的小动作，比如突破关键价位时多头加仓、空头平仓止损的大单看起来就很惊心动魄。"石伟说，想抓住一波大行情，就要坚定信念，对确定好的交易计划不要胡思乱想，坚持浮盈加仓原则，毕竟大行情不常有，值得在自己能承受的范围内"赌一把"。"因为大行情中，会出现被很多人认为不合理的价差，但这种'很多人认为的不合理'会继续按照不合理的趋势运行，所以碰到这样的行情时交易者一定要保持冷静，选择一个强势品种，集中所有精力，博取超额收益。"

关于回撤，他认为，控制回撤其实就是控制人性的贪婪和欲望，不太容易做到，交易者可以通过建立数学模型的方法进行风控，给自己定一个目标，盈利达到某个金额就要及时提现（尽量做到只提现，不补充资金），这样就能避免本金出现大的回撤。

在石伟看来，交易其实就是"简单的事情重复做"，技术交易者要找一个自己擅长的能把握住的形态，机械式地反复练习，也就是找一个赚钱的策略或模式，不断重复演练。石伟认为，个人交易者可以关注不同到期日、不同商品、不同金融市场间品种的相关性，做联动交易，但不适合像机构一样统计套利，多空同时建仓。

第30章　在不断探索中完善交易策略

——专访期权组第六名仲根喜

> 在仲根喜看来，个人性格与期货交易密不可分。投资者要想在期货市场长期生存，需要不断完善自己的认知，完善交易策略，把风险控制和资金管理放到第一位。

2021年实盘大赛中，仲根喜操作的账户"天大铜业"获得期权组第六名。仲根喜告诉《期货日报》记者，实盘大赛给了交易者一个展示的平台，让选手有机会和更多优秀的交易员交流学习。

"实盘大赛让我开阔了眼界，认识了很多交易高手，见识了更多元的交易方法。"仲根喜说，通过比赛还可以更深刻地看到自己的不足和长处。

2021年是仲根喜第二次参加实盘大赛。他告诉《期货日报》记者，他参赛主要有三个目的：一是想看看自己的收益情况；二是想督促自己做好交易；三是想知道自己的水平在什么位置。

之前，仲根喜一直在做期货交易，也有着不错的收益。对于2021年比赛中的良好表现，仲根喜非常满意。"因为我对期权交易较为熟悉，研究颇深，整个参赛过程中我只交易了期权。"仲根喜告诉《期货日报》记者，针对比赛，他并没有调整自己以往的策略和交易方式，只是在不断探索中完善自己的交易策略。

生活没有一帆风顺，期货交易同样如此。仲根喜告诉《期货日报》记者，他刚开始交易时也不顺利，出现过一些亏损，后来经过不断的总结和完善，账户逐步开始盈利。"在交易出现连续亏损的时候，我的心态还是出现了很大的变化。"仲根喜说，做交易要不断思考策略是不是可以长期盈利，是不是适应市场。不断完善策略是交易的核心，失败不可怕，怕的是一直失败。

谈及交易中的经验教训，仲根喜表示，交易一定要预设止损，知道自己的风险承受能力，在交易中完善策略。"控制风险是第一位的。"仲根喜认为，仓位管理和风险控制比行情判断和策略更加重要，交易者要在不断的亏损和盈利中找到最大的获利可能。多年的交易经历让仲根喜明白，长期稳定盈利和风控资金管理的重要性。

在仲根喜看来，个人性格与期货交易密不可分。"我的性格偏内向，交易比较保守，长期稳定盈利是我的核心目标。"仲根喜说，投资者要想在期货市场长期生存，需要不断完善自己的认知，完善交易策略，把风险控制和资金管理放到第一位。

"期货交易其实是对自己和市场的认识过程，杠杆放大了人性，期权的杠杆更大。"仲根喜说，市场是随机的，但是随机中也存在相对的确定性，比如宏观上供需关系决定大宗商品未来的大方向，微观上也存在很多确定性。"我一般根据持仓和量能的变化，结合基本面分析和资金管理进行开仓计算，当然不能一味地看涨或看跌，快速上涨会回调，快速下跌会上涨，如果突破支撑线或阻力线要调整策略。"

"交易是生活的一部分，生活离不开交易，交易让人有成就感。"仲根喜说，家人和周围的朋友都很支持他做期货交易，2022年他会继续参赛。

第 31 章　投资需要有"敬畏之心"

——专访期权组第七名拓牌资产

> 拓牌资产负责人表示，整个参赛过程中采用的是中性策略，靠稳定的日胜率来赚取稳定的收益，并通过严格的风控来避免大的回撤。当净值出现回撤的时候，可能会产生动摇，或者有改变策略的冲动，但最终还是会坚持原来的策略。

2021 年实盘大赛期权组第七名"兴丰八号"是上海拓牌资产管理有限公司（下称拓牌资产）操作的账户。该账户期权累计净利润 4791028 元，权利金收益率达 407.71%。对于这一结果，拓牌资产整体还是比较满意的。

据《期货日报》记者了解，这是拓牌资产首次参加实盘大赛，初衷是希望通过参赛与全国的同行进行交流学习。他们在比赛中主要交易股指期权和 ETF 期权，采用量化策略。策略开发研究了大量的历史数据，获得了一些有效的因子，研究结果最终转化成交易参数，交易由程序根据参数自动完成。

"我们采用的是中性策略，靠稳定的日胜率来赚取稳定的收益，并通过严格的风控来避免大的回撤。在比赛中，我们严格执行交易策略。当净值出现回撤的时候，可能会产生动摇、有改变策略的冲动，但最终还是会坚持原来的策略。"该公司相关负责人告诉《期货日报》记者，2021 年比赛期间，市场波动加大使得操作难度增加。在此情况下，他们增加了交易频率，通过及时对冲有效控制回撤，保证策略平稳运行。

"我们的投资理念是在严格风控下获取稳健收益，这个理念始终贯穿于策略研发和运行的整个过程。在策略研发过程中，我们就很了解每个策略因子的风险收益比例，以及各个因子的暴露对组合的影响，从而能够有效地控制组合的回撤。"上述负责人总结此次参赛心得时表示，大赛期间，他们始终坚持科学的方法论，充分信任策略，不做人为干预，所以整个过程很享受，对心态和策略并没有特别的影响。

据介绍，拓牌资产创建于 2014 年，位于上海浦东新区陆家嘴，2015年 1 月成功登记中国证券投资基金业协会合格私募基金管理人（编号：P1005959）。拓牌资产的核心团队来自国内外著名高校和金融一线专业机构，具有国际化视野和丰富的投资经验。

回顾拓牌资产的交易之路和风格，该负责人表示，"我们的交易策略是在回测大量期权历史数据的基础上设计出来的，再通过程序实现，并由程序来执行交易。说到交易风格，就是无为，不干预程序，因为策略经过了不同时期数据的检验。在最开始的时候，如果出现回撤，总想着干预，结果往往更差，所以最终还是回归到不干预。"

该负责人称，因为其在证券投资领域的第一份工作是就职于一家交易期权的公司，自然而然地接触了期权投资，并在以后的工作中不断地学习和深化对期权的了解。因为喜欢，交易就成了生活的一部分，家人也都支持。

据他介绍，在以往的交易中，最失败的经历是策略出现了大回撤的时候，因为压力而调整了策略，引入了主观判断，这反而导致了更大的回撤，可谓教训深刻。从此以后他就在策略研发上下功夫、在历史数据上下功夫。在策略运行的时候，坚持使用由历史数据总结出来的参数，而不主观调整参数。

谈及风险控制措施，他告诉《期货日报》记者，"现在我们每日都会对组合收益进行归因分析，审视每个因子的暴露对组合收益的影响。如果某个因子导致组合出现较大回撤，我们会暂时停用这个因子或者大幅调低其比重，从而保证整个组合的波动率仍然在合适的范围。当出现较大回撤的时候，我们也会降低仓位来控制风险暴露。"

对于量化策略的优势，他认为，它能帮助交易者克服人性的弱点，减少人为因素对投资的影响。"当把策略交给机器来执行，人的性格对投资的影响就消失了。要在市场长期生存，我们的任务就变成了不断地研究市场和数据，不断地发掘新的因子，不断地用回测验证我们的想法，持续迭代我们的策略。"

在 2021 年比赛获奖之后，拓牌资产上述负责人表示，以后还会继续参加《期货日报》实盘大赛。"实盘大赛为众多交易者提供了展示和交流的平台，逐年增加的参赛者又不断为大赛注入新的活力，这对期货行业来说是好事，最终会带来共赢的局面。"

在采访的最后，该负责人总结了自己多年来交易的最深感悟：投资需要有 "敬畏之心"，基金经理必须守住 "谦逊" 二字。"随着资管行业的不断壮大，对于管理人来说，我们决心用优质的策略服务更多的投资者，为他们带来稳定的超额收益。"他对《期货日报》记者表示，目前，公司已在股票基本面、阿尔法、日内 T+0、CTA、期权等多品种和策略上全面发展。公司成立以来始终秉承专业、专注、规范的运作理念，未来将努力为高净值客户群体提供更加多元化的投资服务。

第 32 章 交易比拼的是综合素质和能力

——专访期权组第八名黄金力

> 期权相较期货而言，选择性多，灵活性强，更能发挥杠杆效应，以有限的损失博取较大的收益。只要看对趋势，在一定时间范围内可以不受价格短期回调的影响，大大降低出错的概率。
>
> 这个市场能赚到钱并能长期生存的人，比的不仅是技术、聪明、财力，还要比心态、勇气、信心和境界，需要综合素质和能力。你不必每项都很优秀，但决不能有明显的短板。

2020 年下半年才把主要精力放在期权交易上的黄金力，2021 年首次参加期权组比赛就获得了实盘大赛期权组第八名、郑商所期权优秀交易者奖二等奖的好成绩。

对于这个结果，他表现得很平静："这次比赛成绩总的来说我是满意的，但缺憾也有，需要学习改进的地方还很多。"

虽然参与期权交易的时间不长，但黄金力接触期货已有十八个年头，参加实盘大赛也有六七次，多次参赛培养了他良好的心态。

"我对自己在比赛中的成绩并没有太关注，刚开始比赛时也没有什么期望，一直按照平时的交易方法来操作，甚至一度忘了在参加比赛。"他认为，比赛还是要保持一颗平常心，按照自己熟悉的交易方法去做，顺其自然。能拿到名次当然好，拿不到也不要失望，只要在比赛中有所学、有所悟、有进步就达到目的了。

　　黄金力 2020 年才正式开始期权实盘交易。谈及从期货交易到期权交易的转变，他表示，期权相较期货而言，选择性多，灵活性强，更能发挥杠杆效应，以有限的损失博取较大的收益。只要看对趋势，在一定时间范围内可以不受价格短期回调的影响，大大降低出错的概率。

　　在 2021 年比赛中，黄金力交易的期权品种有棉花、PTA、甲醇、铜、玉米、沪深 300、橡胶等，在棉花上盈利最多。"棉花这几年我一直在关注，对它比较了解一些。2013 年，棉花国储库存有 1000 多万吨，经过八年时间，到 2021 年 9 月底，国储库存下降到 100 万吨的低位，跟 2010 年那波棉花大牛市的库存水平差不多，远低于国际安全线。"黄金力告诉《期货日报》记者，2021 年受疫情和恶劣天气影响，全球棉花产量下降预期较强。随着新疆轧花厂产能不断扩大，他当时的判断是，2021 年籽棉收购将出现抢收局面，棉花价格大概率会出现大幅上涨行情，所以毫不犹豫地在棉花 2105、2109、2201 合约看涨期权上做了多单，并取得了不错的收益。

　　谈及自己十八年的期市交易经历，黄金力感慨颇多。"我是 2003 年经一个期货公司朋友介绍走进这个市场的，当时对期货一无所知，纯属门外汉。"他告诉记者，刚开始交易运气还挺好的，投了 4 万元，刚好抓住了一波大豆上涨行情，短短一个星期资金就翻了一倍多，感觉赚钱太容易了，为此兴奋了好几天。后来信心爆棚，他买了同方向的五六个品种，直至把还能买一手小麦期货的资金全部买完才肯罢休。但由于前期涨幅太大，市场出现了一波正常的回调，他这时是满仓，接下来手忙脚乱到处砍仓，把赚来的钱又亏了回去，还损失了本金。随后没过几天，市场又恢复了上涨趋势，这让他懊恼不已。

　　这次失败给黄金力上了生动的一课，至今他仍记忆犹新。现在回头去看，他总结那次失败的主要原因有四点：一是同时间段交易的品种过多，且大部分品种自己不熟悉；二是下单冲动、草率、随意，没有做好交易计划；三是没有止损止盈计划，一旦亏损就惊慌失措，胡乱砍仓；四是没有进行科学的资金管理，重仓或满仓交易风险极大，不可取。

　　有了前车之鉴之后，对控制和规避交易风险，黄金力有了深刻的认识和理解。在他看来，风险是无法完全规避的，因为市场具有不确定性，只能降低风险。"比赛中以及平时我应对风险的方法主要有以下几方面：首先要选择自己相对熟悉的品种做，并要有一定的基本面支撑；其次要通过技术分析选择好的进场时机，常言道'好的开始是成功的一半'，没有好时机、好价格，宁愿空仓等待，也不要贸然出手；最后要制订交易计划，包括盈亏计划、资金管理计划，这样才能有计划、有步骤、有信心地完成每一笔交易。"

对于交易中出现亏损，黄金力认为，要看是短线单还是中长线单，短线单或日内单，止损设置会比较小，一般尽量控制在3%以内；如果是技术面和基本面都比较好的长线单，预期收益也较大，对亏损的承受度会相应大一些，20%甚至30%都可以接受。"我现在主要做期权，且喜欢做中长线，所以连续多天亏损的情况很难出现。如果做短线连续亏损几天，我觉得应该要降低交易频率或者先停下来，冷静思考一下亏损的原因，想清楚以后再交易为好。"他总结说。

对于性格和交易的关系，黄金力认为，性格对交易成败的影响是客观存在的，正所谓选择大于努力，表现在期货交易上就是不管你技术分析再好、基本面研究多么透彻，还是在某些方面很强，但你性格有缺陷不适合这个市场，你就是再努力也还是赚不到钱。"在这个市场能赚到钱并能长期生存的人，比的不仅是技术、聪明、财力，还要比心态、勇气、信心和境界，需要综合素质和能力。你不必每项都很优秀，但决不能有明显的短板，就像'木桶原理'一样最短的那块会决定你的容量。"他深有感触地说。

"期货不是生活的全部，但期货能让生活变得更精彩。因为期货比较小众，多数人对它并不了解，少数知道的也是谈'期'色变，所以我刚开始做交易时，也面临家人及周围亲友的质疑和反对，但这么多年下来，他们也渐渐理解和支持了。"对于期货交易和生活的关系，黄金力也有着清醒的认识。

在接受采访的最后，黄金力还表达了对实盘大赛主办方的感谢。"感谢大赛主办方为我们搭建了一个同场竞技的平台，在大赛中能接触到不同风格的交易选手，取长补短，以此提高自己的交易水平，我是抱着学习的目的来参赛的。"他认为，实盘大赛高手云集，能够帮助交易者少走弯路、迅速成长，对提高交易者的竞技水平和心理素质都会起到积极作用。

"我还会继续参加比赛，不能闭门造车，参赛能够开阔自己的视野，便于跟同行相互学习、相互促进，在大赛中也更能让人感受到期货带给生活的乐趣！"黄金力最后说道。

第 33 章　相信市场，重视风控

——专访股票期权组冠军"荣耀三号"

> 市场永远是对的。在市场发生变化的过程中，应及时调整交易模块。当出现失误时，及时进行修正、反思，不应该与市场对着干。

"荣耀三号"进入期货市场已十八年，其交易模式以量化交易为主。交易逻辑以波动率交易为主，获取时间价值。根据波动率上涨、下跌采取不同的风格，在每个时间点交易模块也不同。

2003 年，"荣耀三号"进入期货市场，以商品交易为主，开始从事期货交易。2015 年的一轮大牛市，需要用期权进行对冲。5 月，"荣耀三号"为了做股指对冲进入期权市场。这一年，因第一笔期权交易损失 60%，"荣耀三号"感受到了期权市场的魅力，从此真正进入期权领域，发现期权市场和其他交易品种是完全不同的交易逻辑，开始自主建立模型、研究希腊字母和交易模型。

通过两年半的努力，"荣耀三号"建立起了自己交易的雏形，形成了自己的交易风格，并在交易过程中不断完善。

"荣耀三号"告诉《期货日报》记者，2018 年是他的期市生涯中重要的转折点。这一年，他踏入私募领域后，接触到了更多的期权交易者，积累了大量的交易经验，对期权有了相对深刻的理解。通过学习，"荣耀三号"从个人操作转为阳光化私募产品管理，在期权交易风格上产生了巨大转变。

"荣耀三号"在仓位管理、波动率等方面进行调整。2019 年 2 月 25

日，第一只产品成立三四个月，当时中美贸易摩擦处于缓和状态。当日 IH 出现涨停板，期权波动率飙升至近 150。在收盘前 30 分钟，当日回撤达到 6%，因仓位较重，"荣耀三号"面临交易以来最大的考验。

自本次事件发生后，"荣耀三号"针对仓位管理制定了严格、可标准化的模型，自此之后没有再出现当日回撤超过 3% 的情况。

"荣耀三号"认为，对于所有的交易者来说，最重要的就是风控管理。"风控管理得当，才能在资金保存实力的情况下，有效获取利润。"

"荣耀三号"向《期货日报》记者分享了自己的风控理念。他认为，风控主要分为三方面：第一，仓位管理。不同时间段，仓位不同。第二，以希腊字母作为风控指标。控制 Delta、Gamma 的敞口，建立标准。第三，波动率管理。在隐含波动率不同状态下，仓位管理不同，各个希腊字母的敞口不同。以波动率标准来控制希腊字母的标准。

仓位管理则根据风控需求进行调整。"不同时间段，仓位不同。在隐含波动率不同状态下，仓位管理不同，各个希腊字母的敞口不同，并且以波动率标准来控制希腊字母的标准，达到风控管理的目的。"

每日收盘后和次日开盘前，"荣耀三号"都会根据不同的行情，制订当日加仓或减仓的计划。"事前做好仓位管理，事后做好风控管理。一旦发现指标错误，全部减仓，重新计算敞口进行对冲。"

"市场永远是对的。在市场发生变化的过程中，应及时调整交易模块。当出现失误时，应及时进行修正、反思，不应该与市场对着干。每次出现失误后，要善于总结学习并进行修正，迅速调整好心态。""荣耀三号"告诉《期货日报》记者。

"荣耀三号"表示，交易与个人性格有一定的关系。"我属于相对保守型性格，对风险极度厌恶，交易风格与个人性格有一定的关联。利润和风险相比，我更看重风险管理。"

这是"荣耀三号"第二次参加大赛。对于比赛，"荣耀三号"提出了一些建议，"交易过程中，希望标准制定得更完善一些。比如：参赛参数中的利润占比、回撤占比、稳定性占比、具体评分标准等。这有利于参赛者了解自身交易的欠缺，帮助参赛者进一步提升不足之处。"

对于未来，"荣耀三号"表示，有机会仍会参加比赛。"今后会继续努力，希望为更多的朋友服务。"

第 34 章　要把顺境当成最大的考验

——专访对冲套利组亚军李洪斌

> 入场交易前，预期最坏情形一定要按最出乎意料、最悲观的态度来进行，对预期最大亏损的判断要充分谨慎，不能高估自己的分析能力，要把自己放在弱者的位置上。预期盈亏比要充分有利，至少 2 倍才能进场交易，连续亏损时只参与预期盈亏比 3 倍以上的机会。

在实盘大赛众多参赛选手中，李洪斌绝对算得上是"学院派"。华中科技大学工学博士出身的他目前任职于武汉一所高校的管理学院，主讲课程是《数据分析》，偶尔讲一下《金融市场》的期货市场部分，做投资只是他业余生活的一部分。

作为一名高校老师，李洪斌认为投资和教学并不冲突，甚至两者还有一定的相关性。"对我来讲，上课与投资是高度相关的两件事，甚至可以看作是一件事的两个方面。投资能否盈利最主要的是对投资对象的认知是否符合现实，《数据分析》这门课主要内容就是讲怎样基于数据来认识世界。"在李洪斌看来，做投资成功的关键是分析世界（投资对象）、认识世界的能力。在投资过程中的个人成长，本质是对投资对象的认知不断拓展和深化的过程，当然也包括对无形身心世界的认知。

在 2021 年的比赛中，李洪斌获得了对冲套利组第二名的好成绩。对这一结果，他很满意，表示远远超出了自己的预期。"比赛前没有做任何特别的准备或调整，比赛过程中我也是和平时一样进行交易，没有什么特殊的感受。"他淡淡地说。

仓位大小是风险控制的核心

这是李洪斌第三次参加实盘大赛，因此对大赛已有一定的了解。在他看来，《期货日报》举办的实盘大赛在圈子里有很高的知名度，参赛主要是想留下一个公开的业绩记录。

李洪斌在比赛中交易的品种比较多，包括沪深300股指期货、中证500股指期货以及多个商品期货，股指与商品期权也有参与。比赛期间，他主要采用三类策略：一是基于基本面的做多策略。在前一阶段动力煤供应紧张的背景下，前期采用动力煤多单部分结合卖出虚值看涨期权的备兑策略，随后轻仓单边做多。二是长期做多股指。他主要是做多中证500股指期货，并且这个时间跨度是三到五年，甚至十年。"本质上我是做投资，不是参加实盘大赛，大赛取得什么样的成绩，顺其自然。"他表示。三是商品对冲套利策略，包括跨月套利、产业链利润套利等。

李洪斌是一名"70后"，2006年开始进入期货市场，到2021年已有十五个年头。他与期货"结缘"可谓是"无心插柳柳成荫"。他博士期间的论文研究工作与时间序列数据分析高度相关，因此看了很多金融市场时间序列分析的文献，其中有一些涉及商品对冲套利方面的研究。于是，他就下载了各品种的历史交易策略，感觉似乎可以从中发现一些月间价差的规律。随后他拿出了几万元，开始参与同品种跨月套利交易。

据他介绍，2006—2018年这十多年时间，他的交易基本都是对冲套利，极少参与单边交易。从2019年开始，感觉对股指长期上涨的基本规律以及某些品种的周期变化有所认知之后，他开始了一些单边做多的操作。

整体来看，李洪斌的交易风格相对保守稳健，交易前对最坏情况下的预期亏损进行分析，确定合适仓位，进而控制总资金单笔亏损的比例。在十五年的交易经历中，他有十年左右的时间盈利较好，有五年是小赚小亏。

"商品单边做多或者套利交易，单笔亏损尽量控制在2%—3%。但控制亏损主要不是靠止损，而是靠对最坏情形下预期亏损的认知和仓位控制。"李洪斌解释说，亏损控制不是在走势变坏之后快速止损，不跟人比眼疾手快，只能未雨绸缪，靠建仓前的分析和控制开仓仓位，仓位的大小是风险控制的核心。

虽然李洪斌以前长期做商品套利，但目前他个人的核心投资策略是长期做多股指期货，商品单边做多和对冲套利只是辅助策略，目的是增厚收益，是长期做多股指的补充。

商品单边或套利策略如果连续多次亏损，他会更严格地控制仓位、更严格地评估最坏情形下的预期亏损、更严格地评估和选择投资机会。但在长期做多股指方面，他表示可以不计亏损，没有任何止损，靠不加杠杆或极低的杠杆控制浮亏，确保仓位可以长期持有。股指的估值水平进入历史较高区间时，减仓甚至完全平仓，然后等待下一个周期低位出现，再重新开始长期做多。"我的单边做多仓位，基本相当于买现货的杠杆水平。所以，本质上单边做多只参与长期趋势变化和大周期变化，季节性变化也会少量参与。"他说。

柔弱胜刚强，坚定地守柔、用柔

总结自己多年来的交易经历，李洪斌表示，柔弱胜刚强，入场交易前，预期最坏情形一定要按最出乎意料、最悲观的态度来进行，对预期最大亏损的判断要充分谨慎，不能高估自己的分析能力，要把自己放在弱者的位置上。预期盈亏比要充分有利，至少 2 倍才能进场交易，连续亏损时只参与预期盈亏比 3 倍以上的机会。结合最坏场景下的预期亏损，确定仓位的大小，要使单次交易亏损控制在 3% 甚至 2% 以下，连续亏损时单次交易亏损要控制在总资金的 1%—2%。

"如果经常出现单笔交易导致总资金亏损大幅超过 3% 的情形，说明认知能力有问题或预先评估时的心态太过乐观。这时候，我会更谨慎地评估最坏场景，更严格地控制仓位。"他表示。

在李洪斌看来，要想成为一位优秀的操盘手，在市场长期生存，必须严格控制仓位，保证在出现极端行情、暴涨暴跌连续停板的情况下，都能够平安穿越，虽败不死。有人认为，一个成功的投资者需要有几次爆仓的经历，这一点他完全不认同。目前他能够做到即使遭遇连续三停板的打击，账户总资金依然只是回撤 1/3 左右。"当然控制仓位掌控风险只是基本前提，另外还要不断拓展和深化对投资对象的认知，这是提升投资人竞争力和长期业绩的核心基础。"

采访李洪斌的过程中，可以明显感受到他的心态非常平和。他告诉

《期货日报》记者，顺境时他常常默诵"宠为下，得之若惊，失之若惊，是谓宠辱若惊"提醒自己，得到太多、走得太顺的时候，要犹如听到"滚滚惊雷"一般，谨慎小心知畏惧，更加坚定地守柔、用柔。在实践中，顺境时要更谨慎地评估预期亏损和预期盈亏比，更严格地控制仓位，调降单笔交易预期的总资金亏损比例为2%，甚至1%。当然，对于长期做多股指期货的仓位，在估值水平不高的情形下还是坚持持有，但严格控制杠杆。

正是基于良好的心态和严格的风险控制，李洪斌这些年投资的平均年化收益在20%左右，最大回撤在30%左右，十五年中只出现过四五次30%左右的回撤。"大幅回撤往往出现在收益最好、投资最顺的时候。这个规律提示我，要把顺境当成最大的考验。"他总结说。

在采访的最后，李洪斌也对《期货日报》提供的大赛平台表示感谢，同时感谢家人和朋友的长期信任与支持。

第 35 章　找到阻力最小的方向进行交易

——专访对冲套利组季军李希洋

个人的性格和交易成功与否没有必然联系，人的性格多种多样，交易思路也千变万化。最重要的是了解自己的性格，能识别自己性格的优势及劣势，找到相匹配的交易方法。

"第十五届全国期货实盘交易大赛是我第二次参加，一方面大赛会统计一段时间的交易数据，方便自己回顾和复盘；另一方面大赛提供了很好的交易者互相交流、学习的平台，可以让参赛者互相交流，了解其他人的数据和风格，见贤思齐。"李希洋在接受《期货日报》记者采访时说。

2021 年受疫情和政策（碳中和、能耗"双控"、限产）影响，很多品种波幅较大。李希洋认为政策影响下的波动既是风险也是机会，"我对我取得的成绩是比较满意的，我专注于研究少数品种，所研究的品种正好是今年双控、限产的主力军，平时持续的研究让我有比较好的风险识别能力，能在较大的波动下控制亏损及回撤。并没有刻意为了比赛而调整交易思路"。

"比赛中我主要交易铁合金，我在贸易公司从事铁合金相关的期现业务，平时也研究合金的基本面，基本面研究的核心还是供需平衡表，根据供需平衡表确定交易的大方向，接下来就紧盯政策和现货成交情况，寻找安全边际好的机会来建仓。"李希洋介绍。

对于比赛期间取得的成绩，李希洋说："我主要研究品种的基本面，通过基本面研究找到阻力最小的交易方向。要交易自己熟悉、有把握的品种，这样才能迅速、准确的理解基本面信息及相应的变化带来的影响"。

谈及自己期货交易的经历，李希洋表示："我交易期货的时间不长，毕业后进入到国内的大宗商品贸易公司工作，以稳健、高确定性的期现、套利交易为主，最初从下单员、研究助理开始做起，养成了良好的研究、风控习惯，交易期货是检验自己研究能力和认知的一种方式。"

对于个人的交易方式和交易风格，李希洋认为，应该认真做好基本面研究，专注于少数品种的高确定性机会，将基本面研究做精以增加交易确定性。风控意识要放在第一位，同时要严格控制风险敞口及回撤。

"我毕业后一直在贸易公司工作，给上游客户提供套期保值服务。初期喜欢寻找空头逻辑进行交易，曾经有一次，在基本面没有明显过剩、库存低的背景下做了反套，结果发生了突发的供应端扰动导致亏损。这次经历让我最大的感悟是投机交易是个概率游戏也是个生存游戏，要找到市场阻力最小的方向进行交易，尽可能交易高确定性的逻辑，而这一切的前提是要保证能在市场上生存下去，所以我最看重的是风险控制。如果有无法准确估计的风险则必须轻仓，甚至可以不交易。"李希洋说。

"在交易前把逻辑梳理清楚，把可能存在的风险点想清楚，当风险发生时最大亏损可能是多少，以此来确定合适的仓位。账户有回撤的要求，关键是把每笔交易控制在一定比例内，这一比例根据不同风险偏好会有所不同，过大的亏损会对我后续的交易计划及心态造成影响，因此我更偏好对冲套利的交易。规避控制风险主要在事前，参与的交易逻辑尽可能清晰明了，风险点明确，若最大风险可控并能接受，则参与这笔交易，如果最大风险没法接受，则宁愿不做。这一理念和我平时的工作有关，我所在的公司主要为客户提供套期保值、管理风险的服务，因此更注重风险的控制。"李希洋在谈及如何控制和规避交易风险时如是说。

谈到交易出现的亏损，"我主要做对冲套利的交易，回撤尽量控制在10%以内。连续多天亏损则重新审视自己的交易思路是否有漏洞，现实是否出现了和自己预想不一样的情况。若基本面未变，亏损在自己预设的止损线内则继续等待，或者调整持仓；若交易逻辑已经改变则止损。"他说。

在李希洋看来，对于交易者来讲，个人的性格和交易成功与否没有必然联系，人的性格多种多样，交易思路也千变万化。最重要的是了解自己的性格，能识别自己性格的优势及劣势，找到相匹配的交易方法。"我个人是比较谨慎、偏保守的性格，因此会更多关注高确定性、亏损有限的机会。在市场上长期生存下去的基本功有：出色的逻辑思考能力、良好的情绪控制能力以及知行合一。"李希洋说。

第36章　交易就是不断战胜、超越自己

——专访对冲套利组第四名王斌

> 每位选手均有自己的交易方法，这些都会因人而异，最适合自己又通过了市场检验的方法才是最好的。不同市场环境与不同合约对应不同的交易策略，止损设置也各有不同。

"本次是我司第六次参加《期货日报》举办的全国期货实盘大赛，对大赛比较熟悉。历次参加实盘大赛最主要的目的，在于同大赛中来自全国的优秀参赛者同台竞技，在紧张的大赛中磨炼自己的投资理念与交易逻辑，推动自己不断进步。大赛也是连接投资者与参赛者的桥梁，投资者作为大赛的观赛者，可以加深对期货市场的了解，同时对真实的交易取得进一步的认识。大赛已经举办十几届，我认为已经趋于完善，这也是市场对该赛事高度认可的原因吧。"王斌在接受《期货日报》记者采访时说。

王斌，世界经济专业硕士，先后担任中辉期货工业品研究员、研发部负责人、山西分公司五部经理，现任中辉期货投资经理。从业十余年，对期货市场分析以及交易实战有独到见解。

本届大赛，中辉期货资管产品参赛，并取得对冲组第四名的好成绩。

对于本届实盘大赛对冲套利组第四名的成绩，王斌表示："疫情与政策对交易来说具有类似的影响，是对习惯了近几年市场风格的挑战与磨砺，对于大赛中取得的成绩我还是比较满意的，但也觉得可以再进一步。

大赛相对于平时的交易来说更加偏重竞技性，投资策略与交易方式是有针对性地做过一些调整。"

王斌介绍："比赛过程中，我的交易主要集中于黑色板块、有色板块与能化板块，在这几个板块中均有一定的盈利。投资策略的传导对于产品类型账户来说是影响盈利水平的重要因素，也是我们关注的环节之一，我们通过一系列调整与优化，目前实现了较高的传导效率。"

谈及比赛期间取得的成绩，王斌认为成绩来源于交易经验的日积月累，研究体系的日益完善与不断地复盘总结，保持对市场的敬畏，不断在交易中锤炼自己，该坚持的要坚持，该摒弃的要摒弃，市场终将会给予回报。

谈到自己期货交易的经历，王斌表示："对我个人而言，我是从期货研究员逐渐转向投资交易方向的，在自认为对市场有了一定的认识后，自然想在交易过程中检验自己的理解与认识是否可以获得收益，如何进一步提升与改善，最终逐步专注于期货投资。"

对于交易方式和交易风格，王斌说："每位选手均有自己的交易方式或者交易方法，这些均因人而异，最适合自己又通过了市场检验的方法才是最好的。交易与研究最大的不同可能就是心态问题了，从幼稚到成熟，从紧张到沉稳，其中的艰辛，做过交易的各位也都能理解吧。"

对于期货交易与生活的关系，王斌认为："期货交易是我生活中重要的一部分，将之融入生活，不会感到太大的压力，也加深了我对交易的认识。周围的人也都理解并支持我，在此表示深深的感激。"

"大赛中，黑色板块是我比较关注的板块，赛程中出现的较大幅度盈亏大多出现在黑色板块中，对市场的判断是影响盈亏的主要因素，也提醒我不断进步，进一步锤炼了我的投资理念。"在王斌看来，交易就是一个不断战胜自己、超越自己的过程，战胜自己的软弱、犹豫、恐惧与贪婪。每一步都要付出一定的代价，深到刻进骨子里。而恐惧与贪婪是需要看重的两个问题，多位投资大师也对二者阐述了简单明了却深刻的见解。

对于如何控制和规避交易风险，王斌有自己的见解："风险与收益是两位形影不离的伙伴，大多数情况下暴露风险敞口是获取收益的必要条件，控制下行风险是比较重要的环节。我们会根据产品净值水平和对未来的判断综合调整仓位限制与风控条款，控制下行风险在一定范围内。"

　　"不同市场环境与不同合约，对应不同的交易策略，止损设置也各有不同，但一般不会设置较大的止损幅度。如果出现多日的连续亏损，我会检验自己的策略是否与市场发生了偏离，是否不适合当前的市场环境。如果没有前述问题，就适当降低仓位；如果有前述问题，可能暂停此策略的交易。对于在市场中交易多年的我来说，2020年的市场环境对心态并没产生多大影响，但部分品种在年内的波动有些突破想象力，还是印象比较深刻的，这也影响了我后续的策略制定。"王斌说。

　　"对于交易者来讲，个人性格会影响生活中的方方面面，交易也不例外。我个人比较谨小慎微吧。我认为要成为优秀的操盘手，主观冒进是不可取的。"王斌在谈及个人性格与交易的关系时说："总结自己多年来的交易经历，最深的感悟往往只需要较少的语言来描述，而我的感悟就是，贪婪是最大的敌人。"

第37章 让严格执行成为习惯，让专业研究服务投资

——专访对冲套利组第五名牛树山

> 从十年前的期现交易到现在纯盘面交易，虽然盈利方式有所变化，但在牛树山看来，行稳才能致远，作为交易员一定要给自己制定规则，更重要的是敬畏市场，风控在于自己，要能抵制住诱惑。

作为实盘大赛的"首秀"选手，牛树山所管理的华金期货资管产品——华金CTA进取1号在2020年表现不俗，获得了大赛对冲套利组第五名的好成绩。通过本次参赛，有着超过十年期货交易经历的牛树山再一次突破了自身原有的交易瓶颈，发掘了更大潜能，同时让公司资管产品的知名度再度攀升。

在牛树山看来，持续稳定的盈利能力是投资第一原则，而深入产业链、扎实系统的基本面研究能力是投资的基础。作为一名交易者，要想在市场中长期生存，必须敬畏市场，以平常心对待成功和失败，切记在市场上一直存活下去才是胜利。

在竞赛浪潮中不断突破、收获启发

谈及首次参与实盘大赛的感受，华金期货资管中心投资经理牛树山在

接受《期货日报》记者采访时表示，实盘大赛为交易员们提供了一个检验交易能力的平台，在这个平台上，有压力也就有了动力，交易员可以通过比赛结果的激励获得全方位的提高。

"2021年参与比赛一方面是为了锻炼自己的交易能力，想在大赛过程中和不同背景、不同风格的交易员进行交流，提升和完善自己的交易水平，另一方面是为了扩大华金期货和公司资管产品的知名度。"牛树山说。

牛树山告诉记者，对比2019年，2020年的操作难度提高了很多。具体来说，去年有很多品种都处于高位振荡区间，相比前年趋势性强的行情，把握高位摸顶行情的难度增加。同时，随着去年政策面不确定性加大，市场对交易员的要求也变得更高。

记者在采访中了解到，华金CTA进取1号这一资管产品是农产品和工业品两个板块的合作，工业品板块由华金期货资管中心投顾景上源负责，牛树山主要负责农产品板块，主要交易软商品和油脂油料期货品种，在软商品上盈利较多。

据牛树山回忆，在比赛过程中，他盈利最大的一次是做多棉花，通过长期以来对棉花基本面的跟踪，叠加对比往年的情况，从而发现了交易机会，在高位获利了结，基本控制了回撤的幅度。

"出于谨慎，我们在棉花的高位获得较大盈利，但也是因为过于谨慎，我们也错过了再次入场的时机。"牛树山告诉记者，通过这次交易经历，进一步加深了对棉花基本面的理解，以后再面对较大的行情时，相信自己也能更好地把握住机会。

此外，由于对2021年油脂的持续强势没有做好准备，牛树山在做多豆粕时产生了较大的回撤。他告诉记者，这次做多豆粕的操作也带给他新的启示：在近两年疫情发生的特殊时期，交易员要时刻关注宏观层面上的变动及对市场的影响。

未来，牛树山表示，希望实盘大赛可以在比赛过程中再多提供一些交易和研究知识或者行情的分享，帮助交易员们去把握交易机会。

研究落地才能更好地服务交易

作为从事期货交易十年以上的市场中生代力量，牛树山深知这个市场是不断更新和变化的，做交易也是一个不断学习的过程。

"从十年前的期现交易到现在的纯盘面交易，虽然盈利方式有所变化，但在我看来，行稳才能致远，作为交易员一定要给自己制定规则，更重要的是敬畏市场，风控在于自己，要能抵制住诱惑。在实际操作中，更要建立起属于自己的具有优势的一套交易系统，按照自己的规则进行交易，才能持续在这个市场生存下去。"牛树山表示，在自己十余年的交易过程中（在这次比赛中也是如此），在做每笔交易之前做好投资备忘录已经变成了一种习惯。备忘录里面会阐述好每一个策略的逻辑、周期、持仓大小和止损止盈线等等，在交易中自己也会严格按照备忘录来进行。

牛树山这种面对市场谨慎、稳健的交易风格其实来源于他严谨自律的性格，以及他多年来从现货转型到期货的过程中积累的大量市场经验。在参与期货市场之前，牛树山在白糖现货交易中便一直在积累对白糖现货市场的认识，2006 年白糖期货上市后，他开始接触期货交易，逐步了解期货市场的魅力和风险。

从最初简单的期现套利交易，再到一步步成为期货交易员，基于对市场的理解和好的机遇，牛树山逐步总结形成了一套属于自己的套利的盈利模式。

"我的交易方式就是以基本面研究为基础的主观套利，善于抓住处于不同周期中商品运行轨迹带来的不同套利机会，也会根据已知确定性信息来寻找交易策略。"在牛树山看来，持续稳定的盈利能力是投资第一原则，而深入产业链、扎实系统的基本面研究能力是投资的基础。

2018 年，牛树山进入华金期货担任资管中心的投资经理一职，负责管理资管 CTA 类产品的交易和投研团队的搭建。进入华金期货后，牛树山的事业迎来了更广阔的发展空间，他的套利模式也在公司专业研究团队的助力下变得更加成熟。

"本次华金 CTA 进取 1 号能够在比赛中获得不错的排名，优势也在于华金期货搭建了专业的研究团队，能够深入相关产业链了解最前沿、最全面的信息。公司的投研团队成员均毕业于国内外知名院校，同时还具备强大的期现结合背景，通过多年深入品种产业链，拥有严谨、全面的农产品研究体系，可以从逻辑层面为投资决策提供扎实的基础，每天的公司例会和专业研究员的日常汇报可以让我们投资经理发现更多的交易机会。"在牛树山看来，只有让研究落地，才能更好地服务交易，从而同步实现风险控制和超额回报。

未来，牛树山表示，随着公司资管业务不断发展、产品规模继续扩大，华金期货会继续丰富产品类型，拓展投资领域，为投资者提供更多的选择。

第38章 提升交易水平，更好地服务投资者

——专访对冲套利组第十名夏宇

金融学专业毕业的夏宇从学生时代就开始从事期货交易。"那时候的期货市场和现在很不一样，大家基本都是看技术图形做单，在非交易时段，大多在QQ群或贴吧里聊技术分析。"夏宇说，因为自己毕业后第一份工作的地点在香港，交易较多的品种是贵金属，当时的基本面分析体系相对比较成熟，所以夏宇算是接触基本面分析较早的一批交易者。

一路走来，经历了多个时期行情的跌宕起伏，夏宇对交易有着较为深刻的体会。他告诉《期货日报》记者，这些年看到太多大起大落和风光过后销声匿迹的交易者，因此交易者第一要考虑的是如何在市场里长久生存，然后才是如何盈利。交易没有一成不变的方法，除了注重交易方法外，还要多关注市场本身的进化。市场是一直在发展和进化的，每次进化都可能淘汰很多交易思路和方法，所以交易者一定要保持交易方法的更新迭代、与时俱进。

这是夏宇加入融昊投资后第三次带领团队参加实盘交易大赛。"参加大赛的主要目的是想知道自己和团队的交易能力在市场中处于什么样的水平，能排在什么位置，从而促进对交易方法的研究和对交易的思考。《期货日报》主办的实盘交易大赛报名人数众多，分组也很科学，所以我们选择参与这个赛事。"他说。

夏宇认为，举办大赛是能切实促进期货行业发展的好模式。第一，大赛能聚集很多优秀的交易者，形成一个圈子供大家交流学习，共同提高；第二，因为是竞赛性质，交易者可以在参赛过程中看到自己的不足和差距，从而不断改进和完善交易方法；第三，大赛本身也是行业宣传和投资者教育的好方式，可以帮助更多的人了解和熟悉期货；第四，大赛给优秀交易者提供了展示的平台，能帮助交易者在市场中成长，也能吸引全球更多优秀交易者关注中国期货行业。因此，无论是站在行业、交易者还是期货公司的角度看，实盘大赛都起到了正向的推动作用。

比赛中，夏宇团队的盈利来源有两个方面，一个是股指板块，他们看好 2021 年中证 500 指数的行情，并形成了一系列策略；另一个是农产品的正套策略获得了较好的收益。他们目前投研和策略的结合方式是形成投研一体的交易模式。据夏宇介绍，公司很重视投研，包括调研和实时信息的获取，并根据投研结果梳理交易逻辑，做好交易计划，并确保交易计划的严格执行。在这方面融昊投资有较为严密的体系，能做到严格遵循产业逻辑去研判、执行和风控。夏宇坦言，能在大赛中取得好成绩是团队共同努力的结果，经过近四年的磨合，他们才摸索出一套适合自己的交易体系。

随着市场的发展，夏宇越来越意识到深入产业调研的重要性，因为随着产业对期货市场的深入，产业逻辑的兑现会越来越充分，因此，夏宇坚持选择以产业逻辑为核心的交易策略。"这种坚持给我们带来的好处是，无论是对产业的理解还是对信息的理解都是可以积累的，能够构筑一些交易壁垒，让我们在交易中占据一定的先机。"

"做了很多年的主观交易，我们最大的体会就是交易中最大的风险有时候不在市场，而是在人。"夏宇认为，人有主观思维，会情绪化，主观的认知有可能偏离客观事实，情绪化则可能让交易失准，这会给交易带来很多不可控的风险，情绪是交易者最大的敌人。

因此，夏宇在做主观交易的同时，一直想办法进行量化的风控。经过多次完善，夏宇和他的团队逐渐摸索出一套方法，就是设置资金管理和风险控制指标，并且将这些指标量化，让资管系统自动做风控。"这样就能避免主观情绪带来的不必要亏损。"夏宇说，主观做策略、量化做风控的模式当前已经运用到融昊投资所有的资管产品中。

在夏宇看来，关于仓位管理和风控，最重要的是以下两点：一是合理，二是可执行。交易者必须清楚一个账户要达到的预期收益和能够承受的风险，这是满足资金管理和风控最重要的因素。可执行，指的是仓位管理和风控要精确到数字，而不能是一个不利于执行的模棱两可的概念，因为人都会有侥幸心理，且真的面临回撤时，大多数人不能保持理性。要想达到绝对的理性，就要让机器来做资金管理和风控，决定什么仓位不能持有，什么品种不能做，亏损的底线是什么。要根据不同账户中的不同策略、不同板块制定仓位管理和风控的具体方案并保障执行，最终一定能得到满意的结果。

"这样的风控理念并非在交易开始时就有，相对交易策略而言，风控和资金管理是被动的。"夏宇说，有什么样的风控和资金管理，最终是由策略来决定的。在交易不断成熟的过程当中，一定会碰到很多失败，有这些失败的教训，就会思考如何改进，下次碰到这种情况怎么办。久而久之，就会不断改进交易和风控方法。因此，夏宇认为复盘性的思考是必不可少的，可以防止不好的情况再次发生。

夏宇告诉记者，参加比赛能够很直观地看到自己的交易水平，自己在当前的市场里处于什么位置。"大赛是很好的检验自己交易方法和交易能力的平台和渠道。参赛的同时，我也会学习其他优秀交易者好的策略，对他们的资金曲线进行解读和思考，作为自身改进交易方法非常重要的参考。"

夏宇坦言，作为一家私募机构的交易团队，交易时考虑的内容和个人交易者有较大区别。对投资者来说，资金管理业务是一项服务，既然是服务，就要满足投资者的需求，不能根据个人喜好进行交易。交易者作为服务提供者，要在投资者的风险偏好下满足投资者的预期收益。作为一家私募机构，投资者看中的并不是你有多大的盈利能力或有多好的盈利策略，而是这些盈利能力和优秀的策略能否转化成满足投资者需求的产品。所以，私募机构要具备两方面的能力：一是交易能力，二是产品的设计和运作能力，两者缺一不可。

第 39 章　成长和感悟是伴随一生的财富

——专访郑商所期权优胜奖甄剑吾

> 这是甄剑吾第四次参加全国期货实盘交易大赛，对大赛规则也相对比较了解。他曾在上届大赛中期权组和郑商所期权组获奖，并参加了当时在大连举行的颁奖大会，在大会中和其他交易者交流心得体会，相互鼓励，结识了新的朋友。

坚信勤能补拙

对甄剑吾而言，参加期货实盘交易大赛的主要目的一是展示自己，让更多的人了解自己，以便在以后的事业发展中找到合适的合作伙伴；二是检验自己的交易水平，对比其他参赛选手，确定自己真实的交易水平，以及在整个交易者中所处的位置。

对于本次的比赛成绩，甄剑吾还是比较满意的。于他而言，参赛只是平时交易的一部分，比赛结束会总结自己比赛中的得与失。比赛中有遗憾说明自己有提升的空间，他会根据比赛中的不足进行阶段性总结，然后适当调整自己的交易方法，也为下届比赛做一些准备，按照自己的既定策略进行交易。他认为对自己策略的自信和坚持，是成为一名优秀交易员的基本要求。

"我的交易策略基本上是长线交易，倾向于价值投资。之前也尝试过短线交易，但效果并不很理想，我觉得自己比较愚钝，反应较慢，无法适应快节奏的交易策略。但正因为这种愚钝，让我更加努力地追寻和探索，勤能补拙。"甄剑吾笑着说，笨人就用笨办法，我更喜欢把自己的交易策略简单化、明确化，学习曾国藩"结硬寨、打呆仗"的精神。当然，他的交易经历并非一帆风顺，中间也经历过几次大的挫折甚至爆仓，账户资金起起伏伏。但他没有气馁，在挫败和磨炼中砥砺前行，让自己不断成长，思想上更加成熟与稳定，交易策略也不断得到完善。

2019年第一次获奖的情况，甄剑吾至今记忆犹新。他告诉《期货日报》记者，当时自己很兴奋，有点激动，还有点骄傲。而本次获奖更多的是感慨，经历了2020年百年不遇的金融市场波动，交易中遭受严重打击，当时很茫然，找不到路在何方，也曾经动摇过、质疑过，甚至想过放弃，幸运的是自己撑过来了，那段经历也成了人生中宝贵的财富。而且，经过对那段交易的总结和反思，完善了自己的交易策略。

正确的投资理念是止损、顺势

本届大赛中甄剑吾主要交易的品种是PTA和甲醇的期权交易。"我一直坚持做长线交易者，倾向于价值投资，从供需入手研究品种的基本信息，在供求关系发生转换时择机在低位建仓。交易前确定交易策略，交易中严格按照计划策略执行。不过离场机会的把握一直是我最大的困扰，在止损上决断力不够让我吃了不少亏甚至遭遇严重亏损。"据甄剑吾介绍，2013年的豆油期货行情，因为自己在止损上犹豫不决，以致未及时止损多单使亏损不断扩大，最终以爆仓结束了那次交易。"遭受如此沉重的打击，我痛定思痛，靠着努力和坚持，在摸索中前行。就是那时候尝试了短线交易，但效果并不理想，又换回了现在的交易风格。好在我坚持了下来。"

甄剑吾认为，对交易者而言，交易的过程就是修炼的过程，交易和做人的道理是相通的，生活中做最好的自己，才能成为更优秀的交易者，很多人生感悟也不断给交易提供滋养，两者相辅相成。

最适合自己的就是最好的

在不断摸索和尝试后，甄剑吾发现期权交易更适合自己。期权的风险主要有三个：一是流动性风险，指由于市场深度、广度不够，如某合约成交量太小致使期权投资者无法在合理价位平仓而产生的风险；二是策略风险，期权以丰富多样的交易策略吸引投资者，但风险与收益并存，再好的策略也存在风险，做好资金管理，灵活应用策略才是王道；三是杠杆风险，期权放大了杠杆，在提高投资回报的同时，也加大了资金回撤率。"以前我风控总是做不好，心态大受影响，而期权的买入交易却不存在这个问题。因为我做的是长线投资，权利金即止损位的策略是比较合适的，最大的风险就是损失权利金，亏损额度比较固定，可以完美规避损失继续扩大的风险，更利于前期策略的规划和实施。"

事实上，交易成功的要素是头脑清楚、思路清晰、全神贯注、纪律严明。这里交易纪律要排在首位，采用某种理论、方法进行交易，并始终坚持、恪守，这就是交易纪律。但同时交易者必须心胸开阔、灵活机动，只有这样，一旦你的理论、方法经实践证明是错误的，才能及时调整和改变。

"另一个交易准则是必须始终敬畏市场，永远不要想当然，要努力做好自己的功课。每天回顾当天的交易，找出做对和做错的地方，这也是功课的一部分。另一部分就是对未来的行情进行预判，根据预期情况作出相应的规划，而不是对已经发生的情况作出回应。仅对当前市况进行回应是远远不够的。"甄剑吾说。

甄剑吾告诉记者，杰出的交易者都不是一蹴而就的，他们都具备两个共同的特点：超强的自信和坚持不懈、百折不挠的精神。尽管在交易生涯的早期会遭受很多失败，但上述两个特点足以使他们获得最终的成功。

甄剑吾认为，要实现稳定盈利，必须完善自己的交易体系，精进自己的投资理念。高风险不等于高收益，对高风险市场的管控能力越强，管理持有头寸的能力就越强。至于如何提高确定性，他认为风险管控好了，确定性就提高了，交易者的投资管理能力就越强。另外还要注意资金管理及自我控制，要不断地学习，也要在失败中学习，错了就要认，要总结，这样才能进步。交易是人格的反应，衍生品交易杠杆很大，要战胜自己的弱点。

经过多年打磨，目前甄剑吾的交易策略已相对成熟和稳定，在本届大赛中，他坚持按策略执行，并不断吸取经验教训加以完善，最终取得了不错的成绩，策略也在这个过程中变得愈加成熟和稳定，他本人也越来越自信。

当然，交易中的风险总是让人防不胜防，所以交易者要保持谦卑，不断学习，才能更好地远离风险。比如2020年的行情，极端行情让大多数人猝不及防，但如果面对这些不能保持平和的心态，甚至对极端行情产生贪念，临时改变投资策略有可能导致巨额亏损。

"多年来，交易已成为我生活的一部分，我也能从交易中收获人生感悟，在交易中享受人生。令人满意的是我一直保持着开放学习的态度，这能让我在交易中不断进步。"甄剑吾表示，2022年，他仍会参加大赛，在交易的稳定性、控制回撤方面继续努力。他表示自己未来可能也会走向私募的道路。"不论如何，成长和感悟都是伴随我一生的财富。"

第40章　交易是人生中的一场修行

——专访郑商所期权优胜奖张茗

> 　　风险控制方面，张茗认为，不做逆势单，有机会就大量进仓，然后分批止盈，缓慢退出，行情波动比较大的时候，就相对减少建仓，快进快出。感觉风险要来的时候，如果已经连续多天亏损，会不断减少仓位。没机会就空仓，等待合适的时机再入场。

　　在第十五届全国期货实盘交易大赛中，张茗操作的昵称为"众一对冲1号"的账户取得了郑商所期权优秀交易者优胜奖的成绩。

寻找适合自己的节奏

　　"这是我第一次参加比赛，本次参赛的目的也是想通过排名来检验自己的实力，如果能获奖，也算是对自己的一种正向激励。"张茗在接受《期货日报》记者采访时说。

　　张茗表示，对于本次比赛取得的成绩，相对来说不太满意，因为没有达到自己理想的预期。她在本次比赛过程中，就是进行正常的交易，寻找自己合适的节奏，对不熟悉的品种一般谨慎交易，少量持仓，优先考虑风险。

　　"操作上，我一般以对冲做多或者做空波动率交易为主，适当保留一定的风险敞口，操作风格比较谨慎，自从做交易以来，经历的亏损就比较少，一直都是比较稳定的状态，但是也没有大的盈利。"张茗说，这次比赛中，她交易的品种比较多，大部分集中在期权品种上，但没有具体统计品种的盈利。因为主要做的是期权的对冲，看到什么品种机会比较大就会进行交易。

据张茗回忆，比赛中似乎没什么盈利特别大的单，因为仓位控制得比较低，整个盈利是缓慢增长的，基本上也没有大的回撤。

风险可控下把握机会

谈到本次比赛过程中是如何做好风险控制的，张茗总结道，不做逆势单，有机会就大量进仓，然后分批止盈，缓慢退出，波动比较大的时候，就相对减少建仓，快进快出。亏损要控制在感觉要出风险的时候，如果连续多天亏损，会不断减少仓位。没机会就空仓，等待合适的交易机会。

"大学毕业后，因为对交易和金融始终抱有兴趣，一次偶然的机会，在上证50期权开通的时候，第一次完整地从事了交易。后来，通过自学了解到很多期权相关的内容，并且在交易中进行大量的实践，在实践中考虑每种策略的风险。交易风格上属于对冲谨慎型，优先考虑的是保证本金不亏损，然后考虑风险收益比。关于对冲型交易，如果风险收益比不高，基本上不会进行交易，所以像下半年这种波动极大的行情，我只有羡慕别人的份，自己参与得比较少。"张茗讲述着自己的入行经历。

"我做期货是抱着'天下大同'的理念的。交易不过是个人性格的外在表现，我的性格相对来说偏向悲观，所以对风险比较敏感，保证本金不亏损是我的第一目标，然后在风险可控的前提下寻求机会。"张茗说。

时刻保持风险敏感度

在张茗看来，交易是一种思想的变现，它本身源于生活，但是对大多数交易者而言，交易不是一件友善的事情，因为它会左右你的情绪，从而影响你的生活。"因为一开始做交易收益还算可以，所以周边的人也都支持我，慢慢地交易已经融入了我的生活，成了不可分割的一部分。"

"成功的交易给我带来的心得可能比较少，因为每次操作之前我都会评估风险，谨慎下单，所以交易成功是在计划范围内，通常不会有意外的惊喜。直到2021年2月份，我经历了一次极大的亏损，虽然原本预想过会出现这种亏损，但是亏损真的来临时还是有点懵。这次操作给我带来的教训就是时刻保持警惕，当形势不利于你的时候，在亏损还能承受的范围内，就尽量尽早止损。"张茗分享她的心得体会时说道。

张茗认为，要把交易当作一门科学来研究，而不是只去关注涨跌，这样对于交易的熟悉和理解会更深刻。

"回顾这几年，虽然也在认真交易，但依旧微小如尘。我个人比较推崇《孙子兵法》，'故善战者之胜也，无智名无勇功''古之所谓善战者胜于易胜者也。'大家都喜欢听到有人在期权赚大钱的故事，然后幻想自己会成为故事里的那个人。交易是一种概率的游戏，一旦人走错方向，很可能陷入误区。'昔之善战者，先为不可胜，以待敌之可胜。不可胜在己，可胜在敌。'我认为这讲的就是交易之道，我们能控制的就是自己，至于市场给不给我们机会，那是需要我们等待的"，张茗说。

第41章　深刻理解产业，方能坚定信心

——专访郑商所期权优胜奖赵腾

> 赵腾对交易最深的感悟就是不要看短期，至少要看未来一年的变化，供需矛盾不明显或不确定的就不做，确定供不应求的做多，确定供过于求的做空，决定了大方向之后只需要做一个保守的仓位，然后无论风吹雨打都要坚定持有，直到供需情况发生根本变化。

　　十年前，刚刚走出财经院校大门的赵腾或许不会想到，自己在大学校园里随便玩玩的期货，能给自己带来意想不到的高回报。

　　本金少，这是当时像赵腾这样的年轻人所共同面临的现状。正因为如此，他在股票和期货交易之间毫不犹豫地选择了期货。因为"股票投资的周期长，期货的周转率足够高，能够在较少本金的情况下实现资产相对快速的增值"。

　　2021年，已经是赵腾第三次参加全国期货实盘交易大赛。可以说，此时的他对大赛已经是非常了解，然而谈起参赛的初衷，他认为主要还是记录自己的交易历程。

一直在模仿，一直在超越

　　赵腾告诉《期货日报》记者，自己的交易到目前可以概括为三个阶段：

　　第一阶段，做期货用的是技术派的趋势交易方法。主要学习对象是利弗莫尔、海龟交易等，其间尝试过程序化交易，也取得了一定盈利，但他感觉这种方式不确定性太高，没有长期稳定盈利的把握。

　　第二阶段，赵腾开始从人性角度做交易。主要学习对象是索罗斯，这

期间专注于少数的大波动行情，试着用反身性的方法进行交易，这个阶段有较大盈利，但仍然感觉不够稳定。

第三阶段，就是现在的价值投资方法。主要学习对象是巴菲特、芒格、李录、段永平等大师，这个阶段交易次数较少，持有时间长，只做能力圈内的机会，进入了一个快速增长期。

"我是坚定的基本面派，价值投资者。"赵腾对交易最深的感悟就是不要看短期，至少要看未来一年的变化，供需矛盾不明显或不确定的就不做，确定供不应求的做多，确定供过于求的做空，决定了大方向之后只需要做一个保守的仓位，然后无论风吹雨打都要坚定持有，直到供需情况发生根本变化。他进一步解释说，这期间要关注变量，并随时检验自己对供需的判断是否正确。"永远不因为价格波动或是账面盈亏进行决策，只考虑供需，只考虑未来是牛市还是熊市这个核心问题。"

赵腾的风险控制方法首先就是期货只占总资产的一部分，并且期货里单笔交易很少动用杠杆，一般用不超过两成仓位，对于总资产来说不到1倍杠杆，相当于进行现货贸易，所以一般不需要止损，也不设置止损。"只止错不止损，平仓跟盈亏没有关系，对了就坚守，错了就全平。如果真的遇到很严重的错误，在过程中必然能发现，错误使人成长，亏钱但赚了见识。当然总有一天会遇到特殊情况，比如总资产亏损超过 20%，真的出现这种非常危险的情况会考虑止损。"他坦言。

这个理念主要来自赵腾对期货独有的理解。在他看来，期货本质上是周转率极高的现货贸易，交易所提供大量免息贷款，可以很容易地进行多空双向交易，成交量充足，手续费低，可交易种类多，机会频繁。"把期货看作一门生意的话，具有轻资产高周转的特征，那么每笔交易不加杠杆，比如用 10% 的保证金，然后可以同时进行多笔不相关的交易，这样总体风险很低而收益较高。"

深究基本面，做有准备的交易

深刻理解产业，方能坚定信心。

2021 年参赛，赵腾最成功的交易是抓住了纯碱的牛市行情。

"我对玻璃有六年的研究经验，并在纯碱期货上市就开始参与。2020年下半年玻璃价格大涨，我发现其中有一个重要原因是光伏玻璃需求量猛增，导致部分建筑玻璃生产线转产光伏玻璃。建筑玻璃新增产能受限，而需求旺盛，于是玻璃强而纯碱弱。但光伏玻璃产能不受限制，光伏玻璃对纯碱的消耗可能是市场忽略的问题。"于是，他开始关注光伏产业情况，发现未来一年光伏装机量继续大增，此后国家又提出了碳中和政策，更增加了光伏玻璃产能快速投放的确定性。2021年初，纯碱明面库存在100万吨，属于历史最高位附近，而现货价格在1500元/吨多一点，当时的玻璃价格已经冲上2000元/吨，往年玻璃2000元/吨时纯碱价格至少在2400元/吨了。

通过计算，他发现，2021年光伏新增纯碱消耗至少40万吨；建筑玻璃利润极高，对纯碱消费只增不减，至少多消耗20万吨；碳酸锂需求新增10万吨；轻碱端只增不减。这样毛估就要去掉70万吨库存，到2021年底库存应该在30万吨。另外一旦牛市开启，由于期货上涨引发套保盘不断增加投机库存，会进一步加剧社会库存紧张。再看供应端，由于2019—2020年的价格低迷，纯碱2021年全年没有新增产能，老产能开工率明面在75%附近，实际上由于统计问题，最高也只能开到80%，供应端可增加的量并不大。而且纯碱由于生产线升温需要，一般选择在夏季检修，因此持有到夏季时必将大幅去库存。

综合考虑供需情况，赵腾判断纯碱上涨概率极高，第一目标至少看到2400元/吨。当时近月价格在1550—1600元/吨，最远月01合约开盘出来在1700元/吨附近，纯碱一年仓储费就需要100—150元/吨，再算上利息成本，150—200元/吨的价差是合理的，于是他开始建仓纯碱01合约的多单。

最终，他的多单平均成本在1780元/吨附近。此后一路持有，因为玻璃价格暴涨，纯碱产能释放受限等因素，纯碱最终上涨至3500元/吨附近。这时，他发现供应已经在悄然恢复，而玻璃需求坍塌，那么早晚建筑玻璃产量下降必将导致纯碱需求下降，因此价格触顶概率很高，选择平仓了结。从建仓到平仓，其间持有10个月，他获得了接近翻倍的收益。

最后，赵腾也向《期货日报》记者讲述了自己印象最深的一次失败的交易经历。"那是为了实现一个不现实的目标而进行的交易。"他表示，这笔交易过程中自己已经盈利500万元，其实已达到了目标价位，并且在那个位置振荡很久。但因为某些原因当时执念想赚1000万元，结果最后被困在这个交易里面，由盈转亏，又由亏转盈勉强获利平仓，但因为这个交易的问题导致连锁反应，错过了本来应该大赚的机会，实际上损失严重。

第 42 章 金融服务实体是交易的价值体现

——专访芝商所澳元／美元期权奖王志新

> 　　想要成为优秀的交易员，需要有自己的逻辑体系、分析体系和长期更新的数据库，并且把资金管理、风险控制放在首要位置，这些基本功必不可少。
>
> 　　这个市场是巨大的，金融市场还处在发展阶段，需要更多的专业人员利用专业技能为我国企业的发展添砖加瓦。

　　王志新是多届全国期货实盘大赛的优秀获奖选手，也是《期货日报》的特约作者。他专注黑色产业链上中下游期现业务与策略研究，利用自己的专业知识和经验，让交易切实服务到有需求的企业。在他看来，金融服务实体才是交易的最终归宿和价值体现。

找到交易逻辑，建立交易体系

　　王志新进入金融行业始于 2008 年，从外汇市场日内交易员做起，他一步一步完善了自己的交易系统。随着从业时间的拉长，他接触到了金融行业的各个环节，始终对交易员这个职业保持着热爱。

　　历经十多年的交易时间，王志新交易标的池子从外汇市场到国外金融市场、国内商品市场，再到期权交易、基差交易，一直不断地增加，他发现了很多品种的内在关系与联动性，对周期、行业和品种有了更多的认识，从点到面然后再由面回到点，慢慢找到交易的价值所在。从事产业链金融，王志新认为，用专业的交易经验和策略帮助很多实体公司去解决实际运营中的一些风险与需求，金融衍生工具有了用武之地，交易也变得更有意义。

王志新的交易风格是事件驱动型，偏爱危机与风险性事件的策略交易。受海龟交易策略的影响，他对交易系统有独到的见解，善于对事件驱动的黑天鹅事件进行交易规划，制定符合交易系统的交易策略去捕捉黑天鹅。同时，他喜欢用期权衍生品交易策略捕捉大波动率的品种，善于发现套利机会并做出套利策略。

他采用从宏观到行业再到微观技术层面的自上而下的分析体系，将三者结合，尽量客观量化去建立交易系统。他的交易系统里最基本的六点要素分别是交易的标的物、流动性与仓位管理、入场信号、出场计划、风险因素和计划前胜率与盈亏比分析，确定好这些就可以完成简单的交易计划。

"作为职业交易员，找到交易逻辑并去获利就是目标。"他说，当然首先是要找到交易逻辑，所以需要大量的时间去跟踪和完善数据库，长期的数据库的跟踪与分析是职业交易员的日常。

此外，用交易系统去控制风险，划定交易风险的最大限度，然后执行计划。仓位管理和风险控制是每一个交易计划必不可少的部分，也是可以长久存活在市场中的前提。

王志新认为，交易中最重要的是资金管理，只有做好了资金管理才有可能去拼交易策略、拼盈亏比等。即使交易策略和逻辑是有效的，如果不做好资金管理，交易计划就没有办法坚持到最后。

具体到每一笔单子，他认为都要有交易计划和资金风险控制管理，单独的交易计划按照最大亏损额控制就好。"连续亏损是正常的，概率法则而已，重要的是心态的变化和控制，还有亏损后的资金管理有没有同步变化。"他说。

交易员不是和人打交道，王志新表示，而是跟一堆数字和逻辑打交道。想要成为优秀的交易员，需要有自己的逻辑体系、分析体系和长期更新的数据库，并且把资金管理、风险控制放在首要位置，这些基本功必不可少。

服务产业客户，实现金融衍生品价值

王志新表示，自己的参赛目的就是为了和大家交流共同进步。2021年是他第二次参赛，通过比赛认识了很多优秀的选手和老师。对于成绩，他认为坚持交易逻辑和交易系统就好，没有针对比赛调整交易理念和交易策略，只是遵守自己的交易系统和既定的路线。"成绩是靠交易系统取得的，核心是交易逻辑的分析体系。"他说，2021 年市场波动率较高，能不能坚持拿住盈利、控制住亏损是关键。

2021 年行情波动比较大，供需矛盾叠加通货膨胀预期，再加上周期的巨大力量，趋势来临时需要更加小心翼翼和坚定地持有。"2020 年我的交易策略已经预判到了通货膨胀的可能性，后期叠加供需因素上涨幅度确实出乎意料。"他说，2021 年基本上是全品种交易，原油的盈利比较多，对于原油的交易计划就是趋势持有。

他介绍，大赛中盈利最大的交易除了原油的多单，还有 DBC 商品指数。自己就是基于对趋势和交易逻辑的理解，将交易机会执行到底。回撤最大的交易是因为行情的尾期波动率增加，他表示这个是无法避免的，如果趋势没有改变，回撤的幅度一定会大，但是这个回撤是否在资金管理的限度内和交易计划内就是最重要的问题，如果不是正常的回撤就要仔细考虑并总结回撤原因。

对于未来的交易规划，王志新表示，自己依然会参赛，今后的发展路径是服务更多的产业客户，帮助客户解决实际的需求，对冲风险，体现金融衍生工具的价值。

"这个市场是巨大的，金融市场还处在发展阶段，需要更多的专业人员利用专业技能为我国企业的发展添砖加瓦。"他说，金融服务实体是国家特别需要的，也是企业特别需要的。他也通过自己的经验，切实提供了金融衍生品的方案，帮助企业享受到金融的便捷性和优势，实现了金融衍生品的价值。

"不管哪个行业都需要不断地学习、更新迭代，才能一直进步。坚持原则然后去进步，剩下的交给市场验证就好。"王志新最后表示。

第43章　只赚自己认知范围内的钱

——专访芝商所十年期美债期货专项奖吴承谕

> 吴承谕会先研究各品种的基本面，在确定某品种存在一个导致供需失衡的矛盾点，且短时间内该矛盾点无法解决后，根据其供需情况、库存、基差、相关政策，并结合国内外经济情况，开始建仓。

近两年，受新冠肺炎疫情影响，市场不确定因素有所增加，金融市场波动大幅提升。在这样的情况下，一个擅长宏观策略的投资者应该如何选择交易品种，在低风险下获得较高收益呢？在第八届全球衍生品实盘交易大赛中获得芝商所十年期美债期货专项奖的吴承谕认为，最好的选择就是赚认知内的钱。

重点交易供需失衡的品种

据吴承谕介绍，他是典型的宏观策略交易者。具体来说，就是先根据经济数据判断当下经济情况处于经济周期的哪一阶段，再根据所属阶段选择不同的资产进行配置。本质上，其交易模式建立在美林投资时钟的理念上。根据该理念，一个经济周期被分为衰退、复苏、过热、滞胀等四个阶段，而每个阶段的最优配置分别是债券（衰退）、股票（复苏）、商品（过热）、现金（滞涨）。

"当然，实际情况往往比理论复杂得多。不仅根据近期数据很难判断当前具体处在哪个阶段，各类资产的表现也并非完全按照理论般表现。因此，在实盘交易时，我还会综合当时的实际经济情况、财政政策、市场情绪等多方面因素来判断当前最适合配置哪些资产。"他说。

据吴承谕介绍，若当前的市场更适合配置大宗商品，他则会先研究各品种的基本面，在确定某品种存在一个导致供需失衡的矛盾点，且短时间内该矛盾点无法解决后，根据其供需情况、库存、基差、相关政策，并结合国内外经济情况，开始建仓。

以近两年特别热门的国内黑色系期货为例，他告诉记者，"若我准备建仓，一定是因为该品种出现了像 2019 年巴西淡水河谷矿难，2020 年美国政府不间断的财政补贴，以及今年减碳等影响较大且短期内很难解决的供需失衡矛盾点。"

而之所以会形成这样的交易模式，与吴承谕过往的交易经历有着很大关系。据了解，吴承谕真正开始接触交易是在 2015 年下半年。当时他进入的是股票市场，交易风格与大部分初学者差不多，喜欢追涨杀跌，却又做不到真正的买低卖高，因此难免亏损。

到了 2017 年，随着股票市场整体风格转向绩优股的价值投资，吴承谕也开始转变其投资风格。不仅选股时，更注重企业基本面，持仓时间也随之拉长，转为中长期持有。与此同时，他也开始关注宏观经济周期对市场的影响。

正是从那时起，吴承谕逐渐接触到国债、黄金、铜、原油等大类资产类别。在逐渐懂得各个资产之间的关系后，2019 年年中，他开通了国内期货账号，开始参与境内黄金期货交易。此后，经过了一年的摸爬滚打，他又在 2020 年下半年开始交易国际品种。

在他看来，与其他工作不同，交易和生活其实很难完全分割。尤其是外盘期货，不仅交易期间需要去关注每天发生的各类资讯，受境内外节假日安排不同影响，外盘交易者有时还不得不在国内节假日期间持续工作、研究资讯、思考此后的交易计划。"毕竟，交易是没有捷径而言的，想要成功只能不断学习试错。"

考虑到审计工作需要经常加班，无法兼顾交易。最终，因为对交易的热爱，他放弃了原先的工作全身心投入到期货交易中。"比较幸运的是，家人和朋友都很支持我的选择。"吴承谕笑道。

严格遵守交易计划

据了解，这是吴承谕第二次参赛。提及其参赛的原因，吴承谕表示，一方面是因为自己本身就在做交易，参与实盘大赛只需将账户接入，这个过程本身并不麻烦；另一方面则是想通过参赛，更清楚地认识到自己在市场中的交易水平。总体来说，大赛和交易者是相辅相成、相互促进的关系，大赛可以发掘优秀的交易者，交易者也可以通过比赛来证明自己，提高自信心。

因此，在这两次比赛中，吴承谕并未改变其交易策略。实际上，通过参赛，他发现，若想提升交易的成功率，最好还是坚信自己，严格遵守自己的交易计划。

不同于其他短线交易者，吴承谕习惯在交易前做好交易计划。他不仅会提前考虑好自己的交易理由、入场点位、目标点位、止损点位等，还会提前预测盈亏比和可能出现的风险，并尽可能制订出 Plan B，降低自己交易时的情绪波动影响。

除此之外，提前做好交易计划还可提升交易者的耐心，进而保证自己在市场没有给出明确信号的情况下，不会盲目入场，徒增无谓的损失。

不过，他也承认，市场并非一成不变的。"一旦市场发生变化，交易计划也需做出适当调整。只是在调整交易计划前，我的习惯是先给出充足理由说服自己。"

相对地，吴承谕的止损幅度也比短线交易者更大。具体到其终极止损点（也就是一旦触及必然止损的点位）上，据介绍，一般是其投入期货市场总资金的25%—35%。即使市场出现反向行情，导致投资出现大幅回撤，他也习惯先降低仓位，再通过观察品种基本面情况、市场情绪变化等确认是否要全部止损。

当问及其终极止损幅度是否过大时？吴承谕表示，他之所以会将终极止损幅度控制在投入期货市场总资金的25%—35%，主要是因为其本身采取的就是大类资产配置的投资模式，将期货作为一种带杠杆的投资工具，适量配置。虽然，控制期货方面的资金投入会降低自己整体资产配置的杠杆，但这也的确能有效降低资产配置的整体风险。据了解，为了更好地控制衍生品配置带来的风险，吴承谕在控制期货配置资金量的同时，还会有意限制自己在期货方面的持仓。

总体来说，他认为，风控对于投资者来说是非常重要的，将直接影响其能在投资上走多久，因此需要每个投资者都认真对待。

中　篇

第十四届全国期货（期权）实盘交易大赛暨

第七届全球衍生品实盘交易大赛英雄榜

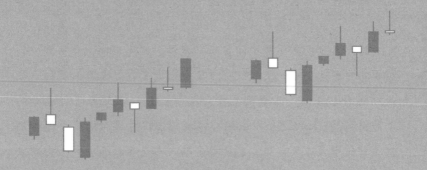

2020 年第十四届全国期货（期权）实盘交易大赛从 4 月 1 日启动到 9 月 30 日比赛结束，参赛账户数超过 9 万个，较上届增长 62%；参赛资金最高达到 242 亿元，较上届增长 52%；大资金以及专业交易者参赛数量、参赛资金增幅明显高于中小交易者。第七届全球衍生品实盘大赛参赛账户数从上届的 1800 多个增至近 3000 个，增长 55%；参赛资金从上届的 6000 万美元增至 1.5 亿美元，增长达 150%。从整体参赛账户盈亏看，2020 年的全国期货实盘大赛一改前几届净亏损的状况，共实现净盈利 12.44 亿元；盈利账户数占比为 29%，属于近几届较高水平。专业交易者的盈利能力继续保持，特别是资管产品账户的盈利能力很强，约 70% 的产品账户在比赛期间实现了盈利。比赛期间，交易期权的参赛账户数达 7708 个，占 2020 年全国期货实盘大赛参赛账户数的比例为 13.35%，账户数量较上届增长 224%，增幅已经连续两年维持在 200% 以上。中国期货市场已经跨入期权时代，随着期权品种的增多以及各类投教活动开展，参与期权交易的人会越来越多。

每年的大赛都会涌现出大量优秀交易者，涌现许多先进的交易模式、先进的交易技术、超前的交易理念，以及更多成功的经验。本篇筛选了 2020 年度大赛各分组交易冠军等获奖者的专访，希望广大读者可以从中有所启发。

第 44 章　认识自己，挑战自己，突破自己

——专访轻量组冠军孔令艺

> 交易是一场修身养性的历练，期货交易能够照见人性的弱点，帮助自己克服个性上的缺陷，不断在否定与肯定、得与失之间，认识自己，挑战自己，突破自己。

孔令艺，1996 年开始做股票投资，1999 年进入期货市场，2020 年荣膺第十四届大赛轻量组冠军。

认识自己 摆好心态

投资者最想知道交易制胜的秘诀。在孔令艺看来，期货交易的长胜之道不在于有多么精湛的技术，而在于自身的交易心理及对资金杠杆的合理配置。

"一开始没想拿第一，只想把自己所学到的运用好，发挥出自己的水平。比赛最后一个月利润大幅增加，主要是自己敢想敢做，不恐惧，完全信任自己。"孔令艺告诉《期货日报》记者，2020 年是他第三次参加实盘大赛，交易成功主要在于始终保持良好的心态，客观面对市场和人性的弱点，在严格做好资金管理的基础上，坚守自己的决策。

有人说，期货是一面能够检验人性的镜子，可以照见自己的内心。"交易失利几乎每天都会发生，导致失利的客观因素很多，但主观因素一定来自自己。"孔令艺认为，交易员应该利用市场这面镜子，常常反思自

己的失误，接受失误，客观分析失误的原因，学会观照自己的内心，认识自己，每个人都有自己的局限性和人性的弱点，努力克服它，才能有所进步，"没有最完美的交易系统，只有适合自己的交易策略。"

"每天开盘前，我会禅修冥想半小时来静心，让情绪平稳再做交易。"他认为，修行是一种智慧，交易之道"由心开始"，而禅修可以让内心平静，接受过去、接受自己、接受一切得失，从而和谐地去交易。

许多交易员在反思自己失误时往往会陷入自责、后悔、怀疑自我的误区，对此，孔令艺认为，要做一个乐观的交易者，即使在糟糕的情况下也能看到积极的方面。

"交易之内，谨慎、专注、果敢；交易之外，毫无保留地享受生活。"孔令艺回忆，2008年他曾获得过很好的收益，但由于当时没有做好资金管理，在出现获利持续回吐时，又没有调整好心态，陷入了恶性循环，最终影响到家庭和生活。

相信自己，要敢于赢

有着二十多年期货交易经历的孔令艺，不再把自己归类为技术派或基本面派，"主要靠盘感下单，技术指标、基本面情况已经了然于心"，用他自己的话说，在这个市场上久了，你会发现，杰出的交易员往往对技术分析安于所习，但却可以跳出技术分析；对基本面情况了然于心，但却可以跳出基本面；对自身个性了若指掌，但却能够跳出自己。

孔令艺的交易风格偏激进，像一个冲锋陷阵、正面拼杀的战士一般，果敢、自信、无所畏惧，一旦捕捉到机会，获利丰厚。正如他所言，认准的行情绝不手软，要对自己有足够的自信，"之所以最后一个月利润大幅提高就是因为相信自己的判断，既要敢想敢做，也要顺应趋势。"

据他回忆，2020年受疫情影响，原油价格大跌，他在接近阶段性底部位置大胆反空做多，率先捕捉到入场机会。白银阶段性见顶前，他同样提前布局了空单。"虽然入场点位不是最佳，因此付出了一些代价，但整体还是盈利的。"孔令艺表示，交易风格来源于你的观念和性格，止损和风控很重要，但在止损点位尚未触及的时候，要扛住压力，这样才不会与机会擦肩而过。

大赛中，孔令艺的账户曾出现过较大的回撤。"如果一笔单子出现亏损，我一般会将亏损控制在 20%—30%。"他认为，每个人的性格不同，交易方式也不同，对风险的承受能力更不同，关键在于能否在一次次的磨炼中找到适合自己的交易方法。

格雷厄姆曾说："成功的投资者往往是那些性格稳定的人，投资者最大的敌人不是市场，而是自己。"孔令艺认为，很多时候，单子赚不赚钱取决于交易员是否懂得坚守自己的决策，但同时保持重新评估的适当弹性。"行情总是变化的，它不会只涨不跌，也不会只跌不涨，经不起半点波动是不自信的表现。交易中最忌讳左右摇摆，你要对自己的判断有信心，有自己独立的判断，不受他人的干扰。"

在孔令艺看来，当大行情到来时，要敢于投入庞大的赌注，要敢于赢。"所谓大行情、小行情，总是事后才得知，在确定下单之前，谁也不能确定。做交易得有自己的思路，看准行情就果断出手，尽量避免受到外界的干扰，按照自己的体系设置好止损，控制好风险，其他的交给市场去验证。"这就是他二十几年期货交易生涯总结的经验，"盈亏不过一瞬间，赚赚赔赔在期货市场再正常不过，把心态放平放宽，坚持学习和积累，就一定能够找到属于自己的盈利之道。"

第45章　不打无准备之仗

——专访轻量组第三名温勇

> 为了能够摸索到期现货价格走势脉络的蛛丝马迹，温勇花了足足二十四年。在他看来，任何一个行业的成功都不是偶然，偶然的成功必定是昙花一现。期货投资的成功之道在交易之外，靠的是日积月累的积淀，还有心灵的历练。

老子有云："不知常，妄作凶。"意思是，如果不懂得事物发展的规律，妄自行动，往往会出乱子。期货投资亦是如此。期货交易员，如果不了解期货价格运行的一些基本规律，是很难在市场中长期生存下来的。

注重产业链研究

大学一毕业，温勇就进入深圳物资集团出任交易所"红马甲"，后来转至中国国际期货深圳公司工作。受益于公司"以研究带开发，深入产业前沿"的经营理念，他与同事整天"泡"在有色金属现货企业，在帮助企业认识期货市场套期保值功能的同时，也对有色产业链各个环节有了更深入的了解。

"刚开始做交易的时候，我也是单纯依靠技术分析进行研判。时间久了，发现期货市场并不像想象那样简单，产业链上中下游以及宏观面、政策面都会对市场价格产生影响。"温勇告诉《期货日报》记者，只有把技术分析、基本面分析、产业链研究相结合，将产业链研究融入自己的知识结构，对行情走势的判断才会相对准确。

"盘前的风控才是最有效的，而有效的风控又以充分的研究为基础。"在温勇看来，开仓前一定要把供需、现货价格、库存、消费、政策等各方面的因素分析到位，不打无准备之仗。综合权衡之下再决定是否下单，这样风险就降低了一半。下单以后，要严格执行交易纪律，触及止损价位时及时出场降低损失。

学鳄鱼打伏击战

打伏击战，不打追逐战是温勇长期坚持的交易理念之一。他擅长捕捉结构性波段和趋势性转折机会，本届大赛中他能够在白银和菜油上获得丰厚的回报正是得益于此理念。

据温勇回忆，春节前他就已经瞄准了白银，但迟迟没有出手，直到节后白银不断走高又突然掉头调整，他认为机会来了，果断重仓入场。

"当时正处于白银行情的启动初期，上涨势头突然在3月下旬急剧回调，这是绝佳的入场机会，因为风险被释放掉了。"事实上，白银2020年的行情趋势性很明显，入场其实并不难，幸运的是温勇恰恰平仓在相对高点上。

"我清楚地记得，平掉白银多单的同时重仓买入了菜油。"温勇告诉记者，那天早上白银一开盘直接涨停。根据以往经验，这么早涨停，盘中免不了波动，为避免盈利回吐，他及时平掉白银多单，落袋为安。与此同时，他发现自己一直关注的菜油正"蠢蠢欲动"，因此果断出手，"没想到当日菜油收盘接近涨停。"

温勇认为，在期货市场久了，会觉得值得做的行情越来越少，更多的时候是在观察、在蛰伏，像鳄鱼一样等待一击制胜的机会。"长期跟踪并观察一个品种，对它的各方面信息都了如指掌，市场一有风吹草动就会非常敏感，那么当行情发生细微变化、行情尚未大幅展开、风险相对较小的时候，就能够及时发现并果断出手。"

成功在交易之外

虽然温勇在本届大赛中取得了不错的成绩，但他认为期货交易是没有秘诀可言的，只有平时点点滴滴的付出和积累。

"做期货其实最终是看谁的基础更扎实。"温勇认为，做期货就像盖高楼，根基要打牢，不能光看楼有多高，如果没有扎实的基础，楼是不牢固的。"做期货急不来，要一步一个脚印。期货市场是金融领域的最尖端，对投资者的要求也是最高的，想在这个市场里赚快钱是不现实的。"

他认为，交易是一条孤独的路，没有孤独就专心不下来。"很多人会问如何判断市场机会，其实真的要靠平时的积累。我刚入行的时候，为了研究行情走势画过的计算图纸，大概有一米多高。"他告诫新手交易员，盘内的功夫不是白白得来的，"天道酬勤"，要分析透彻一个品种，把握其运动方向，需要做很多工作，"我们需要关注这个品种的各个侧面，需要对价格运行过程中所发出的各种纷纭复杂的信号进行解读，工作量是巨大的"，因此，投资者一定要沉下心，集中精力钻研，下足功夫去积累。

另外，温勇认为，交易员要有开放的思维，要多交流，向高手学习，取长补短，融会贯通，才能不断进步。"在不断变化的市场面前，任何人都不是老师而是学生。"一方面，交易员今天所处的市场环境比十年、二十年前更复杂，机构投资者、产业、基金等专业投资者占比越来越大，对交易员综合素质的要求也越来越高，挑战越来越大；另一方面，交易员获得信息的渠道更加多样化，有更多的机会向优秀的、成功的交易员学习。

第46章 多给交易漏洞"打补丁"

——专访轻量组第四名刘卫新

> 在刘卫新看来,有什么样的性格,就会有什么样的交易风格。要在市场中长期生存,就必须把自己剖析得清清楚楚,这样才能不断完善自己。

刘卫新,1998年涉足股票市场,2010年进入期货市场,擅长左侧交易、捕捉趋势拐点,同时涉及全自动程序化交易。"期货市场就是一个江湖,你可以看到很多派系,也可以看到很多武功,你可以复制别人的招式,但终归无法复制别人的性格和思维。"他告诉《期货日报》记者,在信息时代,大家都不缺操作技巧,缺的是自我定位,量体裁衣去完善自己的交易系统才是关键。

作为技术派交易者,刘卫新认为,极端的技术走势可以碾压一切,也能够从中看到自己的交易缺点。在自我认知逐渐清晰后,他完成了从主观到量化交易模式的转型,完成了对自己职业生涯的重筑。

"有什么样的性格,就会有什么样的交易风格。因为我的性格偏激进,所以重仓、死扛、频繁交易等这些死穴在我身上都有。"在刘卫新看来,要在市场中长期生存,就必须把自己剖析得清清楚楚,然后针对交易漏洞"打补丁",这样才能不断完善自己。

运气与实力造就好成绩

"这是我第五年参加实盘大赛，实盘大赛可以让交易者看到自己所处的位置，对交易者进行自我了解有很大帮助。"刘卫新如是说，近两年的比赛规则更加规范，其中新增的最大本金收益率指标非常好，解决了由净值做最大权重带来的弊端，比较适合不爱出入金的交易者。

在赛场上，刘卫新算是一名"老手"，但对2020年获得轻量组第四名、长期稳定盈利奖第五名这样的成绩，他略显遗憾："轻量组的前三名都是后半程发力，而我后半程掉了链子，账户出现了回撤。"不过，他认为，能取得第四名的成绩离不开运气。因为轻量组参赛人数有5.2万人，是重量组的20倍。人数多的组别除了需要个人实力和能力，还需要运气。虽然他的其他账户每年都会阶段性地实现10倍收益，但这次比赛能接近20倍收益很幸运。

谈及比赛期间最大盈利的一段交易，刘卫新告诉记者："是对白银期货从3000多点到4200点的行情操作。当时金银比高达120，创历史之最，白银的安全程度相当高，可以闭着眼买入。"

"在交易的40多个品种中，我最看好贵金属，在黄金上的盈利也相对较多。不过，成也萧何，败也萧何，我最大的失误单也是黄金，因其跌速太快导致回撤较大。"刘卫新回忆说，印象最深的一次交易是8月12日黄金和白银出现低开跌停走势，强势品种出现V形走势是他的交易短板，因为是重仓，所以直接导致账户"元气"短时间内很难恢复。他对这次比赛最大的感悟就是靠本事赚的钱被运气亏掉了。

在风险控制上，他认为自己要做的就是提高盈亏比。类似期权，小资金的好处就是亏损有限，盈利无限，小资金是"打江山"，大资金才是"守江山"。"仓位管理和风险控制要看资金规模。资金不多的话，首要任务是进攻，把雪球滚起来，而不是上来就防守。"刘卫新说。

做交易是最佳职业选择

"操千曲而后晓声，观千剑而后识器"，刘卫新在期货市场接连取得好成绩之前，早已身经百战，积累了很多交易经验。"2010年进入期货市场之前，我一直在操作股票。2010年后市场推出股指期货，因为期货市场存在做空机制，与股票市场是期现关系，所以我就在朋友的建议下进入了期货市场。"据他回忆，刚开始期货交易时，市场走势和他的判断契合度比较高，一个月后所投资产便实现翻番，但好景不长，由于 2015 年股市暴跌，股指期货受限，他被迫转战商品期货。

经过多年交易经验的积累，刘卫新对亏损控制有自己的一番做法。"如果一笔单子占仓位不大，一般都会忍受较大比例的亏损，但如果是重仓则会尽早砍掉。我没有刚性止损的习惯，多数是趋势止损，趋势反方向确定后会出掉持有的仓位。如果连续多日亏损，我也没有停止操作的习惯，虽会相应降低仓位，但依旧继续操作。停止操作的那种方式不太适合我，会降低自己对市场的敏感度。"他解释说。

在他看来，在自己的职业生涯中，做交易是最佳选择。凭借对市场的热爱以及家人的支持，虽然也曾受挫，但他仍坚持在股市和期市中拼搏。二十二年的股市交易经历和十年的期市交易经历给他带来了丰富的人生阅历。他告诉《期货日报》记者："成功的心得我一般记不住，失败的痛苦却刻骨铭心。我最常见的失误是重仓和死扛，虽然每次都能吸取教训，但却改不了性格。不过，栽倒的次数多了也会有一些改变，至少会控制单品种重仓。"

多年来的交易经验，让他对参与期货市场有一番独到的见解。在他看来，期货市场是一个残酷的市场，游戏规则就是一赢九亏，投资者都会利用自己的知识和经验在市场中拼搏。如果通过一定时间的研究学习仍不能在市场中盈利，那么可以考虑及时退出，不然市场就会像一个无底洞把人的时间和金钱全部吞噬。"我们交易一个品种会考虑进场、出场和止损，那么对一个行业也要有这种认识，该止损退出的时候绝不犹豫。"刘卫新说。

第 47 章　配合现货经验把握期货行情

——专访轻量组第五名王凯轩

在第十四届全国期货（期权）实盘交易大赛中，王凯轩以账户"博派贸易"在轻量组排名第五，截至赛事结束，账户的累计净利润达到 283.93 万元，交易胜率为 63.64%，累计净值为 33.981。

《期货日报》记者了解到，在进入期货市场之前，王凯轩多年从业于玻璃纯碱行业，在 2017 年开始尝试期现结合。接触了期货市场后，他逐渐明白，对于现货而言，期货是风险管理的辅助工具，可以让现货生意更有竞争力。"通过与期货的结合，现货生意也获得了更好的回报和利润。"

2020 年，是他初次参加实盘大赛。他希望通过比赛发现跟其他选手的差距，同时也能够提升自己。

对于比赛的成绩，王凯轩相对满意，但也略有遗憾。"赛事结束前的一个月，操作比较乱，也出了很多差错。"经过此次比赛，他认为自己在仓位管理方面需要加强学习。

本次比赛中，他以玻璃、纯碱、苹果等作为主要交易品种。由于他从事玻璃和纯碱的现货工作，对产业相对熟悉，交易也更有安全感。

"最大一段盈利来自纯碱多头操作。当时，青海、山东、河南等地爆发环保加码，四川又有碱厂因水淹导致停产，我在价格最低点满仓做多。最大回撤是苹果空头交易阶段，因为苹果期价突然涨停而被迫平仓。"经过这次比赛，王凯轩更加明白，选择擅长或熟悉的品种进行交易，对规避风险有着重要作用。

目前，王凯轩以趋势交易为主。他认为，心态的控制也是投资过程中需要注意的。期货投资一定要控制仓位，不要幻想进去就能获利，放平心态将期货投资当成价值投资来对商品进行定价，觉得价格合适就买入，价格高就卖出。趋势符合预期就拿好，不要想着两边赚。如果出现亏损，那么要分析操作方向对不对，方向是对的，他会陆续加大仓位，继续持有，方向错了，就及时止损。

王凯轩进一步表示，期货投资需要不畏惧失败，并且每次都要总结，为什么会错，哪里出的错，只有配合现货经验，期货投资才能处于不败之地。

经过了三年的期货交易，他坦言，自己不会将过多精力放在期货上，而是把它当成工具，在现货出现供需错配或矛盾的阶段进行交易，在问题解决后获利出场。"明年我还会继续参加比赛，可能会以更加激进的方式操作，这样更具有比拼的动力以及发挥更大的优势。我也会把期货当成现货工具继续使用下去。"他说。

第 48 章　水无常形，顺势而为

——专访最佳贵金属交易奖第一名钟建强

"我感悟最深的一点就是，只做自己看得懂的交易、波动逻辑清晰的交易。"在钟建强看来，做投资应该只有 10% 的时间在交易，剩下 90% 的时间用来思考交易如何不出现错误。

不能轻仓，反映的是人性中贪婪的一面；不能止损，反映的是人性中恐惧失败和存在侥幸心理的一面；不能长线操作，反映的是缺乏耐心和贪婪，企图抓住市场所有波动的一面；不能顺势操作，反映的是人性中一厢情愿的强烈主观化特征，这便是第十四届全国期货（期权）实盘交易大赛最佳贵金属交易奖第一名、轻量组第六名获得者钟建强的交易感悟。

钟建强从 2008 年开始接触期货，由于当年中国银行停止了带杠杆的外汇和黄金产品交易，所以他将资金转向黄金、白银期货。幸运的是，进入期货市场之前，他是银行从业人员，掌握一定的金融知识，他从没有杠杆的产品向有杠杆的产品过渡，然后慢慢爱上了杠杆交易。

专注黄金与白银期货

据《期货日报》记者了解，在实盘比赛中，钟建强只做黄金和白银期货。在他看来，做黄金和白银期货主要就是研究美联储的货币政策变化，根据经济周期和基本面变化来决定大方向，利用技术面寻找入场点。"幸运的是，一切都比较顺利，整场比赛都在我的预想中。计划你的交易，交易你的计划。交易就是将理论落实、知行合一的过程。"这是他在比赛过程中获得的感悟。

对于最终获得的成绩，钟建强认为，主要得益于他对美联储的货币政策走向理解得较为深刻，对美联储下一步的动作预判基本上准确，而最大的教训就是在比赛最后阶段对市场情绪的把控不到位，导致回撤较大。

"我的交易方式以基本面为主、技术面为辅。做黄金和白银期货就一定要紧跟美联储的货币政策走向，美联储每次发布新的货币政策或宽松措施，从预期升温到政策落地，时间周期为一个月到一个半月，这就形成了我的交易小周期，而美联储货币政策的一个轮回，从紧缩到宽松、从加息到降息，这个周期为一到三年，这便是交易的大周期。"钟建强还发现，大周期里面套着很多小周期，这就需要把握好节奏，抓好阶段性机会。开平仓的操作就是预期开始的时候开仓，预期落地的时候平仓，这也是市场中广为流传的"买预期，卖事实"。

"盈利最大的一笔交易是在比赛初期，大家对黄金、白银期货的恐慌情绪达到极致。"据他回忆，当时上海黄金交易所对白银 TD 合约暂停交易一天，大家争相把多单平仓，空单已经没有对手盘，最后一个跌停板没有封住，在折价高的时候，他入场做多黄金和白银期货，后面的折价修复和趋势性上涨为他带来了巨大盈利。

做自己看得懂的交易

"我感悟最深的一点就是，只做自己看得懂的交易、波动逻辑清晰的交易。"在钟建强看来，做投资应该只有 10% 的时间在交易，剩下 90% 的时间用来思考交易如何不出现错误。对此，他的理解是最大程度地控制风险，看不懂就空仓。

"我习惯性左侧轻仓、试仓，错了就止损，确立右侧就加仓，突破阻力后再加仓，把握性比较大的时候会重仓，尤其是在价格突破关键阻力位后，不断上移止盈，保住利润，当预期落地了就平仓等待下一次机会。"钟建强告诉《期货日报》记者，他的交易理念就是顺势而为，只有顺势才容易获得大收益，而大势是一个动态过程，根据经济周期而定。水无常态，只有不断提高自己对大势的判断才能做到顺势。

据他介绍，如果一笔单子出现亏损，他一般会把亏损控制在 3%—5% 以内。如果连续几天出现亏损，他一般会在止损后暂停交易，重新审视交易思路并复盘市场的脉络。

钟建强认为，要做好交易，既要有良好的大局观，又要做好细节工作。他说："我做事是比较细致的，对交易中的一些细节处理得比较好。想要成为一名优秀的操盘手，在市场中长期生存，必须要有扎实的经济学基础，以及出色的逻辑分析和推理能力。"

"这是我第一次参加实盘大赛，主要是为了检验自己的真实水平，从中发现自己的不足，加强与其他高手的交流。2020 年的经历让我受益匪浅，2021 年还会继续参加比赛。"钟建强认为，每一次经历都是宝贵的财富，这种财富并不是物质方面的，而是精神和经验层面的。

第 49 章　顶着压力将期货进行到底

——专访轻量组第九名孙军章

都说细节决定成败，性格决定命运，孙军章认为期货交易也是如此，每个人都应该结合自己的性格和特点，选择适合自己的交易方法，这样才能事半功倍。

在第十四届全国期货（期权）实盘交易大赛中，昵称为"战神一梦"的账户取得了轻量组第九名的好成绩，这个账户的操作人就是孙军章。

孙军章从 2016 年开始参加实盘大赛，作为参赛多年的选手，他表示每年都对比赛十分期待："通过比赛可以发现自己和优秀选手的差距，从而让自己树立一个标杆，更好地激励向上。同时，通过比赛去了解交易品种的胜率，更便于选择适合自己的商品。"

高频交易为主

从竞技的角度来说，实盘大赛与交易者像是世锦赛和运动员的角色，而从更深层理解，实盘大赛与交易者应该是学校和学生的关系。"实盘大赛就好比高等学府，汇集了天下期市英才，参赛选手通过不停地回炉，从中吸取能量，不断成长并突破提高。"孙军章对《期货日报》记者说。

2020 年受到疫情影响，行情波动加大，看似机会却处处潜伏着危机，给孙军章这种逆市操盘选手，在资金管理和战术、战法上带来了新挑战。

他表示，参赛初期取得了不错的成绩，在状态不好或交易出现重大亏损时，一般是先出金，让自己的心情平稳下来，然后等状态转好时，再慢慢加金操作，在手感火热时，全力进攻，如此循环往复。

"我是一个高频交易员，哪里热闹就往哪里凑，所以交易的品种比较分散。从参赛数据统计上看，盈利较多的品种是沪银、玻璃、液化气和鸡蛋等。因为我做的交易是多屏多品种键盘触发，首先得优选交易品种，然后调到固定的交易版图中，通过每日交易汇总，进行优胜劣汰，将做得不好的品种剔除，把关注度高或触发到自己价格预警的商品调进来，就这样简单的事重复做。至于哪些商品赚得多，哪些商品赚得少，就全看缘分和情分了。"孙军章说。

关于这次比赛成绩，孙军章表示，既在情理之中，又在意料之外。情理之中是因为职业交易六七年了，自己一直在学习和修行，突破是迟早的事；意料之外是因为年初的时候手感火爆，在4月的交易中产生了较大亏损和回撤，信心上受到了严重打击。"当时没有别的想法，只想着如何在市场中生存下来，然后通过出入金来降低交易风险，稳定好交易情绪和状态，慢慢培养手感和信心。同时也在交易手法上做出了相应调整，不轻易出手，尽量多一份耐心，等待属于自己的交易机会。"他解释说。

在记者问及交易方法时，孙军章坦言，他以日内高频交易为主，基本上做逆势反向操作，利用对手盘盈利平推回拉原理，向来遵守"以快制快，唯快不破"的交易法则。"在这几年的交易中，我经历过几次大转折，从单屏单品种鼠标下单到多屏多品种键盘触发，从原来的K线系统顺势理念到现在的分时图逆战反杀，这几次转变让我付出了大量时间和心血。"他说。

坦然面对失败

都说失败是成功之母，可要坦然面对失败却不是一件容易的事。孙军章清楚地记得，2020年8月11日，他逆势在跌停板上做多白银，从赚钱没走到瞬间关板，他迅速挂平仓单，守了一天一夜，却始终没有听到成交的声音。"我当时万分焦虑，想着不管这单亏多少钱，开盘必须一键砍出来。这次教训也让我明白以后再也不能逆势撬板，因为存在太多未知的风险。"提及此事，他仍心有余悸。

　　谈到成功之处，孙军章觉得不是技术，也不是他的连胜纪录，而是他对期货的感悟："慢就是快，正所谓财不入急门。我最看重交易节奏，频率是不能被打乱的。"

　　对于控制和规避交易风险，孙军章认为，在高频交易中，大多数顺势交易员是要衡量交易的，而他做逆势交易经常会遇到秒杀盘，所以他建立了变量交易法，通过变量来进行仓位管理。他解释说："当遇到重挫时，会用出入金来控制本金回落风险。我个人觉得期货交易慢就是快，稳定才能压倒一切，赚钱不是一两天的事，而是一项长期投资。因此，我更关注月收益和年化收益，这样才能走得更远。"

　　都说细节决定成败，性格决定命运，孙军章认为期货交易也是如此，每个人都应该结合自己的性格和特点，选择适合自己的交易方法，这样才能事半功倍。"我是一个急性子，拿不住长线单，单子一见红就手痒，所以只能做日内和高频交易。不过，一个优秀操盘手要在市场中生存，最基本的就是要学会控制：一是对 K 线形态和交易软件熟练程度的技术控制；二是对资金管理和仓位分配的风险控制；三是对交易时间和交易心态的情绪控制。"他总结说。

　　孙军章告诉《期货日报》记者："历经无数的磨难和挫折后，能活下来真的不易，但能够支撑我走下去的理由是一个男人的责任和对胜利的渴望。因为我是 70 后，输不起，也不能输，唯有顶着压力，将期货进行到底。"

第 50 章　梦想、魄力和坚持都不能少

——专访重量组冠军"期货明灯 2"

2020 年实盘大赛的重量组冠军昵称是"期货明灯 2"，他毕业至今一直在期货行业工作，2010 年之前边上班边交易，2010 年以后专职交易，交易风格也从最初的日内短炒过渡到趋势跟踪。

2021 年 9 月 25 日，大赛顺利收官。"期货明灯 2"在重量组中脱颖而出。他很满意自己的成绩，因为并没有因为参赛的缘故对交易品种特意调整策略。

他主要交易白银，盈利也来源于此。全球新冠肺炎疫情暴发，国内外股市和期市均受到不同程度影响。

"疫情后，由于流动性危机，白银价格大幅下挫，我 3 月逢低建仓，成本在 3500 元 / 千克附近，一直持有到 8 月，大概在 6500 元 / 千克止盈。"谈及这波操作的依据，他认为是黄金价格完美的上涨趋势、对标 2008 年后贵金属走势以及疫情后全世界利率的下降和放水。

"期货明灯 2"的交易稳、准、狠，他在行情起爆点重仓入场，战略上做波段、战术上做日内，就是盈利即做波段、亏损即日内处理。基本面和技术面都是术，交易中只认价格，价格是交易的唯一。另外，他认为，自己最大的转变是周期的转变，持仓时间越来越长，从最初的日内短炒逐渐过渡到目前的趋势交易。

进入期货市场以来，"期货明灯 2"积累了很多成功的经验，但失败的经历也不胜枚举。谈及心得，他坦言，止损、顺势和避免大赚大赔后的情绪化操作至关重要。

　　对于如何控制和规避交易风险，"期货明灯 2"谈了自己的看法。他认为，风险是交易的一部分，盈亏同源，他本人更愿意冒较大的风险去博取较大的收益。小风险想博取大收益，几乎不可能，违背了事物发展的客观规律。他的交易理念和具体交易手法一直在变，但基本原则和常识都没有改变。

　　单子出现亏损后，又该如何应对？"期货明灯 2"给出了自己的想法：确定性高、盈亏比大的交易，哪怕亏损百分之五十，也无所谓，因为如果行情符合预期，那么盈利就更大。

　　对于多年来的交易经历，"期货明灯 2"表示，行情很难预测，价格随机波动，要想成为一个优秀的操盘手，在市场中长期生存，就要学会止损、顺势，这样基本就不赔钱了，但要想赚大钱，还得有梦想、有魄力、能坚持，并且独立思考。

第51章　交易要保持"空杯"心态

——专访重量组亚军"步步高"

> 交易是一种孤独的职业，需要直面自己的内心，保持客观冷静。同时有强大的心脏，知错就改的精神，愿意为自己的行为负责的思想准备。

连续参加4届大赛，"步步高"在本届大赛中荣获重量组亚军的殊荣。"步步高"原来一直做股票投资，用他自己的话说，做期货完全属于"误入期途"。"股指期货推出的时候，各专业网站的宣传力度都很大，而我喜欢做一些挑战性的事情。在懵懵懂懂中开了户，开始了期货投资生涯。""步步高"介绍，他进行期货投资，最开始是想作为股票投资的补充，并做些股票对冲，在可能时增加些投资性收益。

本次比赛，他特意选择了一些波动较大、更可能出行情的品种，比如股指、贵金属、铜、原油等。其中，他在白银上盈利颇丰，抓住了几波主要的趋势行情。

"白银具有大宗商品和金融的双重属性。从历史上看，白银市场一旦发动行情，波动往往很大，是一个强投机性的品种。""步步高"表示，历史不是简单的重复，但回顾历史可以对行情有一个很好的预判。"比赛时，我主要参考2008年金融危机后贵金属和股指的运行逻辑和节奏，大胆假设，小心求证，结合技术分析和以往的经验进行交易。"

回顾整个比赛过程，"步步高"账户回撤最大的一段交易在9月。9月9日向下杀跌后，行情急速反转，大幅盈利的空单被打到止损出局。行情反复了好几次，利润回吐了50%。幸运的是，在最后一次选择向下突破时，"步步高"没被清洗出局，仍持有空单。9月22日后的跳空下跌，是"步步高"盈利最大的一段交易，近两个跌停，让他的利润从大幅回撤变为创出新高。

"步步高"告诉《期货日报》记者，比赛中，他印象最深刻的是8月11日，白银价格反转，由大涨变成大跌，次日以跌停收盘。幸运的是，当时他进行了平多转空操作。大幅盈利后，一定要小心，特别是在行情最后加速阶段。往往"得意忘形"的时候，市场就会给出致命一击，比如2019年的白银、2018年的PTA等，最后的冲顶阶段，行情就是类似的走势。任何时候，投资者都要把风险意识放在首位。

当问及他是如何控制和规避交易风险，"步步高"表示，他在交易中控制整体仓位，杠杆不设置太高。"为了控制风险，大部分资金都放在交易账户外作为备用金，并考虑盈利出金。控制单品种和单次交易的损失，一般不超过总资金的3%，最多不超过总资金的5%。连续做错或者回撤较大时，休息一段时间。通过多品种组合交易或者对冲，降低整体交易风险。"

"步步高"没有特别固定的交易方式，基本是据行情而定，套利、波段、趋势都有涉及。一般以小仓位尝试，建仓成功后，除非发生逆转信号，否则以中长线持有为主。

"我最开始做期货的时候，对杠杆的威力没有深刻体会，交易时按照股票的方式，只考虑进攻不考虑防守，结果可想而知。""步步高"经过理论学习与实践，以及向多位高手请教，逐步了解了建立交易系统的重要性。同时，他认为，资金管理是非常重要的一环。

"'财不进急门'，心态的修炼更加重要。""步步高"表示，交易中他一直保持"空杯"心态。交易时保持冷静客观的态度，制订交易计划，对行情发展的阶段进行预判。没有把握时，轻仓或空仓；行情突破重要关键节点时，敢于出击；大幅盈利后，保持警惕，逐步止盈。

对"步步高"来说，交易不只有成功的经验，也有失败的教训。他认为，只有不断总结，少犯错误，才能在市场中生存下去。"市场中没有神，自己要对自己的资产负责，在行情不利的时候，不能心存幻想，犹犹豫豫很可能是致命的。在资本市场，特别是风险巨大的商品市场中进出，一定要有一套切实可行的操作方法，否则很容易被市场的惊涛骇浪吞没。"

在"步步高"看来，交易只是生活的一部分，而不是生活的全部，"投资者需要很好地平衡交易与生活的关系，对生活有更深刻的体验，才能更容易理解交易、做好交易。"

第52章 交易有明显矛盾的品种

——专访重量组第三名杨清华

> 交易就是一个不断学习认知的过程，当认知能力达到一定水平的时候，交易就会盈利。

这是杨清华第一次参与实盘大赛，他告诉记者，大赛能够依据统一的标准来衡量交易者，通过参赛可以检验自己的交易水平，同时也能够通过比赛向他人学习。

在本次比赛中，他的参赛账户"人间正道是沧桑"累计净值达 5.213，累计净利润为 15197227.81 元，最终获得重量组第三名。面对好成绩，他表示保持盈利并没有所谓的秘诀，交易就是一个不断学习与提升认知的过程。当认知能力达到一定水平，交易就会盈利。同时，交易的均衡非常重要，要平衡好收益与风险，要让自己处在进可攻、退可守的状态。

具体交易前，他认为，需要认识影响市场价格的因素，并了解各因素对市场价格的作用机制。在此基础上，操作风格随着交易能力的提高不断变化。

交易品种上，他表示，主要基于对各品种的研究，有效的市场研究可以发现当前存在的矛盾。"作为多品种交易者，我看到有明显矛盾的品种就会参与，其中大多数品种只交易大矛盾，只有在少数几个认知相对透彻的品种上才频繁交易。"他说。

比如本次比赛中，贵金属占其账户盈利的三四成，主要源于他在金银比价极高及通胀预期回升时买了白银。他表示，贵金属本身的定价机制是复杂的，价格波动的确定性很低，通常只在安全边际较高和驱动明确的前提下才会进行交易。

交易过程中，他选择将行情判断和交易策略分成两个独立的系统。研究得到的是明确的市场结论，交易则是依托结论制订策略并执行。"作为一个个人交易者，目前我会把研究与交易独立开来，因为研究结论是会出错的，而交易策略需要容纳出错，让盈亏可预期。"

至于风险管理，他表示，会先对商品涨跌的可能性及涨跌幅度进行判断，进而指定持仓策略。如果一笔单子亏损，那么就会根据策略量化出幅度。若连续多天亏损，则会减少交易量，甚至停下来去寻找问题。

此外，杨清华认为，性格也会影响交易决策，对他而言，最重要的就是情绪管理。他说自己在性格上相对情绪化，交易时容易心态不稳，做一些莫名其妙的错单。比如在这次比赛期间，在白银持仓上犯了一些错，懊恼之下又追加了黄金多单，导致后期的回撤变大。

谈到交易经历，与多数参赛者不同的是，杨清华最初是在期货公司做市场开发工作，其间出于兴趣接触期货交易，之后选择辞职做全职交易者，目前进入市场已经三年多。总结这几年的交易，他认为，建立反馈和成长机制，才能不断提升交易水平。

"和大家一样，在进入市场后我也投入了很多精力，比较幸运的是，我是在具备了一定的期货知识后才开始交易的。成功和失败的经历都会带来水平的提升，就是代价不同。"他说。

在他看来，把全职交易作为职业还是比较辛苦的，因为交易的反馈太过快速直接了。一方面，持续过度的思考会耗费大量精力；另一方面，账户资金浮动造成的情绪波动是最消耗人的，特别是市场高波动的时候，更需要管理好情绪。此外，还有夜盘交易对生活时间的挤占。对此，他认为，需要从生理和心理两个层面进行平衡，同时将交易和生活的界限划分清楚。

第 53 章 做有把握的行情

——专访重量组第七名刘俊熙

> "95 后"的刘俊熙，2015 年上大学不久就开始接触期货。回首自己在期货市场走过的这五年，他迷茫过、膨胀过、得意过、后悔过。做交易刚五年，但他感觉自己多活了二十年。

刘俊熙说自己是一个单一的趋势交易者。2020年大赛期间，专注于铁矿石期货交易，获利颇丰，为他赢得了重量组第七名、最佳工业品交易奖第二名的荣誉。"交易就像种地一样，辛勤耕耘是条件，风调雨顺也是条件。高波动率虽然会增加交易风险，但也会带来较高的收益。"

只做自己有信心的行情

在他看来，市场既有随机的一面，也有大概率确定的一面，交易员应该只做自己认为有把握的行情。

所谓有把握的行情，就是自认为概率较大的趋势。"当你对趋势十分有信心时，下单不要犹豫。"刘俊熙说，他对铁矿石的供求基本面、历史走势等有很深研究，"所以我知道自己什么时候该重仓，什么时候该止损，什么时候该反手，这是基于对品种的了解带来的自信。"

2020 年 5 月 10 日至 6 月 5 日，铁矿石期货上涨趋势较为顺畅，刘俊熙稳拿浮盈多单，收获了比赛期间最大一笔盈利。他回忆说："当时铁矿石价格持续走高，我反反复复看了大量的走势图表，客观归纳了不同的走势特征并分析了原因，认为无论基本面还是技术面都能够对后续趋势给予有力支撑。于是我就咬住多单不松口，抓住了这波大行情。"

事实上，为了在大赛中取得较好的名次，刘俊熙将自己的仓位较往常整体下调了 10%—20%，以更好地应对短期市场波动带来的风险。

做交易一直都是如履薄冰。刘俊熙的最大一笔回撤出现在 7 月 22 日至 8 月 25 日。"当时铁矿石价格区间振荡，反反复复，十分考验人的耐性。我也像其他交易员一样，看看其他品种有没有什么机会，后来参与了两天原油期货交易，但对原油品种不了解，亏了也不知道自己是怎么亏的，之后就放弃了。"

期货市场中有一句前人总结的话："趋势中赚的钱会在振荡中亏掉，振荡中赚的钱会在趋势中亏掉，除非你不做。"刘俊熙事后反思：遇到振荡市时，应该把仓位降下来，把止损空间放大，只有做有把握的行情，严格控制仓位和回撤，才能获得收益。

盈利出金"留有柴烧"

在期货市场中，严格控制风险是第一位的，这是生命线。

"智莫大于知人"，刘俊熙在交易中最看重的是自己的判断得到验证。然而，市场在很多时候真正考验的是人性，比如贪婪，比如不懂得控制自己。

刘俊熙告诉记者，因为不懂得放弃，他在 2015 年国庆长假期间满仓做空 PTA，结果长假后一个跳空高开，账户爆仓；因为贪婪，2017 年 3 月他在看对趋势的情况下，为了抢下跌过程中 10 个点的反弹，结果从 620 点逆势做多到 400 点，账户再次爆仓。这两次爆仓经历让刘俊熙领悟到，一定要找到适合自己的方法，去做适合自己的行情，选择自己擅长的领域和策略。

"有时候仅仅是因为不甘心、不认错、不服输，便在错误的道路上越走越远。自从那次铁矿石交易爆仓后，我再也不会因为抢反弹或回调而放弃自己的单边交易思路，只选择适合自己的行情去交易。"刘俊熙说，大亏的经历让自己的交易越来越成熟，假期基本上空仓过节或者只保留 10% 的仓位。如果一笔单子出现亏损，他会把亏损控制在 10% 以内；如果出现多天亏损，就会减仓或者选择休息。

在做交易这种没有终点的战场上，目标可大可小，但刘俊熙认为，一定要做好资金管理，盈利出金，"留有柴烧"。

"期货交易风险大，谁也不能保证每一次都是对的，每一次都能全身而退，盈利出金可以很好地降低风险。"在他看来，资金管理在场外不在场内，持仓比例取决于交易者投入市场的资金占自有资金的比例，"假如只投入 10%，那满仓都不可怕；如果投入 100%，那三成仓位都会很高。"

结合自身的经历，刘俊熙提醒和他一样的交易员，不要做自己不熟悉的品种，交易时一定要有严格的纪律，目标要明确，当市场验证你的判断正确时敢于让利润奔跑，亏损时则一定果断止损，降低损失。

期货交易是一场修心之旅，心态控制决定了交易的高度。"以交易为生很苦，有时候也很煎熬，难以被人理解。"但刘俊熙说，他已经做好了长期与交易为伴的准备，"它是值得我投入热情和精力用一生去了解的学问。"

第54章 君子不立于危墙之下

——专访重量组第九名江宇

> "大赛是一次自我检验的机会。大赛期间，来自全国的选手同台竞技，一方面可以做一个无声的交流，另一方面也是自我展现的机会，看一下自己处于什么位置，给自己增添更多的斗志和信心。"江宇说，大赛是一面镜子，参赛意味着学习和提高。

2020年是江宇第四次参加全国期货实盘大赛。比赛中盈利超过百万元的品种有铁矿石、黄金、白银、淀粉等。"交易三分靠技术，七分看心态。"他表示，之所以在2020年的大赛中能取得比较好的成绩，主要是因为自己能够保持一个平和的心态，加上始终坚持盈利出金，严格止损的交易纪律，"但我仍然觉得有可以改进的地方。"

盈利出金，严格止损

2020年期货市场机会很多，江宇认为，2020年期货交易难度不大，最怕市场犹如一潭死水，有大波动才会有大机会。"2020年投入的时间不多，能够取得这个成绩，还是比较满意的。比赛最后一两周忽然发现自己进入重量组前三名，自那时候才开始关注比赛，结果最后成绩却从最高时的重量组第二名落到了第九名，所以说关心则乱，无欲无求其实是做交易最好的心态。"

古语说，善败者不乱。从大学毕业至今，江宇专职期货交易近十三载。交易失败是每个交易员成功路上必经的修炼。他认为，交易失败的原因很简单。"资金不足的时候，总是很贪心，希望一次暴富，于是一直单品种满仓、重仓，可能开始翻倍很快，但只要错一次，就是归零的结果。"后来经过一次次的总结，江宇吸取了教训，通过仓位管理和资金管理来控制风险，并坚持盈利出金和立即止损的交易纪律。

"如果一笔单子出现亏损，我就会把亏损控制在5%以内。"江宇告诉《期货日报》记者，他通常使用技术点位止损的方法，只有在技术点位止损过大的情况下，才会使用资金止损的方法。发生连续止损就要立刻停止交易，如果连续三天亏损就应该休息了。

江宇在大赛中交易获利最大的单子是铁矿石空单。9月15日，他重仓空铁矿石。当时黄金、白银、玻璃等品种已出现一定幅度的回调，但铁矿石依旧处于阶段性高位，"在840元/吨附近做空入场，计划破873元/吨时止损，目标点位740—750元/吨。若发生止损亏损33个点，但如果有90—100点的盈利空间，盈亏比为1∶3"，因此江宇果断重仓出手，盈利几百万元。

白银是本届大赛中参赛选手累计获利最多的品种。然而，江宇却在白银交易中出现了单笔最大回撤。8月27日，江宇手里有150手白银多单，盈利近500点，但盈利没有出金，结果白银突然大幅下跌，几乎所有盈利全部回吐。在他看来，出现这次最大回撤主要是因为自己太贪心了，"总想多赚一些，没有按照惯例平仓三分之一至一半出金。"

权衡风险，管理风险

交易中，如何充分权衡风险考验着每一个交易员。每个交易员的交易风格都有所不同，或轻仓或重仓，或短线或长线，采用的风险管理方法也不尽相同。这是交易者性格等的集中反映。

目前江宇以中线交易为主，根据日线趋势判断行情大方向，再结合小时线看短周期方向，最终以15分钟线和5分钟线找进场点。交易风格上，江宇一般坚持小级别顺应大级别，上涨趋势回调进场不追多，下跌趋势反弹做空不追空，只有在大区间横盘突破的情况下才会追单。"一般入场后不盯盘，一天中偶尔打开手机看两眼行情。"

　　在他看来，成功的交易员虽然交易风格不同，但一般都善于权衡风险和收益，将管理风险视为生存第一原则。在风险管理上，江宇通常将立即止损、仓位管理、盈利出金三者相结合。首先，行情与单子方向背离的时候，要立即止损，不要心存侥幸；其次，不要在一个品种上投入太大的仓位，以免因为单品种剧烈波动造成重大损失，"我现在都是分散仓位，一个品种上投入一般不超过 30% 仓位，除非有绝佳机会"；最后，落袋为安，只有不断地把市场上盈利的资金取出来，才有抵抗大回撤风险的能力。江宇坦言，这个方法在他的交易系统成熟前，帮助他渡过了不少难关，甚至数次起死回生。

三分靠技术，七分看心态

　　在投资市场里，我们经常听到一句话："欲望可以驱使投资者从一个失败走向另一个失败。"在欲望的作用下，投资者产生焦虑心理，从而判断失误，导致投资失败。因此，保持一颗平常心对交易员来说非常重要。

　　江宇认为，期货投资，心态比技术更重要，三分靠技术，七分看心态。在他看来，做交易最注重知行合一，有时候技术水平达到了，但是心态不过关，因为人的贪婪和恐惧，没有执行原定的交易计划，就会导致早早平仓，白白错失一波行情。"技术分析只是基础，如何战胜自己才是关键。"

　　"交易员还要敢于认错，敢于放弃。"江宇表示，交易员既要果断，又要胆大，该出手时就出手，错了也能及时认错，要想成为一个优秀的操盘手，在市场长期生存，最主要的是勇于认错，敬畏市场。坚持轻仓、顺势、止损、盈利出金，做好这四点，才能在期货市场上走得更远。

第55章　随波逐流，心态平和

——专访基金组冠军应思飞

> 由于争取名次并非参赛初衷，应思飞在整个赛事期间的交易心态相对平和，一直都能保持正常的交易状态。从交易统计数据看，应思飞参赛期间几乎所有品种都交易过，大多品种上的盈亏也相对均衡。

1990年，年龄还很小的应思飞看了电视剧《大时代》，那时，他就下定决心将来一定要做金融投资。上大学时，他特意选择了金融专业，毕业后就投身股票交易。很快，他注意到期货市场T+0更加灵活的交易机制。

"我性格相对随性，在期市下单后，如果发现问题或者想法改变，就可以立即调整，这对我来说其实更好适应。"应思飞说。那年，他拿着父母给的2万元刚刚进入期货市场，就迎来了2008年金融危机，通过做空市场，2万元的账户在这一年中很快就翻倍到60万。初出茅庐就实现盈利给了他很大信心。从此，应思飞便开启了他的期货交易生涯。

最初几年，应思飞主要着重技术指标分析，逐渐摸索出了自己的交易规则。据他介绍，当时自己对品种的概念也不是很清晰，只是单纯地通过分析图表决定多空，在风控上也没有特别复杂的计算方式，而是简单直接地听取"市场的意见。"他告诉《期货日报》记者，作为一个投资者，判断不可能每次都正确，但市场总是正确的。所以，他通过"市场的意见"帮他对冲掉自己随机性下单的风险。

"下单后，如果市场让我浮盈，说明我的判断正确，随后就可以分两三次逐步加仓。但如果市场让我亏损，就说明判断有误，需要及时砍仓止损。"应思飞解释道，他的交易词典里没有"扛单"这一说。一场趋势结束就要迅速出场，等待下一个品种的机会。有时候看准了趋势，但错过了入场时间，他也会先出场，毫不纠结。所以，一般他持有的单子基本都是浮盈状态。由于早期资金量有限，船小好调头，出现问题撤退得也快，即便其间也遇到几次挫折，但 2010 年前后赶上了几波大行情，几十万资金的账户很快达到一百多万。2016 年前后，最初 2 万元的账户已经有了 8000 多万元。

"早些时候赚了钱，自己确实也有些洋洋得意。如今想想，只觉得幼稚。"提起从前，他反思那时交易周期大多很短，更多的是凭借一股冲劲儿。总是重仓出手，爆发力强，赶上了大行情时账户资金翻倍很快，但遇到行情回调，盈利回吐也十分利索，账户总是起起伏伏。随着资金量的逐渐增长，账户操作的灵活性也大不如从前，他开始意识到，前期单纯靠短线冲锋的交易方式，已经无法匹配新的资金体量，必须夯实基本面判断的能力，对持仓和交易系统进行优化。

"那时候，我想通过技术面和基本面的结合实现突破，但一直有些急躁。基本面还不是很懂，又不尊重技术面，学了个'四不像'。"应思飞回忆说，交易者一旦开始主观臆断，觉得"市场错了"，那么交易中犯的错误就会尤其致命。在之后将近三年时间里，交易就很不顺利，此前多年积累的盈利大多也付诸东流。

"那几年过得很煎熬，真的很感谢家人能一直支持我的选择。"他说，在最焦虑、困顿的时期，家人的乐观态度给了他很大力量，让他能慢慢沉下心来，继续深入基本面研究以及更好地融合技术面和基本面的运用。同时，尽量尊重市场顺势而为，保证亏损时及时砍仓，盈利时不强求多寡，心态就好了很多。2019 年下半年，他终于在不间断的尝试和总结中，逐渐找到了基本面与技术面的平衡点。

"现在，一个品种的行情在驱动和平衡表上都有所体现，我才会决定参与。在判断入场、加仓等关键节点时则重点参考技术指标。"他向记者介绍，以前持有多单时，盘中只要出现阴线，他就会把单子"丢掉"。但现在，如果发现行情基本面驱动并未结束，即便出现两根阴线，他也能稳住持仓。告别了总是趋势调整期的中途离场，他终于能够把看准的行情"从头吃到尾"。"这种感觉真的挺好的。"他颇有些感慨地说。

2019 年 10 月前后，应思飞的账户账面是 8 万元。次年 3 月，这个账户资金已经达到 660 万元。当时《期货日报》实盘赛 2020 年赛事刚刚拉开序幕，660 万恰巧符合基金组的参与条件。他觉得，这大概就是和实盘赛的缘分。

应思飞参与实盘赛的理由也很简单。"因为《期货日报》实盘赛会根据选手表现情况，为选手提供包括净值图、参与品种统计、每日盈亏等反映交易情况的图表，这些都可以帮助我更直观地回顾自己的交易历程，能为复盘思考节省不少时间。"他说，选手还可以在大赛的平台上观察当下其他优秀交易者的比赛情况，进行借鉴和学习。

由于争取名次并非参赛初衷，应思飞在整个赛事期间的交易心态相对平和，一直都能保持正常的交易状态。从交易统计数据看，应思飞参赛期间几乎所有品种都交易过，大多品种上的盈亏也相对均衡。"其实，我做交易不在品种而是看趋势，能顺势而行。看到哪个品种出现趋势行情就去做哪个品种。"他介绍，"简单讲就是尽量把'随波逐流'做到极致。所以，一般涨得很好的品种我都有多单，跌得比较多的也有空单在里面。"

在他看来，自己能取得基金组冠军的成绩，主要还是因为顺势抓住了几波较大的机会。他坦诚道，新冠疫情暴发导致 2020 年商品市场波动率偏高，而且趋势性行情出现后大多会延续一段时间，这种行情刚好特别适合他的交易风格。而且，年初时他就相信新冠疫情暴发的影响对于全球市场的利空不可阻挡，"当发生特别重大的全球性事件时，商品走势就不再单纯由自身基本面主导，肯定是要看大势。"他说，随即自己就调整头寸择机做空。虽然当时身边的人大多不认可他的观点，但他还是坚持了自己的想法。对于 2020 年的交易，他觉得最值得反省的还是对市场不够尊重，在浮盈较大的情况下就有所松懈，虽然注意到技术指标的信号，却心存侥幸错过了主动调仓的机会。

第56章　深化产融结合，实现长期稳定盈利

——专访基金组亚军吴晖

交易秘笈：从煤炭产业出身接触期货，再到成立私募，吴晖在期货市场实现了自然人到机构投资者的身份转变。带领着团队在第十四届全国期货（期权）实盘交易大赛中披荆斩棘，他的账户"惊蛰"获得基金组亚军，实现累计净利润2557.42万元，累计净值5.625，在有色金属组与收益额组中分别排第5名和第18名。

从账户情况来看，黑色系板块品种是账户"惊蛰"中的主要交易品种，其中热轧卷板、螺纹钢、铁矿石等品种盈利居前。吴晖告诉记者，此次比赛最大的一笔盈利来自7月到8月底的热卷的多单操作，不过因为行情变化，也导致后期出现最大的一笔亏损。"当时，我以较大的仓位轮动操作，基本踩准了趋势运行中的多数节点，那段时间净值的增长速度是最快的，但随着9月行情急转直下，我们交易仓位减少的速度太慢，对于宏观和产业细微变化的反应有些滞后，导致出现较大回撤。"

回顾整场赛事，吴晖认为，能取得此次成绩，自身经验的积淀与认识的提高是关键，2020年团队产融结合的理念落实得更加深入细致也是重要原因，在持仓中时刻紧跟现货的同时，对市场节奏的把握也必不可少。

"本来我们对 2020 年的整体预判是年度下跌，因为疫情原因导致宏观因素在交易中的比重上升，让市场的节奏发生了大的改观，过年后我们就开始积极布局多单，事后看这种判断是及时和准确的。"

具有较深刻的产融结合意识，主要是出于他自身的从业经历。"我进入期货市场前的经历比较简单，主要就从 2007 年起开始从事煤炭产业说起。"谈起进入期货市场的缘由，吴晖表示，早年曾在煤矿产业中先后担任采购、销售、管理等职位，在此过程中，就开始对期货市场有了认识。

"虽然进入煤矿不久就知道期货这回事，但真正参加期货还源于为山西钢厂供应煤的过程。"他告诉记者，当时，自己在客户的推荐下开始尝试期货交易，从此就一发不可收拾走上期货投资道路。

吴晖对黑色产业有着较为深刻的认识，2013 年，他通过自己独立操作，开始进入期货市场。在他看来，当时市场处在单边下行的趋势当中，自己一人单打独斗，没有方法、没有老师，不尊重市场，虽然有过盈利但是也吃过大亏。

"前几年的经历让我明白，期货是有规律可循的，而要摸索到规律，需要扎根产业。"在 2016 年至 2018 年间，吴晖开始潜心学习，深入到产业当中，这也让他自己在期货投资的过程中步入成长发展期。

经过这阶段的学习成长，吴晖更加深刻认识到，期货是专业性很强且科学的事情，需要团队化作战，一个人单打独斗难以成气候，为此，他开始着手成立古城吴氏资产管理有限公司（下称吴氏资产），伴随着后期的招兵买马，直至 2018 年公司的成员才稳定下来。

"2019 年后，自己对市场的认识达到了一定的高度，终于小有所成，成果也令人欣慰。"现货产业从业经历，令吴晖也积累下企业管理的经验，为后续资产管理业务开展做铺垫，但在他看来，和期货投资一样，公司的发展同样不容易，经过两年的努力坚持后，公司终于在 2020 年年初获得私募牌照。

记者了解到，按照正常私募基金的组织架构，目前吴氏资产设有投研部、风控合规、交易部门、行政部门等。

"我对公司的要求就是小而精、小而全，尽量发挥年轻人的工作热情和能力，提倡学以致用，专业的事交给专业的人做。"吴晖表示，虽然规模不大，但是公司的职能齐全，成材研究员、煤焦研究员、铁矿石研究员、宏观研究员、风控等职能清晰划分，既能独立工作，同时也能实现团队协作，核心竞争力则是在于形成具有自身特色的投研框架、风控体系及其科学投资。

具体到投研理念，他表示，在不断的实践中，团队形成了专注、专业、科学、理性的投资理念，一方面，讲究自上而下的研究框架，从宏观、货币、产业到博弈，从供需、库存、利润到价差；另一方面，又讲究自下而上的投资框架，从龙头理论、标 K 模型、三点一线到防守理念。"研究过程中包含了数据库构建、模型维护、产业调研及沟通，再通过不断磨合，在交易上已形成'以我为主，团队辅助'的交易风格和流程。"

而在风控方面，吴晖介绍，吴氏资产目前逐步构建起来了全流程多维度的风控体系、科学的交易流程和深耕产业的工作状态，让整个公司受益匪浅。"我们主要以主观的单边趋势和波段交易为主，套利交易占一小部分，交易周期偏中长线操作，通过季度的风控计划，对单笔止损、止损额度进行风控要求，以实现资金管理的目的。"

整体来看，产融结合成为吴氏资产发展的核心要义。"有些投资公司具有金融思维，但是距离现货太远，距离产业太远，没办法直接感受市场温度，而部分贸易商虽然紧贴现货但是在金融思维方面存在短板，也难以在市场长期盈利。"吴晖表示，投资机构与贸易公司之间存在互补性，相互都有诉求，这也助力了他和团队的进一步发展，目前他已成为多家贸易商、公司的首席金融顾问，通过产融结合，迈出了长期稳定的共赢道路。

在他看来，无论是投资公司还是贸易商，需要在理念和观念上将期现融合发展重视起来。"投资公司在产业上存在短板，贸易商在金融思维上存在欠缺，我们不仅要关注当下的现货，还要重视未来现货的推演，现货是单一维度的东西，期货交易需要多维度、全局观，所谓的产融结合就是在现货基础上，加入金融思维的逻辑推演能力和全局观。"

吴晖表示，随着期现的逐步融合，贸易商应该逐步实现"小现货、大期货"的转变，从而实现期现的有机结合。

第 57 章　注重细节变化，不靠运气做交易

——专访基金组第三名陈冠燃

> 陈冠燃，曾就职于弈慧投资、杉杉物产。其交易思路注重分析基本面，做深度市场调研，保持对市场信息的敏感度，以及对风险的控制。

在陈冠燃十几年的交易生涯中，即使是取得一定成绩之后，也会总结分析成功的原因，总结一下市场情况是否和当初的分析相吻合。不能有侥幸心理，虽然经常会有一些运气的成分在，但是总结成果的时候，往往还是看最终结果是否与当初的交易思路有所背离。陈冠燃直言，在交易中不喜欢靠运气。

调研是交易的基础

2020 年年初，突如其来的新冠肺炎疫情给全球经济和金融市场带来巨大的影响，各类期货品种的价格风险与波动不断加大，给全市场的交易者带来前所未有的挑战与考验。"我想这正是期货的魅力所在，对于我们来说市场波动越大机会就越大。"陈冠燃说，"对于这次成绩来说，我是第六次参加比赛，都是以平常心对待比赛，顺其自然，不是为了比赛而交易。对于我而言，大赛能让我有更清楚的自我认知，也可以对行业中很多高手的状态有所了解。对于 2020 年比赛所取得的成绩来说，我还是比较满意的。在比赛过程中，我并没有做过什么调整，一切以市场规律为前提来

操作。"

众所周知，期货市场离不开调研。当前的期货市场有针对各个品种的调研活动，深受广大交易者的喜爱，通过各种调查方式系统客观地收集信息并研究分析，对期货品种产业未来的发展趋势予以预测，可以为交易发展方向的决策做准备。陈冠燃就是如此，他对于基本面信息和实地市场调研十分重视，经常会出差去产地做考察，严格把控产量的供给信息，分析下游的需求，并积极和同行讨论市场行情。陈冠燃坦言："其实所有的期货人都懂得这些道理，但真正能做到精准认知，确实也是不容易的。"

在这次比赛中，陈冠燃最大的盈利品种是玉米期货。他告诉记者，从2019年开始就关注了玉米期货，而对玉米产业的调研持续了至少两年时间，所以对玉米期货基本面的信息掌握比较有信心。虽说在玉米品种上是赢家，但陈冠燃回撤最大的品种是 MEG，在交易过程中，他对于止盈的操作没有做到很好，不过最后也是盈利的状态。

保持对市场的敏感度

据陈冠燃介绍，他在大学时期就对金融行业有所向往，那个时候用父母给他的零花钱和自己打工赚的钱进入股市，并赚到了人生第一桶金。"可能那个时候，就对我之后的职业规划产生了很深的影响。大学毕业之后很幸运进入了一家投资公司，从此正式进入了这一行业，这也是我人生重大抉择之一。"

陈冠燃有一个爱好，平时喜欢研究易经，易学对于他而言，是一个很好的辅助，在他偶尔迷茫的时候，让他的心境能很好地稳定下来，不被一些不准确的信息和不好的情绪所干扰，更能使他坚定，交易心态也越来越平和。所以，陈冠燃是以基本面为主，易学为辅。

陈冠燃认为，以过去的经验来看，最重要的是总结和分析，无论成功还是失败，一定要每天总结交易思路，时时刻刻更新自己的信息库。即使是成功了，也要分析成功的原因，总结一下市场情况是否和自己当初的分析相吻合，不能有侥幸心理，虽然经常会有一些运气的成分在，但是总结成果的时候，往往主要还是看最终结果是否与当初的交易思路有所背离，陈冠燃直言，并不喜欢靠运气做事。"我平时还会注意仓位控制和止损，还有擅长对意外事故做决策，但对止盈的控制还有待加强。"

　　在陈冠燃看来，知行合一很重要，不能高估自己，也不能对自己没有信心。理智更重要，要专注交易，关注每一个细节变化，交易是漫长而煎熬的，但只有经过煎熬之后，得到的成果才是让人兴奋的。在市场长期生存，最重要的基本功应该是对市场信息的敏感度，以及对风险的控制，这些也都是老生常谈了。"未来会继续参加比赛，如果有合适的机会，后续准备组建团队，推出一些以对冲为主的混合型产品。"陈冠燃很有信心地说。

第58章　在交易中遇见更好的自己

——专访量化组冠军刘海锋

刘海锋，现任伏牛资产管理(北京)有限公司董事长、总经理，第一次参加大赛便以 26.17% 的回撤率和 4.62 的累计净值获得了量化组冠军，参赛昵称为"伏牛基金二号"。

刘海锋毕业于河北金融学院，学的是金融专业，在校期间曾参加一个省级交易比赛并获得冠军，得到多家金融机构的 offer，先后就职私募做交易、券商和期货公司做研究。创业做私募至今，他一直在交易市场学习、历练，成长为了职业投资人。

学以致用

刘海锋大学毕业后曾任职于长江证券、长江期货公司，具有多年证券、期货、基金从业及研究经验，参与管理的基金稳健增长。

刘海锋认为，个人性格与交易的关系是密切关联的，良好的投资习惯和性格对做好交易有巨大帮助。刘海锋给自己性格的评价是"心态平和、处变不惊、敬畏市场、有自知之明、能了解自己的能力和边界，只做有把握的事。"他认为，一个优秀的操盘手必须具备的基本功有成熟且擅长的交易系统、严格的风控纪律制度、止损能力、良好的习惯和性格、不断学习的能力等。

不做无把握的行情

2020 年受疫情的影响，很多品种波动较大。刘海锋说，2020 年比赛期间自己根据市场变化不断调整交易方式，前期交易严格控制风险，每一笔交易都严格按照交易系统执行；后期力争去赚有把握的行情，没把握的行情多看少动谨慎操作，保护资产安全。记者发现，在比赛期间，该账户交易了股指和黑色品种，其中股指和铁矿石盈利较多。

记者在采访中发现，比赛中，刘海锋更倾向于投资有基本面支撑的行情，用阿尔法策略多维度评判投资品种，给标的品种打分，把分数高的确定性大的品种列入标的池，构建组合。每周、每月跟踪重新评分，分数低的自动调出标的池，分数高的增加到标的池，组合调整，选择基本面供需面较确定的品种在市场氛围较好的阶段决定开仓区间，过程中都需要专业团队集体决策，而对于每一项投资决策都要经过投资决策委员会投票通过。风控部独立运营，不受任何人干扰。

投资是马拉松式长跑运动

在交易中，或多或少都会有过阶段性的亏损，如何从这些亏损中吸取教训呢？刘海锋告诉记者，期货交易是个复杂的工作，不断学习的能力与信心非常重要，严格止损风险控制也很重要。只要从每一次失误或者错误中学到有用经验就是进步就是成长。对于专业私募基金管理人，投资不是百米冲刺，而是一场马拉松式长跑运动，纪律、体力耐力、信心都起到非常重要的作用。

记者在采访中获悉，在 2020 年度的比赛中，该账户盈利最大的品种是股指期货。对此，刘海锋认为，通过宏观分析，非常看好股市行情，风险收益比非常明显，在行情不断验证下，坚定持有；回撤最大的也是股指，高位回调阶段，不断考验纪律考验风险控制，如何在短期行情与中长期行情之间完美结合，需要非常高效的投资制度管理。

众所周知，2020 年受疫情影响，国内外股市和期货行情波动巨大。刘海锋是如何进行仓位管理和风控的呢？"风险防范措施是重中之重。"刘海锋表示，我们的风险控制部门独立于投研部和其他部门，实时风险监控，事前控制、事中监控、事后评估反馈。事前控制，一是禁止投资事项；二是投资仓位规定管理，针对基金产品、市场环境对投资仓位上下限作出规定；三是单产品投资比例限制规定管理。事中监控，一是交易指令合法合规性审核，是否满足事前风控规定以及交易所、证监会的规定；二是单品种每日交易额度限制；三是严格按照公司风控制度独立执行风控止损。最后还有事后评估反馈，一是监控基金产品的资产状况，提示投资风险；二是科学止盈止损规定；三是账户净值下跌风险控制，设置各种预警线，当账户净值跌破相应预警线时，减仓应对。

"公司允许基金经理在一定的风险度内开展投资交易，基金经理致力于把风险控制在相应授权的风险度内，形成风控的第一线，超出第一线风控，则由独立风控部门强制性减仓平仓。优先保护基金资产的安全性，而风控制度一经确定不得随意变动。"刘海锋说。

记者发现，不少公司有严格的风控体系，"伏牛基金二号"亦如此。风控硬性指标方面，若基金跌幅达到3%预警，考虑减持边缘品种，保留核心品种；跌破净值5%（0.95元），强制减仓至50%以下；计划投资10%以上品种需投研团队集体讨论通过；基金运作前期小仓位谨慎积累打好"安全垫"，有一定盈利"安全垫"，才能提升基金仓位，当盈利达到目标，仓位下降，保住盈利回撤，尽最大可能降低组合风险，致力于稳健成长、增值。

"基金产品有股票部分也有期货部分，在期货端如果一笔单子出现亏损，会把亏损控制在该品种保证金10%以内，如果出现连续多天亏损，则停止交易一段时间，重新调整节奏。"刘海锋说。

刘海锋告诉记者，对于2020年的比赛，印象最深刻的是有好几次没有看到投资机会或者没有把握机会选择空仓观望，不做不符合开仓条件的交易，严格遵守投资交易纪律。对于来年的计划，刘海锋说，还会继续参加比赛，向优秀的投资者学习，不断提升自己的交易技能。

第 59 章　坚持自己的交易系统

——专访量化组第七名陈海洋

陈海洋善于构建一个防守为主、进攻为辅的交易体系，顺势而为跟随市场，而不主导市场。在本届大赛中，陈海洋操作的账户"思诺华量化一号"斩获量化组第七名。陈海洋对《期货日报》记者表示，大赛为参赛者提供了一个展现自我的平台，选手可以通过参赛快速结交行业同仁，共同学习进步。

2020 年是陈海洋第二次参加实盘大赛。在实体经济大环境不好的情况下能取得这样的成绩，他是非常满意的。"我曾经是一名国家公务员，后来辞职了，也一度在家族的工厂做管理和销售。我不善交际，不太适合行政和经商，当时觉得炒股、炒期货不需要和人打交道，只需要通过自身与市场对话就能成功，所以一直在这方面钻研，希望通过股票和期货交易实现财务自由和人生价值。"陈海洋告诉《期货日报》记者。

陈海洋 2000 年上大学时就开始炒股，一直做得不太好。2007 年，他了解到期货市场和股票市场类似，并且能够 T+0 双向交易，就尝试期货交易。实际上，在期货市场上又磨炼了三年，他才形成自己的交易系统，才能稳定盈利。2010 年至今的十年间，仅 2017 年略亏 3.56% 外，基本实现了年均 30% 以上的复利增长。

陈海洋认为，做交易有一个正期望的交易系统非常重要。他之前之所以一直亏损，甚至多次陷入大幅亏损窘境，都是因为没有完整的交易计划，完全凭主观，随意在做。陈海洋回忆称，他的交易系统一开始实盘时连续亏损了几个月，但还是坚定执行系统，后来商品整体出现一大波流畅的上涨行情，系统开始大赚，他也终于有了交易以来的第一次真正盈利，这坚定了他对策略的信心，于是陆续追加资金，放大盈利。

陈海洋在比赛期间没有调整自己的交易系统，还是按照平时的系统进行操作。他采用的是纯量化CTA日线趋势跟踪策略，其实这个策略在2010年就已经有了核心架构基础，十年来运行稳定，且呈正反馈状态。

比赛中，所有活跃的品种陈海洋都参与了。"我们是全品种交易，包括商品、股指、国债，去除流动性差、持仓量少的品种，交易了40多个品种。我在股指、油脂、有色、黑色等板块上获利较大。"陈海洋解释，2020年市场上大多数品种出现了大的趋势行情，而他的策略是对全品种进行趋势跟踪。

6—7月，市场整体的上涨行情让陈海洋大赚一番，因为他的策略是趋势跟踪，单子大都是多单，仅单月盈利就超过30%。"2020年80%的品种都有日线级别的趋势行情，我的系统赚的就是日线空间的钱，我作为主观个体，遵守并执行了交易系统，才有不错的收益。"陈海洋说。

至于风控，陈海洋告诉《期货日报》记者，他是通过多品种、多策略、多周期分散并辅助资金管理来控制风险的。"具体的风控措施是和发行的私募产品资金量、策略、交易品种、预期收益、预期最大本金亏损、预期最大回撤等环节构成一个整体，并根据发行的不同私募产品建立不同的风控体系，进行事前、事中、事后风控，并随着产品的运行动态对风控进行调整。"

交易要知行合一。陈海洋的性格内向、沉稳，处事随和，答应别人的事情，一般都会做到，也是知行合一。陈海洋认为，优秀的操盘手必须经常自省，内心敢于舍得，行为勤于学习。

第 60 章 专注期权，进可攻退可守

——专访期权组冠军户涛

昵称为"明空"的账户荣获期权组冠军，对于他，大家应该都不陌生，他是实盘赛的金牌导师，2019 年第一次参赛就获得商品期权组第四名，2020 年参赛荣获期权组冠军。当《期货日报》记者问到成功秘诀时，户涛坦言："控制风险是交易中最重要的。期权交易，通过选择执行价和剩余时间控制，仓位控制在 40%—70%，进可攻、退可守，这个理念要一直坚持，不要轻易改变。"

在本届比赛中，户涛主要参与铜、铝期货以及期权的交易。交易的依据是，期权的时间价值随到期日的临近不断衰减，不断赚取时间价值，同时注意风险控制。"对我而言，最重要的是如何降低不确定性，我持有期权一般不超过两个月，到期再进行调整。其间遇到最大的困难就是一季度的急跌行情，由于种种原因，没有及时做对冲，错失了行情，但最终还是以盈利收场。坚持展期操作，时间长的期权总比到期的期权贵，这就是我的底气。"户涛说。

户涛主要做期权展期，卖出虚二档、虚三档的期权，时间控制在两个月之内，并根据标的物价格的波动调整执行价。户涛接触期权源于 2013 年第二届金融衍生品高级研修班的培训，之后，期权就像种子一样在他心里生根发芽了。在开始期权交易的时候，他就树立了赚取时间价值的理念。

户涛举例说："比如，我认为铝价不会大跌，就卖出 al2011p14000 的期权，收 150 元 / 吨的权利金，到期时 al2011 的价格是 13950 元，我被行权，得到建仓价为 14000 的期货多单，行权后立即平仓，加上收取的权利金，依然赚 100 元 / 吨；如果我不想被行权，那么可以平仓期权，同时卖出 al2012p14000 的期权，由于时间价值的原因，收取的权利金高于支出的权利金，则仍是净收入；如果被行权了，不想平期货仓位，那卖出 al2011c14000 或 al2011c14100 的期权，再收入一笔权利金，如果价格上涨，等于对冲了，没有风险，如果价格下跌，则一直卖出看涨期权，收取权利金。从概率上分析，买权赚钱的概率是 20%，卖权赚钱的概率是 80%。对于卖权而言，如果控制好风险，就会一直赚钱。"

"我做期权的收益，更多依靠时间价值的累计，时间越长，对我越有利。教训就是有时候过于保守，部分品种大幅度变化时，没有及时把握住机会，买权在期权交易中的比例偏低。"户涛说。

在 2020 年的比赛中，户涛没有太大的回撤，很少做短线，坚持大方向，微调小方向，不轻易改变初衷，这是优点，也是缺点。交易就是一个战胜自我的过程，尽量克服自己的弱点，规避交易中常犯的错误，降低交易频率，让自己慢下来、多思考。"对于期权而言，出现浮亏是很正常的，因为波动率是变化的，但是我相信，时间是站在我这边的，我只需要等待时间价值衰减完毕就行。我无法把握波动的方向，但时间价值一直减少，即使虚值期权变为实值期权或平值期权，我也不怕，因为我有很多办法控制和降低风险。"户涛说。

谈及多年来的研究交易生涯，户涛感慨道："交易如同攀爬沙漠山，前方没有成功的足迹可循，每前进一步都需要花费时间、精力、勇气去承受和面对。在这条路上，不管曾经失败多少次，只有一直向前，才有成功的可能。真正让人难忘的，是痛苦而无悔的坚持，是压抑而孤独的释放，是劫波度尽的云淡风轻。"

第 61 章　控制风险，做时间的朋友

——专访期权组第四名毛海瑞

在 2020 年大赛中，期权组第四名"瑞波"（毛海瑞）表现亮眼，单纯依靠期权操作，累计实现净利润 632 万元，权利金收益率达到 407%，主要收益来自沪深 300 股指期权。毛海瑞的投资秘诀是：在投资中最好放平心态，把交易当成一种生活乐趣。不要把盈亏看得很重，选择做时间的朋友，追求稳定复利增长，而不是靠一次押对方向赚到暴利。

"第一次参赛，能够在高手如云的期权组取得第四名的成绩，已超出我的预期。"毛海瑞告诉《期货日报》记者。在他看来，成为一名优秀的期权交易者必须要自律，并不断克服人性中恐惧、贪婪、侥幸等弱点。在投资中最好放平心态，把交易当成一种生活乐趣。不要把盈亏看得很重，选择去做时间的朋友，追求稳定复利增长，而不是靠一次押对方向赚到暴利。毕竟凭运气赚来的钱，最终会凭实力亏回去。

自 2018 年 9 月开始进行期权交易以来，他一路边探索、边实践、边总结，最终得出一套适合自己的操作体系。首先，他认为选对合适的赛道很重要。在选择投资标的时，需要先权衡风险性，只有这个能由自己控制，赚多少钱要由市场说了算。

其次，形成长期稳定的期权策略。"期权是多维立体交易，被称作衍生品皇冠上的明珠。不论什么样的行情，都有策略与之对应，在任何行情

下都可以赚钱。"他认为，一套完整且行之有效的期权策略，必须要经历时间的考验，把周期放长三至五年，去看盈利是否能够保持稳定。

再次，对市场方向进行判断。以参赛账户为例，他表示，6 月中旬，账户由防守稳健策略转换成相对积极的进攻策略，并在 7 月上旬取得了比较好的利润。但是由于 7 月 14 日上证指数大跌 4.5%，这根突然袭击的大阴棒给账户带来了比较大的回撤。好在及时调整策略后，账户逐渐收复回撤。

最后，最重要的不是追求盈利，而是防范和控制风险。交易中永远把风险放在第一位，当自己的判断与市场走势相悖时要及时调整持仓，不能心存侥幸赌一把。

毛海瑞认为，参加比赛是对自己平常真实投资水平的一次检验。"这次比赛，基本上就是对平时投资理念和风格的贯彻和执行。这也清晰地验证了这十多年来，我所奉行的价值投资理念和操盘体系是有效的，不论是在股票还是在衍生品市场。"

回首最初进入股票市场投资的契机，是 2007 年 7 月那波大牛市吸引了他的驻足。"在此之前，股市给我的印象就像一个赌场，总是听闻某某炒股亏损严重。但在进入市场并深度研究后，我发现并不是那么一回事，主要看你是投机取巧、以小博大，还是用投资的眼光看这个市场。"他说道。

自 2007 年 7 月进入股票市场，2012 年开始进行期货投资，毛海瑞入市 13 年以来，取得了 11 胜 2 亏的战绩，其中 2011 年和 2018 年账户亏损幅度都在个位数，目前还保持着投资收益年化复合 35% 的增长率。

在此期间，毛海瑞始终坚持价值投资理念，寻找并紧紧抓住稍纵即逝的套利机会。以本次参加比赛的这个账户"瑞波"为例，他表示该账户平时主要是做相对收益，每年的目标是跑赢沪深 300 指数 20% 至 30%，甚至在股灾中也实现了不错的成绩。

"比如在 2008 年至 2013 年期间，所有老的封闭基金二级市场相比一级市场折价达到 40% 左右，甚至有的封闭基金在 2008 年打对折，比如基金兴华和基金安顺，这两只基金业绩从长期看不比明星基金差，是非常好的投资标的。"毛海瑞表示，通过投资这些老的封闭基金，"瑞波"在熊市中取得（基金业绩 + 折价回归）翻两番的收益。

到了 2015 年，由于二级市场分级 B 基金被投机者疯狂炒作，一级市场和二级市场间出现巨大的差价，"瑞波"利用这次差价机会成功进行套利操作，3 天之内利润达到 23%。

在长时间的实践探索中，毛海瑞已经形成了自己的投资风格和理念：相对收益、波段操作、稳扎稳打、追求复利、做时间的朋友。在这样的理念指引下，他冷静沉着地面对市场，坚定而及时地捕捉投资机会，在控制风险的同时，走在时间价值的前面。

行稳致远，与时俱进，才能成功立足于市场！在投资领域搏杀了十三年，毛海瑞回首自己的投资生涯感慨万千："风险是我最好的朋友，权衡它，控制它，与之为伴，是取得成功最首要的因素。同时，追求时间的价值，寻找套利的机会，抓取长期投资的复利，是成功的保障因素。"

尽管每个人的成功都有独特性，过往经验难以追寻，操作手法不可复制，但就像毛海瑞所说的那样，"短期的成就并没有那么重要，在真正的期货人生中能否实现长期盈利才是关键。"

第62章　留得青山在，不怕没柴烧

——专访期权组第七名万全林

2011年9月份进入期货市场之前，他有六年左右的股票交易经历。由于A股只是一个单向市场，在行情振荡和下跌期间很难实现盈利，基于这样的情况，他选择了期货交易，给自己增加更多的交易机会。这个人就是万全林，2020年大赛期权组第七名。

2020年是万全林第二次参加实盘大赛。他告诉《期货日报》记者，他参赛主要是为了感受市场角逐的氛围。

万全林告诉记者，从进入期货市场至2020年的九年时间，市场上有的交易模式他基本上都尝试过，错误也都犯过，唯独庆幸的是没有经历过大幅亏损，更没有爆仓经历。"这可能是基于我对风险的厌恶，因为我参与资金比例并不高，并且有最大亏损控制红线，这样就确保了我能一直走到今天。"

对于本次比赛取得的成绩，万全林是非常满意的。"比赛中，我主要参与的是期权交易，分析方法是以市场结构分析和技术分析为主。所有交易都只做买方，并且是裸买，没有使用期权自身的套利策略，在风险控制方面主要采取的是仓位管理的方式来化解风险。"万全林说，他本次比赛成绩的实现主要依赖于持续不断的对市场结构跟踪，耐心等待交易信号的出现，然后果断入场，达到盈利目标位果断离场。

据万全林回忆，他本次比赛中最有价值的一段交易经历是，7 月份参与的铁矿石看涨期权的买方交易，当时对市场分析很完整、策略制定也很完善，并且执行非常到位。"当时，我对整个工业品市场运行结构和黑色板块的市场运行结构进行了自上而下的分析，形成了明确的开仓方向，并耐心等到开仓切入信号的出现果断入场，进场后如期上涨到达目标位后，采取预先制定的分段离场原则逐步平仓离场。本轮比赛中，我的交易账户基本上没有出现大的回撤。"

万全林印象最深刻的一段交易经历是，7 月份做的动力煤 9 月合约的看涨期权买方交易，看对了并且也做进去了，可到后来没有赚到利润。"这就是买权的风险所在，作为买权不只要看对方向，还要对预期幅度和权利水平有正确的评估，要不然想长期赚取利润的概率是很低的。经过这一次后，我现在的策略有了新的调整，就是在原来裸买基础上加入了套利和展期操作。"万全林对记者说。

优秀成绩的取得离不开严格的风险控制，万全林对记者表示，他的账户总体风险控制在 50% 以内，基本上在账户总体风险达到 30% 就停止账户交易，并进行反思和总结，然后减量交易。单笔交易亏损幅度或止损幅度不超账户权益的 2%。"留得青山在，不怕没柴烧。"这是万全林对仓位管理和风控的理念。

"好的仓位管理和风控认知，能够使自己在整个交易生涯中稳稳地活下来，然后给自己创造无数可能的机会。"万全林告诉记者，他的这些理念的形成是经过数年交易积累、总结和学习才慢慢形成的，整个仓位管理和风控框架未来不会有多大变化，但细节会根据市场结构的变化做细微的调整。

在万全林看来，个人性格和交易是密不可分的关系，大众的性格特征或者人性是不能直接胜任交易的，都要经过长期的、大量的交易才能逐步适应交易。"交易到头来拼的不是智慧、不是策略，更不是技巧，而是和自己内心的较量，是对自己欲望的控制和信仰的坚持。"万全林说，交易本身没什么秘密，只有通过长期、海量的交易才可以训练自己对市场的深入理解，最后达到沉稳、果敢和笑对得失。

同时，万全林认为，交易跟生活密不可分，必须协调好二者的关系。只有生活无忧、家庭和谐才能更好地参与到期货交易中来。

在长达半年的比赛中，无数次跌宕起伏的瞬间，现在仍历历在目。每一次开平仓，都是万全林自我内心的较量；日复一日地复盘、日复一日地计划与默默地等待，都是对自己理念策略的坚持与信仰的坚守。

本次比赛，万全林主要参与的是末日期权的买方交易，并且是裸买。"应该先弄清一个传统的期权概念，基本上，大家都认为期权买方风险有限，收益无限；期权卖方收益有限，风险无限。针对这一点，应该做一下调整——这句话，他的理解恰恰相反——对于大部分人、长期来讲，其实买方风险是无限的，收益其实很有限。为什么这样讲，因为作为买方，胜率是很低的，再加上时间天生就不站在我们这一边，所以，作为买方，一开始我们就已经输掉了。确定了输家，那么卖方自然天生就是赢家，因为，时间是卖方永远的朋友，在80%的振荡行情中，卖方占据这极大的天然优势。如果用一句话来描述期权买卖双方的本质差异——那么什么是买方，买方就是用时间换空间、换不确定的预期和梦想；然而，什么是卖方，卖方却是直接用时间换金钱。"他总结道。

基于这样天生的劣势，作为小资金参与者，又想实现资金快速增长，怎样才能扭转这样的局面呢？他认为首先应该注意以下四点：

第一，解决胜率问题。怎么提高胜率，首先要顺应大势，在普遍的看涨行情或者是看跌行情中，耐心等待一个绝佳回抽结束机会切入。

第二，资金管理及风控。每一次下注的额度，都要想到随时会归零。所以，对于每一次下注的额度，必须确认亏完也无所谓的态度。

第三，解决盈亏比。预期盈亏比一定要大，一两倍的预期盈利空间，就没有参与的必要。因为每一次都是面临损失全部权利金的风险，所以，要有足够的耐心，等待五倍以上预期机会才可以参与。（盈亏比具体评估方法，可以参考标的资产历史波动率水平、权利金水平和到期时间进行综合评估。这里由于时间有限，就不深入探讨）

第四，加入套利策略和展期操作。加入一些卖方头寸和提前展期操作，一来，可以增强账户稳定性，保持权益持续增长；二来，可以改变作为单一买方低胜率的问题，提高胜率，改善交易信心。

"任何一位交易者，在面对未来和未知，无论经历再多的风霜，仍然无法战胜人性天生的恐惧。在判断出错需要止损的时候，人们仍然有些不舍；在浮盈面前，贪婪又会不自觉地抢在了前面。"万全林说，他记得一位交易前辈说过，交易，就是一场永不停歇的修行。只有在经历了无数次的赚赚亏亏，无数次的洗涤和磨炼，最终才能达到笑对盈亏、笑对得失的交易人生。

第63章 周而复始，价格之美

——专访期权组第十名吴敬忠

> 吴敬忠认为，交易是一场修行，一个不断寻找自我的过程。以铜为镜可正衣冠，以人为镜可明得失，以期货为镜可知人生。在实际交易中要坚定信念，独而不孤，要克服贪婪和恐惧，要有全球视野并耐心等待，抓住投资机会，长线持仓，等待收益持续增加。

提前做好交易准备

从严格意义上来讲，吴敬忠并不是一个职业的期货交易员。他是一名商人，2005年正是中国证券市场的体制性革命、股权分置改革的启动和取得重要进展的一年，也是中国股市第三次大牛开始的一年，在这种情况下，吴敬忠初出茅庐进入了股票市场。随着2007年股票熊市的到来，吴敬忠带着不甘来到了期货市场。据他回忆，是因为当时期货能做空才进入这个行业的，几年内经历过多次爆仓，2019年才做期权交易，没想到几年来一路挫折，靠实业挣钱来支撑和探索漫长的期货交易之路。

在比赛中，吴敬忠主要参与铁矿石期货和铜期权交易，在铁矿石期货上盈利较多，基本获得整个波段的利润。"我在I2009合约价格为580元/吨时，买入I2009C650和1200C700合约，直到价格850元/吨左右平仓离场。"吴敬忠回忆说，在铜期权上是亏损的，铜价向下突破趋势线时做空，当时价格在51000元/吨，后来行情发展不符合预期，就止损离场了。

吴敬忠的交易方式主要以波段为主，风格是中长线。他认为，在一次交易过程中会有三个阶段，凡事未雨绸缪，提前做好准备很重要，所以吴敬忠会在盘前调研分析品种，并制订交易计划；交易中遵循交易原则建立仓位，以止损单加以保护，直到交易离场；而盘后则会复盘分析总结经验与教训为下一次交易做好充分准备。

让吴敬忠印象最深刻是 I2009 在 6 月 9 日从 798 元 / 吨一直振荡到 7 月 2 日的 730.5 元 / 吨，差点促使吴敬忠提前止盈出场，但他通过技术图表分析，多头形态没有被破坏，坚定这波行情仍没有走完，才获取高额盈利。通过这次交易，吴敬忠坚定了对波段与中长线交易原则的认可。

富兰克林曾说："有耐心的人无往而不利。"有了坚定的方向，可以提高自己对于挫折的忍受力。当知道目标逐渐接近时，这些只是暂时的耽搁。如果积极地面对困难，问题就能迎刃而解。吴敬忠就是如此，他认为，如连续多次交易亏损，应该停盘休息，复盘分析总结。"等待下一次机会，机会永远有，但钱会亏光的。"

风险控制必不可少

在吴敬忠看来，行情是可遇不可求的，风险控制是必须的，是交易过程中不可缺少的环节。止损是对交易计划的保护，亏损的交易也是交易的一部分。首先，只能将一定比例的资金投到期货交易；其次，选择若干品种，分配资金交易；最后，应严格执行止损单。

此外，他还谈到，交易者的性格在交易过程中非常重要，坚定的信念和坚忍的意志都是成功交易不可缺少的心理品质。市场不会因人而变，但人会被市场而波动，优秀的心理素质才能抵抗波动，从而完成完美的交易。

经过十几年的交易生涯，吴敬忠也逐渐有了自己的交易感悟。他认为，在交易中要建立自己的稳定盈利的交易体系。此外，交易者需要克服贪婪与恐惧的心理关口，同时要拥有优秀的个人品质，比如可以独立思考、有全局观、有坚定信念等。

交易与生活的平衡其实也是一个交易，是自己与自己之间的所得和所失进行的交易。在吴敬忠看来，协调生活与交易的平衡，享受生活，放松自己，阅读与思考，这些有助于提升交易的格局与境界，交易永远只是生活的一部分。"期货交易是九死一生的行业，杠杆交易放大收益的同时也同样放大风险。交易有别于理论学习，是一场修行，从知道到做到，从做到到挣到是一场漫长的修行。"他说。

事实上，这是吴敬忠第一次参加大赛。在采访的过程中吴敬忠还向记者提出一点建议，如将大赛时间提前一点，从2月1日到9月30日。因为国内大部分品种主力合约都在1、5、9月，这样能完整覆盖5月份合约和9月份合约的交易时段，可以更全面和准确统计选手的参赛水平。"未来还会参加比赛，在有条件的情况下也有考虑组建团队的想法。"吴敬忠说。

第 64 章　心如常态，方能致远

——专访长期稳定盈利奖第七名毛泽红

毛泽红，在 2012 年第六届全国期货实盘交易大赛中获得轻量组第十二名，在 2013 年第七届全国期货实盘交易大赛中获得轻量组第五名、贵金属组第一名、重量组第十八名，在 2020 年的比赛中获得长期稳定盈利奖第七名。

毛泽红，2004 年进入期货市场，到 2007 年 9 月才开始稳定盈利，2008 年从 2 万元做到 14 万元，2010 年从 20 万元最高做到 140 万元。

"我的操作手法为短平快，只做一个方向，只有在确定市场转势后，才会换方向做单。"毛泽红坦言，他曾经和大多数做交易的人一样，有过气馁，有过悲伤，但一直在坚持，"近几年参加实盘大赛收获很多，今后的比赛会继续参加，通过比赛来时时鞭策、警示自己：不矫枉，不自得，不胆怯。"

盈利主要来自白银期货

2020 年是毛泽红参加全国期货实盘交易大赛的第九个年头，他告诉记者，之所以一直参加实盘大赛，是因为这个比赛是期货领域最专业、规模最大的实盘比赛。他非常感谢这个平台，通过比赛，他获得了更多与优秀交易者交流沟通的机会。

他对自己 2020 年的比赛成绩还算满意。"不亏即盈。2020 年实体经济受疫情影响很大，商品价格整体处于近几年的低位，下跌空间不大，所以我在交易上没有做太多调整。"他说。

毛泽红交易的品种很多，上市的品种基本都有涉及，2020 年比赛期间的盈利主要出自白银期货交易。

他从 2020 年 4 月份开始一直关注贵金属期货尤其是白银期货，因为行情一旦启动，不会给太多的入场机会。

7 月初开始，毛泽红一直在入场交易，最终不负有心人，在白银期货行情启动的前一天即 7 月 20 日，他重仓了白银期货。之后他一路加仓，直到 6500 元 / 吨左右离场。

他回忆，白银期货行情启动前定的目标位分别是 6200 元 / 吨、6800 元 / 吨、7200 元 / 吨，由于价格未能突破 6800 元 / 吨，他选择在 6500 元 / 吨左右全部离场。

做交易有赚就有亏，毛泽红回撤最大的交易也是在白银期货上。"后来白银期货调整阶段我又买入了多单，因为我预判白银的行情还没走完，事实上是我自己判断错误，最终止损离场。"他说。

在毛泽红看来，降低风险的最好办法是适时出金。每做完一波行情，他会选择出一部分资金，这样在以后的交易中才能轻装上阵，即使之后重仓甚至亏损也不会影响交易。做期货最忌讳的是贪，持有的单子出现亏损时，他一般会把亏损设定在 1% 以内。如果连续亏损，只要没到自己预期或设定的点位，他会一直坚持。

"我取得的成绩不算好，只能说勉强可以接受。我的交易也没有特别的技巧，最大的特点是止损快，因此我的胜率并不高。"毛泽红直言。

做交易要保持好的心态

刚做股票交易时，毛泽红只知道每天一开盘就买进，然后第二天卖出，卖出又立刻买进，就这样不停地交易。2004 年一个偶然的机会，他接触到了期货，在得知期货是 T+0 交易，不用等到第二天平仓，且有杠杆，他立刻从股市转战期市。开始做期货的一两个月里，他小赚了一些，但好景不长，没多长时间就陷入了亏损窘境，结果惨不忍睹。

毛泽红性格比较内向，不善交际，他之所以选择做期货就看中了"做期货不求人"这一点。

他的交易风格比较激进，经常重仓过夜。从严格意义上说，他没有特别的交易方法。在他看来，与其说是交易方法倒不如说是交易经验。"当有行情时我会坚持到底，直到自己想法改变。"这是他这十几年交易之路的最大体会。

他认为做期货最重要的是心态。

"进入期货市场的人十有八九都是冲着赚钱来的，盈亏主导了他们的思想，主导了他们的情绪，最终一亏到底。"毛泽红说，"我做期货交易的前三年也是一路亏过来的，那三年我不断去接受失败，不断去反省，不断去尝试，最终明白做期货如做人，不强求，顺其自然，保持一颗平常心，这样才能走得更远。"

在毛泽红看来，做交易能否成功和性格没有直接关系，足够理性的人才有机会走向成功，这是一个优秀交易者应当具备的条件。

过去的十多年，可以说期货交易是毛泽红生活的全部，他花在看盘和交易上的时间太多。

"其实期货交易只是我们生活的一部分，虽然家人都支持，但我觉得还是应该把更多的时间留给家人，享受生活。"他对记者说，今后的实盘大赛都会参加，通过比赛可以让自己更快成长，他希望能组建自己的团队或加入私募机构，和志同道合的人做自己喜欢的事。

第65章 宝剑锋从磨砺出，梅花香自苦寒来

——专访外盘轻量组冠军孙海贝

在提及刚进入期货市场就遭遇"当头一棒"的惨痛经历，孙海贝仍不免心有余悸。也正是那次难忘的心理体验，让他领悟到了期货的魅力，从而产生了浓厚的兴趣。多年钻研和尝试后，他的交易已变得逐渐成熟。

刚进入期货市场，首次平仓，在跌停价平多单，简单几个关键词勾勒出了一个期货"小白"遭遇"当头棒喝"的场景，恐怕没几个人有这样的心理体验。也正因为如此，孙海贝把这段惨痛经历埋藏在心底五年后，才第一次向人敞开心扉。

"怕吓坏身边的人，最主要还是感觉太丢人了。"看得出来，斩获外盘轻量组冠军的他如今回忆起2015年那次失败的股指期货交易，虽已能坦然面对，仍不免心有余悸。

那是一波对于资深市场人士来说都不陌生的行情。"股市回调幅度最大的那几天，除了停牌的，大部分股票都跌停了，整个市场弥漫着绝望的气氛，所有人都在琢磨接下来该怎么办。"经过思考，孙海贝觉得可以利用股指期货规避下风险。然而在此之前，他并没有做过任何衍生品方面的交易。很快，他不可避免地为自己的轻率付出了代价。

"开好户当天，股指期货是跌停的。我用几十万元进场做多，谁知第二天开盘一分钟内，期指就不断地在跌停和涨停之间跳动，我切切实实感到了恐惧，便想在跳到涨停价时平仓，赚几十万元先出来。"然而接下来

发生的事和他的设想完全相反，行情波动的速度完全超过了孙海贝的反应时间，因为没有做限价委托，他的平仓指令非常不幸地在跌停价成交，亏损了几十万元。

正是这次难忘的体验让孙海贝领悟到了期货的魅力，从而产生了浓厚的兴趣。此后，他开始一步步钻研和尝试，直到获得此次大赛外盘赛轻量组的冠军。

由于国内的股指期货的浮动保证金制度在精细化操作方面有一定局限性，孙海贝更偏好外盘富时中国 A50 指数期货。而其股指期货品种交易的成功与他曾经的工作经历密切相关。在期市掘金之前，孙海贝是杭州一位小有名气的证券分析师，作为一名注册国际投资分析师（CIIA），A 股是他最熟悉的领域。

与许多优秀的期货交易者一样，除了操盘，孙海贝每天都会认真、细致、踏实地做大量分析和计算工作，除了扎实的基本功，2020 年初新冠肺炎疫情造成的行情大幅波动让他的交易更加严谨，是其本次登顶的另一个重要因素。

事实上，孙海贝最失意的时候并不是刚接触期货交易就吃了大亏，2020 年年初突如其来的疫情让他在开市后直接穿仓才是最惨痛的教训。

"当时我做了非常多的工作和策略，事实证明大部分时候还是在继续犯错，因为没有遇到过这样的情况，也没有时间让你去找资料参考和学习。那时的心态是非常崩溃的，很多时候根本不知道下一秒自己将面对什么。在经历了最初的混乱甚至混沌之后，我不停地告诉自己要冷静，然后想明白自己要解决的首要问题是如何活下去。这条主线一清晰，我马上从纷繁和混乱中理出了头绪，然后再一步步稳定下来，接着就是顺理成章地把亏损再赚回来。"后来，他对当时的市场情况作了很详尽的复盘。"仔细观察和分析了所有的表征，学到和领悟了非常多的知识，当再次遇到类似情况时，我就知道如何应对甚至利用了。"

孙海贝曾有过两次年收益达到 20 倍的时候，只是资产的主升浪都不在比赛期间，而且还曾一次因为贸易战、一次因为疫情回到原点。"这样的起落过程让我积累了不少经验，2020 年的交易变得更为成熟。"

他向《期货日报》记者分享了四点交易理念：

一是要清楚自己所交易的品种整体在发生什么，是怎样一种情况或处于怎样一种状态。这不是一个简简单单的价位高了或低了的判断，而是要有通盘的了解和理解。

二是要全面把握影响自己所交易的品种的各方面因素，或者再大点，就是要知道跟自己交易的品种有关的全球宏观因素有哪些，这是非常重要的。

三是了解自己所交易的品种的定价权在谁的手里，因为在突发事件发生时，这很可能是该品种短期价格的决定性因素。

四是不要用需要付利息的钱来加杠杆，否则当误判或发生不可预知事件时代价高昂，甚至会影响到后续是否能作出足够理性的决策。他认为这一点可能很多人没有注意到，但绝不能忽视。"比如证券公司提供的股票现货的融资融券，如果你的股票很不幸地被套了很久，那利息就会是个很残酷的数字。但期货完全没有这个担忧，这也是我接触期货后就立刻转向期货投资的重要原因。"

所有的收获都是由相应的努力付出而产生的结果，孙海贝对这一点坚信不疑。"即使它有可能低于或高于预期，但不会有太大偏差。相应的，如果你做错了什么，那所有结果，最终也都要由自己来承担。投资如此，做人同样如此。"

不难看出，孙海贝是一个非常自律的人，这在做交易时十分重要。生活中，孙海贝把定时健身当作最大的兴趣爱好，以保证有充沛的精力和活力来做好交易。

实盘大赛举办了十四届，全球赛也举办了七届，往年涌现出了不少优秀盘手，这些人有的能保持长期稳定盈利，有的却如昙花一现。对于孙海贝而言，他认为自己未来的投资思路、方式可能会向索罗斯靠拢。

"我曾说过自己想成为中国的索罗斯，但是后来想想，其实像谁并不重要，重要的是知道自己在做什么样的事情，如何尽力去做到最好，不用刻意模仿或者跟哪个人去比较，自己就是自己，每个人的人生都是独特的。"孙海贝告诉记者，他目前的目标是："有人提起我时会说'哦，孙海贝啊，他挺厉害的'。"至于以后，一步步努力走下去，就会看到自己的成功。

第66章　敬畏市场，不断思考

——专访外盘轻量组第八名张建国

在二十多年的期货交易生涯中，张建国经历过大幅盈利，也遭遇过多次亏损甚至爆仓。他认为，交易者应该不断反思自己的交易，时刻对市场保持敬畏之心。

张建国，第七届全球衍生品实盘交易大赛轻量组第八名获得者，恩泽投资创始人和主要操盘手，自1998年接触期货市场以来，他已在这个市场上摸爬滚打了二十余年。经过长期的磨炼，他发现，交易是属于思考者的职业，成功与否跟思考的深度和密度有直接的关系。

通过参赛，不断提升自身交易水平

据《期货日报》记者了解，张建国不仅是一名期货市场的"老兵"，也是实盘大赛忠实的参与者。自2012年开始参与实盘大赛以来，他就一直关注实盘大赛。张建国不仅见证了实盘大赛的成长，也通过参赛发现了自己交易上的很多问题，从而不断提升自己的交易水平。

张建国告诉记者，在做期货之前，他开过服装厂，做过纸制品厂，也给人打过工，还摆过地摊。1998年，一次偶然的机会下，他接触到了期货市场，发现了这个市场的交易优势，开始参与其中。

然而期货市场的钱并没有想象中好赚。据张建国介绍，2002年之前，他的交易多是亏损的，甚至还多次爆仓，直到 2002 年下半年，才陆续开始盈利，并在之后的两年里获得了不错的收益。然而，好景不长，2004 年，他的交易再次开始出现亏损。到了 2005 年，个人资产甚至完全清零。在这样的情况下，他暂停了操作，并开始通过反省重新认识自己的交易。

就这样过了两到三年，对交易有了新认知的张建国于 2008 年重新回到了期货市场，并自此开始持续稳定盈利。经过此前近十年的磨砺，他形成了先通过技术面锁定交易品种，再通过基本面对所交易的品种进行二次确定的交易策略。

"经过这两道筛选，不仅可以确定所交易品种的方向是否存在问题，通过技术面还可找到关键位置进场交易。此外，交易前期建仓往往较少，且一旦亏损就会及时出场，一旦盈利便会再次加仓，使利润不断扩大。总的来说，我主要做主观趋势交易，通过多次小止损去博得一次大利润。在这样的情况下，风险也会相对较低。"张建国告诉记者。

也就是在这样的背景下，2015 年，张建国注册了恩泽投资管理有限公司，并一直经营至今。

关于本届大赛，据张建国介绍，他并未因为参赛调整交易策略，甚至比赛时交易的白银和黄金，也是早在 2017 年就已通过其策略锁定了的品种。"我所做的，只是等着市场机会到来，并按计划做交易。能取得这样的成绩，对于我来说实属正常。"张建国说。

对于本次获奖，张建国表示，他有些惭愧。据他介绍，早在 2016 年便开设这个账户到现在，但盈利并不高，中间曾几番起落，甚至一度亏损，整个账户只剩 2000 多美元。究其原因，他认为，主要是外盘交易的难度大于内盘。

"通过境外市场的交易，我也得到了快速的成长，对自己的交易也有了一些新的认识，逐步从原来的追求暴利，陆续转向稳定的复利。"鉴于此，张建国表示，未来仍会通过持续参与实盘大赛来不断学习，在提升自身能力的同时，逐渐熟悉境外的交易规则和品种。

善于思考，对市场永远保持敬畏

在二十余年的交易生涯中，张建国经历过大幅盈利，也遭遇过多次亏损甚至爆仓。因此，对于风险，他无疑是非常厌恶的，从某种意义上来说，这也是他形成现有交易策略的主要原因之一。不过，在资金量的影响下，外盘交易往往非常激进。"也正是因为如此，在外盘上，我们止损更注重位置，而非价格。往往是出现连续亏损就停下来，等待更好的机会。"他表示。

实际上，在张建国看来，对于交易者来说，亏损往往比盈利更重要。这是因为亏损后，尤其是在连续大幅的亏损后，交易者才会停止因顺利产生的不断向前冲刺的欲望，进入到深入的思考中，认真审视自己曾经走过的路，以及未来的方向和走法。

"交易本质上是属于思考者的职业，交易者的成功与否与其思考的深度和密度有着直接的关系。只有通过思考，交易者才能不断完善自己的交易策略，也只有一次次在失败中总结教训，交易者才能重新在市场中找到属于自己的位置。"张建国补充道。

他认为，想要做期货，想要在这个市场中生存下来，交易员必须依靠自己。尤其是在交易上，很多时候只有自己认识到了、想开了，才不会继续迷失。

此外，张建国还表示，除了交易策略需要通过思考不断进化外，直接影响未来盈利的风控体系也需要根据现况不断升级。"要知道，市场里的'韭菜'是在不断成长的，只要你不成长，你就是'韭菜'，而其他人则会慢慢地成长为大咖。"他认为，每隔一段时间就应给自己留出一段空闲时间，用来反思近期自己的交易，想想自己在交易上还有哪些地方有问题，做到随时都如履薄冰、战战兢兢，保持对市场的敬畏。

第 67 章　找到与性格相匹配的交易系统

——专访外盘轻量组第十名"平湖习剑"

> "平湖习剑"认为，找到与自己性格相匹配的交易系统对于交易者而言是非常重要的一件事，"就像是孙悟空匹配金箍棒一样"，一个优秀盘手需要对构成自己系统的各要素认识透彻、运用娴熟、融为一体。

在 2020 年第七届全球衍生品实盘交易大赛中，昵称"平湖习剑"的选手以 5.14 的累计净值和 24.24% 的最大回撤率获得了轻量组第十名。作为一名在市场上摸爬滚打了十五年的老交易员，"平湖习剑"认为，交易就是修行，交易就是悟道。

做交易需要坚持自己

"平湖习剑"告诉《期货日报》记者，本届大赛并非其第一次参加实盘大赛。实际上，自 2015 年开始，他每年都参与《期货日报》主办的实盘大赛，旨在总结一年的得失，评估自身的交易水平。毕竟，对于交易者而言，实盘大赛是交流平台，是成长量尺，更是心灵之家。

据了解，"平湖习剑"是技术交易者，很多品种都交易过。"比如 2020 年初的能化、年中的贵金属，虽然我对这些都没有什么深入的研究，但行情来了，也就参与了几次，从中赚得了些钱。""平湖习剑"说。

尤其是在白银上，据"平湖习剑"介绍，本届大赛中其最大的一次盈利就来源于此。在客观行情够大、主观仓位推进及时、平仓没有拖泥带水的情况下，自然获得了不错的收益。

不过，相对于往年，"平湖习剑"表示，2020年他在交易上更为专注。2020年在疫情的影响下，很多品种的波动是非常大的，对于交易者来说，一方面意味着交易的机会，但从另一方面来看，也意味着风险。实际上，2020年年初，在波幅完全超越认知的情况下，"平湖习剑"的账户也一度出现较大风险。

总的来说，"平湖习剑"认为，参赛无疑使其有了更快的成长，未来会一直参加比赛。期望实盘大赛的参赛人数能再多一些，时间跨度能再长一些，这样不仅更能反映市场全貌，也可以评估出参赛人员的真正实力。

风控直接影响收益

自2005年开始期货交易以来，"平湖习剑"从大亏到大亏大赚，再到小亏小赚，直到小亏大赚，可以说经历了很多。

在交易的过程中，"平湖习剑"逐渐认识到了风控的重要性，时机、点位、仓位、资金管理等，都有控制风险的细节。唯有将其融合统一、相互叠加后，方能将风险控制到尽可能小的情况。

实际上，"平湖习剑"认为，风控本质上就是"宁可做错不可放过"和"宁可不做不可做错"的融合。想要将这两句看似矛盾的话成功地融合在一起，就要通过长期的交易实践，在不断的矛盾排斥中找到嵌合点。

因此，对于"平湖习剑"来说，很多时候风控具体标准都是变化的。比如止损线，作为主观交易者，很多时候是在综合考虑了近期的波动率、市场情绪、盈亏状况等情况后获得的。"如果近期一直在亏损，那么我对亏损的忍受临界值就会很低。如果行情很大，交易又赚钱，情况就完全不同了，很有可能即使当时账户亏损超过10%，也还会选择持有。""平湖习剑"说。

除了风控外，"平湖习剑"认为，找到与自己性格相匹配的交易系统对于交易者而言也是非常重要的一件事，"就像是孙悟空匹配金箍棒一样。"

据介绍，在过去的十多年中，"平湖习剑"尝试过很多交易模式，包括中短线、套利、对冲、高频等，最终将其交易风格进化成了全品种的小波段交易，并因此获得了不错的收益。

总的来说，"平湖习剑"认为，一个优秀盘手需要对构成自己系统的各要素认识透彻、运用娴熟、融为一体。

生活同样重要

对于"平湖习剑"来说，交易就是修行，交易就是悟道。然而在交易初期，"平湖习剑"也曾有过"交易是生活全部"的情况，经过无数次的打磨之后，在交易为了生活的同时，其生活节奏也变得更符合交易。

据了解，在交易的过程中，"平湖习剑"每天都有总结和感悟。学习和成长都是无止境的，毕竟交易最看重的就是内心的成长与明悟，一旦一个道理想通了，很多事情就会豁然开朗。本质上，这与常用来描述身体感觉的"痛则不通，通则不痛"殊途同归。

总的来说，"平湖习剑"认为，悟道的过程，初为闻道，次为知道，再为见道，终为得道。天下学问各有偏倚，学到极处，俱与道通。学问为术，万术同归于道，术为道所御，亦为道所用。换言之，术是利器，道是根本。若是只学其中之术，不悟其中之道，终将祸及自身。

第 68 章　守住初心，进退得宜

——专访外盘重量组第七名王明秋

王明秋认为，在期货市场，唯有知行合一才能在交易中取得成功，而执行力是交易获胜的关键。

从 2005 年踏入期货市场，期货交易的魅力便深深吸引了王明秋。如今，他已经成为一名专职期货交易者，期货交易已逐渐融入了他的生活。

在王明秋的眼中，行情的起起落落是很自然的，唯有知行合一才能在交易中取得成功。也正是因为坚持这种理念，在 2020 年的实盘交易大赛中，他取得了外盘重量组第七名的好成绩。

"外盘的杠杆很高，基于比赛中控制回撤的考虑，整个比赛期间，我的仓位都不是很重，对这次比赛的成绩还算满意。感谢《期货日报》实盘大赛为交易者提供了一个切磋交流、共同提升的平台。"王明秋在接受《期货日报》记者采访时说。

"我目前专注于商品期货，以中线波段交易为主。我曾经是一名'炒手'，但现在已经完全规避了超短线交易和无序单。我的交易理念是不打无准备之仗，交易时必须做到：事前有判断，事中有控制，事后有总结。"王明秋说。

"我是纯主观交易者，每次入场前都会综合考虑多种因素后制订交易计划和交易策略，从而最大限度地规避市场中的不确定性风险。K 线、量能、技术指标只是碎片化的因素，以单一因素作为入场依据是不可取的。"
王明秋表示，交易方面的理论、技术、技巧只是策略形成初期战术方面的
考虑因素，为了确保交易的成功，也要有战略方面的准备和个人风险偏好
的取舍。他认为，在制定交易策略时只要有八成的胜算，就可以通过交易
的执行而获得成功，执行力是交易获胜的关键。

在他看来，一个成熟的交易者能否实现持续稳定盈利，主要取决于其
心态是否稳定。交易者应该时刻对市场充满敬畏，无论何时都应该保持一
颗初心，也就是制定交易策略时的心境。

"期货交易是杠杆交易，而杠杆是一把'双刃剑'，它在放大收益的同
时也放大了风险。"他认为，交易者应该根据自身的风险承受能力进行交
易，在进场交易之前要提前评估和准备风险承受值，可以用持仓量倒推法
计算在操作初期能承受的最大亏损值。

关于如何止损，在王明秋看来，止损本身也是交易策略的一部分，应
该在下单之前就设定好止损位，一旦设定好了就要坚决执行，不能随行就
市，根据行情的改变而不断改变止损位。"我始终认为止损只存在于交易
的初期，交易者不应该长时间持有亏损单。"他表示。

从某种意义上来说，期货交易是一个概率游戏。"交易者往往会根据
自己的经验进行交易。无论何时，我们用经验和技巧对未来市场情况进行
预判，只能无限接近。这里面有个概率的问题，即使你有99%的把握，也
存在1%的不确定性。历史会重演，但往往不会简单重复。"王明秋说。

2020年是"黑天鹅"事件频发的一年，剧烈波动的行情考验着交易者
的心智。在王明秋看来，交易者如果频繁下单，风险也就一直处于暴露状
态，当"黑天鹅"事件来袭时，自然很容易"中招"。"在我十五年的交易
生涯中，很少受'黑天鹅'事件影响，因为我的每一笔交易都不是突发奇
想，而是深思熟虑的结果。"他对记者说。

"市场总是有涨有跌，不完美是交易的常态。'鱼和熊掌不可兼得'，
交易者应该有所取舍，把握主流行情即可，交易自己看得懂的行情，不要
捡了'芝麻'，丢了'西瓜'。"王明秋说。

对于2020年二季度以来大宗商品价格的持续上涨，他认为，受新冠
肺炎疫情影响，许多商品的供需基本面是受抑制的，上涨主要是受其金融
属性推动，投资者应该密切关注美联储的货币政策动向。

"日月穿梭，潮起潮落，循环往复。期市交易十五载，每每观察市场，面对交易，幻想不再，理性感知，激荡不复，平静处之。交易者之路考验的是耐力，如果可以做一颗星，我选择做一颗'寿星'。"在采访结束时，王明秋感叹道。

第 69 章　想赢，要先学会"活着"

——专访外盘重量组第十名董略

> 看过董略收益率曲线的人，虽然几乎都给出了"操作精准"的评价，本届大赛他的交易胜率更是达到了 70%，但董略依然认为操盘手是一个难度很大的职业，想在这个行业里做出成绩，要先学会"活着"，然后找出最适合自己的交易方式和方法。

第七届全球衍生品实盘交易大赛重量组第十名的成绩，对大多数交易者来说已难以企及，2020 年，董略获得了这个荣誉。当《期货日报》记者问及他的成功的秘诀时，他笑言，唯坚持与谨慎而已。

坚持自己的理念 交易擅长的品种

提及董略的期货交易，第一印象便是"操作精准"，这几乎是所有看过他收益率曲线者的共同认知。尤其是本届大赛中，他的交易胜率更是达到了 70%。

问及为何能获得如此优异的成绩，董略表示，除了家人的支持外，主要还是因为他在交易中坚持了自己的理念，只交易自己擅长的品种。"可以说这次成绩的取得，是'技术＋心态'配合完善的交易计划和严格执行的结果。"

据《期货日报》记者了解，虽然 2013 年才正式进入期货市场，但董略之前从事的工作也与金融有关。他告诉记者，自己进入期货市场的初衷，就是为了"求富"。也正因为如此，刚开始做交易的时候很盲目，也比较急功近利，只要哪个品种有感觉，他几乎都会尝试操作一下，所以那时候交易过很多不同的品种。

"这种状态大概持续了三年，后来一次偶然的机会，我突然起了对自己之前三年的交易经历做次总结的想法。也就是在这次总结后，我发现，在过去的三年中，虽然每年都有个别品种获得不错的盈利，但总体来说几乎每年都是亏损的。而在这三年中，我真正做得好的品种只有黄金、原油等少数几个。"正是这次总结之后，董略就放弃了其他品种的交易，专心挖掘、深入研究黄金和原油，在一步步探索的过程中，逐步发现并创造了属于自己的交易体系。

在本次实盘大赛中，董略就使用了这套交易体系并取得了不错的成绩。"无论是交易品种还是交易节奏都与此前基本相同。因为交易前已经制订了比较详细的交易计划，因此总体盈利情况还不错，只是相比较而言，黄金的盈利率更高一些。"

据了解，在黄金的交易上，董略正好在 1750 美元 / 盎司到 2017 美元 / 盎司的阶段做多，节奏把握很不错，所以收益情况较好。但其比赛中最大的一次回撤恰恰也出现在这一阶段。为此，董略总结后认为，交易还是需要遵从自己的交易计划，无论是盈利还是亏损，都需要有耐心。

据《期货日报》记者了解，虽然这是董略第一次参加实盘交易大赛，但此前对大赛的基本情况也有一定了解。也正因为如此，在他想要检验一下自己的交易技术，同时想获得向业内高手学习的机会时，便毫不犹豫地选择了参加此次大赛。

在他看来，参赛者和大赛本身是一种相互成就的关系。一方面，大赛为所有参赛选手提供了一个非常好、非常大的平台，让他们可以在此大胆施展拳脚、展示自我。另外一方面，各参赛者的出色发挥也使大赛更加精彩绝伦，影响力大增。"当然，如果比赛期间参赛选手能有更多的交流机会或交流渠道的话，大赛整体水平大概率会有进一步的提升。"

做好风险控制 重视仓位管理

据记者了解，董略现在只做长线交易，也就是通过大趋势获利，所以他非常注重仓位的管理。

据他介绍，从开始抱着"一夜暴富"的心态入行，到一直亏损到怀疑人生，后来随着交易技术的提高，心态逐渐转好，亏损也逐步减少，再到逐步实现盈利，他的仓位反而越来越低。用他自己的话说就是，某种意义上算是越来越"怂"了。

实际上，董略的交易理念，简单概括就是制订交易计划，"以损定仓"。他的止损位非常明确，那就是每次亏损绝不超过本金的15%。在这样的情况下，仓位的管理就变得十分重要。"在对交易品种有足够的了解后，仓位的管理会直接影响到后期的收益情况。"这句肺腑之言恰是其从血泪中得到的教训。据悉，2018年10月份时，董略就曾因仓位过重，在准备工作充分且下单方向正确的情况下，在原油期货的操作上错失了一波20点以上的大行情。

"期货投机看似毫无门槛，但实际门槛很高。操盘手是一个难度很大的职业，要想在这个行业里做出成绩，要先学会如何'活着'，然后凭借坚韧不拔的精神及一往无前的勇气，找出最适合自己的交易方式和方法。"董略总结道。

实际上，在他看来，能够在期货市场上"生存"下来的交易员，性格中都有坚韧的一面，就如："交易之道，刚者易折。惟有至阴至柔，方可纵横天下。天下柔弱者莫如水，然上善若水。"同时，董略也认为，随着期货市场的快速发展，想要在市场继续"生存"下去，团队合作是必然。"因为单打独斗的时代已经过去了。"因此，董略也成立了自己的交易团队。

"我们会继续参加《期货日报》的实盘交易大赛。作为一个团队，我们渴望在更大的舞台上展示自己。"董略最后说道。

下　篇
期货实战排排网英雄榜

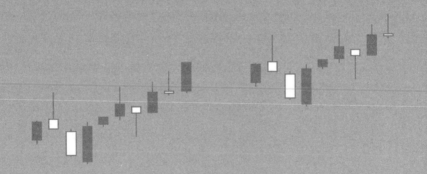

期货实战排排网是由《期货日报》网倾力推出的第三方实盘账户展示平台，通过展示账户的综合数据、盈利能力、风险控制水平、交易习惯与模式等方面来挖掘期货投资精英、优秀基金管理机构或完善的期货自动交易决策系统。期货实战排排网自2012年创办以来，已平稳运行九年，现有实盘注册账户9600多个，保证金总量最高达33亿元，历史展示私募产品约400只。

2022年是期货实战排排网运行的第十个年头，本篇将排排网历年涌现的优秀账户呈现出来，以供读者走进期货市场，了解期货实战英雄。

第 70 章　草原：只为追求稳定的盈利

在 2012 年的期货实战排排网上，基金账户"草原阳光 1 号"的收益率一直稳居前列。但鲜为人知的是，这个账户的操盘手草原（化名）2009 年上半年才开始接触期货实盘交易，当年 10 月份开始运作"草原阳光 1 号"基金，并在三年时间里实现了超过 200 倍的回报。事实上，该账户已分多次将近一半的盈利提现，所以其实际回报远远高于账面的显示。

该账户在排排网上的展示一直持续到 2017 年，期间一直保持盈利状态，且收益率排名靠前，累计净值在 1.4 以上。

灵魂：系统的交易思想

在草原看来，一个交易系统的指导思想就如同交易的灵魂，拥有灵魂，才能使系统富有长久的生命力。稳定盈利现在已成为草原的最高目标，而严控风险、重视技术分析和资金管理则是实现这一目标的重要前提。

"如果每次制订交易计划时把风险最小化，预期利润自然就会慢慢向最大化靠近。同理，如果每次交易都把风险敞口暴露在外，那么风险自然会不期而至。"草原一直坚持将风险控制放在首位，同时在尊重基本面的前提下，以技术分析工具为主，多品种关注，及时跟踪发现市场机会，从而争取实现资金的最大使用效率。

"在每次交易前，预设最大交易风险，然后通过权益资金曲线表来控制资金曲线的变化，如果回撤率过大，则通过降低交易频率、减少交易及隔夜持仓头寸、交易高成功概率波段行情为主等方法来稳住曲线下滑斜率，即把资金曲线的稳定作为交易目标的重要参考标准。"这是草原描述的"交易自己的资金曲线"的思想。

法宝：一流的执行力

草原形容自己的期货投资是"三流的分析，一流的执行"，超强的执行力是他的交易思想和交易计划能够得到良好贯彻的最大法宝。

2012年7月，草原在做多豆粕的过程中遭遇了一个突然的跌停行情，骤变的行情不仅破坏了品种的短期走势，而且账户损失也达到了自己设定的单边最大风险额，于是草原按照交易计划减仓。后来经过分析，他认为豆粕真正的多头趋势并未结束，于是经过适当补仓，又赚回了止损的资金。从这次经历中草原认识到，市场永远是未知的，因此风险控制和交易计划是最重要的，在执行计划时稍微的迟疑给交易带来损失就可能是巨大的。

"在期货市场，最终的赢家就是少犯错误的人。"草原认为自己的交易体系还有待完善，因此，就要尽量不犯低级错误。他说，"无论多大亏损，坚决执行，毫不犹豫，哪怕重新来过，做交易不果断，过程和结果都会很痛苦。"拥有这样的执行力，除了有性格方面的天然因素外，也是经历了实践锤炼的结果。"交易初期我也尝过'温水煮青蛙'的滋味，在从5万很快做到15万后，因为交易中的不果断，很快资金又缩水回几万。虽然我做交易时间不长，但我很早就开始关注他人的交易，知道执行力的重要性，加上不断的强化训练，就有了现在的决心和习惯。"

利器：适合的交易方式

每个投资高手的交易方法不尽相同，关键是要找到适合自己的方法。草原在刚接触交易时以技术分析为主，基本面分析为辅，加上当时资金量较小，以短线及波段为主的交易方式让他感觉得心应手。后来，他加强了资金管理与短线交易的结合，形成了现在日内波段及短期趋势相结合的交易方式，虽然现在需要投入更多精力，对交易水平的要求也比较高，但不断平稳攀升的收益曲线证明，这种交易方式对于做事专注、心思缜密、技术分析手段成熟的草原是最适合的。

近一年来，"草原阳光1号"回撤次数进一步减少，盈利曲线更加稳定。在草原看来，他现在的交易方式基本处于"准稳定"状态，但仍在不断修正和完善自己的方法和体系，力求使其更加成熟。随着资金的增长，草原和他的团队正在逐步转型，计划将中、短线交易方式有效结合，为日后运作更大规模资金培养能力。

第71章　逯智勇：不愿再做"孤胆英雄"

在 2013 年的期货实战排排网上，逯智勇以优异的成绩稳居排排网首位，2012 年他在《期货日报》举办的第六届全国期货实盘交易大赛中，一举摘得轻量组 7 月份月度冠军，并最终获得轻量组亚军，而且是获奖选手中为数不多的趋势交易者。"好钢经得起磨炼"从历经半年的实盘大赛中，逯智勇敢于长期展示自己的操盘账户，于是扎根落脚在期货实战排排网，并继续以稳定的收益，稳居排排网前列。

多几双眼睛来盯市场，就会发现更多的收获机会

见过逯智勇的人，都说他很"帅"，这不仅是对他外表的评价，更是对他整体的印象，比如他严谨的作风、理性的表达以及谈吐中流露出来的真诚。

他是趋势型的盘手，对待一笔单子，有时候几天之内处理完，但通常情况下，需要持有一个月、三个月、半年甚至一年以上，才看得到成绩。然而在这样的交易风格背后，有咬紧牙关的耐心，有不屈不挠的坚守，还有长期交易中沉淀下来的自信。

很多人是从 2012 年开始熟悉逯智勇的。那年，依靠豆粕上的精准操作，他在《期货日报》举办的第六届全国期货实盘交易大赛中，一举摘得轻量组 7 月份月度冠军，并最终获得轻量组亚军，而且是获奖选手中为数不多的趋势交易者。

从前，不少媒体都报道过逯智勇的个人经历，那些百转千回的坎坷，破茧成蝶后的荣耀，而如今他已经不愿再谈。近一年多来，他把精力都倾注到公司的成立、搬迁，团队的组建、整合等上面。肩背公文包的他，笑

着说："我不愿再做'孤胆英雄'，我愿意做一个创业者，从头开始。"

于是，过去那个孤军奋战的英雄，朝梦想又前进了一步。

资管业务和个人理想的一次碰撞

有了持续稳定的盈利能力以后，逯智勇把目光投向了对冲基金领域：从国外发展的道路来看，团队协作可以走得更长远。成立公司就成了他的一份个人追求。一个人，像一块砖砌在大礼堂的墙里，是谁也动不得的，但是丢在路上，挡人走路时就很容易被人踢开。团队的力量，总会大过一个人的力量，多几双眼睛盯市场，对于不喜束缚的逯智勇来说，"感觉会自由一点，我比较喜欢这种生活。"

就在 2012 年，期货资管业务开闸，通过和期货公司的接触，他认为这项业务前景广阔，尽管目前还只能进行"一对一"的业务，但是将来一旦业务放宽，对冲基金领域将获得快速发展。而从国外的经验来看，想要在这个行业长久立足，或者说想要把期货交易做到顶尖的水平，必然是走对冲基金这条道路。

基于这种想法，他的公司诞生了。其目标是"倾专注之力，铸理财之道"，打造一家以具有多空对冲机制的投资市场，进行专业化资本经营的投资管理机构。日子呢，相比以前自由了很多，有人盯盘、有人下单、有人出策略，逯智勇却比以前更加忙了。"现在，看起来是从盘手的角色中解放，实际上只是身份转变罢了。说得好听点，我现在是老板，实际上是在创业初期，在这个积累阶段，丝毫不敢放松警惕。"逯智勇说。

在他心里，做对冲基金需要客户的认可，需要在业界树立好的口碑——做不好不如不做，要做就一步一个脚印，不能急功近利，先把基础打好，再谈发展。现在的他，更像是一个"策划师"，精心地统筹、布局，打造专属品牌。

创业之旅的荆棘与坚持

成立公司以后，他发行了第一款产品，运作时间 18 个月，其间实现了 9 次分红，这是一个好的开端。但来不及好好品尝胜利的果实，2013 年，他再次出征全国期货实盘交易大赛，这一次选择了重量级组，和 2012 年把资金全放在豆粕上不同，这次的操作中，他加入了更多品种。

他认为，期货市场正在踏步进入财富管理时代。在这个时代里，需要团队，需要多产品、多领域的策略组合。从3月底比赛开始，到7月底资金已经翻了6倍之多，排名十分靠前。在这个关口，团队里的投资顾问开始分散一些资金，去做新的品种。可是，亏损也从这里开始。

根据团队的研究报告和综合策略，豆粕处在熊市格局。从他个人的角度分析，8月份豆粕存在上涨的可能，当个人和团队的策略出现冲突时，他选择相信团队。可是，8月份美国农业部报告出来，大豆产量预计大幅减产，国内市场反应异常激烈，以至于7月底还在3100元/吨左右徘徊的豆粕价格，一个月内奋起突破3600元/吨。

这个阶段的行情踏空了，同时，公司的收益出现了不小的回调。所幸的是，9月份依靠团队的操作，在收益上扳回一城，最终取得了4.48倍的收益。创业的道路上充满荆棘，虽然实盘交易大赛结束了，但他的梦想之路仍在继续。

他从未后悔相信团队："这是一个实践，也是一个教训。在未来的路上，我们还要继续实践下去。我们认识到，接下来要对品种做更深入的考察和研究，我们会躬下身去把功课做到位。"

在探索的道路上，遭遇挫折并不一定是坏事，尤其是在期货资管"一对一"业务时期，客户的资金量还比较小，教训反而有助于前行，"不管是个人还是团队操作，对交易都有利有弊，但我们整体的方向并没有错，既然走上了这条路，就义无反顾地坚持。"

好的团队需要攻守兼备

2013年年底，蹒跚一年的期货资管业务终于迎来一线曙光，相关部门下发了《期货公司客户资产管理业务管理办法》的征求意见稿，这预示着受限"一对一"的期货资管业务面临"松绑"。

一旦资管业务完全放开，期货公司将会面临洗牌，做资产管理的公司也同样如此。逯智勇认为，在一个崭新的时代里，客户是用"脚"来投票的，产品不能盈利就会被一脚踹开。所以说，一个团队是否有盈利能力，成为被选择关键。

一个团队想要盈利，需要具备什么？他拿足球队打比方。要知道在比赛中，懂得防守不懂进攻，最多能和对手踢成0:0，懂得进攻不懂防守，最终可能踢成 100:100。对于期货交易来说，和对手 0:0 或 100:100 是没有意义的，只有建立一支进可攻、退可守的球队，才有可能获得更多盈利。"好的团队，就要攻守兼备，有好的投顾，同时要有好的风控、好的策略研究员。"

作为团队的管理者，他也进行了自我定位。"过去，我是一个农民，现在，我要做农场主。"以前的交易生涯中，他在自己的地里就盯着一个品种，埋下种子，看着它生根、发芽、成熟，然后收获。现在，他的地多了，需要人来一起种地，"我需要选择好的伙伴。"

这不难理解，四季更替，一个趋势坚守者，可能会选择一个适宜的季节来耕种、收获，遇到恶劣天气就让土地闲置。可是，当土地面积大了，市场需求多了，一个品种在一个季节的收获显然是不够的。趋势的经验可以复制，他需要选择好的"复制者"，一起来耕种，在各个季节栽下不同的品种，"多几双眼睛来盯市场，就会发现更多的收获机会。"

检验成败的时刻就要来临

2014 年，他注定是兴奋而又紧张的老板。

兴奋的是，期货资管有望放开"一对多"业务。这样，逯智勇的公司就能发行真正意义上的产品——只有广泛的投资者参与进来，资金规模不受限制，才能真正去实现资金管理。

资金规模上来了，就会有更多可配置的空间，比如说，期货讲究的是杠杆交易，不可能完全占用保证金，资金量大了，便可以用一部分闲置资金帮客户做"保本型"的投资，也可以涉足股票等领域，总之可以有更多的空间发挥，来对冲期货交易上的风险。

在这个过程中，期货交易策略也可以得到更好延续。趋势的意义，从来都不是以短时间来获取高回报，而是用心坚守，把握住一个阶段的行情。对于做趋势的盘手来讲，在追求长期盈利的道路上，遇到资金回撤或者没有收益的情况，都是再常见不过了。

可是，逯智勇遇见的很多客户，却不这么认为，他们总是厌恶风险，急于看到收益，有时团队也迫不得已地选择做一些短期交易，"即便有盈利，但压力特别大。"

期货资管"一对一"的产品都是封闭式的。而他理想中的基金产品，应该是开放式的，可申购、可赎回，让客户去做选择而不是给投资人压力，放宽限制，当客户都可以参与的时候，这个理想就可能会实现了。"到时候，我们就可以更专注于自己的投研，而不是分散精力去关注品种短时间的变化，严格贯彻交易策略，让产品更加良性地运作。"

公司这两年一直在搭建基础平台，他个人在全国期货实盘交易大赛上取得的成绩，为公司积攒了名气，稳扎稳打的态度也为他获得了不错的口碑。而期货资管"一对多"业务若开放，也意味着检验团队成败的时刻就要来临，作为团队的掌舵者来说，这种紧张也是发自内心。

事业理想和生活理想总是矛盾

从前的他，不止一次说过，自己喜欢"在路上"的感觉。他也说过，自己喜欢自由，喜欢不受约束的生活。凭借在期货交易上的战绩，这很难实现吗？然而，生活理想和事业理想总是相互矛盾。

如今，他已经不再是孑然一身的"个人英雄"，有了立足长远的目标，生活理想也被搁置到了一边，或者说有了事业理想，已经不可能去过那种随心所欲、说走就走的生活。

聊到现在的收入，他有些哭笑不得：我是一个正在"花钱"的老板。不过，也能看出来，他正在享受这个"入不敷出"的洗礼过程。在这个过程中，究竟能不能走下去、能走多远，他已经不惜花费时间、精力和金钱来检验，已经义无反顾地走"在路上"。

这个时期，多是简单的工作、简单的生活，事情不再烦冗复杂而是井井有条，遇到更多得力、可以独当一面的伙伴，成了他新的期待和渴望。"这是一个混沌的阶段，检验的阶段，我等待沉淀，从现在这种不确定的状态中冲出去。"逯智勇说。

第72章　张晓良：让交易变得简单而稳定

> 2008年进入期货市场，两年的摸索期，从2010年开始稳定盈利，且不断创造辉煌，这就是张晓良，期货市场上的"海盗"，所到之处均被他"一扫而光"。他在期货实战排排网上的"期货海盗"账户，在2013年间以收益率255.65%的成绩，列收益率组第一名！

账户名称	期货海盗
统计时间	2013.1.7—2013.12.31
累计净值	182
净利润	1160.9万元.
收益率	255.65%
历史最大回撤	24.62%
日均可用资金	454.1万元

性格决定交易方式

张晓良从2008年开始涉足期货交易，在此之前他已在股票、权证市场上闯荡多年。"选择期货既是偶然，又是必然"，追根究底还是因为"喜欢在资本市场上搏杀的刺激感。"做期货交易时间不长的张晓良在去年《期货日报》主办的全国期货实盘交易大赛中获得重量级组亚军，参赛不足四个月累计资金单位净值接近15。而他在期货实战排排网上展示的账户"期货海盗"则以超出第二名数倍的净值一直稳居榜首。

张晓良认为，交易者最好根据自己的性格选择交易方式，他坦言自己之所以会选择做短线交易，是因为自己的性格是"怕、贪、急"。"怕"大方向看错，短线交易相对容易；"贪"短期收益，短线交易盈亏立竿见影；"急"是性情急躁，耐不住长期持仓。因此选择快进快出的交易方式，几乎所有的短线交易类型包括单向、双向、隔夜仓甚至是炒单，他在日常交易中都会使用。由于短线交易在交易强度和资金容量方面的缺陷，不少短线交易者在实现稳定盈利后选择向长线交易转型，而对于这种做法，张晓良并不认同。"任何交易模式都有其局限性，在现有的交易模式还能盈利的前提下，作为交易者不应该轻易放弃而去冒险转型。"

从开始做期货交易到2010年这段时间被张晓良称为"对期货的实践摸索阶段"。"并不是一开始就赚钱，也经历过多数期货投资者会遇到的各种问题，比如对于亏损单怎么去处置，如何锁定收益，如何扩大收益等"，关键是"在做不好的时候，能够及时对心态进行调整，不气馁，为后面的操作做好准备；做得好的时候，及时提取部分收益，避免信心过度膨胀。总体来说，最关键的就是执行力，再好的交易模式如果没有好的执行力来执行，都是没意义的。"

依赖顺势和快速止损

张晓良在期货实战排排网的展示账户"期货海盗"，交易手数最高的四个品种分别是豆粕、玻璃、螺纹钢和菜粕，而其余的二十多个品种他也有不同程度地涉猎。他认为，品种只要交易足够活跃，趋势较为明朗就可以操作。在操作手法上，他坦言"大多数的时间里是比较喜欢追涨杀跌"。

2010年对棉花期货的追涨，就是他这种操作方法的体现，也是他期货交易生涯中的一个重要转折点。2010年8月到10月，棉花期货主力合约价格从16000多点涨至20000多点，很多人都认为涨势将尽，可以落袋为安了，张晓良则继续追涨。随后一个月，棉花期货的高点一度超过33000点，张晓良在这一波行情中获得了十几倍的利润。

张晓良称自己并没有什么独特的交易理念，"也就是看准什么就去做什么，而且一旦进场仓位就不轻。给自己一个止损底线，错了跑快点。"但这种"追涨杀跌"也绝非只是一种直觉行为或盲目自信，而是依赖顺势和快速止损完成的。

对于短线交易者，市场上一直有"三分靠本事，七分靠感觉"的说法，张晓良自己也曾公开讲过自己做短线"不看什么走势图、K线图，只凭感觉"。但张晓良认为盘感绝非与生俱来，是靠无数次失败和无数次经历累积起来慢慢形成的。"看盘跟看书是一样的，同一本书，看一遍和看多遍带来的心理体会是完全不一样的，盘感在于日常积累和经验总结，在这个过程中产生的感觉是见仁见智的。在做单的过程中，回顾以往的交易体验，复制能够获利的方式方法，尽量规避造成亏损的各种错误行为，慢慢就会形成属于自己的一套交易体系了。"

张晓良也承认，即便是凭借盘感的短线交易，对基本面和技术面的了解也是必不可少的。"要对能够影响行情的重要信息有所了解，提高信息的敏感性，这样才能更早地对突发行情进行预判，尽早规避这方面的风险，抓住更多的机会。"

简化多空意识

有人说，短线交易者会比其他交易者快乐，比如，有更好的心理与生理弹性，敢于盈利，交易方式没有任何附加功课，离开市场之后，心中就不再有市场存在。张晓良称这也正是自己目前的状态。

"期货海盗"这个账户曾出现超过100万元的日平仓亏损，而这还不是张晓良交易生涯中的最大回撤。和常人一样，这种巨大的回撤也会给他带来一定的心理打击。"但这种打击是短暂的，还是应该转移注意力，不要老想着这笔亏损"，"作为一个短线交易者，更多的是关心和把握现在，不是缅怀过去或者展望未来。回顾过去可以汲取经验和教训，但做好现在，未来就有了保障。"张晓良说。

张晓良认为自己现在的交易状态很简单，复制能够盈利的方式方法，剔除造成亏损的各种行为，定时进行交易总结，明白亏钱亏在哪，赚钱又为什么能赚钱。在交易中简化多空意识，依据市场惯性和市场的自我验证进行交易。也许正是不苛求深奥的交易理念和复杂的交易方法，将市场内化，让他的交易变得简单而稳定。

第 73 章　李焕逸：趋势跟踪让程序化做得更漂亮

翻看 2014 年 "期货实战排排网" 的年终数据，昵称 "扬韬" 的期货管理账户，在累计展示的 309 天内，以参考收益率 66.43%，累计净利润超过 400 万元的成绩位居前列。在向来不乏高手的 "期货实战排排网" 同台竞技中，这样的成绩也许还不够靓丽。但若从程序化交易的角度来衡量，如此战绩就足以说明这一账户背后的交易策略 "火力十足"。为此，《期货日报》记者专访了该账户管理人——上海高程投资经理李焕逸。

制胜关键：多模型趋势跟踪策略

"2019 年很多品种都走出了较大的趋势，所以我们的趋势跟踪系统表现得还不错。" 在自我评价 2014 年不错的收益表现时，李焕逸将此归因于市场配合，策略给力。翻看 "扬韬" 账户从 2013 年 12 月初以来的净值增长曲线图，在整体向上的趋势中两个重要 "爬坡" 阶段清晰可见。在 2014 年 3 月底至 5 月底、8 月 11 日至 10 月底这两个阶段，该账户的投资收益基本上呈现 90 度直线攀升。

"第一阶段我们的盈利主要来自期指的交易。" 李焕逸回忆说，而随后第二阶段盈利则主要来自商品期货交易，而在这一阶段，国内大部分商品品种都出现了下跌趋势，这对于趋势跟踪策略非常有利。

就程序化交易而言，快速识别并捕捉市场波动发出的交易信号至关重要。李焕逸坦言，程序化交易并不预测行情走势，而一旦有行情能够抓得住才是最重要的，2019 年交易中的主要盈利就来自市场发生大波动的时候。

"期货实战排排网"提供的分析数据显示，"扬韬"账户的交易品种非常广泛，几乎实现了全品种覆盖。其中既有棉花、白糖等软商品，也有大豆、豆粕等油脂油料品种，还有橡胶、PVC、PTA 化工品种，此外还有沪深 300 股指期货。对此，李焕逸告诉《期货日报》记者，交易品种的选择并没有特别的偏好，基于趋势交易的策略，交易品种选择坚持两个标准：历史上较具波动性的品种；市场流动性较高成交较为活跃的品种。

而在日常交易中，仓位管理也是程序化交易的重要组成部分。李焕逸表示，2014 年 5 月之前，主要进行股指期货交易，加上当时市场波动较大，所以持仓比例偏重。而在 2014 年下半年主要对多品种进行趋势交易，而且基本上是在确认市场有趋势的时候才参与交易，所持仓比例也相对较低。

群策群力：策略模型的普适性很重要

优异的成绩背后是优秀的交易策略，而这些策略又是来自一个富有经验且紧密协作的团队。

"我们的交易策略都是集体智慧的结晶。"对于账户的优秀业绩，李焕逸更愿意将这归功于团队的力量。目前，公司投资团队拥有多名有着丰富经验的投资经理。其中既有曾就职于国内大型券商量化部门的专业人士，也有对港股、A 股及商品期货市场都有丰富经验的专业投资人士，还有擅长对市场基本面挖掘并利用数学统计方法建模的高手。此外，公司投资团队中还有熟悉投资流程及各业务环节的专职风控人员。

"团队内每个人分兵把守，各司其职。"李焕逸告诉《期货日报》记者，作为"扬韬"账户的管理人，其主要职责就是对数据进行挖掘并研究制定量化交易模型。"由于对量化交易有着浓厚兴趣，过去的几年中自己主要研究不同的交易模型，主要有多品种趋势跟踪、期指多系统中期交易、商品期货行为分析、多品种跨期套利等多个模型。"

程序化交易，策略的多样化和广泛的市场适应能力的重要性不言而喻。对此，李焕逸告诉记者，公司交易团队非常重视策略的市场适应能力。在研发策略的过程中，团队也曾常出现过度拟合的情况，过往历史阶段的优异表现并不代表策略未来依然有效。"所以稳定性可能比历史表现更为重要。"李焕逸表示，在实际研发中，团队重点关注策略的基本标准是：模型应该具备较强的行为理论支撑；模型应该在较长时间内持续有效；

模型应该对大部分品种同时有效。

值得注意的是，2013—2014年国内期货程序化交易的发展势头迅猛，这自然也带来了更大的市场竞争，策略的趋同化问题日渐突出。对此，李焕逸直言，最近随着市场参与者的变化，市场中出现了交易滑点的扩大、市场短时间内的波动加大等问题。"总的来说，市场可能比以前更为复杂，对交易者来说将面临更多的挑战，我们也需要花更多的精力去解决这些问题。"

管理理念：安全环境下赚取预期利润

不同于主观交易，程序化交易对于风控标准更高、更严格。对此，李焕逸向记者表示，公司风险管理理念的核心是在安全的环境下赚取预期的利润，即公司所有产品在设立之时，即需全面权衡市场基本情况，判断是否可以尽量在不承担风险的环境下进行投资，该种投资能否获取稳定的、符合预期的利润。

为此，公司设立的风险管理架构主要有两个部分：

第一个部分是产品设立时的风险决策专家组。在产品设立时，基金经理需要在公司内路演，除产品要素外，重点回答风控小组的问题，即在各种极端环境下，公司和客户所能承受的风险极值，这种极值只有满足公司和客户的双重需要，才会允许产品的设立。

第二个部分是产品运营时的风险监控顾问组。公司风控委员会在产品初期建仓、运行期间、产品结束前夕三个阶段对产品净值进行全天候监控，如果产品回撤幅度在预期范围内，则基本不干涉基金经理的操作。如果产品回撤幅度超出预期，则随时启动预警机制，要求基金经理根据预案进行仓位调整，以此来降低产品投资组合面临的市场风险。

具体到实际操作阶段，管理基金的主要风险在于净值回撤的风险和组合中个股的风险。例如，在进行股指期货交易中，首先是限制股票组合占沪深300的权重为六成到七成，保证对冲的时候可以同向变化，偏离不大。对单一个股的基本面和消息面实时跟踪，有重大基本面和消息面变化的时候再进行人工处理。

"而从更广泛的风控管理角度看，我们主要靠定量分析技术来控制风险。"李焕逸告诉《期货日报》记者，公司一般设定净值高位回撤5%止损。单一个股如果基本面和消息面出现重大变化，会人工做一些调整。同时每天跟踪个股的信息，并适时监控这些风险。

第74章　钱志杰：拿获利博收益的重仓交易者

初入股市赶上好时机，转战期货市场依然顺风顺水，这让年轻气盛的钱志杰认为自己可以在残酷的金融市场纵横驰骋，但后来的多次大起大落，让这个刚过而立之年的80后明白，自己的积淀还不够深。作为重仓交易者，钱志杰认为，虽然重仓机会总是千载难逢，但好的节点需要等待，而等待的前提是潜心钻研，自己还需要在这个市场中再磨炼几年。

在2014年的期货实战排排网账户中，钱志杰获取了1642万元的净利润，净值增长率为2.74，收益率高达105.94%。

成败往往只在一念之间

作为主观趋势交易者，钱志杰认为自己的性格有点像林广茂。"我的交易风格是，如果看中一次把握较大的行情，建仓后我会不断加仓，直到顶部为止。"钱志杰说。

这从钱志杰2014年"期货实战排排网"的交易曲线中可以看出，他一共把握住了三次大的行情，后两次行情让他印象深刻。

2014年7月，在股市重振雄风之时，股指期货一星期内大涨百分之十几。钱志杰在这次行情中赚了近1000万元，同时也让他完成了资金的原始积累——管理资金规模达到2200万元。然而，交易一直顺利的钱志杰，11月突遇央行降息。"我当时是做空的，降息直接导致我的交易出现20%的回撤。"那时候钱志杰刚把自己的资金规模扩大到5000万元。

面对突如其来的降息风波，钱志杰果断选择止损并找准反切入点。"犹豫一下就会损失惨重。交割结束后，我发现方向看错，便立刻由做空转向做多，第三天就找到机会加仓进去了。"钱志杰说，交易者无法规避市场系统性风险，只有冷静面对。

及时扭转方向让钱志杰在接下来的股指跌停中大赚了一把，账户也创出了净利润的新高。2014年12月10日，钱志杰的账户净利润达到1642万元，净值增长率为2.74，收益率高达105.94%。"12月9日股指跌停，我是做多的，当天中石油、中石化大涨，我就把多单卖掉顺利出逃了。而在顺利出逃后，剩下的单子却出现了较大波动。"钱志杰坦诚地说，连续工作11个月，他的精神和体力都已经到达极限，于是索性全部平仓，出国旅游了。

谈及交易理念，钱志杰表示，自己属于看准了就重仓的那一类，"开始时我的仓位较重，但止损不大，方向对了就不断加仓，如果有回撤，就先把回撤打回来，然后再做。"在钱志杰看来，选择好的节点才能将重仓风险降到最低，"我一般会在主力合约切换的时候建仓，资金基本会占70%多，不太会用大资金做短线。方向看错时会立即止损。"

事实上，钱志杰选择的是拿获利来博重仓。"我一般在盈利10%—20%的时候，抓住博大的机会。"在钱志杰看来，赚多赚少是市场给的，而赔多少是自己能决定的。不过，钱志杰也表示，经常重仓是有问题的，因为重仓的机会千载难逢。常在河边走哪有不湿鞋，要想少湿鞋就少在河边走。

交易需回归到期货本质

钱志杰的这种交易习惯与他的性格和成长环境是分不开的。出生于20世纪80年代初期，成长于改革开放大环境下，钱志杰的思想非常开放。"我十几岁在电视上看到股票新闻时就非常感兴趣，加上我们浙江资本氛围浓厚，大学毕业的第二年我就开始自己做交易了。"话语间，钱志杰难掩对这个行业的热爱。

幸运的是，在进入股市的那一年，钱志杰赶上了牛市的最后一波行情，第二年就开始盈利。不过，2010年在察觉到股市进入萧条后，钱志杰在朋友的引领下果断杀入期货市场。也许是上天的眷顾，初入期市的前两年，钱志杰一直都很顺利。这也让他产生了"期货非常简单"的错觉，加上期货的高杠杆诱惑，20多岁的钱志杰开始飘飘然了，"我那时候认为自己非常厉害，赚钱也不是问题，过了一段吃喝玩乐的日子。"

然而，风平浪静之下，暗流正悄悄涌动。29岁那年，钱志杰迎来了期货交易中的第一次低点：从朋友那里拿来的1000万元爆仓爆掉了。"这次教训太惨烈，我当时连吃饭的钱都没有了，女儿也才一岁，日子非常难过。"当时的钱志杰内心非常煎熬，但出于对行业的热爱以及年轻人独具的重新再来的勇气，他并未因此放弃，而是选择认真反省。"这次经历让我对期货这个行业有了更深的认识，我开始明白，技术分析都是表面现象，做交易最终还是要回归到期货的本质上来。"钱志杰说。

那么，什么是期货的本质？

在钱志杰看来，它就是一个贸易，一个合约的履行。"交易的时候要奔着主力合约切换。虽然最终大部分都没有主力合约切换，但操盘手在做交易的时候却要抱着主力合约切换的心态思考问题，才能把内在的方向判断正确。"

此外，这次经历让钱志杰明白了稳健盈利才能长期发展，而稳健盈利的关键则是做好风控。钱志杰说："第一要把风险控制在20%以内，没亏钱的时候仓位可以重一些，到后来哪怕做一手小麦，也不能让它赔在20%以下；第二要不断学习盈利能力，不同行情需要不同策略，等自己经历各种行情，积累了丰富的经验后，识别行情的能力强了，盈利机会自然就会多起来。"

不断寻找自己的交易模式

虽然钱志杰承认自己比较激进，但他也一直在寻找适合自己的交易模式。

2014年12月，期货行情出现的较大波动让钱志杰至今耿耿于怀。钱志杰说："在12月9日，我的回撤比较大，股指一天最少波动一百多个点。系统性风险无法避免也无可厚非，但当时的大回撤，是我主观上出了问题。"

钱志杰向《期货日报》记者坦言，自己的心态还不够好，个人操盘手做交易容易受主观情绪干扰，"尤其是在精力达到极限的时候。好比打篮球，你既要当教练又要当球员，难免会出现问题。"钱志杰认为，如果有专门的风控人员和设备，量化之后就不会出现超出预期之外的风险，这也让钱志杰决定扩充 2015 年的交易配置。

在与《期货日报》记者的交谈中，钱志杰提到最多的词是反思，其实在期货市场经历过大涨大跌的钱志杰一直在不断地总结和反思，"我做期货的时间毕竟不长，目前只能算是入门，还需要在市场上继续磨炼。"

在钱志杰看来，一个人如果不知道自己处在什么水平，是件非常危险的事情。实际上，2013 年之后，钱志杰便专心研究股指期货这一个品种，其他品种都很少涉及。在他看来，商品单个品种容量比较小。"一旦资金做上去，我就没办法在这个商品上继续，又得去研究另外一个品种，这对个人投资者非常不利。而金融期货整个体系具有连接性，从这个体系延伸出去，其他品种也能做到精细化。"钱志杰如是说。

伴随着国内金融市场开放度进一步提高，钱志杰的视野也更开阔。钱志杰表示，他把股指研究透之后，还会去做外汇期货、国债期货、股指期权等金融衍生品。"交易时间之外，我看了大量与金融相关的国外书籍，边看边研究股市、外汇等金融衍生品。"

第75章　刘学伟：程序化交易中的"机器人"

刘学伟，80后，面相敦厚。初始职业为豆粕贸易商，通过豆粕进入期货市场，陆续转战于国内商品期货市场、外盘黄金市场以及国内股指市场，近几年主要利用程序化在股指市场辗转腾挪、纵横捭阖。2014年5月15日以1.01905的资金净值账户参与期货实战排排网展示，截至2015年3月11日资金净值增长至3.41842，十个月资金增值335%左右，记者称之为程序化交易中的"机器人"。

对程序化模型不进行人为干涉

《期货日报》记者和刘学伟的约见是在3月10日的下午，称刘学伟为程序化交易中的"机器人"是记者个人对其的一种解读，源于其个人交易过程中的纪律坚守。

刘学伟坦言，国内程序化交易者日渐增多，市场参与规模逐步扩大，但能够坚守在这片土地持之以恒并稳定盈利的却不多见。"我之所以能够稳定盈利是因为我拥有控制风险的纪律和一个适应市场交易的程序化模型。"刘学伟说道，程序化交易过程中，控制风险的首要重点是放开电脑的"手脚"，让电脑程序自由奔放地驰骋于市场行情的波动中，人要做的就是静观其变而不加干涉。同时，在程序化运行过程中呈现的连续亏损要有足够强的心理承受力，要相信经过时间验证的程序化模型，而不是隔三差五地去调整参数和指标。

放开电脑的"手脚"让刘学伟尝到了稳定盈利的甜蜜滋味。2014年5月15日，刘学伟以1.01905的资金净值参与"期货实战排排网"展示，截

至 2015 年 3 月 11 日，资金净值增长至 3.41842，数十月间资金增值 335%
左右。

入市

回溯岁月，2008 年下半年，国内期市刚刚经历过全球金融风暴的洗
礼，国内所有商品期货品种价格都已经全线下挫至几年低点附近。而作为
豆粕贸易商的刘学伟尝到了价格暴跌的苦果，并开始认识豆粕期货，长期
的从业经验使其看到了价格低谷带来的商机。从此，刘学伟开始携带有限
的资金进入期市摸爬滚打。

"刚开始进入期货市场，主要操作豆粕类品种，有盈有亏，整体亏
损。"刘学伟坦言。2009 年开始接触文华财经提供的程序交易软件系统，
自此进入程序化交易的广阔天地。"开始的时候，程序化交易并不成熟，
加上国内市场品种波动率、价格隔夜跳空等因素的制约，2009 年选择伦敦
金属市场进行贵金属交易，但在交易过程中犯了人为干涉的致命错误，资
金损失比较大。"

经验

"交易外盘黄金期货品种的时候，盘中对程序化交易模型干涉较多是
导致亏损的主要原因。"刘学伟举例道，仓位建好之后，一旦市场趋势和
仓位方向一致，稍有盈利就把握不住自己，不由自主地就把盈利仓位平掉
了，结果导致后面很大一部分盈利没有获得。而一旦仓位出现亏损，程序
化模型并没有给出平仓信号的时候，人工把亏损仓位平掉，结果使得交易
连续频繁地止损，导致资金损失较大。

连续的亏损使刘学伟认识到程序化交易和交易者自身之间必须切断联
系，不能把交易者的主观思维加至执行程序化的"电脑"。

"大量亏损买来了让程序化模型自己处理自己的仓位，人工干涉必须
杜绝的宝贵经验。"刘学伟说道，自 2010 年之后再次入市开始股指期货的
程序化交易以来，就再也没有人工干涉过"电脑"的操作，一切交给"电
脑"，一切信任"电脑"，前提是找到一个稳定盈利的程序化交易模型，我
所使用的模型是通过市场长期检验并结合自己多年经验总结的模型，这个
需要靠投资者自己去摸索。

　　刘学伟送给国内程序化交易路上的投资者两句话：一是通过投资者个人经验找到一个适合自己心理承受能力的稳定盈利的程序化交易模型；二是放开"电脑"的手脚，让程序自由驰骋于交易的广阔空间，千万不要进行人为干涉。对程序化模型不进行人为干涉，把自己当成程序化交易过程中的"机器人"，只执行程序而不横加干涉，或许是刘学伟今天成功的重要因素。

第76章　贵开伟：达到树静风止的交易境界

贵开伟，2014年"期货实战排排网"优秀账户操盘者。截至2015年3月4日，在贵开伟账户（名为"圆融投资二号"）公开展示的356个交易日内，该产品收益率为23.38%。若仅看收益率，在"期货实战排排网"3300多个展示账户中，该账户表现并不突出。但真正被市场关注的是该账户在产品运作方面凸显出的风控能力。

资金管理为风控增加安全系数

在2014年度交易中，拥有近千万元的日均可用资金规模，"圆融投资二号"账户的最大回撤率仅为8.38%，累计亏损额3051万元，"圆融投资二号"在风险控制上的严格与果断着实令人折服。谈及优质风控的秘笈，山东圆融投资管理有限公司研发中心总经理贵开伟坦言，"圆融投资二号"的运作模式是程序化叠加资金管理系统，将风控系统内嵌在资金管理系统之中，通过资金管理为风控增加安全系数。

通常来讲，投资者在资金管理方面有两种常用策略：一种是逢亏加仓，即在出现亏损时逐步加大仓位比例，直至最终盈利，通过最终的大额盈利弥补之前出现的亏损，这种策略被称为"等价鞅策略"；另一种策略则与之相反是逢盈加仓，即出现亏损时果断退出，出现盈利时则逐步加仓，称之为"反等价鞅策略"。这些策略的好处是可以较好地控制交易风险。

不过，与以上两种策略不同的是，在交易机会的把握上，"圆融投资二号"的核心是策略池的调用和品种资金的调配。据贵开伟介绍，他们首先会针对这款产品设定风控阈值，这是硬性条件，而后根据策略池中各模型的跟踪情况与品种管理系统所出具的当时行情，配以一个初始仓位。"一般情况下，初始仓位在10%左右，在之后的运行中会逐步加仓至30%左右，然后这个仓位基本会保持不变。接下来是策略组与各版块、各品种之间的资金调配，通过已设定的、完全标准化的程序去执行。"根据产品资金量，"圆融投资二号"主要采用了趋势、波段和短线三套策略组。实际上，在这些策略组的建立和完善上，贵开伟也是费尽了心思。经过不断地分析和验证，他最终总结出了这样一个结论："坚信市场有趋势，跟随趋势，然后通过多策略、多品种的投资组合，在有效控制风险的前提下，实现利润最大化。"

"相对而言，市场波动给予获利机会，利用市场随机性与市场惯性，短线捕捉日内的较大波动。而通过历史经验与历史数据的量化分析，把市场分为平衡与不平衡，利用市场价格从平衡到不平衡再到平衡这一循环往复的规律，量化出动态的临界点，赚取从一个临界点到下一个平衡点间的利润，这也正是建立波段策略的原理所在。"贵开伟向《期货日报》记者表示，依据策略的周期不同，他们的持仓时间最长超过一个月，短的几分钟之内就会了结。

特有的思路决定交易成败

其实，大多数投资人的交易理念和操盘思路都是大同小异，核心在于采用什么手段去沟通或是变通两者，这是多数人做不到的地方，区分就在于此。而贵开伟就是采用特有的资金管理系统去完善二者的关系，使它们由相同变为不同。

就"圆融投资二号"来讲，以资金管理为基础，利用分散化、多元化的投资组合，实现资产低风险小的高收益，是他们的交易理念，而构建混合型技术分析投资策略组合是他们的操盘思路。"通过以不同的风险控制系统为核心，建立缜密严谨的投资基础框架，采用趋势策略、波段策略、短线策略相结合的方式，针对各个策略的特性，配以合适的资金比例，达到互不干扰，互相弥补，从而紧密贴合市场，平滑资金收益曲线，达到稳定收益的效果。"贵开伟这样说。

与每个操盘手相似的是，在期货市场中，贵开伟也有着相当丰富的交易经历，每次的交易都有很多的地方值得去回味推敲。在"期货实战排排网"中，2014年4月和2014年7月资金所持仓位的变动是他印象最深的两次交易。

据贵开伟介绍，2014年4月，其产品收益实现了预期第一目标。通过模型的追踪监测与品种检测，已经达到调整仓位的要求，于是他们开始减少趋势与短线策略中某些品种的资金占比，加大波段策略的资金。这次仓位的调整，有效地减少了资金回撤，更好地适应了行情的变化，可以说这次操作是比较成功的。但在7月的操作中他们提前了这种变动的时间，导致资金的回撤比预期大。两次仓位的调整对比下来，给贵开伟留下了很深的印象。

从行为金融学的角度来讲，交易就是比拼交易者的心理，是各种交易者的投资行为造成了现在的市场波动。"在这个市场中要想存活长久，需要跳出去，用客观的眼光去审视这个市场。"贵开伟坦言，市场很简单，你觉得复杂，其实是你的心理觉得市场复杂，心理躁动市场便躁动，达不到树静风止的境界。

期货的成败在贵开伟的眼中划分标准亦有不同。一夜暴富不一定是成功，连续爆仓亦不一定是失败，成功的标准是长久的稳定盈利，实现资产的复利增长，而不去计较一城一池的得失。在他看来，"不想当元帅的士兵不是好士兵"，元帅不是先天形成的，坚定与动摇、顽强与脆弱、胆识与畏缩、耐心与急躁、细心与大意、骄傲与谦虚、知足与贪婪、果断与迟疑……这些性格都是双重的，而达到成功的标准是控制其中的人性缺点，这需要个人极强的精神定力和意志力，所以意志力坚强的人才适合期货市场。

用客观的眼光去看历史

歌德有句名言："不管努力的目标是什么，不管他干什么，他单枪匹马总是没有力量的"。合群永远是一切拥有善良思想的人的最高需求。贵开伟很庆幸自己能够加入山东圆融投资管理有限公司，也很庆幸拥有目前这样一支优秀的交易团队。

"圆融投资二号"的背后是一个由7位专业人员组成的核心交易委员会。他们分别负责交易系统执行、风控管理、数据采集、软件开发、程序编写、策略研发及主观分析工作。"团队成员各司其职，分工明确，有共同的理念和信念，并且有为共同的目标全力以赴的执着冲劲，当然最重要的一点是对期货的挚爱。"贵开伟说。

对于目前的交易成绩，贵开伟并不十分满意。"市场是不断发展变化的，在交易的道路上也需要不断深入，用客观的眼光去看历史，不断地总结经验与教训。"

比赛就是无数样本中的一次定位，并不能代表一切，胜不骄，败不馁，投资市场讲究的是生存之道，只有长久活下来，才能抓住未来的机会。正所谓留得青山在，不怕没柴烧。贵开伟说："每次比赛都能让我认识到自身的诸多不足，成功的地方我会继续复制，失败的地方就停下来，倒掉鞋里的沙子，改进策略，继续前行。"

当前大资管时代已经到来，正在如火如荼地发展，新业务推出也是层出不穷，日新月异。未来在业务创新领域，圆融投资管理有限公司也将更多地从创新产品设计，拓建资管营销体系等方面着手。

第 77 章　夏波：获利的基础是精通技术

夏波，2014 年期货实战排排网优秀账户操盘者。参与"期货实战排排网"实盘业绩展示之前，夏波多次参加过《期货日报》举办的"全国期货实盘交易大赛"，作为重量组参赛选手，他曾获得过第六届的第 3 名和第八届的第 10 名。在其他同类期货实盘交易比赛中，夏波也曾多次名列前茅。

"期货实战排排网"的吸引力

把账户放在"期货实战排排网"展示，夏波说是因为排排网的很多功能吸引了他。比如基本数据统计，盈亏能力、风控能力、交易习惯等分析，可以让他对自己的操作有一个归纳和总结，并从中找到弱点和不足。

对夏波来说，参加展示的账户成绩总体尚可，但仍有一些不足之处。在期指 2014 年第四季度上涨过程中，夏波坚定看好大势，持多单待涨是最佳策略，但在看盘过程中受到盘面的干扰，在中间进行了多次短线交易，损失了部分利润。

账户近阶段盈利最大的单来自期指。夏波的投资之路是从股票市场开始的，相对于商品市场，仅依靠图形操作来说，他在股票市场有着更多的现货经验。在股市经历七年熊市之后，个股活跃度不断提升，2014 年 7 月底以来，现货市场连续上涨，技术形态呈现突破态势，在夏波看来，期指上涨应该是大概率事件，事实上，他也紧紧抓住了这波行情。夏波回撤最大的单发生在 2014 年 12 月 9 日，当天期指出现巨幅振荡，由于对期指连续上涨过于乐观，对调整没有做好准备，未及时获利了结，他在这个唯一重仓的品种上，回撤较大。

操作风格以趋势交易为主

夏波的操作风格以趋势交易为主，一般不轻易开仓，等到认为时机成熟时重仓介入，判断趋势运行力道衰竭时退出。当然，有时他也会因为盘中的波动而抑制不住交易的冲动，但结果往往以亏损告终，好在这样的次数不是太多。

在设置出入场点时，夏波一般喜欢在突破形态或突破后的整理形态介入，当反向突破近期低（高）点时退出多（空）单。多数单子持仓时间在三周到三个月之间，少数单子在一周以内，这些持仓周期较短的单子多为亏损单。相对于别的盘手而言，夏波的交易频率算是比较低的。

在控制和规避交易风险上，夏波表现得非常谨慎，一是理性选择交易机会，没有 70% 以上获胜把握不进场操作；二是进场后设置合理的止损点，以便在行情反向波动超限时减少本金损失。同时，在交易不顺时，他还会暂时收手，反思一下最近的操作，重新蓄势。

而如果一笔单子出现亏损，把握不大的单子他一般会把亏损控制在 5% 以下，比较有信心的单子则会放大到 10%，而如果出现连续多天亏损，说明判断出现问题，他则会择机退出交易，并适当减少交易频率。

在夏波看来，投资者要想在期货市场长期生存，一是要精通技术分析，这是获利的基础。夏波说，期货市场由于杠杆效应的存在，要求对进出点位的把握比其他市场更为精准，技术分析不过关，就没有能力对后市的演变做出判断，从而无法做出正确的选择。而任何策略都是随着市场的不断变化而改变，但万变不离其宗，不管是怎样变化，都不能脱离传统技术分析（如道氏理论）的基础。"磨刀不误砍柴工"，每一个已经进入或准备进入期市的人都应先将自己的武器磨锋利些。二是要有合理的仓位控制，"常在河边走，哪能不湿鞋"，水平再高的技术分析，也难免有阴沟翻船的时候，控制仓位可以让自己不会因为偶尔的失误，而给账户带来灭顶之灾。合理的仓位控制是保证在判断失误的情况下，不会对账户造成太大的损失。三是要有耐心，包括等待机会的耐心和持仓过程中的耐心。

期货市场是修炼人性的地方

夏波是趋势型选手，交易中最看重中期趋势，持仓方向只要不错，再加上合理的仓位控制，他觉得到最后总有或多或少的收获。而他选择品种的依据主要是做有把握，符合自己的交易特点的品种，他最喜欢在判断趋势刚转势时开始交易，一般持仓不超过两个品种，并且大多数时间是等待观望或持仓不动。

期货市场是一个修炼人性的地方。夏波说："人性的弱点在这个市场上暴露无遗，贪婪、恐惧、固执、冲动、疑虑……都将在这个市场上受到教育。同样，不断克服这些弱点，收获的将是登顶之后的喜悦与自豪。"

在夏波看来，期货最大的魅力就在于当你能够预知市场时，你将会有很大的成就感。"生活因期货而精彩"，他相信在期货市场获得成功的人都会有这种感觉。

如何在期货市场保持盈利？夏波的秘诀是一句老生常谈的话：计划你的交易，交易你的计划。夏波说，这句话看似耳熟能详，但想真正做到并不容易。最近一段时间，夏波还算能够坚持原则，循规蹈矩，但其间的几次短线操作，还是暴露出关键时刻急躁冒进的心态。

进入期货市场十一年，夏波觉得收获最多的首先是物质生活的改变，交易过程则帮助他克服了性格上的一些弱点。"在性格弱点的克服上，需要继续努力，并且没有终点，一直是现在进行时。"夏波说。

"把握你能把握的机会，承担你能承担的风险，有所为有所不为。"是夏波最想对投资者说的一句话，也是他多年交易之后积淀下来的最深的体会。

第78章　王建中：不断追求复利才能走得长远

王建中，2014年期货实战排排网优秀账户操盘者。王建中不属于期货交易中重仓的那一类。在见证太多血淋淋的期货故事后，这位一直奔赴在市场前线的老期货人，将风险控制视作交易的生命。实际上，王建中及其团队2008年就开始了期货实盘交易，实盘操作账户连续七年稳定增长，年均复利高达50%。2014年成立的单账户产品中之兰，在五个月的时间就创造了51.08%的收益率。

严格的风控执行者

王建中足以被称为期货市场的老人，1995年他便已是一名期货经纪人，近20年的时间，他从期货经纪人做到市场部负责人、营业部经理。在见证客户大涨大跌、从天堂到地狱的悲剧之后，风险控制在其心中烙下了深深的印记，并影响着他如今的交易理念：严格的风险控制，不断追求复利。

"无论是在行情判断错误还是在突发事件的情况下，都一定要安然度过。"王建中口吻坚定地说道，在残酷的期货市场，靠博一把行情来赚钱并非难事，但长期生存下来的少之又少，"你可以有损失，但一定不能是致命的，这样你还能重新站起来。"

因此，无论在交易前还是在交易中，王建中带领的团队都会主动去做风险管理。

王建中告诉《期货日报》记者："我们设置了好几套风控措施。"第一，分散投资。采用多品种期货组合持仓等措施，每个品种都有风控设置。第二，交易前设定总持仓比例以及单个品种最大持仓比例，采用轻仓位分批进出，以避免重仓带来的风险。第三，交易软件配置上，笔记本电脑和台式电脑同时运行，确保停电、停网也可以交易。第四，配备经验丰富的风控人员。风控人员做止损不需要跟任何人打招呼，他必须严格监控下达的指令。

采取如此严格的风控措施，王建中是为了追求长期的复利增长，"从开始建团队到现在，我一直都小心翼翼，避免受到致命的打击。今后我们仍会严格执行风控制度，追求长久的复利。"

作为团队的领头羊，王建中属于主观趋势交易者，其对趋势的判断来自大的方向性。"我们会从各个基本面因素判断商品上涨或下跌，判断好后就按照那个方向走，即使判断错误，我们也能通过止损来处理，这主要得益于严格的风控措施。"王建中如是说。

王建中进一步表示，自己主要捕捉中级趋势，即第二段和第三段趋势，"我们不会在橡胶涨到 40000 元 / 吨时做空，而是等它跌到 36000 元 / 吨或 35000 元 / 吨，我们认为下跌方向比较明确时才去做空。"在注重风控理念下，王建中及其团队过往的最大回撤一般在 20% 左右，新资金的最大回撤则控制在 10% 左右。

市场中孤独的守望者

2014 年年底，市场都在为股票和期指疯狂的时候，王建中和他的团队却选择按兵不动。"我们并没有加仓，我不会改变自己原来的仓位设定。"王建中如是说。话语间，体现的是他对风控制度的严格遵守。

王建中及其团队在加仓上非常谨慎，建仓则相对比较主动，其账户的平均仓位一般在 40%—50%，"有很大盈利的时候我们一般会减掉一半的仓位。"实际上，王建中就像是一个综合型操盘手，为控制风险不追求过高收益，但也能在市场波动中寻找属于自己的收益，一步步前进。

期货交易一般分为两种风格，一种是波动较大的盈利模式，收益和回撤都很大；另一种是波动比较小，收益和回撤都不是很大，比如量化对冲、套利等交易模式。王建中则处于这两种交易模式之间，虽然交易有一定波动（百分之十几），但收益也不低（百分之四五十）。

"所以我的交易模式是综合的。以我们刚发行的两只阳光化基金产品中之兰 2 号基金、中之兰丽州投资计划为例，和其他私募相比，这两只基金属于混合型私募产品，除了投资期货外，还有固定收益和量化对冲。"这是为了在面临风险时更好地保护我们的收益。"这种交易模式也决定了王建中及其团队要做市场中的孤独守望者。

"我们的交易模式导致我们管理的产品收益不是太高。"王建中告诉《期货日报》记者，2014 年 4 月，自己率领团队参加了《期货日报》举办的"第八届全国期货实盘交易大赛"，五个月的时间，他们以 64.33% 的收益率、1.62000 的累计净值荣获基金组第 18 名。

对于这一成绩，王建中很坦然地说："由于我们的仓位都是事前设定好的，这种交易模式导致我们无缘前几名。虽然比赛能客观地反映我们以及对手的实际水平，但我们不可能为了好的比赛结果就改变自己的交易模式，博一把盈利不是我的风格。"

做私募中的长跑冠军

王建中认为，如今的投资者较以往更加成熟和理性，"以前大家都想到期货市场大赚一把，没过多考虑风险，现在投资者会想到资产配置，分散风险。"这也是王建中想要做一家长期活着的私募公司的初衷。

在王建中看来，短期暴利必定不能长久，稳健持续的盈利才能让私募公司走得更长远。这种想法也让王建中及其团队选择像巴菲特那样追求复利。"我认为复利是世界第八大奇迹，包括巴菲特每年 20% 的复利，现在做到了全球第二。假如本金 50 万元，每年本金和利润一起滚上去，在理论上可以滚到无穷大，这就是复利。"

王建中说："实现复利的关键是风险控制，也就是你不能发生一次致命的打击。"按照经验，市场每年总有几次赚钱的机会，收益就能在 50% 左右。"我们管理的账户没有本金亏到 20% 以下的情况，核心就是风控。"

王建中带领的私募团队于 2008 年开始管理资金，2009 年达到一定规模。2014 年 11 月，王建中成立杭州中兰投资，公司管理资金规模达到 6000 万元。与多数期货私募一样，规模瓶颈是绕不开的话题，但王建中表示这一瓶颈目前对自己的影响还不大，"因为我们是全商品分散投资，这也是我们控制风险的一种方式。除了期货，我们还会做一些固定收益，如国债、回购，还有套利、量化对冲等。"

　　王建中告诉《期货日报》记者，通过多品种组合投资形式，能够让公司的收益更加平稳。不过，随着管理规模不断扩大，收益可能会略微下降一些，"虽然到时候仓位会低一点，但大体情况还是一如既往，因为我们的核心思想是追求复利。"

　　对于公司未来的发展，王建中也有自己的打算，"我希望中兰投资能够稳健持续的发展。虽然私募将迎来发展的好时机，但私募市场鱼龙混杂，未来一两年肯定会面临一场洗牌，能够生存下来的才是最后的赢家。"

　　"接下来我想进一步扩大公司的管理规模，在此基础上扩大资金管理规模，最终做一个大的混合型的私募机构。"这是王建中及其团队今后奋斗的目标。

第 79 章　邱真：策略决定盈亏，仓位决定心态

邱真，2014 年期货实战排排网优秀账户操盘者。邱真从来不看基本面，不熟悉的品种坚决不做，仅靠日内交易沪深 300 股指期货一个品种，他花了不到四年时间将 50 万元的本金做到上千万元。在参与期货市场的三年多时间里，邱真经历了各种各样的"黑天鹅"事件，逐渐懂得从单一策略向多策略转变。随着资金量变大，他操作起来有了更多底气，对仓位的控制也愈加审慎。

几经辗转，抓住期指上市契机进入期市

"策略决定盈亏，仓位决定心态，策略是工具，仓位才是运用策略的艺术。"邱真说，在遇到大幅回撤的时候，自己曾想过离开期货市场，但思前想后，脑子里还是没有其他热切想从事的行业，于是选择了坚守。

大二的时候，因为觉得在学校读书浪费时间，邱真毅然从厦门科技学院辍学。"现在想起来，也是年轻一时冲动，关键还是要找对方向。"邱真说，从校园出来后，他找了份房地产销售的工作，做了一阵子，感觉自己不善于人际交流，便辞职转向投资之路。刚开始做权证，他就大赚了一笔，后来转眼又连本也全部亏光。

一番大起大落之后，邱真决定暂时离开金融市场，跑去学了画图，干起装潢设计的活儿。这份持续了两年时间的实体企业工作，让他更加清晰地意识到，自己骨子里就是不喜欢应酬，于是又起了重返金融市场的念头。

在进入期货市场之前，身边听闻从几十万元做到几千万元的人不在少数，但邱真深谙 99% 的人都会被这个市场淘汰。一段时间，他曾投机性地

买卖一些股票，但还是觉得选股花费时间太多。再后来，契机发生在国内首个金融期货品种诞生的 2010 年。

"之所以还是进来了，不只是契机，也是因为做期货比较单纯，很多事情可以自己做主。"沪深 300 股指期货上市刚满半年，邱真就一直寻思着，有了股指期货，从股票等证券市场过渡到期货市场，应该比较容易上手，于是 2011 年他将 50 万元左右的本金全部投入到期货市场。

从入市初期至今，邱真都只钟情股指期货这一个品种，国债期货、商品期货一概不看不碰。"商品要做长线才能赚大钱，而且研究比较侧重供需，我们这种个人操盘手没有第一手资料，但商品是大方向，等资金量大了会选择分散投资。"邱真坦言，做了自己不熟悉的品种就要交学费，所以做一个品种最好。

但即使是做自己最熟悉的单个品种，邱真也免不了经历给期货市场交学费的阶段。刚开始，他尝试用之前做权证的方法来交易股指期货，怎知一做就亏，残酷的事实敲响了他需要不断完善交易逻辑的警钟。通过丰富技术研究指标，确立日内短线、重仓操作的策略，迅速止损，宽松止盈，调整好心态，邱真逐渐扭亏为盈，从几十万元的小户一举逆袭成功，其账户资金额突破百万元后，再上千万元。

"黑天鹅"不定期造访，需要锻炼好心态

一直以来，邱真交易旅程中常常会遇到大幅盈亏，特别是每次"黑天鹅"事件不期而遇的时候。为了不让成功沦为昙花一现，他不得不逼迫自己练出一副淡定从容、稳扎稳打的心态。

"在这个市场，你总要先活着，再考虑赚钱的事情。就算你赚了很多钱，一天没离开这个市场，都不知道自己最后的结果。"邱真对《期货日报》记者说，最开始自己总是重仓、满仓交易，建仓后也基本不动。随着账户权益突破千万元，如今他每天一般只运用五成资金，为了平滑收益曲线，策略也逐步从单一转向多元化。除了利用 3 分钟、5 分钟、15 分钟等短周期 K 线图和均线等指标来决定开仓方向，他还通过灵活运用仓位，如分批建仓、减仓配合波段操作，有效减少了持仓成本。

在邱真的思维中，策略要客观，但建仓偏主观，建轻仓才有策略可言。除非遇到非常有把握的行情，否则不会重仓操作。邱真统计自己这几

年的交易记录得出，建仓的准确率不到 30%，但胜率却能达到 60%，这种成绩倚赖于他观察身边盘手朋友的共性——亏损是有限的，盈利是无限的。要坚决止损，不要轻易止盈。

虽然本金变多了，底气也有了，邱真身上始终也少不了操盘手的一个理念——常常居安思危。这一点，或多或少与频频遭遇"黑天鹅"事件有关。

2013 年 8 月 16 日，光大"乌龙指"事件突发，邱真手中的股指期货多单回撤在短时间内达到 50%，当时 100 万元的资金账户嘭地一下子回到了最初的起点。这一次的巨亏让他接连两个月都做不好交易。2020 年 2 月 28 日，央行于傍晚时分宣布降息，当晚持空单过夜的邱真第二天一大早就迎来了个跳空高开，令他措手不及。

除去那些亏损的隔夜单，并不是每一次遇到的"黑天鹅"都是坏孩子。比如，2020 年 1 月底，证监会处罚两融违规消息爆出，当晚持 30 多手空单过夜的邱真第二天看盘面利空，将空单从头持到尾，隔天才平仓离场，这一次，他获利 300 多万元。

"碰到一些'黑天鹅'事件，或者利好消息的时候，只要长期收益能向上，问题都不大。"邱真说，赚钱要运气，碰到大幅回撤要控制仓位，止损更要靠技术。止损能做好，仓位能控制好，碰上运气好，盈利就能放大。

第80章　周卫兵：不求最显眼，但求稳中赢

> "南昌稳赢"是2014年期货实战排排网的优秀账户。"南昌稳赢"账户的主要负责人周卫兵告诉《期货日报》记者，他相信走得踏实，走得稳健，才能走得长远。周卫兵及其团队尤其注重风险控制，致力于实现复利，以长期的角度看待财富管理。他们一直在"保证本金安全，在控制风险的基础上追求利润"的理念下，开发和完善交易系统。周卫兵认为，只有进行技术和基本面的研究，才能取得稳健收益，半均风险也能相对较低。

厚积薄发，成功没有捷径

"在市场里追涨杀跌的风险很大，想要保住一定的收益，更多在于对市场机会的把握。而捕捉市场机会，眼界要放宽才行。"周卫兵说，自从开始做期货，他读了很多本书，每本书中的理论都象征着市场的某个方面，如波浪理论、反身性理论、巴菲特的价值投资理论、趋势投资理论等。只有各个方面都了解到了，才能更全面地看待市场。

周卫兵从1993年开始接触期货，至今已经有二十多年。周卫兵说自己当年也就二十五六岁，期货刚刚开始流行，大家都是在黑暗中摸索前进。"大家几乎在同一时间起跑，这群人都是低手，彼此的水平都很初级，后来随着国外的期货书籍翻译过来，才有了技术分析和基本面研究，期货行业的整体水平才慢慢提升上来。"周卫兵说。

期货市场上，有人做短线赚钱，有人做中线赚钱，有人靠指标赚钱，有人听消息赚钱。市场上投资的路何其多，很多路也都能得到盈利。但对于每个人来说，可能只在特定的路上才走得更好、走得更顺。不过，最初

谁都不知道自己走哪条路才是最合适的，在找到合适的路之前，也许要在所有的路上都转上几圈。

"期货对我来说，是一个相对其他行业更加公平的市场，大家都一样，不会因为你有钱或者有势力就能左右。这是个'屌丝'能逆袭的市场，但也充满挑战。"邱真是个性格内向，甚至有些孤僻的 80 后，因为不善于人际交往，也不喜欢长袖善舞，他选择了期货市场。

顺势而为，真金不怕火炼

这些年，随着对市场深度和广度的理解，周卫兵觉得期货交易其实就是一场博弈，市场上主客观之间、各个主体之间都是互动的。因此，在"南昌稳赢"账户的交易理念中，周卫兵认为不仅要注重思想和技术，还要注重人品。

得道多助，行得正才能走得远，才能在市场中长期生存。周卫兵表示，在交易系统的设计运作中，认识到这一点才好抓住盈利的机会。另外，做交易要主动对市场形势做判断，同时把握基本面，注重对风险的控制，但这一切都建立在尊重客观趋势的基础上，根据市场趋势做决定。

"我们的大盈利单就是趋势跟出来的。"周卫兵坦言，遇见机会就要果断进场，趋势后期逐渐减仓，不能贪多。而在止损方面，周卫兵及其团队相信主观判断也要有技术指标，风险达到一定范围就要及时平仓。

由于"南昌稳赢"账户涉及的品种比较多，要看的东西自然不少，但是最重要还是抓住趋势。与此同时，也要考虑到市场其他参与者的动态。不同的品种在不同的市场阶段，使用的策略组合要随着市场的变动而变动。趋势明显就做趋势，振荡中多采取对冲套利和波动短线。

有进攻就有防守，两方平衡没漏洞才能守得住收益。而做到这种平衡，"南昌稳赢"账户追寻最传统的方式就是不断学习，尽可能地广泛涉猎各方面知识。"修炼好自己的基本功。把基本面、技术面、政策面、心理面、资金面，这'五碗面'尽可能地细嚼慢咽，好好消化，从中撷取到精华部分。"周卫兵说，二十多年来，他的总结笔记就有几十本。期货公司组织的全国性比赛和私募基金的比赛也时有参与，这不但检验了自己的实力，自己也能从中获得颇多收益。

在周卫兵看来，时间太短的比赛就像玩乐透，虽然每期总有人中奖，但很少有人总是中奖，大家熙熙攘攘就像走过场。而能看出真功夫的比赛，在时间上要有连续性，需要有对资金规模、回撤率等方面的综合考量，在这种比赛中跑赢的选手，才能算得上是真正的高手，而这也是周卫兵选择"期货实战排排网"的主要原因。

据周卫兵介绍，在这次比赛过程中，"南昌稳赢"一步步强化了坚守自身定位的理念，做到有取有舍。做交易也不能强求，顺势而为。有机会有信心多做，无则少做不做，做什么品种，用什么方式。就像人进入社会，应该做什么工作，要有市场定位。

此外，周卫兵表示，要充分利用圈内各种平台，就如通过"期货实战排排网"，他们结交了不少志同道合的朋友，帮助其团队发现和培养了人才，同时也在与圈内朋友相互切磋和信息交流中不断提升了自我。

在"期货实战排排网"的展示账户中，"南昌稳赢"账户的成绩并不特别显眼，目前71.33%的参考收益率虽不是最好的成绩，但自2013年11月参赛以来，该账户收益率逐步攀升，步伐一直稳健、踏实。

第81章　孟德稳："混搭"交易，畅行资管之路

> 奇获投资在期货实战排排网上展示出来的7只基金产品中，有3只基金产品收益率超过了100%。其中，"奇获投资5号"的净值增长率达到2.7，收益率达到了153.66%。奇获投资系列资管产品取得如此优异的成绩,离不开奇获投资的创始人孟德稳。

高频交易的先行者

孟德稳，一个天生的交易爱好者。在读大学的时候，他就开始接触股票交易。与期货市场的缘分，是从2006年开始的。"涉及交易的我都比较感兴趣，当时我还是以做股票交易为主，期货交易只是小范围地参与一下，并没有专门去研究这个东西。"孟德稳告诉《期货日报》记者。

到2007年年底，孟德稳明显地感觉到股市的投资机会已经不多，于是果断地将股票全部清仓。休息半年之后，他决定转战期货市场。孟德稳坦言，自己决定做期货，当时还是奔着股指期货去的，同时期货的交易机制比股票更加灵活，风险控制的方法更多也是吸引他的地方。"股票机制上只能做多，如果出现不好的情况只能看着它跌停，期货既能做多也能做空，而且期货是T+0交易，只要觉得方向错了就可以控制，风险相对要小一些。"孟德稳说。

2008年，孟德稳便与当时一起做股票的伙伴连永峰（奇获投资总经理）创办了奇获投资。孟德稳说："公司刚成立的时候，就我们两个光杆司令，我们当时的思路是比较清晰的，我主攻交易，连总负责公司的正常经

营。刚开始，我比较擅长做日内的波段交易，那时市场活跃，比如铜、橡胶的波动都比较大，我在这些品种上赚了一些钱。"

在一个偶然的机会，孟德稳接触到了一个做高频交易的团队，于是对高频交易产生了浓厚的兴趣。孟德稳坦言，自己虽然不是国内最早的一批高频交易者，但也是人工高频交易的先行者。

孟德稳向《期货日报》记者说："我当时去考察了一下，人家也没有跟我们说什么，但我们大致了解了做高频交易的一些特征，比如持仓比较短、风控比较严格等。"

回去之后，孟德稳开始摸索做高频交易的一些技巧。孟德稳说："依据自己对交易的理解，我制定了一套交易规则，并在螺纹钢期货上试水。最终找到了一些窍门，一是要顺大势做交易；二是要学会坚决止损，即要做到条件反射的止损；三是提高资金滚动效率，薄利累加。"

孟德稳坦言，他们的人工高频交易真正爆发是在股指期货上。当时他们在股指期货上又摸索出了一套东西，愈来愈重视交易背后的逻辑性，以及不确定中的相对确定性。他们的股指期货高频成交量很大，收益也比较可观。

多种交易方式并存

由于高频交易能够承载的资金容量有限，从 2010 年开始，孟德稳觉得人工高频交易发展的瓶颈越来越大，于是他开始慢慢地引入程序化交易。"程序化交易发展到现在，我们的成绩还是比较好的，2019 年的平均收益达到了 116%，回撤只有 8% 左右。我们在波动性方面的研究，使我们的程序化交易系统对行情的适应力提升了。"孟德稳欣慰地告诉《期货日报》记者。

作为交易团队的核心人物，孟德稳对交易一直都有很多想法，同时也抱有很大的野心。孟德稳说："有了人工高频、人工波段之后，我认为还要补充，因为这两个都是单边的交易方式。"于是，2012 年他又逐步引入了套利交易。刚开始，他们是自己培养套利交易人才，但效果并不是特别理想，最终他决定从外部引入一个做套利交易的"牛人"，作为奇获投资的合伙人。

据介绍，目前套利交易已经成为他们最主要的资金管理方式，主要的仓位也是放在套利交易上。"套利交易风险相对比较小，收益也比较稳定，适合做大资金，尤其是对一些相对保守的投资者来说，比较适合。"孟德稳说。

据介绍，在奇获投资目前管理的 3 亿元资金中，有一半的资金在套利交易上，并且主要放在国内跨期套利上。

在孟德稳看来，将来私募基金做资管产品，必然是多种交易方式并行，不仅要有单边的人工趋势交易，同时还要有套利交易（跨期、跨市、跨品种），还必须要有程序化交易、日内超短线交易以及人工高频交易。只有多种交易方式并行，资管产品的资金容量才能扩大。同时，只有多种交易方式搭配起来操作，资管产品才能更容易形成稳定的资金曲线。

资金管理高于一切

在很多人看来，做期货交易，技术分析是特别重要的。但孟德稳认为，资金管理超越一切技术分析。"你的技术很好，但如果你用的仓位很轻，也赚不了多少钱。"孟德稳直言。很多人在做期货的时候，赚了钱就出来，但孟德稳喜欢浮盈加仓，并且通过这种方式，他在 2014 年下半年的股指期货中赚足了一把。

2014 年 11 月 20 日，股指期货在 2540 点左右长期横盘，当周线走出来之后，孟德稳顺大势、逆小势，在 2540 点左右建了一部分多单，等后面行情回踩到前期高点时，他马上又加仓。孟德稳孔认为，"这个地方建仓的好处是我试错的成本很低。"后来，在股指期货不断上涨的过程中，他又不断地浮盈加仓。12 月 9 日，在股指期货下跌 400 点的时候，他的单子都没有被洗出来，最终在 3600 点的时候，他才把单子平仓。

孟德稳说："我们讲究浮盈加仓，赚钱一定要赚足。比如，行情是大趋势向上，小趋势向下，走了几个'浪'之后，我们会切入做多，因为要顺大势、逆小势，有可能我们切入的这个点不是最好的，只要不达到止损线，我们会拿住它，但亏的时候我们不会加仓。"

除了浮盈加仓之外，赚钱的单子不要让它亏钱出来，这也是他的交易法则。"很多人都是赚钱就马上出来，而不是让盈利变得更大，这也是只有少部分人做期货能够成功的原因。"孟德稳说。

另外，对于操盘手，孟德稳认为，在期货市场摸爬滚打，他们要练的基本功还有很多，其中最重要的方面就是风控和自控。孟德稳向《期货日报》记者坦言："我厌恶风险，从一开始做期货我就做短线，目的也是为了让盈利更加稳定。我认为操盘手必须找到一个适合自己的风控。找一个好的风控比找一个好老婆难多了，这个风控要独立于交易之外，并且风控人员的水平最好高于操盘手本身的水平。"一个好的风控，必须要了解操盘手的优点和缺点在哪里，当优点出现的时候，应该能够让操盘手自由发挥，而不适应行情的时候，一定要卡得特别紧。

据孟德稳介绍，他们第一道采取的是多重风控，最底层是交易员执行交易止损，当交易逻辑变化时他们必须止损；第二道风控是交易逻辑没变化，到了止损线必须止损，由风控帮着操盘手止损。

在孟德稳看来，操盘手还必须具备很好的自控能力。"期货市场是个很自由的市场，它之所以风险大，是因为它给了你无限的交易自主性，你可以做多，也可以做空，当欲望支配你的时候，你的风险是非常大的，即使有风控，它也不可能时时刻刻管你，如果此时没有自控，亏钱会很快的。"孟德稳说。在交易的时候，他要求操盘手必须对自己的情绪严格把控，交易不顺畅时，必须有具体措施打断恶劣情绪的蔓延。

事实上，除了风控和自控之外，拥有开放的心态也是优秀操盘手必须具备的素质。孟德稳认为，"如果操盘手只活在自己的世界里，他就会遇到很多无法解决的瓶颈，而这些瓶颈可能是别人已经经历过的，他们的一句点拨可能就把问题解决了。"

鉴于此，孟德稳建议，操盘手应该加强沟通与交流，在交流的过程中，他们还可能会迸发出新的交易思路。

第 82 章　孔祥锐：翻几倍无所谓，零回撤才最理想

　　截至 2015 年 3 月 16 日，孔祥锐在期货实战排排网的参赛账户"锄获金"的累计净值增长率约 2.04，最大净值回撤为 12.97%。从最开始的个人操盘到现在和朋友合伙操作单账户，孔祥锐参与期货交易已经有三年多的时间。在此期间，他将自己的管理资金一分为二，均衡地配置在股票和期货市场上。如今，其股票市场本金翻了 2—3 倍，在期货市场的资金已经翻了 5 倍多。

确立交易风格，制定和严格执行交易策略

　　记得上大学的时候，对来自佛山的同学大多有一个特别深的印象，以为他或她都很恋家，同乡会也非常团结。新生登山活动日，旗帜飘扬，喊口号也总是最大声的那批人。后来毕业，认识的他或她都回到了共同的家乡工作、生活。当《期货日报》记者初次接触孔祥锐的时候，这种感觉仿佛又油然而生。

　　孔祥锐生于佛山，长于佛山，大学毕业、成家立业也都发生在这个归属感满溢的城市。在接受记者访谈时，一口粤式普通话似乎隐隐透露出孔祥锐性子里的保守和审慎。作为一个期货业余爱好者，孔祥锐一路走来，无论是交易品种还是交易策略，他只选择适合自己的，贵精不贵多。

虽然爱好金融，但是厌恶回撤

　　孔祥锐自认是个典型的理工科宅男，但他素来都对缤纷多彩的金融世界抱有浓厚兴趣。20 岁出头，他就开始用自己小小的积蓄来炒股。大学期

间，虽然读的是信息与计算科学专业，但孔祥锐常常热衷于利用课余时间跑到校外兼职，做的不是普通派传单或者快餐店店员的工作，而是到一些专营贵金属的经纪公司做分析员、业务销售。

2010 年，孔祥锐本科毕业后开始从事金融工作，由之前的兼职转为正职。2011 年年底，他初次接触期货。在进入期货市场之前，孔祥锐曾经如无头苍蝇般在现货交易所辗转了一两年时间。基于股票市场无法做空的前提，他被这个动辄 100 倍交易杠杆、可交易方式和标的繁多的场外市场深深地吸引住了。

"除了美元等外汇，还有黄金、原油、美股等，什么都可以交易。虽然后来爆仓了，大概亏了一两千美元，但还是觉得场外市场不太规范，就没有再做了。"孔祥锐说。在陆续接触过外汇、伦敦金及国内贵金属、股票等各类国内外金融产品后，孔祥锐发现了可双向操作和手续费率低的期货交易，他觉得很适合自己，就开始着手研究国内期货交易。

就这样，孔祥锐白天上班，空闲下来就自己看资料。因为是学计算机程序出身，入学专业又侧重于数学研究和编程，所以孔祥锐决定直接从程序化方面着手。通过自学，他尝试着编写一些交易指令，试水大宗商品交易，趋势投资、套利、短线、日内交易等策略也都一一尝鲜。

通过对国内大部分期货品种的一番研究和实战，孔祥锐选择将全部精力放在金融期货上。"股指期货杠杆很高，虽然投入资金大，风险高，但其回报也高。"孔祥锐对《期货日报》记者解释道。而股指行情和股票市场有联动性，加之股票不能做空，一般看好趋势就长期持有，同时投资两个市场就不用花费那么多精力。

"由于精力有限，我主要研究短线和日内交易。"孔祥锐表示。中长线投资研究是由每天的行情组成，有先后之分，常常要从基本面出发，很耗精力。而短线投资通过每天减少或变化仓位，可避免出现大回撤。

方式适合自己，做交易才自然

从最开始的个人操盘到现在和朋友合伙操作单账户，孔祥锐参与期货交易已经有三年多的时间。在此期间，他将自己的管理资金一分为二，均衡地配置在股票和期货市场上。如今，其股票市场本金翻了 2—3 倍，在期货市场的资金已经翻了 5 倍多。

如今，不到而立之年的孔祥锐已经成家立业，平时热爱踢足球，偶尔得空了才安静地坐在电脑前编写交易指令。孔祥锐笑着说："编写一个交易指令需要几个星期，也可能需要几个月，有时候看着交易数据来灵感了，编得就会快些。但我最关注的还是数据的回撤，要做到取其精华，弃其糟粕。"

截至 2015 年 3 月 16 日，孔祥锐在"期货实战排排网"的参赛账户"锄获金"的累计净值增长率约 2.04，最大净值回撤为 12.97%。从 2014 年 9 月 17 日至 11 月 20 日，"锄获金"累计净值一直在 1 的水平线徘徊。之后，该账户捕捉到了几波趋向性行情，屡次迎来净值直线上升的佳绩。孔祥锐说："因为是程序化交易，编好了就让它自己跑，风控措施就是有空打开交易系统看一眼，过段时间再定期研究是否需要对交易系统做修改。"

据孔祥锐介绍，"锄获金"属于追求稳定收益的保守型账户，一般仓位保持在三成到五成，最多不超过六成。"目前，这个账户有两到三个人编写指令来进行交易，但最后都要通过我来把关。"孔祥锐表示，"我目前的水平处于中等阶段，投资盈利尚可，但还不是那么成熟，需要和合作伙伴定期多聚、多做研究，最高理想是做到一年零回撤。"

这些年来，孔祥锐一直没有离开过期货市场，虽然每年在期货市场的交易都能为自己带来 1 倍或几倍的稳定盈利，但之前他做现货交易时的爆仓经历仍然难忘。孔祥锐说："每个人的期货交易方式和方法都不一样，很多方式和方法别人不愿意告诉你，即使告诉了你，你也可能学不来。"

孔祥锐告诉《期货日报》记者，他的投资秘诀要有三个"自己"，一是确立自己的交易风格；二是制定自己的交易策略；三是严格执行自己的交易策略，定期研究交易数据，找出优劣之处，再加以优化。

另外，孔祥锐还总结了两点心得，首先，多研究自己的历史交易报告，分析盈利单和亏损单，特别要搞清楚亏损单是怎么一回事儿，避免重蹈覆辙；其次，遇到重大时点或在年度事件发生之前，尽量减少仓位。

第83章　吕伟博：不要追求暴利，要做到细水长流

从钢材现货贸易转战到大宗商品电子盘，再到如今的期货市场，在市场的不断变革和演绎中，吕伟博顺利完成了职业生涯中各种身份的转变。自2013年4月参加"期货实战排排网"以来他几乎每天都在做交易。对于辛勤劳动者，上天总会特别地眷顾。参赛以米，吕伟博的交易净值曲线一直稳步上升，净值增长率达到1.64。

现货贸易商的转型

吕伟博与期货市场的缘分还得追踪到那段做钢材贸易的日子。2006年，吕伟博还是一个做钢材现货的业务员。"当时我在上海地区一家比较大型的钢铁贸易企业做现货，选择做期货还是比较偶然的。"吕伟博告诉《期货日报》记者。

据吕伟博介绍，当时他们单位有一名在股票和期货市场（当时是电子盘）都比较有资历的"老者"，他当时在上海大宗钢铁电子交易中心做螺纹钢交易，每天看着这位"老者"杀进杀出，获利不少，让吕伟博心痒难耐。

于是，在这位启蒙老师的指导下，吕伟博开始接触大宗商品电子盘交易。不过，他此时做的交易纯粹是个人账户交易。2008年，吕伟博从这家大型的钢贸企业跳槽出来，与朋友一起成立了一家钢材贸易公司。在此期间，他既操作了个人的账户，也操作了公司的账户。

"螺纹钢期货当时还没有上市，我们是在上海大宗钢铁电子交易中心

做电子盘，当时做得相当不错。"吕伟博对过往的交易仍记忆犹新。

2008 年上半年，由于原材料铁矿石和焦炭价格不断上涨，再加上冰雪灾害和汶川大地震影响，导致钢材运输秩序不正常，国内螺纹钢价格持续攀高，其中，二级螺纹钢的平均价格已上涨至 5514 元 / 吨。

当年 6—8 月，国家宏观调控政策效果开始显现，过热的房地产市场遭遇当头一棒，螺纹钢终端需求迅速减弱，螺纹钢价格也开始从高位进入振荡盘整。"奥运会后，国内螺纹钢价格大幅下挫，从每吨 5000 元下跌到每吨 2000 多元，我们抓住了这波行情。"吕伟博介绍说。

从电子盘上，吕伟博赚到了人生的第一桶金。吕伟博告诉记者："真正接触期货市场，是在 2009 年螺纹钢期货上市之后。"正是因为有深厚的产业背景，对基本面十分了解，吕伟博在螺纹钢期货操作上更加如鱼得水。

2009 年，吕伟博在期货市场初次尝到了甜头。2009 年 5 月，螺纹钢价格出现暴涨，从 3500 元 / 吨一路上涨到 4900 元 / 吨。而后，螺纹钢价格出现大逆转，从 4900 元 / 吨的高位跌回到 3000 多元 / 吨，在这波大涨大跌的行情中，吕伟博完成了资本的原始积累。吕伟博自豪地说："在这两波行情中，短短三个月内，我的盈利翻了 3—4 倍。"

2010 年是吕伟博人生的转折点。"2010 年，钢材现货波段行情还很明显，价格涨跌变化比较大，但随着产能过剩，钢材价格一直在慢慢地往下走，做期货行情，'搬砖头'的模式已经基本上不可行了。"吕伟博说道。

事实上，螺纹钢期货上市之后，由于价格透明度越来越高，螺纹钢现货做价差变得越来越难。意识到这种变化之后，吕伟博迅速地做出一个果断的决定，即从 2010 年开始，正式放弃做钢材现货贸易，专职做一名期货操盘手。

轻仓操作 + 活跃品种

确切地说，吕伟博是一个勤劳的操盘手。自 2013 年 4 月参加"期货实战排排网"以来他几乎每天都在做交易。对于辛勤劳动者，上天总会特别地眷顾。参赛以来，吕伟博的交易净值曲线一直稳步上升，净值增长率达到 1.64。

谈及盈利稳步增长的原因，吕伟博告诉《期货日报》记者，这主要得益于他的轻仓操作思路。"我一般开仓的话，都会用比较少的钱，我全部持仓也仅占到本金的 20% 左右，这样的话回撤也会比较小。"吕伟博解释道。

吕伟博坦言，很多操盘手都喜欢重仓操作，但这却是他最忌讳的东西。

"虽然他们赚的比较多，但亏起来也会比较多，重仓操作对收益来说波动太大了。"吕伟博介绍说，正确的操作思路应该是大盈小亏，而不是小盈大亏。

"如果十次中有九次错，但轻仓的话可能每次只是亏损一小部分，而对一次的话则有可能把亏的钱全部赚回来。"吕伟博表示，正是基于这样的操作思路，做每一笔单子的时候，他都会不断地试盘。

据吕伟博介绍，每做一笔单子，他都会分批入场，在入场点先买一部分，半中间再加仓一部分，最后再补仓。吕伟博说："第一次入场时，如果是朝着我预期的方向走的话，就说明这个方向是对的，如果错了的话，我可能就会砍仓。"

除了轻仓操作外，合理选择交易品种也是吕伟博不断盈利的重要原因。吕伟博说："我喜欢做一些波动率比较大的品种，比如白糖、甲醇、橡胶等。"事实上，由于在现货方面具有比较深厚的积淀，一开始他比较偏向于做螺纹钢、焦炭等期货品种，但自2014年10月开始，随着螺纹钢等黑色系期货品种的波动率逐步降低，吕伟博越来越多地尝试做跨品种交易。

"我现在做的交易一般是偏技术面的，基本面看得比较少，所以做跨品种交易跟做黑色系期货品种交易基本上没什么区别。"吕伟博坦言，"目前我更多的还是以做日内交易为主。很多品种现在日内走势还可以，有波动，所以日内交易做得比较多一点。"

不过，随着期货夜盘品种越来越多，跳空行情越来越少，吕伟博也会适当地做一些波段操作。吕伟博称："做波段的话，我比较害怕横盘，因为横盘的话需要来回止损。"

看重纪律和执行力

在吕伟博看来，做好期货交易首先要练好基本功。"怎么做和怎么看其实都是次要的，但是交易计划一定要做好，做好之后还要严格执行，不能来回变动。"吕伟博说。

吕伟博认为，做交易的过程中，纪律和执行力其实是最重要的基本功，但很多人做交易时往往会有心魔，赚多了可能会得意忘形，而亏损了可能会急躁，所以操盘手必须要突破自己，方向做错了要坚决砍仓。

"我现在基本上还是能够做到的，不过刚开始的时候确实比较困难。"吕伟博坦言。事实上，在止损问题上，吕伟博也有自己独特的想法，他认为波动率比较大的一些品种，其止损区域应该设置得宽一些，而波动率比较小的一些品种，其止损区域则可以设置得相对小一些。

"波动大的品种如果止损范围设置得比较小，需要来回止损，这样会规避掉一些假突破。"吕伟博告诉《期货日报》记者。

"仓位绝对不能超过 50%，过了 50% 就会很被动，我一般保持 20% 的仓位，30% 的仓位已经是我的极限了。"吕伟博表示。对风控要求如此严格，并非是空穴来风，因为吕伟博也吃过不严格风控的亏。2014 年国庆节前，他留了螺纹钢期货的空单，国庆节回来之后，螺纹钢价格上涨了 200 元 / 吨，当时他整个单子的回撤达到了 23%。"当时仓位是比较重的，亏损比较大，后来我在长假期间再也不留仓位了，不管是盈利还是亏损，我都会平仓。"吕伟博说道。自此之后，吕伟博便养成了一个交易习惯，即止损最大不能超过本金的 20%。

注意优化资金管理

在期货市场中，很多人设计策略是为了能够适应市场的各种变化，而有的人则根据市场变化不断调整自己的策略，吕伟博显然是后者。吕伟博说："根据市场变化优化策略，我更注意优化资金管理。"

在吕伟博看来，做期货，本金是非常重要的，没有本金谈交易纯粹是白搭。因此，资金管理是一件非常重要的事情。"看准行情、看对行情都是次要的，资金管理才是第一位的。"吕伟博不断地强调。事实上，期货市场一直不缺明星，缺的是寿星。"期货市场很多人一年翻几十倍，甚至上百倍，但很少有十年、二十年，甚至几十年保持盈利的人，因为他们不注重资金管理。"吕伟博直言不讳地说。

相较于一些盈利暴增的操盘手，吕伟博更看重细水长流。"哪怕我一年只有 30% 的收益，十年之后我的收益也是非常可观的，我更看重长期稳定盈利，而不是那种靠一波行情而爆发式地盈利。"吕伟博告诉《期货日报》记者。

或许正是基于这份求稳的心态，在一波又一波的期货明星陨落的过程中，吕伟博还能够得心应手地奔跑于期市。

第84章 武复雷：选择合适的时机进场很重要

在"期货实战排排网"上，"外星人"账户的排名一直靠前，并且没有出现很大的回撤。武复雷向《期货日报》记者坦言，他保持盈利的秘诀，除了有完善的研究和成果生产体系之外，还有高胜率和坚决止损。

专注的期货交易者

确切地说，在金融市场上，武复雷算得上是一个"资深玩家"，他已经有二十年金融行业的投资和运作经验，对价值投资和股票、期货交易具有独特的天赋。

谈及自身的从业经历，武复雷告诉《期货日报》记者，他最初在一家企业里做股权投资和并购，当时他参与一些股票交易，真正接触期货市场是在2008—2009年。据武复雷介绍，当时他们公司有一项业务便是做钢铁和铁矿石现货贸易。

"宏观调控之后，现货贸易需求减弱，再加上螺纹钢期货上市之后，现货贸易变得更加难做，如果不做套保的话都会亏钱，我们就开始研究金融工具，并借助金融工具来做套保。"武复雷回忆道。

接触期货之后，武复雷便一发不可收拾地爱上了期货交易。2013年，武复雷专门成立了一家投资公司——上海益复资产管理有限公司（下称益复投资），用于从事期货交易，主要做焦煤、焦炭、铁矿石、螺纹钢期货等几个黑色系期货品种。

"一开始我们只专注于钢铁行业，我们组建了团队，成立了研究院。我们团队对黑色产业链的研究非常熟练，无论是从技术面还是基本面都做得非常棒。"武复雷介绍说。

谈及为何热衷于黑色系期货品种，武复雷告诉记者，一方面是钢铁行业足够大；另一方面是从全球价格来看，钢铁行业的金融化程度正在从较低到较高的方向发展，这个过程中黑色系期货品种的投资机会非常多。此外，钢铁行业是大宗商品基础需求行业，中国结构化和全球产业周期调整对钢铁行业的影响也非常大。由于在黑色系期货品种上打出了品牌，目前武复雷及其团队的研发成果不仅能够为企业自身服务，同时也给外部提供服务。武复雷说："2012 年我们进入了资管行业，发了一些产品，目前我们的资管规模已经接近 10 亿元。"

据武复雷介绍，目前益复投资的交易团队已经达到了 20 人的规模，但这似乎满足不了他的"胃口"。"我们的研发力量正在逐步发展，我们现在还在招人。"武复雷说，除了完善黑色产业链基本面策略外，近两年益复投资也在有意识地增加套利、量化对冲和程序化交易策略。

据记者了解，2020 年年初他们还开发了一个新的策略，即程序化策略，专门用于做股指期货。"我们股指期货是按年化收益 50% 的规模设计，目前我们产品的表现也非常好。"武复雷向记者透露。

控制和规避人性弱点

在武复雷看来，作为一个期货交易员，选择合适的时机入场是非常重要的。武复雷坦言："我们对入场的选择非常苛刻，几乎可以说是行业中最苛刻的团队。"

武复雷表示，他们整体的入场策略选择流程是，基于宏观和行业研究，通过量化模型检测，提前至少半年对行情进行实战性预测，得出价格走势曲线，并拟定交易策略，然后进行跟踪、测试，根据影响价格的重要因子变化情况，系统做出相应的调整，交易计划也相应改变，进入交易计划测试阶段。

与此同时，测试交易的最大盈利、最大回撤、出入场时间和操作周期、加减仓步骤以及设置止损条件等，并根据测试结果，按照风险收益和胜率操作周期等情况综合评定交易等级。

"在实际交易过程中，我们一笔单子的持仓是几周到两个月不等，但止损单子会比较快，一年大约交易6—8次。"武复雷告诉《期货日报》记者，对于止损，他们一般会控制在5%以内。如果止损设计的其他环境条件，例如入场策略的核心因子发生变化，那么即使价位不到止损线，他们也会止损。

在"期货实战排排网"上，"外星人"账户的排名一直靠前，并且没有出现很大的回撤。武复雷向《期货日报》记者坦言，他保持盈利的秘诀，除了有完善的研究和成果生产体系之外，还有高胜率和坚决止损。

"我们的趋势策略每年的操作非常少，仓位非常低，基本不太动用杠杆，主要是低频高胜率稳健风格。"武复雷说。事实上，他管理的产品能够实现稳健盈利，与他的投资理念有莫大的关系。"我们以朴素的价值投资作为核心投资理念，通过建立价值模型跟踪产品的动态价值变化，寻找产品价值偏离或动态成长的交易机会。"武复雷特别指出。

另外，在交易策略方面，他们在入场的时候就已经设计好了出场环境，确定了比较明确的出场时间和点位。武复雷说："我们有一套独特的评估系统，设置了非常严格的入场条件，我们会忠实地执行它。"

同时，情绪管理也很重要。"'外星人'账户没有出现较大回撤的主要原因，首先是我们控制好了情绪，控制好了人性的弱点。"武复雷表示，控制和规避交易风险实际就是控制和规避人性的弱点，然后才是就事论事，设定好止损条件，并坚决止损。

不过，武复雷也表示，在期货交易过程中，他最看重的还是心态。"抛弃胜负心，保持心如止水，从容面对市场或账户波动带来的负面或正面情绪，这对交易员本身来说更像是一种修炼。"武复雷坦言，如果交易员能够做到这一点，然后再使用正确的交易方法，并在正确的时间做正确的事情，交易就一定能够获得成功。

市场充满变数，武复雷从不敢安于现状。2019年，他进入北大金融衍生品与期货研修班，与老师同学一起从不同角度对期货市场进行分析和研究。武复雷强调，交易的过程中还要不断地调整和优化自己的策略。"具体策略都会根据市场的变化不断调整，适时发现策略误差并解读市场环境进行策略修正，是每一个专业团队最核心的工作内容之一。"武复雷说。

不过，武复雷也指出，有些构成策略设计的基础依据在相当一段时间内是不会发生变化的，比如人性、供求等。

第 85 章　朱浩青：捕捉小概率的稳手

在江南水乡昆山城内西北隅，有座亭林公园，绿水青山，秀色相映。以此为账户名在"期货实战排排网"上展示两年多的操盘手朱浩青生于这片土地，并稳步开辟出自己的期货之路。

与很多追求速度和高收益的期货新手不一样，朱浩青进军期市的时候就以稳妥为先，一开始就选择了走相对稳健的程序化交易之路。虽然他的收益曲线有起有落，最大回撤也有 26.17%，但他的交易净值曲线一直处于稳步上升当中，两年多来净值增长率达到三点多。

两个月亏损可以靠一天赢回来

70 后朱浩青投资广泛，早年在股票市场上也打过滚，直到 2011 年在朋友的影响下踏足期货领域。由于朋友专门研究程序化交易，在朋友的影响下，也就跟进了这个门。

所谓程序化交易，就是所有的规则都已提前制定好，何时买入卖出，如何做空做多，投资者只要严格按照规则执行就可以。这就好比使用傻瓜相机一般，不用调节镜头，不用调节快门速度，直接摁下拍摄键捕捉风景就行。当然，制定什么规则就要看交易者本人采用什么策略。

在两年多的时间里，朱浩青始终专注于沪深 300 股指期货一个品种进行日内交易。在反复试验了几种策略之后，他定位于现在这套策略，基于大数据的量化分析，捕捉日内行情。从他的收益曲线来看，有过几波直线型拉升，特别是 2019 年 11 月底开始的一波行情中，一个月的时间他的净值拉升一个多点，走线几乎是垂直向上一路飙升；而 2013 年底开始的半年左右的时间里，又基本是上下震荡获利不多。这也正是朱浩青的策略所在。"我设置的条件基于概率捕捉大行情，一年总会有那么几次，而平时可能会出现一定回调，但一次盈利可以追回两三个月的亏损。"

的确，程序化交易追求的是长期稳健的获利，并达到财富累积的复利效果。经过长时间操作，年平均收益率可保持在一个比较平稳的水平之上。正如朱浩青认为的，程序化交易可以在交易过程中克服人性的弱点，人的情绪化因素，比如贪婪，恐惧，做事不果断，赌性等等，这都会让一个人在正交易的时刻突然改变原有的计划。而程序化交易是一切功课在事先，电脑随后不折不扣地执行，应当说几乎百分之百地做到知行合一。

由于设置了较为严格的参数，朱浩青每个礼拜只平均交易三四次。这样也让他从盘面的辛劳中解脱出来，让他的生活和工作都保持了一个很好的平衡，并未像很多盘手觉得有多辛苦。"我不用天天盯着盘面，心跳跟随着分秒演变的行情跌宕起伏，我希望做期货能是轻松快乐的。"他对基本面也不甚研究，策略也是基本不受其影响。因为他认为，一个人对基本面的了解总是很难全面，市场波动也越来越难以预料也就很难把控所谓的"真相"。

虽然最近的几波回调让朱浩青原有的盈利费去不少，但他并不担心，也不打算更换策略。"以前我也碰到过几次较大的回撤，但我对自己的策略信心尤在，我相信之后会有机会追回。"在这样的信心支撑之下，即使有十多个点的回撤，朱浩青也没感到压力山大。"对于亏损，如果一开始就设定好一个范围，做好心理准备，等真正到了低迷的时候也就不会承受多大的压力。"

不把鸡蛋放进一个篮子里

期货人对风险的神经总是特别敏感。风险承受能力不错的朱浩青的风险意识也许更甚。打从开始进场之时，他就没把"鸡蛋放一个篮子里"，就算现在他投入期市的资金也仅仅占到他可用资金的三分之一，以前更少，这也许正是他能保持相对轻松心态的另一个原因。

在期货交易上，朱浩青却没有走很多人"多品种＋轻仓"的稳妥路线。2012年作为期货市场的初生牛犊之时，他就重仓进场，重金相搏，走线迅速向上，收益可观。

然而几个月后，他却做了一个重要的改变，由一次建仓改为分批建仓，首次建仓只投入大约 30% 的仓位。"2012 年底一波行情我抓到了，那时候我一次性满仓，但是后来调整回去，两到三次大一点的止损就能把前一段的大赢消耗掉不少。虽然我的策略整体收益不错，但我也渐渐意识到重仓的风险很高，现在还没出大问题也许也是运气使然。"

在相当长的一段时间里，他坚决执行自己的这个决定，分批放置"鸡蛋"，浮盈加仓，即使有大半年的时间盈利曲线处于"横盘"状态。

谨慎如此，但他在光大"乌龙指"事件里还是承受了一次痛击。由于对交易滑点的考虑不足，在那天史无前例的急速下跌中，他挂的单始终无法自动成交，损失不小。但多亏了之前的未雨绸缪，这一击对他没有致命，幸运地没有成为"秒杀"集团中的一员。

得此教训，朱浩青马上调整自己的策略，"现在我改为最新价加上 10 跳（10 个基准点），以避免在类似行情中再吃亏。"正如他认为一套策略的好坏正是要看其适应性，他的策略在两年多的历练中保持主干而不断进行修正枝蔓。他参加"实战排排网"的初衷也是把自己的交易"写上日记"。"由于我不是每天都做交易日志，通过网上查看自己的账户信息，参照自己交易的各种数据、盈亏线及时调整策略，作一些回顾和反省。"这种不断完善的策略帮他在 2019 年的大行情中打出漂亮的一仗。"2019 年的大涨行情其实出乎我的意料，而我的策略刚好也比较适合。"他笑言。

2020 年以来，朱浩青重新走回重仓路线。并不是他的风险意识淡了，而是因为期货公司邀请他参加操盘手计划让他意识到资金利用率提高的好处。据他透露，这个计划等于设立私募基金，他可以出资做劣后，但是得承担 8% 的资金成本。但因为做日内行情，每日收盘后存进银行买理财的 4% 收益却没有了。反之存进银行还会有 4% 的利息，这样一算，来回有十二个点的借资成本，超乎他的风险底线。"赢了固然好，但是亏损的风险很大。稳妥第一，盈利为后。"所以他宁愿提高自己的资金使用率，"这样也相当于加了杠杆，而不必承担借钱的风险。"

调整仓位后 2020 年的走势并不如意，让他的获利回吐不小。对此，虽然在他的止损范围内，朱浩青坦言也正在考虑重新降低仓位。"我对自己的策略还是比较有信心的，20% 内的回撤都还比较好控制。但是出于稳妥考虑，在仓位的控制上可能会先调整一下。"如同很多人一样，他认为高收益必然需要承受高风险，这不是他要的，"首先是要活着"。

第86章　唐正勇："股指精灵"的股指期货经

唐正勇，江苏无锡人，期货实战排排网"股指精灵""股指精灵2015"两个实盘账户的操作人。其1993年开始做股票，2010年开始做期货，目前是专职操盘手，专做股指期货，在股指期货受限之后，果断退出，休养生息。期间对商品做了多方面研究并筹备自己的私募公司，待条件成熟再杀入期货市场。操作手法以短线、中线为主，只做技术分析，纯手工交易。

多年坚持，守得云开见月明

在大型国企工作，年薪超20万的唐正勇却对金融市场情有独钟，特别是在股指期货上市以后，更是一发而不可收拾，用他自己的话说，股票有涨有跌，而且没有杠杆，这远远不能满足他的投资需要，因此股指期货上市，成了他萌发辞职念头的导火索。不出所料，这也引起了家人的反对，毕竟，稳定的收入和拥有很多不确定性的职业操盘手相比，家人的不理解亦无可厚非。

于是，唐正勇也像许多非职业操盘手一样开始了一边工作，一边炒期货的日子。

唐正勇认为复习和预习都非常重要，他每天收盘后要对当天走势进行复盘，分析自己为什么会盈利或者出错，还有哪些位置应该出手，这样日积月累的复习，感觉自然就来了。他还会预判明日可能的几种走势，几种走势中有没有符合他的切入位置。唐正勇认为开盘后要做的就是等待走势出现，然后找到那个切入点，同时还要根据盘面表现不断地修正前期预判，一旦无法理解当前的走势，立马袖手旁观。有的时候做完一波行情，完成既定盈利目标，他也会选择休息观望。如果手中有隔夜仓的话，他还要预判上涨、横盘、下跌三种情况，想好应对策略。

总算是功夫不负有心人，经过长期的学习和对技术指标的分析、研究，唐正勇的盈利模式也逐渐趋于稳定，也最终守得云开见月明，用成绩说服家人，换来了家人的理解和支持，于是辞职，开始专职操盘，再也不用担心因为开会、电话、学习之类的琐事烦心了，"家人的支持和理解是我2014年得到的最好礼物。"唐正勇如是说。

风险控制，仓位管理是王道

"期货的杠杆，以小博大，每日波动的走势曲线是那样的美妙，神奇K线图中蕴含的密码，引无数英雄竞折腰。我觉得期货不光是一个金融工具，更像是全世界最大的网络游戏，有人在里边呼风唤雨、称王称帝，有人则是哭爹叫娘、夜不能寐，而这正是其魅力所在，我想我的生活已经离不开期货了。"唐正勇说道。

以小博大，杠杆原理，自然也是期市的魅力所在，但杠杆也是把双刃剑，既能充分利用资金，扩大利润，又是把大部分资金置于险地，风险倍增。于是风险管理便显得尤为重要。唐正勇的秘诀便是：把仓位管理时刻放在首位。"仓位轻重决定心态，心态会影响判断，所以合理控制仓位能够提高判断正确率。交易中，我最看中的是仓位管理，我的仓位一般情况下绝对不超过50%。"唐正勇说，即便是50%的仓位，也是分三次投入，一般是先轻仓试探，然后再找适合的机会第二次、第三次参与这个波段，当然这是在趋势正确的情况下，万一做错了方向，就得在解套或者少亏的情况下择机出局，决不加仓硬抗。

唐正勇表示轻仓时的回撤是无须担忧的，只有在重仓的情况下，当走势与预判方向相反，往往会出现惊恐，而且由于期市杠杆的作用，重仓操作的话即便看对了方向，一个稍大的波动也可能会造成无法挽回的损失，所以轻仓操作是他日常操作的主要风格，没有绝好机会绝对不会轻易重仓运作。

之所以只做股指期货，唐正勇认为，一是因为之前的50ETF看多了，慢慢对大盘指数有了一定感觉；二是股指期货的交易量很大，有利于资金运作；三是它受人为控制的概率极小，现在的股指期货已经被各方力量参与，高度贴合标的指数沪深300，任何单股力量妄想左右其运行轨迹，结果往往是偷鸡不成反蚀把米。他认为股指期货有自身的运行规律，但这个规律又不断被他一次次地扬弃。

充分准备，磨刀不误砍柴工

经过多年的研究，使用纯技术分析的唐正勇有了自己行之有效的指标体系，而且这指标体系也不是一成不变的，一旦这个指标体系不能适应市场或者出现了偏差，就要及时修正调整。有句俗话叫"磨刀不误砍柴工"，学习和研究的过程就是磨刀的过程，这个过程绝对不是耽误时间，而是必要的积累过程，只有做好了充分的准备，才能在市场中少跌跟头，少走弯路，从而更快地适应市场，达到盈利的目的。

"没做好准备的时候，不要轻易去尝试。"唐正勇说，自从2015年股指受限，他就撤出市场，开始休养生息，他认为在商品期货这个自己不熟悉的领域，在把握不大的情况下盲目入市，只会给自己带来更大的损失，因此还不如沉下心来，做一些研究或者别的工作。"没办法，看不懂啊，不要总想着利润最大化，挣自己能把握的钱才是智者，看不懂的行情绝不要碰。"

对于那些总能引起市场大幅波动的消息，唐正勇的做法是自动过滤，完全不在考虑范围，他认为这些消息只能在短期内左右市场，长期来看毫无意义。

最后，唐正勇也给出了自己的忠告，"有赢必有亏，会亏才会赢！市场里没有常胜将军，只要从每一次的失败里都能找到问题的症结，那么离成功就又近了一步"。

也正是在这段休息的日子里，唐正勇除了加强对商品期货研究之外，也开始考虑组建团队，成立私募公司的事情，毕竟一个人单打独斗的日子太累了，如果能有一个团队，团队成员之间能有商有量，优势互补，或许会带来更大的收获。而经过一段时间的筛选和筹备，唐正勇双管齐下，私募公司的筹建工作和对商品期货的研究工作都基本完成。"下一步，我觉得自己准备得差不多了，应该很快就能重新杀入市场。"对于未来，唐正勇信心满满。

第87章　冯云华：一个靠技术图形稳定盈利的日内交易者

大学学金融，毕业进期货公司工作，冯云华自然而然与期货结下了不解之缘，而且其最初是在期货公司风控岗，深谙"期市高风险高利润"之道的冯云华对期货市场有自己的理解。

科班出身，深谙风控之道

最初在期货公司风控岗，"这段经历主要对我的风控体系的形成具有十分重要的作用，所谓'没吃过猪肉总见过猪跑'，而风控岗位的工作性质让我见识了太多太多不该有的亏损，同时也见证了简单的方法即可实现盈利这一终极目标，可以说这段经历极大缩短了我迈向稳定盈利的过程。"冯云华说。

自律平和，期市成功之道

冯云华的成功之道，主要体现在三个方面：

一、克服人性的弱点。这是记者采访过程中选手提到最多的问题，特别对主观选手来说，克服人性弱点，严格自律便显得尤为重要。同时，想成为一名优秀操盘手，具有独立思考的能力以及敢于承担错误并卷土重来的勇气也是非常必要的。冯云华强调，"因为在复杂多变的金融市场中，机会无处不在，但是却不可能任何机会都想抓住。同时在交易中又不可能一直正确，加上人性的弱点，很容易变为赌徒，所以自律能力是重中之重。"

二、劳逸结合。这个在大多行业都适用的道理，对专业者来说亦犹为重要。说到在期市投资中成功的经验，冯云华认为人的精力有限，应该把交易与生活分开，不要使彼此产生影响。特别是生活中的烦恼不愉快不要带到交易中来；交易时的不顺不要影响正常的作息和生活。

三、回撤控制。冯云华的交易理念基本是积小盈为大盈的模式，但是亏损、甚至较大的亏损也不少见，在这种情况下，回撤控制非常重要，因为控制回撤即控制风险。在这方面，冯云华强调两点原则必须坚守：第一是仓位控制。虽然该选手是日内短线操作，重仓甚至满仓亦不可取，除非在非常有把握的情况下。平时最多持有 50% 的仓位；第二便是情绪控制。因交易不顺导致心情不平静的时候绝对不可以频繁操作。

技术图形，品种选择之道

从期货实战排排网上可以看出，基本上对所有的品种一视同仁也是冯云华账户的特点之一。由于只采用技术分析，从不考虑基本面的因素，只根据技术图形决定操作方面，因此冯云华的操作没有品种的区别，最终交易的都是特定的图形及形态。但为了尽可能多捕捉到盈利机会，不断切换品种便成了家常便饭。

而谈到自己技术分析理论的形成，冯云华的说法则有些轻描淡写："技术分析不外乎那么多，随便买一本书都可以学完。"但要真形成自己的一套理论和模式，却非易事。"要真正掌握任何一种都需要不断实践积累经验，这方面没有任何捷径可走，也没有任何人帮得上忙。我一开始也是基本上尝试过所有方法，都懂一点，就开始兴冲冲交易，最后结果不言而喻。而且最后发现操作方法必须与自身的性格特点结合起来才可以发挥到最好，所以逐渐排除了其他不擅长的方法，仅仅保留了振荡为主的操作方法。"而既然有了自己的理论体系，便要坚持下来，不能受外界干扰，这一点，冯云华做到了。在操作中主要是寻找支撑阻力位，并结合盘口来确定操作方向。虽然时不时难以避免会听到或者看到某些相关的评论或者消息，但是会尽量在交易中不受这些因素的左右，而仅仅以技术分析为准。因为他相信：所有的一切最终都会在价格上反映出来。

对于自己目前稳定的盈利，他表示想要盈利稳定就要保持好的心态，要对自己的方法和盈利能力有清晰的认识，否则就可能该收手时收不住，不该出手时频繁出手，最终与预期相差甚远，对于冯云华而言，每个月

10%—20% 的收益是一个比较正常的水平。

不断转型，适应市场之道

"肯定有影响，不过好在并不是全面上调。"提到近期部分期货品种手续费的上调，冯云华的表现很平静。他认为，作为期货市场的一员，任何时候都希望看到市场健康成长而不是暴涨暴跌而引起的怨声载道。但要不断地适应市场的发展，转型便成了必然。

冯云华认为，转型意味着局限与不足。他在当前情况下已经在尝试新的交易方法，作为一个日内短线交易者来说，手续费自然是他决定转型的原因之一，但最主要还是因为短线交易容纳的资金量实在是非常有限。

"与这个市场的'老人'相比，我经历的不算多。"冯云华说。"这十年中感触最深的还属 2009 年与近期 2016 年的商品期货手续费上调以及 2015 年股指期货的手续费上调以及政策干预。虽然这些措施属于交易所章程中明确赋予其的权力，但对于一个完善的市场来说不应该被频繁使用，所以说明我们的期货市场还有相当长的路要走。"

因为目前中国期货市场品种结构明显不太合理，但也是不得已的必经阶段。国际市场 90% 以上成交量都是金融期货，但是国内市场环境及政策制度等都还跟不上，因此他希望市场逐步完善而不是停滞甚至倒退，不要经常看到政策干预市场的情况出现。期待股指解禁，期货市场才能继续向前健康发展。

道不同不相为谋，组建团队要随缘

作为一个在期货市场单打独斗且闯出了自己一片天地的"成功人士"。冯云华对组建团队并没有太大的兴趣，正所谓道不同不相为谋。他认为性格决定行为，行为决定习惯，习惯决定命运。如果选择合作伙伴，主要注重综合素质，最关键要志同道合，没有确切的标准，因此组建团队，只能随缘。

期货市场的魅力在于不管你的出身、身份、学历、资产等等，大家都是平等的，有能力就可以生存，可以算是理想国的一个缩影。而个人与团队各有优劣，就如同船小好掉头的道理一样，个人决策等等始终是效率最高的，但是装载量却跟大船不可相提并论，没有最好，根据不同需要而定。

第88章　刘永：心态好，人自然无敌

2003年，刘永开始接触期货，然后辞去公务员，做专职期货人。他是期货实战排排网优秀账户"刘逸夫1"操作人，该账户于2015年6月1日注册，主要操作沪深300股指期货，截至2016年2月1日，累计净值5.972，净利润为270.2万，其后该账户一直处于休息状态。

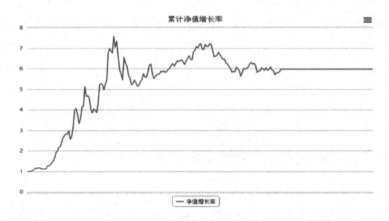

排排网1：刘永先生，您好！感谢您在百忙之中接受期货实战排排网的专访，贵账户主要以程序化交易为主，那您现在是专职做期货吗？

刘永：我现在有自己的服务器，已经完全实现程序化交易。我认为，期货的功夫不在实盘盘中，而在期货之外。我算是全职的期货人，可我现在几乎所有的时间都用来修身养性。我所做的很多事情看起来跟期货没关系，但其实都是为了更好地交易。期货做到一定的程度，交易员能悟到一点，那就是心态才是最关键的。

排排网 2：那您觉得自己的心态较早年交易有什么转变吗？

刘永：因为已经有了一些资金积累，已经从创业转为守业。目前只用小部分资金放在期货上，这样更容易稳定心态。我也不提倡投资者博弈的心态过重，一次性投入太大想着一次发财，这对期货不合适。

排排网 3：刘总，给我们分享一下您在交易之路上令你难以忘怀的事情，您有没有遇到过诸如强制平仓、爆仓类的经历？

刘永：我这样认为，对于职业的交易员来说，没有实现程序化之前，强平爆仓都是常事。不过我算是幸运，一直控制得比较好，强平有过，但没爆过仓。

排排网 4：那您认为自己遭遇强平的原因是重仓还是行情大幅相背？

刘永：强平之所以出现，表面上是天灾（行情变化），其实还是人祸。比如 2008 年国庆节之后的连续跌停板，当时包括我在内，不知道有多少投资者一夕之间见财化水。我的投资习惯是小资金运作或者轻仓，交易员要对自己的持仓有承受反向停板的能力。当时的橡胶和铜都有过。当时我还有团队，放假前沪胶已经跌停板了，但还是抱着一丝希望没有平多单，节后损失很大。也因此让我放弃了团队操作的思路，转变为全部由个人决策。我认为期货不能几个人商量着做，只能自己一个人。平时可以交流方法，但不要沟通太多行情上的事，容易互相影响。直到今天我也很少与人交流行情上的事，这也为后来的程序化奠定了基础。

排排网 5：刘总说得很有道理，人观点不尽相同，容易干扰交易决断。刘总，想必您之前也是从主观交易转为程序化交易的，那您认为这个主观交易跟程序化交易到底有何不同？

刘永：这个问题很好，我简单谈一下。期货交易的核心是规则，那么建立规则并且遵守，是大多数交易员要走的路。什么时候守住了，也就有了生存的能力。而规则，建立起来还是比较容易的，一般的投资者学习一段时间都能做到，这就是分析阶段。但是想要守住，我认为这是万中无一的。这就是很多人都会分析，行情都看得通透，但是眼高手低，做不出来。这个很简单的道理，堵住了绝大部分的投资人，甚至把他们逼入绝境。但是规则难守，相当难守，包括我自己。所以才把规则输入电脑，由他来执行。而我个人，也不再看盘。其实不是不想看，而是不敢看。所谓规则，就是该进的时候敢进，该出的时候舍得出（不管盈亏）。所以我有一个信条：不以盈利为目的的交易，才可能长久。

排排网 6：刘总，这个规则是不是就是我们常说的严格止损止盈？

刘永：这个进出，实盘当中都要承受很大考验，人力有时穷，电脑则没问题。纵观全球，很多世界级的大师也在期货上晚节不保，这还是犯了不守规则的错误。大多数的巨额亏损，都是因为交易者个人放弃了自己亲自建立起来的规则。所以我说，不是天灾，是人祸。规则跟个人的实际情况挂钩，有人喜欢短线，有人喜欢趋势。有人承受力强，就放大止损，所以他们慢慢地都会找到适合自己的方法，我建立的准则是，你的交易能让你吃得下饭睡得着觉，也就是控制在心态不乱的范围，会好很多。

排排网 7：那您是喜好短线还是趋势交易策略？

刘永：我以趋势为主，重点关注的行情到来后才参与。没有行情的品种，就是死水一潭，很难做出利润。而趋势一到，再简单的交易方法也能实现利润。只要顺势而行，就算是偶尔犯错也容易获得市场的原谅。大牛不跌，大熊不涨，如果有调整，这不算是趋势，或者说回调意味着趋势结束。而这个趋势，是针对短线、中线、长线都有，我设定的是半年以上甚至几年的大方向，

排排网 8：那您在交易时都选择何种交易理念呀？

刘永：我的交易理念是共振。首先确定一个品种几年内的大方向，这是你的主要交易方向。然后在大趋势里寻找小的趋势，一段一段地做出来。说简单点，就是在牛市当中不断地逢低买入。熊市一直逢高空。而且严格止损，这个由程序来完成。

排排网 9：这也就是说大趋势中建仓的单子盈亏先不管，小趋势就加仓？

刘永：可以这样。但是如果你的趋势，也就是大方向也要程序化自动判定的时候，你的交易就真正地从容了，甚至可以在大牛当中偶尔做点空，而且敢于扩大利润。我 2019 年 7 月份在股指上的长空就是这样来的。交易者对未来的判断，可以是大牛，可以是大熊，也可以是长期盘整，也可以是 V 字反转，然后去设定不同的交易方案，甚至在意外出现时见机而行。

排排网 10：您在交易时将规则给了程序化交易，那么您主导程序化交易成功的因素是什么？

刘永：严格来说还是以市场的实际走势为准则，市场说了算。我们做的只是跟随，当市场走势与我们的判定不符时，不能硬扛，而是老老实实调整自己。程序化的建立也很容易，关键还是这个"守"字。有了程序化，自己坚持不住也是空谈。想守就要练心，这就回到修身养性的重点上。

排排网11：刘总，那您觉得自己在交易过程中除了心态有所变化，操作风格有没有转变？

刘永：风格没有大变化，只是更稳，更灵活。这行不能硬扛，也不能太多小聪明，更不能急功近利。要的是长期稳定的利润，所以说做期货做的是"生存"。

排排网12：现在交易全部给了程序化，那您还关注基本面分析不？

刘永：不研究。我从不研究基本面，行情到了会在图形上显示。基本面、外盘、同行交流，这些我都不做，只是一张图足够了。

排排网13：刘总，问问您对这个期货市场的看法，好多期货品种都被交易所采取"提保扩板"措施，现在的市场是牛市吗？

刘永：这一点我可以肯定，是牛市。我会确定品种然后按长期大牛的思路操作下去，资金也已经到位，损失也已经设定。

排排网14：刘总，您在交易上也颇有成就，那您给初入期货市场或者依旧挣扎在期货之路上的投资者一些忠告建议吧！

刘永：在投资上，你要有自己的产业链，哪怕只有10万，也要分成几份做不同的事，只拿一两万来做期货，这是一个循环，越滚越大。分散投资，其实也是为了心态。心态很脆弱，千万不要失守，谁心乱，谁就出事。期货是高利润高风险，要一直惦着他的风险，每一笔交易都要想好退路，先让自己立于不败之地，然后再考虑利润的事。所以我的交易就两点：一是心态至高；二是生存至上。所以我工作的重点就是想一切办法，保持住自己良好的心态。我不怕亏损，我只怕破产。市场归根结底还是人与人之间的对抗，研究人，研究投资者甚至对手，这是一辈子的课题，不能间断，也要跟上市场的节奏。

第89章 周战平：持续稳定的盈利才是王道

周战平，浙江东阳人，70后。曾从事过建筑、服装、餐饮等行业，现为职业投资人。1999年初入股市参与股票投资，2002年开始实现盈利，在2008年股市暴跌中仍能获得20%—30%的收益。现投资模式主要以股指期货为主，股票投资为辅。在股票和股指期货交易过程中逐渐形成了技术形态分析＋主力行为分析的独特交易模式。

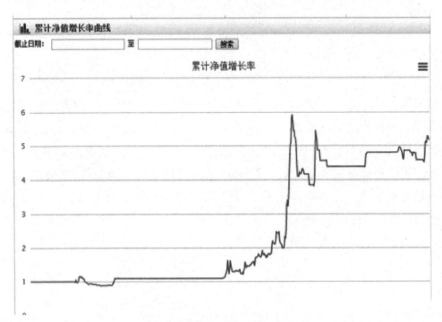

周战平累计净值增长率曲线

股票转战期货

2015 年的中国资本市场注定要被历史所铭记。股市由"疯牛"急转入熊，从万众狂欢，到惊天逆转，一波三折；股指期货刷新了新的成交量记录却又陷入"是非泥潭"；跌宕起伏、波谲云诡的市场行情令资本财富重新洗牌，多少曾经的财富传奇面临清盘的窘境。尽管如此，依然有一些优秀的投资人，凭借其高远的大局观、敏锐的判断力、坚韧的意志力，顺势而为，不断创造着财富神话。

许多参与期货交易的投资者，都是通过股票市场这个间接"媒人"的介绍。周战平也不例外。1999 年初入股市参与股票交易，2002 年股票投资开始盈利，2004 年受"股友"影响开始接触期货市场，但由于期货投资风险较大且容易爆仓，考虑到股票投资刚有一些头绪，并且自己慢慢地在股票投资中积累了自己的投资经验，因此打算等股票投资有相当的成绩以后再开始参与期货市场的交易。这一等整整等了六年。

"这六年中自己对股市的认识和投资成绩都有了质的飞跃，期间一直在期盼着股指期货的推出。2010 年推出股指期货，我很早就跑到期货公司去开设股指期货的交易账户，2010 年 4 月 16 日开盘第一天我就参与了股指期货的交易，并果断开了空单，成了第一批股指期货的投资者。"

"机构"角色的转变　收益扭亏为盈

资本市场里摸爬滚打，交点儿学费是难免的。周战平起初投资股票也并不是很顺利，1999 年刚入股市的时候，虽然赶上了一波牛市，但却没有像坊间传说的"牛市傻子都能赚钱"一样有所盈利。客观地说，前三年股市基本是亏的，2001 年"牛熊转换"之后，一度亏损达 50% 之多。

"哪里出了问题呢？后来我反复思考后总结出失败有两点原因，一是对板块轮动的后知后觉，二是总是把机构作为假想敌。"股票市场上板块之间是有轮动的，踏不准节奏，总是死守着一个板块就会错过许多赚钱的机会。

"散户基本上都是在人气火爆的时候选择进场，而这正是机构选择离场的时候。"周战平总结自己失败的经验后，将原先以"散户思维"投资，把机构当做假想敌的思路转变为以"机构思维"去做投资，分析散户的投资心理。投资思路的转变，为周战平带来了"柳暗花明"的效果，慢慢地，开始扭亏为盈，并完成了跨入期货市场前的资本的原始积累。

周战平专注于股指期货的交易，参与期货市场投资六年，至今未曾涉足商品期货的投资。他觉得，"要做相对有把握的事。"因为有多年股票投资的经验，加上股指期货是股市的衍生品，股票大盘的现货走势最终决定了股指的走向。股指期货对他而言是熟悉的、亲切的、有规可循的。商品期货品种较多，基本面因素错综复杂，研究起来耗时又费精力，对品种分析的逻辑思路不够清晰，把握度不高，因而仅单纯地参与股指期货的交易。

头部判断"六准则"

1. 人气非常火爆，几乎人人谈股，遍地股神。
2. 市场大部分股票涨幅巨大。
3. 成交量，在头部以前有一根放量巨大的阴线。
4. 大盘现货和股指期货出现一定的背离。
5. 出现大的利好或利空（在大盘高位，不管利好利空都是利空）。
6. 技术指标背离，板块指数的是否可持续性。

"2015 年这个头部都已经具备了中期头部的所有条件再加上杠杆的作用，表现就更加猛烈，形成股灾。这一个头部我做得不错，在 6 月 15 日准确开了空单，仓位在 2 到 3 倍杠杆。"

止损和止盈 必不可缺

期货市场机遇与风险并存。2015 年股市的急跌令许多投资者损失惨重。周战平却幸运地躲过了西西弗斯魔咒，并获得了较高的投资收益。

"我一般都只做看得懂的行情，如果错了，快速止损，所以回撤也会相对少一些。"周战平认为，只要是大的趋势性行情，都是经过精心策划和准备的，股市每一个阶段都有它自身的规律，特别是重要的阶段性头部和底部。但事实上，即便是再厉害的投资大佬也无法"在最低点进，在最高点出"。

见好就收的道理是很受用的。盈利以后，选择什么时点止盈是一门投资艺术。时点选择得好，盈利就会扩大，时点掐不好，也可能会出现由盈转亏的情况。

"基本上我每次开仓都会设好止损，盈利以后也有止盈位。止损位的设置我主要采用固定点位止损和亏损多少点止损两种措施。固定点位止损价位每天都会调整，亏损多少点止损会根据市场的波幅一段时间调整一次，具体持仓时间要看行情波动情况而定。另外，不同的开仓方法我也会采用不同的止损策略。"

2015年股指期货的波动较大，相比之前，交易的机会更多。"为了防范风险我会采取仓位控制的方法来控制回撤。一般波动越大仓位越轻，波动小仓位加重，控制一个整体波动率。"

如何抓住投资机会？

周战平："一般来说，有两种情况机会较大。一是市场短中期均线出现黏合的时候都会出现大的交易机会。二是当交易价格偏离中长线均线较大的时候，会出现反向交易机会。"

当市场发生突发的反向行情时，及时止损的同时也要调整好心态。"2015年6月4日我判断大盘出现双头，早盘果断开了空单，到下午开盘以后赢利200多点，原来以为可以持有一段时间，下午市场又重新拉起，最后基本平盘出局，防范股指继续上行风险，也为下一次做空保持一个平和心态。"

在等待中发现机会

一个优秀的操盘手，耐心是必需的一项品质。比如，2019年股灾后，周战平觉得市场已经走熊，而国家出台了很多救市政策，并动用了万亿资金救市，市场多空理由都很充分，这令自己的交易理念陷入矛盾的状态。9月份股指期货限仓，周战平选择趁此机会暂停交易，沉淀自己，总结经验，等待自己的判断逻辑更加清晰再继续交易。

最难忘的一次交易经历：2014年12月9日，股指单日振幅466点，呈"倒V"走势。早盘股指一路向上，下午开盘后继续冲高。周战平在3465开了空单，随后3471点股指狂泻，到2点30分左右赚了250点，有点胜利冲昏头脑，随机加仓反手，后面15分钟再狂泻200点，股指被打到跌停。几乎没有反应的时间，把当天的利润全部打没了。原打算2点45分以后反手的，相差15分钟，差距巨大。还好没平仓，到收盘拉回一些，有一些盈利。

商品与股指惺惺相惜 背离时应提高警惕

"商品期货和股指期货经常会有联动，无非波动的节奏上有大有小。有时也会出现背离现象，更应该引起重视。"周战平认为，前一段时间商品期货暴涨（特别是黑色系），但相关股票却涨幅不大，出现了背离现象。这说明股票市场主力并不看好景气周期的可持续性，而一旦商品回落，相关股票就会带动股指加速下跌。最近阶段刚好又是多条均线黏合，引起技术面共振，大盘加速下行。

商品期货在2020年的上涨是因为之前两年跌多了，有些产能已经在慢慢出清，加上年初国家提出供给侧改革，给市场提供了一个良好的做多机会。但是去产能是一个漫长的过程，市场最终还是会回归最初的供求关系。

周战平建议中小投资者和散户投资者要么转型成专业投资者，要么把资金交给专业投资者管理，毕竟正常情况下，专业投资者在很多方面会比普通投资者做得更好。

第 90 章　杨湛：做个勤奋的有心人

> 杨湛，期货大咖。复杂的事情简单化，至简至纯，越简单才能越接近真理。做投资亦是如此。不要把问题想得太复杂，有心，用心，恒心，就能如心。

过滤掉复杂，才能品尝出至简至真的美好

有一次，跟杨湛电话联系，信号突然中断。没过多久，他发来一条信息："我在地铁上，晚些时候再联系。"一位成功的交易者，将地铁作为日常出行的主要工具，他的生活就是如此朴实、简单，多年来心态也愈加平和、淡然。

交易起步阶段，杨湛曾采用高抛低吸做"小趋势"，资金量每年呈现数倍增长。近年来，他可以放慢交易节奏，有时候一笔单子会拿两三年，目光也延展至国际市场寻找更多机会，比如，在当前全球商品期货没有明朗方向时，杨湛就把主要精力放在了港交所人民币期货上。

"小趋势"转成"大趋势"

十年的股票操作经历，杨湛用四个字概括：刻骨铭心。那个时期，他就明显意识到交易是个职业化的事情，而期货是个更为专业的市场，如果想练剑就得先练基本功，不然还没等别人出招，就可能会自己先伤了自己。

于是，杨湛花费时间和精力去琢磨期货交易的理念和技术，并从模拟盘逐渐过渡到实盘交易。杨湛很坦诚地告诉《期货日报》记者，刚开始盈利，自己远没有现在耐心、淡定，而是执着于账户里的资金能够呈现爆发

式增长。为了实现这个目标，他将"大趋势"拆分成三五天的"小趋势"，反复进行高抛低吸，短时间内资金就滚成了一个"大雪球"。在这个时期，他十分喜欢频繁进出场，常常感觉只有不断做交易，才能处在做交易的过程中，但随着资金规模增加，过去的思路和模式很难再重复使用，毕竟用大资金频繁进出场，盈亏幅度和从前不能同日而语，他也逐渐意识到大资金应该更追求安全收益。

与此同时，市场环境也在发生改变，许多交易者都说，现在行情的波动和反复都太多。杨湛也有同样的感觉，他感到很难适应，只有放弃，再加上心态也不像从前那般迫切渴望盈利，面对大级别的行情也更加沉稳、平和，于是就形成了现在轻仓长线的思维和交易模式。

尽管做"大趋势"会错过许多小机会，但他感觉比从前轻松不少。"有时候站在市场之外，更能窥探到市场的本来面貌，精神和思维上都更加清晰，交易上也能不断进步。当然，资金量大了自己对小盈利也会看淡一些，这些始终都是有个过程的。"杨湛说。

技术面至简，基本面至真

趋势交易者要做个勤奋的有心人，这是杨湛的经验之谈。

通常情况下，一个国家的货币和经济走势密切相关。2019 年，除了美国经济仍然保持一定的复苏势头外，全球主要国家和地区经济都表现低迷。基于这样的情况，杨湛开始密切关注全球外汇市场的走势。

2019 年下半年，在其他国家货币贬值之时，人民币兑美元表现坚挺，而且人民币还跟着走出了一波涨势。杨湛分析说："国内经济形势不太好，人民币适度贬值是正常现象，当时之所以出现升值，是市场对于人民币加入 SDR 的良好预期，等到利好兑现，人民币还是会回归基本面。"

对于港交所人民币期货行情的下行幅度，杨湛预期在 5%—10% 的空间。他准备做一个长期趋势，把单子拿到经济有回暖迹象之前。不出所料，人民币加入 SDR 后，开始了一段时间的下跌，其间他并没有采取加减仓的策略，而是一直持有。

2020 年 1 月，在投机力量的作用下，港交所离岸人民币市场出现了一定的恐慌情绪，这时候杨湛感觉有些不对，"这是我近几年最有把握的一波行情，但放眼全球市场，国内经济依然保持相对高速增长，人民币不应该出现这样持续性的贬值，所以我决心离场。"颇为戏剧性的是，就在他离场当天，人民币的反弹行情开启。

回顾这段精彩的交易经历，杨湛也不由得向《期货日报》记者感慨说："这没有什么秘诀，现在关注的面比较宽，平时肯定要多操一份心，交易如同火中取栗，应该做到比别人多付出一份努力。"

然而，多数情况下，杨湛采取的是基本面与技术面相结合的交易方式。"根据基本面选择品种，有把握以后我会选择在一段行情的横盘期入场，技术用来修正交易。"杨湛说，现在网络比较发达，要了解基本面信息并不难，但网上的信息纷繁复杂，需要独立的思维进行"去伪存真"式的过滤，技术上则更要追求"去繁为简"，尤其是标新立异的技术很难长久。

在杨湛看来，做趋势更多精力要花在趋势之外，这不仅是要去关注政策面、宏观面、全球形势等，还有性格的持久锤炼。杨湛认为，容易冲动的性格并不适合做交易，若想保持平和的心境、平稳的情绪，重要的还是要简单生活。

日常生活中，旅游算得上是杨湛爱好的唯一活动，因为能够放松身心，也能够令人静心。不管是交易还是生活，只有过滤掉复杂，才能品尝出至简至真的美好。如果要问杨湛如何能拿得住单子，他的答案是"不管、不看"，这就是一份心境。

资金管理永远是必修课

如何做一个合格的投资人？杨湛的观点是，不管何时、不管资金量大小，就要"抠门"、就要"斤斤计较"。小资金就要培养自己管理资金的习惯，资金量大了就要注重资产的配置，以此来维护自己在交易道路上的安全。

在整个港交所人民币期货交易中，杨湛一笔单子下进去便再没有加仓，主要是资金配置到位了，不会因为看对了、看到还有机会就加大资金量操作，因为比起错过安全更为重要，不会因为资金量的增加而对资金随意配置，反而更加重视交易风险。

"我是从亏损里爬出来的，人要记住历史，不仅是学习别人的历史，也不能忘记自己的历史。从开始交易到现在，我都会经常做总结，保持自己独立的思维和判断。"杨湛说，现在为了达到资金管理和配置的目的，他会关注全球市场，看着机会很多，但机会中却都隐藏着风险。

不过，杨湛有一个习惯，就是在别人赚得最得意的时候不参与行情。他觉得，做交易在盈利最丰盛时要无比清醒，当时市场过于疯狂，自己本来没打算参与，但后来发现有打新股的机会，自己买股票也是为了打新股的配置考虑。杨湛告诉《期货日报》记者："市场永远在最疯狂的时候结束，跟风、凑热闹的心态是不可取的，我会把资金用在有把握的机会上。"

古代圣贤留下来一句话，叫未思进、先思退，在交易中也是如此。资金管理在理论上并不难，设定好仓位、止损、止盈等，也就是这些基本的步骤。这时候杨湛采取的是一种倒过来的思维，先不去想赚多少，而是先想亏多少、怎么办，先去讲止损，这是开始交易小资金就要养成的习惯。

当然，太过谨慎也是交易者要忌讳的，毕竟交易本身就是需要勇气才能取得效果。所以，在杨湛心中，资金管理、资金配置永远都是投资道路上的必修课，任何时候都不能松懈，任何时候都需要学习。

第91章 裘慧明：恪守匠心，做有温度的私募基金

裘慧明，曾经的学霸，今日的优秀私募基金负责人，博士学位，华尔街十年从业经历，操作500万美元赚了2.5亿美元，坚持量化交易，两年多时间，将一个从零开始的私募做到30多亿元的规模，拥有超强的投研团队，团队成员80%为名校硕士。他坚持策略研发一定要走在规模前面，恪守匠心，做有温度的私募基金。

实现职业生涯成功转型

1995年，裘慧明从复旦大学毕业，拿到了全额奖学金到宾夕法尼亚大学攻读物理学硕士和博士。放在今天，我们会称之为学霸，遥想当年，必定也是千里挑一的了。

看到这里，你是否会心存疑问：当年，他一定是使出了"洪荒之力"吧？然而，学霸的人生远非我们想象中那样埋头苦读。

"从来没觉得考第一有多么难，考第一我没什么特别的感觉，不考第一才有感觉。"裘慧明告诉《期货日报》记者，从小学、初中、高中、大学、研究生到博士，第一名就是他的学习常态，尤其是上大学之前，不仅总成绩第一名，每门学科也都是第一名，不偏科则是他拔得头筹的关键所在。

整体记忆中，他只有两次没考第一，那是令他有点郁闷的经历。然而，令他颇感自豪的是，自己的家庭远非富二代，但依靠自己的努力，可以拿到全额奖学金到美国留学，而且还依靠奖学金帮助父母改善了生活。

说起这些天才般的过往，裘慧明淡淡地笑着说："这是我的风格，也

是我认为自己很适合走私募道路的原因。"实际上，毕业后他拿到了三个Offer，但最终放弃了做管理咨询和去 Intel 的机会，反而选择了进入投行工作。起初，他到瑞士银行的高频交易组做研究员，2001 到 2003 年，他所在的小组是世界上公认的最好的高频交易小组，盈利速度相当惊人。"2002 年的时候，我们做股票日内高频交易，每小时都是挣钱的，用 500 万美元赚了 2.5 亿美元。"裘慧明说。

"我应该是一个还不错的研究员，但从性格来说，我感到自己更适合做交易。上大学时，社会学、经济学、投资学各方面的书我都会看，做量化交易要用到数学和建模，和以前的学习都可以融会贯通。"裘慧明坦言，因为更喜欢量化交易，也为了更高一点的收入，他转而去了瑞士信贷做股票日内高频交易。

裘慧明说："高频交易的竞争非常激烈，从 2005 年开始，我就把精力放在开发新策略上，如量化选股、宏观对冲、CTA 等。在这段时间里，我的职业生涯也获得了成功转型。"

做每个阶段该做的事情

有一句话叫："当你克服质疑，也从不怀疑，终将赢回人生。"这样坚韧、乐观的态度，着实反映在了裘慧明身上，他是一个快乐随和的老板，对事业却有严肃认真的一面，而正是内心散发出来的阳光，让他行走得更有力量。

时间倒回到 2001 年，在参加工作后仅 3 个月，裘慧明就经历了美国"9·11"事件。当时坐在他后面的同事恰巧在世贸大厦开会，因而不幸罹难。他的许多朋友当时也都在附近，大家一起面对了这场灾难。尽管在美国多年，但这依然成为他心中挥之不去的深刻记忆。如果说这次事件给他心底带来诸多触动，那么 2007 年伊始的美国金融危机，则让他感到有些受伤。

实际上，到 2006 年他所管理的资金都还有良好的表现，但 2007 年一个大型对冲基金突然清空头寸，致使他们做多的股票全部下跌，做空的股票全部上涨，市场上都在清空仓位，一时间出现了流动性风险。

"我很坚定地认为，行情还是会回来的，对自己的策略也非常有信心，但最终没能说服老板，老板亲自干预将仓位砍掉 90%。"裘慧明回忆说，他们的产品收益一次性跌去大半，结果行情回撤 3 天后骤然反弹，只用两天时间就全部回归。然而，他们的损失却难以弥补，在这次行情中，他们的收益损失高达 1 亿美元。

与此同时，金融危机愈演愈烈，裘慧明遭遇了人生低谷，但在低谷面前，他没有想过转行，并且始终相信自己的能力。他告诉《期货日报》记者："当时也就雷曼一家大型机构倒闭，我并没有那样悲观，始终觉得在金融行业总会有口饭吃。"不过，他的内心也因此埋下了自主创业的种子，他认为，资金最好由自己来把握。

虽然他后来到了美国千禧基金做投资经理，一直做到"向老板直接汇报"的级别，但到 2012 年年底，在华尔街工作了十多年的他，开始回国考察，接触各种各样的朋友，并在 2013 年回国发展，2014 年就成立了上海明汯投资管理有限公司。"我的人生没有波澜壮阔，也没有特别传奇的故事，只是每个阶段做每个阶段该做的事情。"裘慧明表示。

做产品用"大厨"思维

回国后，裘慧明开始了创业之旅，从十多年前的程序化高频交易，到后来的套利与量化对冲交易，这些都是他的强项，但他一直选择做量化交易。不过，跟国内多数量化基金经理不同，他是一位会写代码的老板，这意味着他对自己的交易模型无比熟悉。

曾经，《期货日报》记者采访过一位成功的程序化交易者，他说："一个程序化交易模型想要取得成功，基金经理必须熟悉这个模型的优劣以及策略的适应性。"

在这个方面，裘慧明做得无比成功。当然，这和他的学霸态度也不可分割，他并非计算机专业出身，只因毕业后工作需要，根据所学又加以深入，学会了编写代码。如今可以戏谑地说，他是交易群体中最会写代码的，也是编写程序中交易做得最好的。

2014 年，通过自身跟投加上朋友支持，他成立了第一只产品。在此之前的一年，他把主要精力放在了投研上，也争取了更多时间把策略反复测试。

"塞翁失马焉知非福，虽然产品发得晚，但不一定是坏事，如果没有准备好对业绩造成影响，那也是非常不利的。"裘慧明解释说，在他的产品策略中，如今股票、期货各占一半。以前市场上做 CTA 策略的不多，现在已经多了起来，而且市场上也出现了不错的 CTA 策略机构。

据裘慧明介绍，以前大家只会关注股指期货对冲，现在股指受限，一些券商资金开始关注商品期货，也开始认可 CTA 策略。他相信，只要把策略做好，总会得到大型机构的认可。

随着资金管理规模壮大，他的策略模型也在不断优化和扩大。他形象地比喻说："我将模型看作一把刀，你可以拿它切青菜也可以切肉。对我们来说，不管是做股票还是做期货，不管是哪一项策略，其中都只有切青菜和切肉的区别，信心不是凭空来的，而是因为我们做足了准备。"

从主观交易上来看，股票市场和期货市场是两个不同的领域，很多国内交易者都很难游刃有余地横跨两个市场。不过，从数学的量化角度来讲，裘慧明认为，两个市场并无本质区别，他们可以把在股票上研究出来的模型放在期货市场上，期货市场的研究成果也可以放在股票市场上。

"我们在期货上研究出来的策略可以用在股票上，不同的模型就是各种各样的刀，比如有短线模型、套利模型、趋势模型，针对不同的需求我们切不同的食物，切出不同的花样，再做出各式各样的菜肴。"裘慧明解释说，以上就是他的"大厨"思维。

两年多时间，将一个从零开始的私募做到 30 多亿元的规模，按理说这位"大厨"非常值得骄傲，但话说到这里时，他立即向记者摆出一副"NO"的架势，带着自信的笑容说："我不追求一蹴而就的成功，但依照现在的投入，我们的资金管理规模可以达到 300 亿元。"

青山常在，细水长流，有实力者从来都能耐得住性子。近年来，国内私募行业日臻成熟，但其中不乏滥竽充数之辈，就在这鱼龙混杂之中，裘慧明发行的产品个个都顶住了市场考验，他着实是一个受欢迎的"大厨"。

做私募走"学院派"路线

公司刚成立的时候，依靠自己跟投以及同学和朋友的支持，裘慧明发行了第一只产品，虽然只有 2000 万元的规模，但依靠良好的业绩很快受到资金青睐。

彼时，他的个人身份也在发生变化，过去是研究员、基金经理，现在则是自己做了老板。他告诉《期货日报》记者："要专注于交易这件事，又要具备发散型思维，我一个人做不到，所以要组建团队。"

尽管对日常生活要求极为简单，但他是一个肯花钱的老板，2014 年开始就投入了大量资金吸引人才，以至于现在公司已经拥有了一个学霸级的投研团队，名校的硕士毕业生占了 80% 以上。"我们也会从金融机构挖人，就是要保证投研坚持走在前面。"裘慧明表示。

回国后的两年,由于在创建团队上投入大量资金,他仍然是一个没有赚钱的老板。裘慧明认为,做管理最重要的是要有大局观,当下就要考虑到一年后的规模,为那个规模做足准备,比如把策略先研究出来测试,也就是说,研发一定要走在规模前面,而不是单纯为了追求规模而扩大规模。

实际上,这几年行业内涌现出来的很多大型私募基金都采取了这种思路。诸如,业内知名的敦和资产董事长"叶大佬"就是江湖传奇人物,他依靠个人交易实现了数万倍的收益。现在的敦和资产不仅拥有灵魂人物张拥军,还大量招募了人才,不断壮大投研力量,而且还从公募基金引进投资经理,目标则是建设国际一流的宏观对冲基金。

在裘慧明看来,这是一种走"学院派"路线的思维,单打独斗说明个人能力超群,而如果想要将基金业务做大、做强,按照现在发达国家成熟的市场情况,仍然是这种模式占据优势地位。"我们的模式很多,每发一只产品都有信心为客户赚钱,也一定会为客户考虑投资风险比。"裘慧明表示,他们不只想做国内的一流团队,未来还想走出去与国外的投资团队竞争,那么就更要加大投研力量了。

充实了后台力量后,在这个博弈的市场中,依然会面临亏损和回撤,那么裘慧明又该如何处理这些情况呢? 裘慧明说:"资金对我来说就是一个数字,如果有回撤证明我们模型做得不够好,每一次回撤都是鞭策我们继续完善模型的契机,我们应该从中汲取经验教训。"

对于金钱的态度,他也非常坦然。他认为,有这个钱是吃咸菜肉丝面,没有这个钱也能吃得起咸菜肉丝面。他就是这样一个朴素的人,不管是过去面对着几百亿美元的资金,还是如今辗转国内面对新的客户群体,这种根植于内心的理念从未改变。

曾经,裘慧明是一名学霸,如今也依然经历着各种各样的考验。对他来说,现在公司每月、每年的业绩也都是一次考试,他一直用学霸的标准在要求自己,而每一份成就感的获得,也是从填写每一份答卷开始。记者发现,在整个采访过程中,裘慧明自然而然地忆起过往,乐观、从容地讲述着每一段经历,没有一丝抱怨,也没有语气上的起伏,平和与亲近自始至终。然而,谁的人生没有伤痛? 不过,我们从裘慧明身上能够切实地看到,人生没有永远的伤痛,一帆风顺也好,跌宕起伏也罢,重要的是,任何时候都保有对生活的热爱。

第92章　王国元：草根追梦路，心远路自宽

如果不是期货，王国元可能与他的很多小伙伴一样辛苦谋生。事实上，在接触期货之前，他尝试过不同的工作，养家糊口尚可，但似乎都难以与梦想挂钩。

如果不是期货，王国元或许也可以实现梦想，但实现梦想的路径无疑会更坎坷。用他自己的话说，打工十年赚到的钱，或许都赶不上目前一个月做期货的盈利。

因为期货，王国元走上了一条不一样的道路，在这条道路上，他专注交易、感恩期货、敬畏市场，踏踏实实、追逐梦想、实现价值。

踏上期货之路，挖掘到第一桶金

1988年出生的王国元，还不到而立之年，但在期货市场，和他所在的团队"期市兄弟连"一起，通过自己的努力，有所思，有所想，慢慢成长，逐步确立了自己的目标。

他出生在河南农村，因为家里经济条件不好，高中时不得不中途退学，走上了社会。和很多同龄人一样，他没有资源，没有学历，没有背景，唯一能做的事就是外出打工。在社会上闯荡了七八年，换了多种工作，前途仍然一片茫然，总感觉找不到人生的方向。

就在他为前途迷茫的2010年，表哥张明伟建议他可以到期货市场锻炼一下，如果行得通，会是一条好的路子，如果行不通，再做其他打算。彼时的张明伟通过努力已经在期货市场站稳了脚跟，并开始稳定盈利，他也想让王国元拥有一技之长，可以更好地安身立命。

这个想法迅速让王国元做出决定——放弃打工生活，来到郑州，带着多年的打工积蓄，开始了期货交易，也开始了一段草根追梦的旅程。然而，期货交易的路哪有那么一帆风顺，市场的瞬息万变和行情的捉摸不定，对初入期货市场的他来说，每个交易日都如同大考，虽然有张明伟的特别指导，但仍然无法绕过"交学费"的阶段。半年时间，他几乎亏光了所有积蓄，这笔钱虽然只有六七万元，但当时是他的全部身家。

初入期货市场，连续亏损让他难以承受。"有比较长的一段时间，日子过得异常窘迫，既不能伸手向家里要钱，又不好意思向周围的朋友借。"王国元回忆说，在这样的压力下，他的体重一度从 160 斤消瘦到 120 斤。有一次回家，家里人以为他生病了，非要带他去医院检查身体，让他有口难言，又有些哭笑不得，因为只有他自己知道那段时间经历了什么，没告诉家人他的梦想和正在做的事情，并默默承受着为实现梦想必须付出的代价。

好在有梦想和实现梦想的信心，也好在他遇到张明伟这个好老师，可以手把手教他技术，可以心贴心为他引路。"刚做期货交易时，以前一些不好的习惯没能及时改掉，并带入交易中。比如，一边做交易，一边玩游戏，不能全身心地投入其中——这是交易的大忌。"王国元说，这一切都被张明伟看在眼里，看到他玩游戏，而不是专心做交易，就会异常严厉地批评他，甚至告诉他如果不喜欢期货，可以离开市场，但不能对自己和交易如此懈怠。

这种严厉和督促对他确实起到了作用，甚至一想到张明伟，他就自觉努力起来，否则就对不起这种手把手的引导和亲情的关爱。因此，他干脆了所有游戏软件，不再玩任何游戏。"一直到现在，我也是不碰游戏是，没有老师从技术了几十万元。这是他打工时想都不敢想的数字，不光抹平了此前所有亏空，更成为他在期货市场挖掘的第一桶金，对他有着特殊的意义。

要想做好交易，心态不能有问题

对每一个期货投资者来说，交易的路从来都不是平坦的，而是危机四伏，哪怕一点心态的变化，都可能带来严厉的惩罚。王国元就经历过这种由于心态变化导致的惩罚。

在期货市场赚到第一桶金后，他的心态开始出现膨胀，作为一个从农村出来的小伙子，似乎一下子找到了赚钱的法门，觉得期货市场也不过如此。然而，心态的变化，加上市场政策的调整，让他赚到的钱很快又亏回了市场，用他自己的话说，"辛辛苦苦一整年，一朝回到解放前。"

为什么会出现这样的情况？"主要是心态出现了问题，自我膨胀，而且攀比心比较大。和我几乎同时步入期货市场的还有两个伙伴，因为他们两个做模拟交易的时间比较长，赚的钱自然没有我多，在他们面前，自我膨胀的心态就开始出现了。"王国元总结说，出现这种心态，就很难敬畏市场，其结果必然是受到市场的惩罚。

2013年春节，他认真总结过去一年的得失，终于想明白，人不能攀比，更不能膨胀。找到问题的症结，心里的石头也就放下了，对症下药自然会起到良好的疗效。因此，对他来说，2013年，无论是交易，还是收益率，都开始平稳上升。到2014年，无论是盈利，还是心态，也都上升了一个台阶。

"期货市场

以，好好学习，让赚钱成为一种习惯，而忍受住亏损，才可能赚大钱。"

在期货市场的这些年里，很多人亏得恐惧市场，进而离开市场，而他不仅不恐惧市场，还对期货市场充满感激。"我现在所有的东西都是期货市场给的。作为操盘手，特别是刚起步的新人来说，不能惧怕市场，无论对与错、赚与赔，都应该对市场心怀感恩。"王国元分析说，哪怕是失败，从另外一个层面看，也是一种收获，对以后的交易会有帮助，至少让你知道下一次遇见这种情况时该怎么办。很多时候，回撤是为了更好地往上冲，坑跳了一次两次，不能跳第三次，在一个地方跌倒而不知道总结教训，就说不过去了。

王国元认为，能否在期货市场取得成功，跟交易者的性格有关，跟努力程度有关，跟重视市场与否也有关。如果不重视市场，过不了多久就会被市场淘汰。总结自己的交易经历，他说："第一靠运气，第二靠技术，第三靠胆子大。不少人在剧烈的行情面前，可能会选择休息，我不是这样，行情波动越大，越能激起我的斗志。对待所交易的品种，要专一而深入，了解品种的习性，才能很好地掌握它，不适合自己的品种，绝对不会碰。"

及时改变思路，提早为转型布局

由于账户资金不多，而且是自有资金，王国元并没有特别关注仓位管理。交易时想做就做，不想做就休息，并没有多少压力，有行情时，他可以做到 1 个月时间资金轻松翻倍。作为短线操盘手，他拥有了自己的操作模式，但也看到了一些不可持续性。所以，从 2016 年开始，他谋求积极转型之路，慢慢转向波段交易和趋势交易。

在他看来，随着程序化的普及和深入，人工交易难以与之匹敌，加上操盘手对手续费的返还具有很强的依赖性，未来的期货市场并不适合他们长期生存，将是一个慢慢淘汰的过程。所以，与其将来痛苦，不如早早布局。

促使他转型的还有一波 PTA 行情，那时他建了五成仓位，但从不隔夜，看到原油价格一路下跌，他觉得机会难得，就开始做空 PTA，一把下来，收益率高达百分之六七十。"原油大跌信号出来了，PTA 开始一路跌停。实际上，仓单完全可以拿住，但作为短线操盘手，因为没有积累，还是不敢继续持仓，错失了行情。"从那以后，王国元认为，一定要实现转型，以拓宽盈利空间和生存之道。

短线交易太累也是他选择转型的另一个因素。他说："重仓休息不好，轻仓也会睡不着，将仓位调下来，单子没拿住，心里不舒服，但做波段交易无疑好很多。"

虽然走上了转型之路，但转型摸索起来并不容易。"短线操盘手只能看到15分钟日线级别，很多时候凭的是勇气和魄力，而波段交易全是技术活，趋势交易进仓、止损等，跟短线都不一样。"王国元解释说，短线交易持仓重，炒单习惯了，好几波行情都抓住了，由于没平仓出金，账户出现了大回撤，盈利反噬。

"从短线转向趋势，出现这种情况很正常，就跟初入期货市场一样，必要的学费肯定是要交的，这个阶段也是必须经历的。"王国元告诉《期货日报》记者，经过大半年的学习和摸索，他一直在回撤中总结经验，而现在好多了，进仓点位比较准确，并且没有盈利就不会继续持有仓单。

因为转型，他改变了很多，知道如何舍弃，也知道哪种交易更适合自己。不适合交易的时候，可能一张单子都不做，宁愿选择休息，与短线操盘每时每刻都不闲着相比，简直不可想象。

这时候，他也更认识到学习的重要性。以前失败总是找不到原因，操作上出现的一些"过山车"现象也不知道如何看待。后来通过不断学习并听高手讲课，才认识到不光新手会遭遇"过山车"，高手们有时也会这样，这都是正常的事情。"方向错了，不怪行情，你看到的大涨或大跌，其实只是回调，是自己错了。有足够的积累和沉淀，才能在行情来的时候站立在潮头。"王国元说。

不断提升自己，把期货当成工作

和"期市兄弟连"一起并肩作战，让王国元更加认识到团队的重要性。"市场不是凭着单打独斗就能实现成就的那个年代了，现在团队作战比单打独斗成功率要高。"王国元认为，团队很重要，高手也有失误的时候，大家坐到一起，三人行必有我师，不管刚进市场的新手，还是资格老练的高手，可能有时候一句话就能点醒别人。所以，每天收盘后，他都会跟"期市兄弟连"一起探讨行情，总结得失。他对行情的认知和对基本面的学习，也都是在这种讨论中慢慢得以进步的。

这种团队精神和意识，哪怕仅从交易来看，也会带来意想不到的成功。"期货品种比较多，我不可能熟悉所有品种，团队中如果别人熟悉，就可以带来很多信息，这样即使做自己不熟悉的品种，也会有心理准备，对行情的判断也会有更深层的认识。在这样的情况下，做不熟悉的品种，成功率很高，但这是我单打独斗很难实现的。"王国元说。

团队作用对他的影响有多大？王国元向《期货日报》记者打了个比方："团队中每个人的天赋、性格、学习能力等都不一样，有人学习快，有人盘感好，正好优势互补，能够在交易和学习中取长补短，对行情的认识形成团队化。所以，看待行情也好，看待其他事情也好，不是一个人看，而是所有人都在看。遇到问题，总会找到更好的解决方法，团队化让人成长更快，在共同成长的过程中，大家才会真诚地互相帮助，这些感情是拿钱换不来的。"

"我不喜欢有压力，生活也好、交易也好，开开心心就好。好多操盘手为什么走弯路，都是压力太大，压力太大并不好。"王国元说，他释放压力的最好方式就是钓鱼，钓鱼会让内心安静下来，不管有没有钓到，看着水，怀着一种期待，他可以从早上 8 点甚至更早，一直坚持到晚上。他认为，一天可能钓不到一条鱼，就像期货交易，但其实这就是修身养性，可以让自己在期货交易时更加冷静，放松才会有更好的精力去面对交易。

在跟记者交流的过程中，他多次流露出对期货市场的感激之情，让人真切感受到他的真诚。"期货交易改变了我的人生道路，如果没有期货，我可能还在很辛苦地生活。"王国元也表示，随着自己交易手法日渐稳定，虽然可能不会创造太高的盈利，但建立合理的交易体系，可以让他在这个市场长久地生存和发展。

期货对他而言，不仅是一份喜欢的工作，以此生存、赖以养家，还是一份寄托梦想的事业。因此，他也希望自己手法更稳，不要求回报很大。他也想告诉市场上和他一样勇于追梦的年轻人，不能把市场仅仅当成自动取款机，要对市场心怀感恩，并尊重市场。

"期货交易不能只看眼前，这是一个长期的过程，在这个过程中，最大的收获不是赚多少钱、拥有多少身价，如果十年以后，市场上还有你的名字，你还在交易，那你就是成功的；如果二十年以后，除了独善其身，你还可以帮助更多的人，那是更加成功的；如果很多人通过向你学习，可以少走弯路，这是你对市场最好的回报，也是操盘手最有价值的收获。"王国元坦诚地说。

第93章　丁元恒：成功投资的五个"超级生命密码"

1948年，丁元恒在山东出生，年幼便跟随父母远赴中国台湾。20岁读大学时，他就开始炒股，后远赴美国加州大学攻读经济学博士，毕业后前往纽约华尔街，成为高盛的一名股票操盘手。如今，他与妻子黄文华定居深圳，夫妻二人在自己的工作室里边培训学生交易技巧，边为自己的投资团队挖掘人才。

丁元恒是一个对交易一往情深、对生活满腔热情的人。多年来，他遍寻名师，亲身考察40多个国家的金融市场。如今，交易不仅是他的爱好、事业，更如同起居饮食一般，自然而然地融为他生活中不可或缺的一部分。

成长于台湾，数学天才经历金融初体验

1967年，丁元恒考入中国台湾辅仁大学商学院。"刚入学时，我像是一张白纸，对金融市场一无所知。当时入门老师向我介绍了股票和期货知识，我从那时起初步接触了金融学理论。"就这样，他迈出了五十年交易旅程的第一步。

然而，他的操盘经验最早来自大学时全班同学的"炒股运动"。"那个年代大家都比较穷，全班同学凑了几万元新台币开了个股票账户，全班同学都是账户的持有人，按照一定顺序轮流交易股票。每个同学都有选股自主权，当他所选的股票价格上涨时，他可以一直控制账户，但是当股票价格下跌时，他就必须将股票卖掉，并将账户转交给下一个同学。从大一到大四，

我们的账户持续了四年。大学毕业前，账户获得了十几个点的利润。更重要的是，我们通过这个账户实现了理论和实操的结合。"丁元恒回忆说。

早在孩童时期，他就显露出数学天赋。大学选专业的时候，他曾考虑过报考数学系，发挥自己的专长，但是考虑到数学系的就业范围并不广，经过一段时间的深思熟虑后，他选择了当时比较热门的经济学系。他说，"经济学也会涉及很多数学知识，会学习微积分、计量学和统计学，既可以发挥我的数学专长，也可以与实际就业情况相结合，可谓一举两得。"

他在日常学习之余很喜欢研究数学，大学期间就开始着手编写数学教材。1971 年，大学毕业前夕，他编写的《数学科总复习》正式出版，此书出版时受到台湾媒体的赞誉。在接受《期货日报》记者专访时，他在工作室里小心翼翼地将这本书展示给记者，记者在翻阅这本极具厚重感的教材时发现，书的空白区域还有诸如"一分耕耘、一分收获""有志者事竟成"的警句，其传道授业解惑者的才华横溢早已初见端倪。

大学毕业后，他选择了立即入伍。两年后，预备军官到期，他的工作得到当时指挥官的大力赞许。"指挥官希望我能继续留在部队深入发展，但是当时的我一门心思想要去做交易。说到底，交易才是我的激情所在。"丁元恒说。

追梦于美国，良好的交易习惯开始形成

25 岁服完兵役后，怀着对交易的满腔热情，丁元恒来到美国加州大学继续深造经济学。在校期间，他通过同学开始了解日本的红豆期货合约。那时华尔街有不少金融书籍，其中不乏一些专门研究技术分析的作品。他对技术分析十分着迷，通读多本技术分析著作，并将其应用到交易红豆期货的过程中。

20 世纪 70 年代，电脑尚未在美国普及。每晚收盘后，他便和同学拿着当日的 K 线图，利用自己所学的技术分析知识，理论与实践相结合，在房间内仔细研判，寻找买卖机会。从 1967 年开始炒股，到 1977 年下海做期货，他已经有 10 年的交易经验，但是在期货市场，他对风险的认识并不深刻。不过，凭借大胆的操作，他很快在期货市场赚到第一桶金。

回忆四十年前第一次期货交易经历，往事如同放电影一般，历历在目。在交易初期，他坚持顺势交易，在上涨区间买入，虽然买得稳，但是存在买

价偏高的问题。于是，他和同学讨论如何用更低的价格买入，以谋求更大的获利空间。萌生了这个想法之后，他将顺势交易转变为逆势交易，开始不断寻求抄底机会。

刚开始时，他确实捕捉到了一些低价，抄底成功使他获得了更多的盈利和更大的快感。"在不知不觉中，我就滋生了抄底的习惯，一直寻求底部。有时候认为自己找到了底部，但是价格仍一跌再跌。由于自己没有树立严格的止损观念，只是一门心思想要赚钱，跌了之后赶紧补仓。两年时间，我就将之前的盈利全部交还给了市场。"回忆这段往事，丁元恒不禁感叹，在期货市场中，交易者要学会谦卑、谦卑再谦卑。当你骄傲自满时，就一定会被市场"修理"。

这段经历算是他在期货市场交的第一笔"学费"。从读书期间对日本红豆期货的交易中，他初步树立了"风险第一、利润第二""保本第一、利润第二"的交易理念，这种理念一直伴随他的交易生涯。

从加州大学博士毕业后，31岁的丁元恒在美国报纸上看到高盛的招聘消息，满怀激情来到纽约，凭借多年的交易经验，很快通过面试，在几百个竞争对手中成功突围，成为高盛的一名证券操盘手，也是当时二三十个盘手中唯一的华人。

"进入高盛之后，我们先后经历了两个阶段共半年的培训期。在培训期间，每个人账户里有50万美元的虚拟资金，公司通过不间断地模拟盘交易训练我们。模拟盘赚不了钱，公司会对你的能力产生怀疑。要知道，公司人才库中不仅有我们这些正选生，还有备选生随时等待着填补空缺。一旦培训期间造成较大亏损，或者不遵守交易纪律，就面临着被替代的风险。"丁元恒告诉《期货日报》记者，在正式入职高盛后，他印象最深刻的就是高盛严格的训练和无尽的会议。

"高盛的会议非常多，每天不仅有晨会，还有周会以及月度报告。那时高盛要求9点上班，交易员要提前一个小时到场，和投资总监一同开小组会议，拟定交易策略。交易员要筛选出自己认为合适的股票，并向投资总监做口头报告，还要告诉投资总监为什么要买这只股票，为什么选择这个时间点买这只股票。"丁元恒直言，高盛的管理模式和服兵役时的军事化管理有很多相似之处。在高盛多年，他养成了严格自律、重视纪律、重视团队合作的习惯，这对他的交易生涯产生了深远的影响。

倾心于期权，精通技术分析是盈利秘诀

高盛之后，丁元恒回到中国台湾，致力于股票和期权交易。在他看来，期权投资难度高、专业性强，内地期权交易起步相对晚，投资者对期权的认识还有待提高。

"首先要明确对期权的认识，期权的概念和股票、期货不同，期权里并不是买就是做多、卖就是做空，期权的买方和卖方都可以选择做多或者做空。期权买方可以买看涨期权做多、买看跌期权做空，期权卖方可以卖看涨期权做空、卖看跌期权做多。"丁元恒强调说，期权是一种会随着时间消逝而逐渐归零的权利，这和早期的权证很像，属于一种消耗型资产。投资者要做好充足的心理准备，绝对不可以把期权当股票、期货来操作，套牢不卖会损失惨重，随着时间逐渐到期，期权金最后会全部归零。需要注意的是，不论买方还是卖方，期权和做股票、期货一样，拥有止损机制，不是交 1 万元权利金就必须输光。

他认为，技术分析是主宰股票、期权等投资输赢的关键。"不管你做股票、期货还是期权，一定要精通技术分析。通过技术分析，判断大盘是大涨还是大跌，是缓涨、缓跌还是盘整，知道趋势反过来才能制定出合适的策略。"丁元恒进一步指出，要想通过期权盈利，技术分析占七成，交易策略只占三成。交易策略用得再顶级，也是只赚小钱，顶级的技术分析配合合适的策略才能实现真正盈利。

"假如长时间盘整后时空共振出现，期权价格将会大涨或大跌。在这种情况下，投资者可以选择宽跨式策略，这种策略由相同到期日、协议价格不同的一份看涨期权和一份看跌期权组成，适合预期标的资产价格有大幅波动，但不能确定方向的投资者。"丁元恒向《期货日报》记者举例说，假如通过技术分析判断最近价格出现盘整状态，期权价格不会大幅波动，因为时间价值的存在，选择做买方大概率会输，这时应该选择做卖方。如果你知道大涨、大跌还是盘整，才会思考应该选择价差交易、单式交易还是宽跨式交易。把技术分析学精学透，配合交易策略和良好心态，是期权交易的制胜法宝。

多年来，他活跃在大大小小的金融论坛和企业家论坛上，分析国内外宏观形势，不计报酬、力图向投资者普及金融知识、身体力行地践行着投资者教育工作。"之前 50ETF 期权推出的时候，期货公司请我去讲期权，我听到期货公司自己人讲期权知识，里面存在一些错误的观念，有误导投资者之嫌。

所以我去北京、上海、杭州演讲，不计报酬想要将投资者风险教育普及，凭借一己之力，为国内期权建设添砖加瓦，做一点自己的贡献。"丁元恒说。

基于二十六年来的海外期权投资经验，他认为，国内市场要做好商品期权，必须提高商品期权的流动性。对此，他提出了三点见解：一是降低投资者的交易门槛；二是降低交易手续费；三是交易所要和期货公司相互配合，向投资者普及期权知识，进行投资者风险教育。

"不同于一些期权比较发达的国家如印度、韩国和美国，国内白糖、豆粕商品期货、期权的开户门槛是 10 万元，一定程度上扼杀了中小散户交易期权的可能性。商品期权稳定起步后，希望未来交易门槛能降到 5 万元、2 万元甚至零门槛，期权的流动性才会逐步提高。"丁元恒建议，若是降低交易手续费，则能够吸引更多的交易者参与到市场中去。同时，让更多的投资者认识期权，提高投资者参与期权的积极性，增强交易信心。

他一再强调，期权市场是一个专业化程度很高的市场，个人投资者应学习了解后再逐步进入，切忌盲目介入市场。

养成年轻态，在实践中练就坚强的意志

70 岁的丁元恒是家人、朋友眼中逆生长的"老顽童"。他的妻子黄文华告诉《期货日报》记者："丁元恒生活中特别随和，待人接物真诚亲切，对生活怀着无限激情，经常和年轻人打成一片。他的逻辑异常清晰，记忆力很好，对盘面的高低点如数家珍，几十年都不会忘记。不仅如此，他生活中物品摆放也井井有条，有时候我找不到的东西，他总能快速找到。"

在与丁元恒的沟通过程中，记者也惊讶于他强大的记忆力。虽然已到古稀之年，但他头脑反应敏捷、逻辑性强，几十年前的行情依旧能信手拈来。

此外，他每天必须做的两件事是看盘和看书。尽管人生的绝大部分时间都在交易，他每天还是会坚持看一些交易方面的书籍来修炼内功，涉及交易心法、交易心理学的书籍更是他的心头好。

"在期货行业中，从来都不会有人一帆风顺，所以一定要沉下心学习。现在很多做期货的人靠做某个波段一朝成名，但是能否长远持续稳定获利，还要打一个问号。"丁元恒认为，交易员成功 70% 的因素来源于心态，这种心态的修炼方法主要是实践过程中反复被市场教训。他说："从书中可以窥探出一些世界顶级操盘手的心路历程，包括赢时的总结、输时的反思以及东

山再起前的煎熬。练就坚强的意志并非一朝一夕，而这些书籍会在交易过程中不断给我启迪、给我力量。"

多年的交易经验让他总结出自己成功投资最重要的五个"超级生命密码"：超级孝亲、超级尊师、超级诚信、超级爱心和超级感恩。"交易是与自己的心态做斗争，与自己的人性做斗争。从某种意义上讲，交易是一种修身养性的历练，是一个不断在否定和肯定、失与得之间转换、寻找自我的过程。"丁元恒说。

值得一提的是，他和妻子黄文华常常夫唱妇随，他参加演讲时，也经常能在台下看到黄文华的身影。作为丁元恒生活中的贤内助、事业中的合伙人，黄文华巾帼不让须眉，在股票操盘方面经验丰富，不仅自己做交易，也培养了大量的操盘手。

2013 年，他们的投资团队成立，至今三年时间过去，团队中核心成员既有国外的优秀人才，也有自己培养的学生，通过高频程序化和期货套利策略交易美国和中国台湾的期货、期权。如今，他准备将这种期权套利策略应用于国内市场的商品期权交易。

据丁元恒介绍，他的程序化交易分为两种方式，一种是根据技术分析选择买卖点，另一种则是高频交易，不看重技术分析，重点在于电脑自动捕捉趋势。他说："从概率上讲，这一分钟价格有向上的趋势，通常还会延续几分钟上涨的趋势，这样高频交易就进去了。高频交易不追求高收益率，每次差不多盈利 2—3 个点，系统就会自动平仓。"

"然而，高频交易的关键点在于准确率和速度。例如，在一张铺着白布的桌子上撒一些芝麻，一群人来捡芝麻，相同时间怎样比别人捡得多？第一要抓得准，第二要速度快。交易策略也是这个道理，一个有效的交易策略需要兼顾准确率和速度。"丁元恒表示，高频交易一天要交易好几千手甚至好几万手，所以这也决定了它手续费极高的特点。一个好的交易策略不仅要带来盈利，而且这部分盈利还需要覆盖极高的手续费。

通过交易，他实现了财富自由、家庭和谐。多年来，他始终心系金融市场，身体力行投资者教育工作。无论是在大学课堂还是金融论坛、企业家论坛，经常可以看到他的身影。在体现人生价值的同时，通过转移部分财富，他更是落实了社会责任。"我会将盈利的 5% 用于慈善，我的学生也会受到影响，将慈善事业带给更多人。"丁元恒说。

第94章　焦勇刚：期货在路上，用心去征服

　　小黄车、小绿车、银色摩拜单车，如今在各城市的大街小巷，共享单车俨然成了一道亮丽的风景线。在这场"骑行风潮"中，有一位骑行发烧友身着骑行服、头戴头盔，驾驭各式赛车，穿行在城市之中、乡野之间，勇敢追逐心中梦想，收获属于自己的人生风景，享受那份酣畅淋漓。

　　十年骑行路，轮迹覆盖了几万公里，山东金晶科技股份有限公司（下称金晶科技）焦勇刚说，这是一种坚持不懈的态度。长途跋涉，探索未知，收获惊喜，这份激情也洒落在他所热爱的期货事业上。短短五年时间，从玻璃期货上市前的论证到上市后的运行，他与玻璃期货经历了"相识""相知""相恋""相拥"。无畏困难，坚守梦想，一点一滴用心去征服。

骑行就要酣畅淋漓

　　对于骑行，每个热爱者都有一份特殊的感悟。前段时间有个真实的故事，说有位安徽小伙儿，一人一车一条狗，100多天穿越西北无人沙漠。同为骑行发烧友，这位安徽小伙儿的一句话让焦勇刚感同身受——"生活的决定权一直都在我们手上，只是我们缺乏行动而已。我爱的不是骑行，只是爱这样活着的自己，每天认识不同的人、听不同的故事和征服每座山峰的那种酣畅淋漓的感觉。"

　　"没错，骑行就是要酣畅淋漓，欣赏路途中不同的风景。"焦勇刚眼神里透着那份坚定。他是一个热爱生活的人，自然爱好也比较广泛。比如，养鱼、养花，有时候也练习书法，但最喜欢的还是骑行。骑行属于运动，

但又跟足球、跑步之类的纯运动不太一样，它没有跑步那么孤独，也没有球类那么激烈。

焦勇刚认为，他的兴趣爱好与个人性格有很大关系。"我是一个比较内向的人，喜欢安静，喜欢做些安静的事，但骑行却是个例外。"他向《期货日报》记者解释说，喜欢骑行更多的是体验那种在路上的酣畅淋漓，遇到难度大的路程还会享受到征服后的快感，同时也锻炼了他坚韧的品性和处置突发状况的应变能力。

2007年，他喜欢上了骑行，刚开始是为了上下班通勤骑，后来慢慢参加了一些骑行团队，开始了周末的户外骑行。从一天二三十公里到一两百公里都骑过，这些年算下来骑行里程也有几万公里了。

据焦勇刚介绍，一般情况下，骑友们会根据自己的体力和时间预先定好一个强度适中的目的地，从网上或骑友处了解一些路程状况，计算一下骑行时间，选好一个或几个中途的休息点，也就是做好骑行的"路书"。骑行过程中会遇到不同的路况，有柏油路、砂石路，有上坡、下坡，有晴天、雨天，所有的这些都需要提前预判好，带好相应的装备以防不时之需，然后才约上三五个好友共同上路。

当然，骑行也会面临很多的不确定因素，路上也要根据实际情况调整原来的计划。比如，体力消耗大了要及时休息，遇上好的风景要多驻足欣赏，遇上爆胎、摔车等突发状况要采取紧急措施，是返程还是继续，都需要根据实际发生的情况做出正确决断，最终目的就是顺利完成这次骑行。所以说，骑行貌似轻松，但不确定因素要远远多于跑步、球类等运动。

其实，这个过程与期货交易流程很相似。需要提前分析可能发生的种种情况，然后根据自己的实力确定目标、制定交易策略，一旦建仓进场，就可能面对行情暴涨暴跌、转向、横盘整理等种种状况。虽然有些状况是原来的策略能处置的，但有些状况需要调整且改变策略，甚至会中断交易，其目的也是为了顺利得到最终收益。

在焦勇刚看来，做期货除了需要清晰的头脑、需要健康的身体，还需要一帮志同道合的朋友。骑行就是期货人调节情绪、释放压力的一个很好的途径，他说："通过骑行，一方面，缓解了做交易带来的紧张情绪，释放了难以排遣的压力；另一方面，锻炼了身体，而且认识了一帮乐观开朗、志同道合的朋友。"

大多数骑行发烧友心中都有一个梦想，那就是有生之年一定要来一次西藏骑行。就像大多数期货人心中都有一个掘金梦一样，焦勇刚也有着同样的梦想。他直言："若不是真爱，谁能坚持这么久？我们做期货何尝不是这样。"

与期货市场的交集

自 1994 年参加工作以来，焦勇刚一直在金晶科技工作。二十多年里，从技术到生产再到销售，他做过很多岗位。2012 年开始从事期货工作，担任金晶科技期货部经理。

据了解，在玻璃期货上市之前，他从来没有接触过期货市场。在他的概念里，期货就是高风险。"我从一些渠道了解到，做期货一夜之间有的倾家荡产，有的赔光了跳楼寻死，反正大多都是一些负面消息。那时候觉得离这个市场太远了，可能永远都不会有交集。"焦勇刚向《期货日报》记者坦诚地说。

令他没想到的是，2011 年秋天，他的人生词典里首次出现了"期货"的字眼。那时他还在公司营销部，主要协助领导做一些内部管理和市场信息搜集工作。

记得当时来了两个人说是期货公司的，想了解一些玻璃行业的情况，当时焦勇刚接待了他们。通过交谈得知，郑商所计划推出玻璃期货，他们受郑商所委托做前期的品种调研。"这是我第一次从正规渠道接触期货市场，也是这一次的接触，基本改变了以前我对期货的片面认识，开始意识到企业如果利用好这个市场将大有可为。"他回忆说，之后随着对玻璃调研的深入、与期货公司人员多次的交流沟通，以及合约草案的讨论，他对期货的认识和理解逐步增加。

2012 年 5 月下旬，郑商所组织了玻璃期货第一次分析师培训，"从玻璃合约、交易规则到管理制度、政策法规，使我更为系统地了解了期货市场。更为重要的是，作为玻璃产业人员，也无疑会受到期货分析师的追捧，大家互相交流名片、互留联系方式。由此也使我认识了一大波期货公司和分析师，为我更深入了解期货市场、学习期货知识奠定了基础。"焦勇刚如是说。

据他回忆，参会后的大半年里，他几乎每天都能接到期货分析师的电话，隔三差五就有人到公司拜访。由于那段时间与期货人员的高频接触和学习，他也感受到了期货市场的魅力所在。

随着玻璃指定交割库工作的推进，公司领导对期货市场重视程度越来越高，开始着手推进该项工作。也正是从那时起，"工作狂"的角色分量在他身上越来越重，尤其是在玻璃期货上市后，他担起了期货部门的负责人，加班加点是正常状态，加之夜盘上市，熬夜已经成了他的一种习惯。

控制贪婪恐惧心态

从企业角度出发，焦勇刚对期货最初的认知就是规避市场风险，所以这几年在盘面上的操作总体属于谨慎、稳健的。

现货产业出身的他，对基本面的了解和把握算得上驾轻就熟。因此，在整个交易过程中，从制定策略到实施过程，都是结合基本面的趋势和变化来调整交易策略。"我不太懂技术，也一直没有认真学习过，交易中很难抓到行情的转折点。我绝大多数时候在做左侧交易，过程中可能要承受比较大的波动，对心理承受能力是一种考验。"焦勇刚表示，近几年公司始终对仓位控制得很严格，一般控制在2倍杠杆内。当然，有了这种轻仓的交易风险承受力，自然也不太容易赚到大钱。

他告诉《期货日报》记者，刚开始总觉得自己对基本面熟悉，认为期货会跟现货一个走势，只要判断对现货行情就能做好期货。那时候还不了解资金、宏观、突发消息等对市场的影响，做起来没有太多顾忌。不过，由于正处在学习阶段，不敢做大仓位，只做一些尝试性的操作，虽然也经历过亏损，但都没有造成大的损失。

之后，随着对期货市场的深入接触，他慢慢掌握了一些交易理念和操作技巧，懂得了有舍有得方能控制风险获取收益。"现在想一个策略或逻辑，首先想到的不是这个策略能带来多少收益，而是这个策略的亏损在哪里、风险最大是多少。"焦勇刚说。

期货市场是一个考验人性的战场，在这个市场中经常会听到各种关于保持心态、克服恐惧、控制贪欲的说教。这点也让焦勇刚深有体会：赚钱时的兴奋，亏钱时的沮丧，恐惧左右下的砍仓止损，贪婪左右下的不愿止盈。不过，令他庆幸的是，从事期货工作这些年，有幸能在这个市场存活下来，并且"得"要远远大于"失"。

说到"得"，从原来现货的小圈子进入到期货这个大圈子，从只关注玻璃现货的生产销售到关注宏观经济、资金波动、相关品种等。从更大的空间维度观察玻璃，令焦勇刚的思维方式发生了从点到面再到空间的变化，个人格局也得到了提升。

此外，近几年与投资圈朋友们的交往，不仅让他学到了很多期货知识以及看待问题的眼界和格局，而且学到了很多为人处世的道理，还结交了一些即使离开这个圈子也依然能做好朋友的人。他觉得，这是自己收获的最大一笔财富。

说到"失"，可能和很多人一样，他感觉生活中少了一些快乐和激情，甚至还失去了健康。"当然这不能一概而论，关键看自己如何去调节、去修正。"焦勇刚说。

期货市场有句话，"顺势而为，永远不要和趋势为敌"，再牛的人在这个市场上都会有失策的时候，尤其是现货产业出身的人，更容易固执于对基本面的熟悉，而忽略了期货市场的金融属性，在阶段性的背离行情中不愿意作调整，很容易被清洗出局。"所以说，做期货是个技术活儿，并不是完全靠运气赌输赢，需要付出更多的努力，也要有知错能改的品性。"焦勇刚称。

然而，在他看来，期货行业始终充满压力，交易有时间，行情却往往没有时间限制，经常是夜盘收盘了还得给分析师打电话交流一下看法，即便周末也很难全身心放下，而且绝大多数人都摆脱不了贪婪和恐惧的心态，会始终受到行情波动的煎熬。他说："压力在任何一个领域都会存在，关键还是要看自己如何去适应、去调节，消除杂念，心底无私天地宽。"

期现结合需大智慧

在期货市场，成功的定义其实比较模糊，赚了大钱是成功吗？有了自己的投资团队是成功吗？获得了自己想要的生活是成功吗？在焦勇刚看来，这些都算得上。然而，对于现货产业出身的期货人而言，如何才能算得上成功呢？

不可否认，现货产业人士最大的优势在于对基本面的了解，熟悉相关品种的特性以及行业运行规律。反之，最大的障碍则是在现货行业沉溺太深，根深蒂固的思维方式不易改变。焦勇刚认为，只有完成现货思维的转变和期货专业知识的积累，把二者做到位，找好平衡点，才能有条件在期货市场生存下来。产业人士必须具备善于学习的品格，能将现货优势和期货思维结合起来，或许就离成功不远了。

他总结说，期现结合需要大智慧。一方面，体现在组织架构设置上。企业参与期货的目的是利用套保规避市场风险，所涉及的品种也很单一，不像专业投资公司需要多品种、多模式的交易。

然而，在岗位设置上，他认为，没有必要追求大而全，只要能确保监管到位、风险可控、满足需求即可。首先，除了必要的策略人员、交易人员外，其他如风控、信息等工作，完全可以靠企业内部相关部门的协作完成。其中，现货企业的采购部门、销售部门都有一线业务人员，这是一个很大的资源。其次，部门管控关系要根据公司风险来源或利润来源设置。比如，原料依赖型的一般设置在采购系统内，产成品依赖型的一般设置在营销部门，当然这也要根据上市期货品种来决定。

另一方面，体现在期现结合的操作模式上。现货企业做期货不同于个人做期货，现货企业是把期货当成一个规避风险的辅助工具，需要把控制各个环节的风险放在第一位。

谈及金晶科技的操作经验，焦勇刚向《期货日报》记者表示，现货企业参与期货一定要通过严格的规章制度来规范。现货企业做套保是一个集体决策的行为，什么该做，什么不该做，怎么做，都是通过集体决策产生的。通过制度约束，能有效规避个人不当行为带来的损失。

据他介绍，金晶科技的优势，第一，在于是现货企业，现货就是企业在期货市场最后的托底，一旦超量套保，最终需要交货，就等于资不抵债，将会面临违约风险，所以企业做套保要量力而行；第二，坚持套保思路，这点往往是很多现货企业都难以坚持的，受利益的诱惑，很容易变成脱离主业的投机，虽然能获取一些额外利润，但始终是在敞口风险中的火中取栗；第三，根据企业自身需求和行业趋势有取有舍。"企业参与套保的目的就是为了规避未来的经营风险，所以在没有预期风险的状况下，需要退出，耐心观望，不能为了交易而交易，况且即便适量套保也会存在风险。"焦勇刚分析说。

短短五年时间，他由原来的现货营销人员转变为期现结合的运作者，用自己的一言一行证明期货市场是一个进来就不会离开的地方，不管你对它是爱是恨，都不会离开它。"未来我会在期货这条路上坚定不移地走下去，不只是因为爱它，还因为要提高期货在现货经营中的影响力和贡献度，使这个工具能真正成为企业经营的护航者。"焦勇刚说。

第95章　李咏泽：期货交易是一门艺术

找到适合的系统，吃透技术的本质，学会分析市场情绪，看懂K线和形态。

技术分析不应该纯粹看K线、看指标，更多是要分析K线背后的逻辑，市场中交易人的心理、情绪。

经过市场多年的锤炼，才知道生存比赚钱重要，控制亏损比获得盈利重要，不被灭掉最重要。

职业没有高低贵贱之分，赚了钱能够回馈亲朋、回馈社会，也是人生意义所在。

技术分析不是千篇一律

"沪上十二少"，一个有趣的名字，几分潇洒，几分灵气。在认识她的人眼里，她是期货江湖的"女侠"，鲜少在公众场合露面，但多年来抒写交易心得，笔耕不辍，感性与理性碰撞出的文字，吸引了大量粉丝。她叫李咏泽，是期货圈为数不多的女性投资经理。

一个平凡的夏日，收盘后，《期货日报》记者对她进行了采访。眼前的李咏泽，高挑、瘦削、气场足。她的办公室，干干净净。

有人说，期货交易是浓缩的人生，很显然，交易改变了李咏泽的人生。李咏泽毕业于哈尔滨工业大学，后来到新加坡国立大学读研，毕业后回国，一个偶然的机会踏上期货交易这条路。往事历历，光阴如昨，眉间却浸染了些许的淡定与从容。

与李咏泽十年前初入期货市场不同，当下，越来越多的机构进入市场，不少人都说，技术这碗饭越来越难吃了。

的确，我们能看到的一个市场现象是，在各大公开场合，"基本面派"可以侃侃而谈，而"技术派"已经不愿发表言论。不知何时，谈突破、谈均线、谈形态……已经难以取得认同，市场环境也在发生改变，一些传统的技术分析方法貌似失灵。甚至有人说，技术分析已经"烂大街"了。尽管如此，李咏泽依然把自己归类为"技术派"。如巴菲特所言，如果连擦鞋匠都在和你谈论股票，股市就有可能要"完蛋"了。那么，如果连"基本面派"都能和你谈谈技术分析，那么技术分析还管用吗？

在信息技术发达的今天，李咏泽也会看到基本面的相关内容，身边的朋友也会分享一些基本面的消息，但她不为所动，依然坚持自己的技术分析。

"很多基本面信息，也是我交易参考的部分，但技术却是我最熟悉的方式。技术面研究择时，基本面研究方向，二者在某段行情上一致时，我会更加坚定，而一旦发生冲突，我只相信自己的判断。"李咏泽说。她是如何进行技术分析的呢？与传统意义上的"技术派"相比，她的理念、操作以及判断又有哪些不同呢？

"在我看来，技术分析不应纯粹看K线、看指标，更多是要分析K线背后的逻辑，以及市场中交易人的心理、情绪……"也就是说，在李咏泽的交易理念里，技术分析并不简单，绝不仅仅是看盘面上的K线指标，而是一个非常复杂的逻辑研究方式和体系。

"对于大部分技术分析派的交易者来讲，他们对于技术分析的理解仅仅终止于技术分析是什么。事实上，这只是开始。"在李咏泽的微博上，这一段话显示出她对技术分析的独到理解。她认为，传统的技术分析已经是大资金、小资金都懂的技术，而现在的市场是一个"反技术"的市场，越是经典的形态越有可能失败。"说到底，技术分析只是一种分析方法，并不是确保赚钱的武器。"李咏泽举了一个例子：一个人想学打高尔夫球，教练教的方法对每个人基本都是相同的，但能不能打好，除了刻苦练习之外，每个人还必须根据自己的身高、体重、手臂力量等选择一款适合自己的球杆。"换句话说，技术分析不是千篇一律的，一定是千变万化的。那么，该怎么做呢？"对此，李咏泽认为，找到适合自己个性的系统，吃透技术分析的本质，学会分析市场上人的情绪，看懂那些K线和形态，灵活运用手里的武器，正就正做、反就反做，不死板、不教条，这才叫真正意义上的"技术派"。

跟着市场的脉搏跳动

李咏泽为人乐观，喜欢挑战，交易之外经常会参与蹦极、滑雪等刺激性的运动项目。"我喜欢冒险，在盘面上遇到机会就放手一搏。但经过市场多年的锤炼，我知道生存比赚钱重要，控制亏损比获得盈利重要，不被灭掉最重要。"如今的李咏泽，在盘面前心态不再随着盘面波动而起伏，情绪也不再随着行情暴涨暴跌而失控。

回首交易之路，李咏泽说自己也曾是一位懵懂少年，进入期货市场的第一年，因为逆势交易亏了很大一笔钱。还好，她凭借坚强的意志和不服输的性格坚持了下来。在交易这条路上，李咏泽有过沮丧，却从未绝望，她很早就读了利弗莫尔的《股票作手回忆录》，深深明白"既然有人从交易中掘金，就证明这条路走得通，这就是坚持下去的理由"。

"在古希腊神话中，有一个人物叫西西弗。他受到宙斯惩罚，日复一日年复一年地推石头上山，石头到山顶后又滚下山脚，他内心感到痛苦不堪。终于有一天，他感到特别快乐，因为他发现自己推过了世间最美丽的风景，还推出了勇气和耐力，推出了胸怀和智慧，感悟到了生命中的真谛。"李咏泽说，人在没有踏上成功的路之前，都是如同被下了咒语的西西弗，在这个过程中心理是会崩溃的。在李咏泽看来，做交易亏损时人的心态是不可能好的，盈利则能保持好的心态。"所以，要更多地让自己处在盈利状态中，这就意味着不能轻易去做，做得越多错得越多，止损越多心态越坏，这是一个循环，是恶性循环还是良性循环，需要看交易者是否有足够的交易智慧。"

对社会上很多人来说，"越是逆境越要奋勇向前，永远不要停下拼搏的脚步"，这样的励志之言很能激发人的潜力和斗志，但在李咏泽看来，交易恰恰不能如此，越是逆境越不能奋勇向前，在交易的逆境中要停下来，撑过去才是最重要的。

2008年全球金融危机爆发时，李咏泽手中的空单盈利颇丰，这一次的交易让她体会非常深刻——好心态，绝不是随口说说的，越自信的时候越没有问题，当手脚被束缚时，反而很难有好心态，强迫自己也没有用。此后的李咏泽更加自信，甚至在跌停板上连续加空，最终赚得盆满钵满。

李咏泽把那一次的交易经历视作幸运，交易经历超过十个年头之后，她才做到淡定如常。"就像一个开着车的老司机，途中可能会遇到磕碰，但一定不会发生大事故。"李咏泽说，当市场出现"黑天鹅"的时候，新手可能跑不掉，但如果对市场有充分的敏感，跑掉的概率就很大。当市场极其振荡，行情不好做的时候，许多人亏钱甚至暴亏，而她始终抱着能不亏或是能赚一点就满足的心态。"也只有这样才能细水长流。爆赚很过瘾，但爆亏让人更难以承受。期货市场风险无处不在，爆赚的同时也隐藏着爆亏的可能。对握着大资金的交易者而言，要如履薄冰，控制风险永远是第一位的。"

人们常说，想知道上山的路，要问下山的人。新手怎样度过心态这一关呢？对此，李咏泽打了个简单的比方：操作十万元的资金和操作一千万元、一亿元级别的资金，心态完全不一样。同样的系统，不同的资金规模，对交易员的心理考验不可同日而语。"很多新手入门前会做模拟盘，可以从模拟盘开始做，但不要用很小的资金量去做，刚开始做模拟就用大资金，可以锻炼心理承受能力，同时更多的是找到最适合自己的资金管理策略。"感到紧张并不是坏事，跟着市场的脉搏跳动，才容易找到节奏感。"这是李咏泽对新手的忠告。

在期货市场，要想拥有成熟的心态，一定是多年如一日，经过市场千锤百炼才能达到的境界。

相信自己和分享理念

在程序化交易日趋火热的今天，许多人赞叹 IT 技术的力量，但在李咏泽看来，程序化隶属于科学门类，而交易是一门艺术，交易可以程序化，但程序却无法完全体现交易者的思想，成功的交易很多时候源于灵感。

尽管有着强大的理工科学历背景，但李咏泽始终没有进入程序化领域。"在我的经验中，期货交易更多是一种人的发挥，很难有固定的模式，不是当某些条件满足就可以推出结果，我曾尝试过把系统编成程序，但很多想法无法在程序上得到体现。"李咏泽向记者打了个比方说，数学中有了 ABC，可以推导出 D，但期货可以直接到 D，而且很随机。她毫不讳言，交易员获得成功，除了技术、除了性格，很多时候还要有运气。

李咏泽说，她不是否定程序化这种交易模式，只是在她的观念里，没有找到正确的逻辑之前，不会轻易触碰。"相信自己，是一名期货交易员的基本素养。至少到目前为止，程序化交易不符合我个人对交易的理解，不在我的研究领域，也不在我的选择范畴。"

李咏泽告诉记者，多年来，除了特殊原因，她一定会按时坐在电脑前盯盘，久而久之成为一种习惯。她可以长时间不做交易，但看盘已经成了一种乐趣。在她看来，想很舒服地赚钱，这种事情是不太可能的，即便在别人眼里看起来很轻松，但当事人自己付出了什么，外人是不会知道的。"没有自律性，交易是做不好的，技术真的太枯燥了，女性做研发的多，做交易的少，我不认为任何人都适合做交易，而且年轻人进入这一行也要深思熟虑，毕竟这个行业的成功者太少了。人生没有如果，只有果然如此。选择一条路，就看不到另一条路上的风景。"作为业内成功的女性基金经理，这种感慨也是由衷的。

李咏泽告诉记者，她会去关注其他的交易模式，进而优化自己的交易系统，但核心的交易理念不会变，"只有在自己熟悉的模式里，才能够做到游刃有余，保持最好的心态，在熟悉的领域赚到该赚的，这就足够的了。"同时，李咏泽也认为，交易是很私人的事情，只有自己心里明白了才能下手操作。

"人，还是要有追求的，不以善小而不为，做善事要从自己身边开始。"这是李咏泽的人生理念。在李咏泽看来，人通过自己的努力，拥有了财富，首先要把身边的亲人朋友照顾好，遇到灾害或弱势群体的求助，也要施以援手，尽力而为，"职业没有高低贵贱之分，赚了钱能够回馈亲朋，回馈社会，这也是人生的意义所在。"

与人分享是一种快乐。"我以前喜欢读和写，在博客上分享一些交易理念。最早的时候，是想把自己的想法积累下来，当作日记，后来有很多人看我的文章，给我发邮件，告诉我读后感，我就觉得能够把自己的理念告诉大家，对得起喜欢自己和信任自己的人，就是一种很快乐的事情。"李咏泽说。

正是凭着这种分享意识，以及日积月累的思想汇聚，李咏泽俨然已经是期货圈的"网络红人"。无论是她的微博，还是微信公众号，不少"粉丝"留言，希望她加快文章的更新速度。"写作也是一个自我沉淀的过程，每次写完自己也有提高，毕竟内心的想法形成文字在脑子里就刻得更深。"为喜欢自己的粉丝写作，和认同自己的读者分享技术分析和交易理念，让李咏泽获得很多被需求的快乐和价值。

　　而从李咏泽微博或微信公众号已经发表的文章看，她有深厚的文字功底，简洁而又不失细腻，分享的日常生活也是精彩纷呈，可知她的心里，住着文艺、自由和梦想，远非一般交易员枯燥乏味的生活可以比拟。热爱生活和热爱交易永不矛盾，也许生活才是一个优秀交易员灵感不竭的源泉。

第96章 邓伟：合理配置仓位找到交易之道

> 某辩论类节目曾经有一个辩题：如果你奋斗的城市空气越来越差，要不要离开它？有人认为梦想比空气更重要，也有人觉得健康是奋斗的前提。有这样一个在大城市追着期货梦的年轻人，他曾因为奋斗的城市雾霾严重，逃离大城市回到家乡干实业。不过，即使他选择了离开，也没放弃自己的期货梦。几经周折，起起落落，十年磨剑，他最终找到属于自己的交易方式，收获了在期货市场坚持多年的成果。这个年轻的期货人就是期货实战排排网轻量组选手"汉江太公"——邓伟。

找不到放弃期货交易的理由

大学专业学金融的邓伟，2006年从西安交通大学毕业，第二年就到期货公司上班，做了客户经理，但是那时候对期货交易，他只是停留在初步了解的阶段。回想起每次和客户聊行情、谈交易自己一脸懵懂的样子，他都觉得对不起所学专业。

觉得有些惭愧的邓伟，从2009年开始接触期货交易，没想到之后的八年多时间，自己和期货结下了剪不断的缘分。据他回忆，2009年开始做交易时，账户里只有一万元，最早交易的品种是豆粕，那时候初入市场，盯着分时图来做，每次盈亏20多个点，心情非常紧张，所以交易之路并没有一路平坦，很快亏完了本金。于是，他开始做居间人，攒下了一点资金，加上家人的资助，继续着自己的期货交易。

2010年，他的账户赚赚亏亏，仍看不到自己作为职业交易者的未来。2013年，在去期货公司上班的几个月后，他因为雾霾严重选择离开西安。

逃离大城市回到家乡后，他养过猪、开过饭馆，各种折腾到了2016年，但是离开奋斗的大城市他能给自己理由，要放弃交易却找不到借口。所以在回到家乡的这段时间，他虽然没有把主要精力放在期货市场上，但是也从来没有间断过期货交易。

从2010年至2016年，他的期货账户赚赚亏亏、大起大落，有时候上午亏十万元、下午赚二十万元，有时候一个月赚的钱，逆势重仓一两天就亏到"解放前"，其间让他印象最深刻的交易经历是螺纹钢期货从3800点跌到3200点。"记得我是周五下的满仓多单，次周周一低开，我要止损，被一个前辈阻止了，他分析认为马上会反弹，结果后来几个月都是阴跌，导致资产损失大半。"邓伟告诉《期货日报》记者，那段时间他感觉自己丢了魂儿，后来保证金不够被强行平仓，他一度非常失落，觉得对不起家人，巨大的压力让他濒临崩溃的边缘。

虽然之后邓伟也尝试过去参加各种培训，希望能学到点秘诀，但是自己的交易方法反而越来越乱套。在这期间，他深刻体会到期货市场是最能检验人性的地方。他说："你会发现自己总是在犯相同的错误，不是手误搞错开仓方向，就是逆势不止损还加仓。方向做对了，赚点钱又紧张，不敢增加筹码，资产不能倍数增长。"

"我期货交易生涯的转折点出现在两年前。2016年元旦后，我拜访了一位做煤炭营运的朋友，那时候在职业选择上很茫然，我被交谈中的一句话点醒：你把事情做好了，钱自然就来了。"邓伟坦言，那次交流带给他最大的收获就是放下了急功近利的心态，沉下心来不再浮躁。他戒掉了频繁开仓的坏习惯，开始轻仓做，有时候一个单子能拿好几周，账户开始陆陆续续赚钱，2016年收益达到了110%。经过多年摸索，终于找到了自己期货之路的正确方向。

亏损50%需要100%的利润填补

谈到现在具体的交易模式，邓伟向《期货日报》记者介绍说，他的交易系统是靠近现货市场，了解现货品种的大概情况，再结合均线找位置建仓、平仓。他表示，自己不是单纯的技术派，而是基本面和技术面相结合，基本面主要是结合现货看方向，再从技术面找位置开平仓。他解释说："当基本面与技术面走势相同时加大单量，走势不符时依据技术面轻仓做短线，有利润后设置保护价。在行情波段判断上，主要利用黄金率和波浪尺这些画图工具，当然压力支持位置也是很好用的。"

由于基本面消息大部分来自现货圈的朋友，所以在选择品种上，邓伟以黑色系为主要操作品种。他说："从 2016 年开始，我主要交易的品种有焦煤、焦炭、螺纹钢、铁矿石、动力煤等，收益主要来自动力煤和螺纹钢。2017 年年底甲醇也有不错的收益，这些成果与现货的结合功不可没。"

据他介绍，在交易周期上，根据不同的品种交易周期不一样，单子到了预计的价位就止损或止盈平仓。黑色系品种基本上是隔夜持仓，持仓时间从几天到几周不等，甲醇则有单子持仓一个月以上。日内偶尔会做铜和橡胶，最短持仓几秒钟。

此外，交易周期的不同还体现在长短线的结合上。"我的目标位置主要是黄金率和波浪尺，遇到目标线减仓，回调后遇到目标线加仓。比如有10 手多单，在遇到第一目标位时平仓 4 手，向上突破指标压力位再平仓 2手，若再回调到目标位就再平仓 2 手。当低于持仓位时加仓，但是为了防止方向逆转，一般不会超过 5 手。"邓伟如是说，这样若是逆势止损不会大亏，顺势也能有一个很好的收益。

不过，他也有不遵守交易纪律的时候。2017 年，他在 3000 点以下做多螺纹钢，却在后来行情上涨后逆势下了空单，把之前螺纹钢的利润全部亏损回去。"2019 年 5 月中旬和 6 月底两次大回撤就是重仓逆势导致的，给我的教训就是一定要有止损，严禁大赔，因为 50% 的亏损就需要 100%的收益来填补。还有就是下单手数最好固定，不能忽大忽小。不过，止损也是把双刃剑，有时候保留利润却会错过大行情。"邓伟举例说，2017 年在 2600 点附近做多甲醇，看多到 3000 点以上，其间逢高平仓，遇到大一点的回调有均线支撑时，就把前面平仓的单子再接回来，始终保持多单在手。

"我做得不好的地方是重仓的盈利单拿不住，轻仓还可以，仓位稍微重一点，到了目标价位我就会减半，甚至减仓 80%。"邓伟说，他不敢重仓，会把隔夜单的风险控制在 20%，不超过 30%，所以在顺势的时候资产不能大幅增长。他希望 2020 年自己能在控制风险的前提下，顺势时加些仓，让利润"飞一会儿"。

控制风险需要合理配置仓位

当记者问及邓伟的交易理念，他觉得要因人而异。就前面介绍的交易经历而言，他觉得还要靠近现货市场，结合期货，这样才能对未来有合理的预判。另外，严格执行自己的交易计划也很重要，不要频繁交易，而且止损一定要及时。

在期货市场上，最需要处理好的心理是恐惧和贪婪，所以邓伟要做的就是忘却贪婪，只留下对市场畏惧。他说："周围有很多一个月资产翻数倍的例子，但是能够长期存活的没几个。我认为轻仓或许是最好的选择，只有轻仓，心态才能平和，技术和分析才能用得上。不然重仓亏损几次，资金亏损巨大，自己都会怀疑所有的分析理论，心态肯定是一团糟。仓位重了遇到回调心态会变化很大，现在的我还做不到心如止水，所以只能轻仓操作。"

此外，在风险控制和资金管理上，他的日内仓位一般在70%左右，隔夜仓位不会超过30%。"下单前要做好计划，什么价位加仓，对应的风险大概是多少，都要提前计算好，不能盲目加仓。资金管理对风险控制来说非常重要，仓位与风险的关系成正比，仓位越大风险越高，当然利润也可能越高。不过，期货市场上能做对方向的机会有很多，所以没有必要重仓去赌一两次的机会，因为一次错误的重仓就可能让你永远离开市场。"邓伟总结说，技术分析、资金管理、交易心态三者都很重要，是相辅相成、相互制约的，需要平衡好。

和以前不同的是，现在的邓伟还会利用大部分时间学习心理学等相关非专业知识。他觉得做期货和做生意一样，需要用心经营，在这场一个人的战斗中，自己还不够专业，还需要继续努力。他也希望能够利用期货平台帮助现货商创造更多财富，期待有一天能回报社会更多的正能量。

第 97 章　陈祥湖：稳健操作方能在市场生存

2006 年进入期货市场，2008 年赶上全球金融危机，大宗商品全线大跌，陈祥湖踏入期货市场即感受到期货的超高风险。期货市场，是一个赢家门槛不断提高的市场，在这个市场中，专业人赚不专业人的钱，心态好的人赚心态不好人的钱，有靠谱交易逻辑的人赚交易不靠谱人的钱。正如他的期货实战排排网账户昵称"宝华稳健"，他始终告诫自己盈利时戒骄戒躁，亏损时放平心态，稳健操作方能在市场顽强生存。

入市源于现货经历

陈祥湖来自浙江温州，初识期货源于他早年看过的一本小说，尽管书名记不清楚，具体情节也早已模糊，但是小说里对期货的描写却让他印象深刻，加之温州有不少期货民间高手，这些高手的骁勇战绩也不断感染着他。后来，他自家经营一家铜带厂，现货和期货价格涨跌互现，使他萌生了做期货的念头。就这样，2006 年他跑到当地一家期货公司营业部开了期货账户。

虽然是通过现货进入期货市场，但是这些年他一直没做期货的套期保值。究其原因，"铜带厂这些年生意不好，另一家自己参股的阀门厂技术含量较高，虽会涉及一些原材料，但是占比不大，所以我更多地做品种投机。"陈祥湖告诉《期货日报》记者，在他们当地也会有朋友买铜或镍，囤在自家车库里，因为当地有"囤货待涨"的风气。虽然他们隐约能了解到期货，但是专门做套期保值的人比较少。另外，他以前做锌的生意，也会从云南买锌，用火车运过来卖给附近的加工厂赚点差价。

2008 年，受金融危机的影响，大宗商品大幅下跌，其间陈祥湖做空黄金，但是收获寥寥。"国庆节前，我根据图形走势判断黄金走弱，当时不少品种跌幅明显，但是黄金跌幅较小，所以我认为黄金还有下跌空间。"他坦言，没有捕捉到行情是因为当时他对宏观基本面、国际经济形势的认识不够透彻。

敬畏市场，多年来期货交易者总是将这四个字挂在口头，经历过几十倍乃至更多盈利抑或亏损的人感触更深。期货交易十二载，陈祥湖对风险同样感悟颇深。据他回忆，2011 年商品大牛市来临，他拿出 20 万元满仓做多，浮盈加仓，只要品种有机会，他都愿意尝试。很快，他将账户从 20 万元做到 800 多万元，粗略估算翻了整整 40 倍。然而，在满仓的情况下，一点小的波动也会被放大数倍，几个反向波动很快将他的账户从 800 万元打回原始状态 50 万元。他说：这次经历让我改变了投资和风控逻辑，现在我的开仓比例会控制在 10% 以下，当积累仓位较大时，还会用多空对冲的手段降低风险。"

完美的交易不存在

从交易手法上看，陈祥湖坚持基本面和技术面相结合。"基本面决定大方向，技术面确定入场点。期货行情走到什么位置都有概率，根据基本面和技术面进场后，我会根据均线和 K 线大致看一下目标位。"陈祥湖告诉《期货日报》记者，这是不少优秀操盘手都在使用的方法，贵在做专做精并坚持下去。另外，这种系统还要结合好的资金管理和风控方法。他说："由于仓位的限制和账户内多空对冲单的存在，目前这个交易系统的劣势是很难在短时间内赚到大钱，同样它的优势是稳定，不会大起大落。"

在投资品种的选择上，他会参考专业人士的建议。他指出，自己在交易中还存在不足之处——涉猎的交易品种较多，这些品种的产业链研究难以做到面面俱到，所以对基本面的分析不够深入扎实。据他分析，刚开始接触期货时，因为自己实业的经历会更偏向做铜、锌等品种，但是进入期货市场之后，更偏向于做波动较大、成交量较大、不宜被操纵的品种。

2017 年，他账户里的大部分利润来自螺纹钢和焦炭，其中 6 月持有的螺纹钢 1710 合约从 3600 点涨到 4000 点。"当时在投资群里看到不少投资者高喊螺纹钢会上涨，我考虑到供给侧结构性改革政策的延续性，继续观察，6 月开始螺纹钢多头排列走势较强。回过头来看，螺纹钢从 3000 点一路上涨到 4200 点，我只是做了一半的行情。"陈祥湖描述说。

"交易中要多交流、多沟通、多思考，市场改变我们也要跟着改变。很多个人投资者会抱怨没办法获得专业准确的基本面信息或产业链信息，其实他们忽略了进入期货市场后一位不可或缺的助手——期货经纪人。"谈及此，陈祥湖非常感谢他的期货经纪人新湖期货的万祥。他说："在他的引荐下，我认识了很多黑色产业链大企业的高层，对商品的基本面把握得更透彻，同时他提供的基本面信息很及时、很准确、很专业，对我的交易有较大帮助。"

陈祥湖认为，完美的交易是不存在的，没有人可以时时刻刻盈利。他回忆起曾经的一段经历："当时一个月的时间赚了 100 多万元，之后也回撤了 20%—30%。这对我来说是可以接受的，但是很多投资者有配资加杠杆的、有全部资金做期货还满仓的，这些人接受不了亏钱。不过，永远完美的交易只存在于谎言中，一个成熟的期货投资者必须学会平和地接受投资结果，学会接受亏损。"

交易是浓缩的人生，也是生活的一部分，如何看待、平衡交易和生活之间的关系呢？陈祥湖表示，他做期货是兼职，交易要与生活分开。他说："对我而言，交易是件轻松快乐的事。十二年的期货交易，很多名利都看淡了，希望能够多为新手投资者提供好的交易理念，多做善事，造福社会。"

止盈更是一门艺术

陈祥湖告诉记者，他主要进行中长线趋势交易。在止损方面，他并没有在进场时设置严格的止损线，一般做法是，先观察一段时间的技术指标，若均线系统转头向上会坚定持有，若均线和预期不一致，比如，买进去均线就调头，这时就会立即平仓出局。他还说："在持仓过程中，如果遇到突发事件，比如，橡胶仓库着火，这时假如我手持反向单，则会选择扛一扛，这类事件对期货的影响主要在情绪方面，很快就会过去。不过，遇到经济转向之类会对市场有长久影响的突发事件时，做反了方向我会选择直接止损。"

"假如我认为这个品种走势较好，但是大趋势不对，我会选择另一个做法。比如，买入螺纹钢，这时同类品种中某一品种涨幅没有螺纹钢涨得多，跌的时候比螺纹钢跌得多，我会做空这个品种和螺纹钢对冲。"陈祥湖举例说，2017 年螺纹钢期货连续上涨到 3800 点附近，随着价格上涨，实际仓位加重，资金波动也更大。他说："当时根据盘面情况，我观察到铁矿石表现较弱，于是做空铁矿石进行对冲。当出现连续亏损的时候，我会停止交易，等待下一次机会。不仅如此，我还依据账户实际情况，设置了一个'总市值止损法'，即当这个账户连续亏损、市值低于预设值时，将所有品种全部清仓出局等待机会。当然，这个预设的'总市值止损线'随着资金增长慢慢提高。"

很多交易者都想吃透利润，可是往往在盈利时又开始患得患失。陈祥湖认为，止损很重要，止盈更是一门艺术。"我目前的做法是持仓先确定大方向。比如，大方向看涨，就不断低位做多，账户盈利即可印证我对趋势的把握是对的。当利润进入一个目标区间时，我会平掉 1/4 的仓位，剩下的单子设一个移动止盈的云端条件单，直到被止盈出局。"据陈祥湖回忆，2016 年 11 月 11 日，他持有油脂、镍、棉花等品种的多单，双十一之前不少期货品种大幅上涨，多年的期货交易使他更加小心谨慎，他提前将大部分多单平掉，只留一小部分多单，并在双十一之后低位轻仓做多，基本上没什么损失。

"期货交易心态要保持淡定从容，不要把钱看得过分重要。"陈祥湖建议，投入资金尽量在自有资金的一半以下，如果期货有盈利，可以出金购买不动产、保险等避险资产，以此作为期货交易生涯的保障。在他看来，资金管理极其重要，好的资金管理会让你不被市场淘汰。另外，良好的心理调节能力有助于投资者坚持正确的资金管理，不会一亏钱就不遵守纪律胡乱操作，心态乱掉时不妨"急刹车"，停车休息。

第 98 章　郑桂松：程序化交易离不开良好心态

2017 年 1 月 3 日，郑桂松以 195.1702 万元的本金参与期货实战排排网展示，截至 2018 年 3 月 27 日，账户权益增长至 296.023 万元，累计净值增长率达 1.73597。他擅长抓取中长期趋势性行情，在控制风险的前提下，通过"以损定量"和"盈利加仓"等资金管理方法控制仓位，利用程序化方式精确地进行投资交易。

期货市场波谲云诡，既有令人向往的高收益，也有让人生畏的高风险。历经投资交易十余载，郑桂松早已把这个市场当作自己的修炼场，每一场交易都在反复磨炼心性，每一次失败都是新一轮的开始。直至今日，他步履不辍，并且在市场上小心翼翼、如履薄冰。

"当时我认为市场上多数人亏损，小部分是因为没有认真学习技术，更大一部分是因为人性弱点而无法坚持下去，所以我选择了程序化交易的方式进入期货市场。"与初进市场懵懂天真不同，现在的郑桂松，以平和的心态谈论起自己的程序化交易经历，不问盈亏，更多地关注完善系统，做好交易。

与程序化交易结缘

与期货、与程序化交易的缘分，要回溯到郑桂松从事 IT 行业的那段日子。2007 年，IT 市场正处于高速发展的阶段，他经营着 IT 公司，在挣得第一桶金后，开始萌生投资股票的念头。"除了在大学里有涉及投资的课程外，严格来说我当时并不了解股票市场，或者说没有太多的实际经验。"郑桂松戏称自己像个"股盲"，一股脑地把所有资产都投入股票，结果到 2008 年下半年时持有股票已经亏损 60%。初在股票市场受挫的他不敢掉以轻心，除了继续经营自己的公司外，一边暂时将自有资产交由第三方公司打理，一边不断学习更多的投资交易知识，伺机再次进入资本市场。

跟朋友的一次偶然交谈，成为郑桂松开始程序化交易、转战股指期货的契机。据他回忆，当时在跟朋友聊天的过程中，他第一次听到程序化交易的概念：极大程度地规避人性弱点，一致地执行系统。他心想，有这样一套交易系统，应该能够战胜 70%—80% 的投资者。他当时的想法就是利用有效的程序化交易系统，能长期跑下来取得市场的平均合理收益。于是，他瞄准当时市场上流通性好、交易量大的股指期货，着手与朋友开发交易策略，在 2012 年以程序化交易的方式进入期货市场。

从单品种单一策略到单品种多策略执行，从程序化交易方式中获利似乎比想象的顺利，他尝到甜头后决定增加资金投入。"我在 2014 年下半年加大投资后，第一个月就拿到翻倍的收益，但是还没等我开始享受赚钱的快乐，就从天堂掉到了地狱。"郑桂松向《期货日报》记者描述说，在紧接下来的短短两个月，行情急转直下，交易持续处于亏损状态，最大回撤率逐渐上升。原本多策略的作用是互补以及平滑资金曲线，期望交易不在同一时间回撤，但是那段时间里多个策略同时回撤，要么是有策略在回撤，其他策略没赚钱，要么是有策略不亏钱，另外的策略又开始亏损。然而，他根本不知道问题出在哪儿。

"即使回撤越来越大，我也不敢让操作停下来，因为不知道下一波行情是什么时候，如果由于停下来错过了交易时机，又怎么能回本呢？我甚至为了保证有足够的保证金开仓，不惜追加资金投入。"郑桂松认为自己的执行力和风险承受能力比别人高得多，并不愿意停下当时的交易。就这样，他眼看着系统显示的最大回撤率从 20% 到 30% 再到 60%……直到 2015 年 1 月底，他亏损了几乎全部的资金。

遇挫以后重新起步

"除了看到策略出现问题，当时根本不知道交易失败的根源在哪里。

遭遇资金大幅亏损之后，我的心态接近崩溃，对亏损的无奈、对家人的愧疚、对未来的恐惧每时每刻都围绕着我，即使偶尔心态好的时候，也只是感到前路一片迷茫。就在前两个月，既想交易，因为没有交易就不能翻本，但是又不敢交易。"郑桂松无奈地说，在平仓止损后，他首先怀疑自己的策略不够有效，于是积极地向他人学习更有效的策略方法，开始主观交易培养盘感，但是结果都不尽如人意。

不过，他告诉自己，没有现成的出路，只能靠自己努力去寻找解决方法。于是，他根据自己交易的不足，系统地学习期货和股票交易本质、投资心态、交易系统等，这才慢慢了解到之前的交易策略接连亏损的原因。"每个策略只要时间够长，最终都会发生失效的情况，因为策略的开发是用历史行情进行回撤测试，并采用那些测试结果好的策略，但是历史行情不会简单重复，行情结构不断发生变化，所以失效只是时间问题，原来的回撤结果终有一日会被超越。"郑桂松向《期货日报》记者坦言，当时的亏损表面上是策略失效导致，但是系统不够完善才是主因。

"其实交易策略只是交易系统中的买卖模式，一个完整的交易系统由买卖模式、资金管理、风险控制、良好心态四大模块组成。"郑桂松总结说，在这几大模块中，买卖模式是最基础的，需要配合资金管理和风险控制才能盈利和生存，而良好的心态是决定系统能否正常执行的关键模块。

于是，他一步一步地弥补自己程序化交易中的不足，制定以时间、交易周期等维度的风控计划，根据行情的走势决定交易节奏和交易仓位。从2017年年初开始，他在期货实战排排网上展示的账户，将学习的成果很好地运用在了实盘交易中。在2017年6月底至8月底，他捕捉住焦炭行情，账户净值增长率上升至2.17665。"虽然这段交易的收益并不高，但最重要也让我最满意的是，只冒亏损0.85%本金的风险就取得了收益。"郑桂松表示，他在一年交易周期的开始就制定风控计划，以100万元的本金为例，本金的0.85%预设为每日亏损额度，亏损超出额度立即止损，盈利则根据盈利的多少加仓进入，直到大趋势结束才完全平仓。

除此之外，他还认为，事先做好不利情况的应对策略也至关重要。"当行情不利时，需要慢、轻、停。例如，2017年1—6月行情盘整，我将仓位降低减少交易，甚至停下来，把回撤控制在8%以内，但是当发现有趋势信号的时候，也不会放过任何机会。"郑桂松解释说，如果发现了趋势信号，他习惯在较小的周期内，以较小的止损幅度进行止损，通过"以损定量"的方式确定开仓仓位再开仓，而后盈利加仓。他表示，他会坚持把日线以上的周期作为方向周期，最长的单会持1—3个月，最短的单会持1—2个交易日。

努力做好当下的事

在程序化交易的路上摸索着走到今天，每一段行情波动、每一次资金亏损，都为郑桂松的交易生涯上了宝贵一课。他向《期货日报》记者坦言，刚接触程序化交易时，自认为具备了成功的必需条件，有交易系统、良好心态和纪律，相信自律可以坚定地执行程序，超越身边大多数人，结果却还是失败。

再回顾以往的投资经历，郑桂松明白了，程序化交易依然考验投资者的心态，但是没有一套适合自己的交易系统，心态也就无从谈起。他说："在持盈阶段，要想更好持盈，我认为不能把焦点放在盈利上，而应该放在交易系统上，关注按照交易系统应该做什么，而不是得到了什么，而不是只做对错，不问输赢。"

一个人所关注的事物会很大程度地影响他的观念，以交易为例，如果只关注交易结果，那么亏钱的时候就容易恐惧，赚钱的时候就会狂妄，无论哪种思想，对交易都没有好处。"其实真正应该关注的是有没有遵循交易系统，注意加仓减仓。"郑桂松直言，其实不管是交易还是做其他事情，要想成功，不是在意得失，而是应该想好如何做好当下的事。

对于未来在程序化交易上的发展，他也保持着同样的心态。目前他已经组建了交易团队，正着手准备私募公司，希望在期货市场走上新台阶，希望把自己的思想分享给更多的投资者。

第99章　杨亮：控制欲望方能保持稳定盈利

"小风险可持续盈利是我的交易目标，中长线趋势跟踪是我的交易手法，技术分析是我的操作基础。虽然我不设置止损，但是感觉趋势不对就平仓，回撤不会超过10%，同时果断反向持仓。"这就是杨亮，以全年28.8%的收益率，最大回撤9.19%的成绩，获得期货实战排排网2017年度"风险控制奖"第二名。

杨亮，生活在魔都上海，选择了一个只有5%的人可以生存的期货市场作为职业战场。他没有沉醉于大都市的纸醉金迷，一味追求财富，也没有每天苦于钻研，盯盘复盘驰骋征战；没有想过"成名称王"，也没有代客理财成立投资公司的远大抱负，甚至连期货高手一惯常有的跌宕起伏的成长史都没有……就是这样一位看起来毫无追求、安于现状的人，却能保持每年都有20%的收益，有着永远平稳上升的完美收益曲线，过着看看电视、做做饭、辅导孩子写作业的平淡惬意生活。

纵观他的期货投资生涯，一个字就能概括——稳。在没有形成自己的交易系统之前，他所有的操作都是希望能够少亏损、不亏损。然而，在达到稳定盈利后，虽然也有过大的盈利，但是最终并没有善果，所以现在他追求在控制风险的前提下，实现资金稳定增长。

探寻成功秘籍

作为一位进入不惑之年的70后，杨亮有着20世纪90年代西安交通大学的研究生学历，学的是制冷与空调专业，在那个时代可谓是稀缺的高端技术研究人员。研究生毕业后，他签约到广东一家空调公司从事研发工作，后来又辗转到上海的某空调研发中心，稳定工作带来可观收入，自然有了理财需求。2006年，他开始投资股票，每天通过电脑、手机看看行情，没有大收益也没有大亏损，后来也涉足过外汇。在他看来，这些都仅仅是一种理财手段，从没想过将来会以投资为生。

2008年，他接触到了期货，觉得期货比股票好做，一是期货品种好选择，也不容易被大资金操纵，基本可以反映供求关系；二是期货可以做空，也可以随时平仓，所以他对期货产生了浓厚兴趣。兴趣使然就有了研究动力，他开始翻阅投资类经典书籍。"经典的投资类书籍我都看过，但也只是最经典的那几本。"杨亮告诉《期货日报》记者，由于有工作的原因，他无法实时盯盘，所以从一开始就是趋势操作，再加上研究人员特有的沉稳冷静性格，寻找成功秘籍的道路似乎也是平淡无奇。

据杨亮介绍，他早期的交易一直抱着这样的心态：第一要理性投资，起初只有一二十万元的本金投入，他认为在没有找到适合自己的交易系统之前，亏损也要控制在自己可承受的范围内；第二要控制风险，首先轻仓操作，仓位一般控制在25%—30%，及时止损，感觉走势不对就平仓出来。他认为，做到上述两点，心理上就没有太大的负担，就不会让情绪左右自己的操作。在风险可控的情况下，虽然没有稳定盈利，但是也没有大的亏损，最大亏损在20%左右，当然也没有大的盈利。

与此同时，杨亮开始研究自己的交易体系，他没有太多的时间去关注基本面，自己也只对技术分析感兴趣，所以那个时候每晚下班回家都会通过看书、看别人的文章，研究各种技术理论。晚上研究，白天投入实战，在不断总结、调整中慢慢找寻到了自己的交易信号。他坦诚地说："亏的次数多了，就知道在哪里亏，也就知道怎么才能赚钱。就这样到了2012年，我实现了期货交易的稳定盈利，获得了79.5%的收益。"

建立交易理念

在实现期货的稳定盈利后，2013年杨亮辞掉工作，开始专职做期货。大多数职业期货操盘手往往寻找到适合自己的方法后，都会有一次质的飞跃，实现收益的快速增长。"然而，我专职做交易的头两年，非但没有收益的翻倍，反而一年到头只挣了10%不到。"杨亮说，这成为他期货生涯中印象最深刻的一段经历，也促使他进一步完善自己的交易理念。

2013年和2014年，他基本上都是先在趋势行情中赚进30%以上，但是由于没有及时出场，又亏了回去，到最后 2013 年盈利 7.6%，2014 年盈利 9.9%。"通过两年不太顺畅的交易，我宁可每年只赚 20%，也不要一年赚 50%，第二年亏 20%，所以每年赚 20%—30% 之后，我就出场不做了。"杨亮总结说，在确定了收益目标后，反而觉得自己的交易轻松、简单了许多。2015 年到 2017 年，他都保持在 20%—30% 的盈利，最大回撤也都控制在 10% 以内。

他认为，保持资金平稳增长才是最主要的，大起大落最后也许并没有挣多少钱，而坚持每年都是高收益又不太现实，但是每年有 20% 的收益，也许自己加把劲儿还是可以做到的。他就这样慢慢形成了自己完整的交易理念："小风险可持续盈利是我的交易目标，中长线趋势跟踪是我的交易手法，技术分析是我的操作基础，决定我什么时候入场、什么时候出场。虽然我不设置止损，但是感觉趋势不对就平仓，回撤不会超过 10%，同时果断反向持仓。"

与此同时，他还通过交易多品种来分散风险，认为只要成交量不是太小的品种就可以交易，所以他同时交易了二十多个品种。在资金管理方面，一半的资金做国债逆回购，这也被他视为期货交易的保险资金；另一半资金在期货账户，持仓量最多不超过 50%。"良好的心态是成功要素中最重要的一点。好的心态，才可以保证自己按计划去执行交易策略，心平则福至。心态要好，不要急于赚大钱，也不必担心亏损，按正确的方法去做，就会有好的结果。"杨亮说。

享受平淡人生

有了完善的交易理念、一套适合自己的交易系统，杨亮的期货交易可以说已经控制自如、游刃有余。他最长的持仓时间是三到五个月，最少的也不过三五天而已。现如今，他基本上可以做到每天只看盘或者交易一次，一二十分钟即可，当出现连续亏损，或者达到了盈利目标，就出场两个星期，休息一下，再来操作。

他始终认为，交易只是生活的一部分，而不是全部。当《期货日报》记者问他如何安排日常生活时，他回答说："每天就是看看电视、接送孩子、做做饭，我当时放弃工作做期货就是为了轻松一些。我现在很知足，能在期货市场坚持住并生存下来，每年还能赚取 20% 的利润，很满意。轻松交易、轻松生活是我努力的目标。正所谓知足者常乐，期货本身就是一种理财手段，获取盈利的目的也只是想让生活过得好一些，如果单纯为了交易，心累身累，不就违背了交易初衷了吗？"恬淡意方在，能有这样豁达的感悟，敢于追求平淡，才是人生的最高境界。

最后，杨亮还对初入期货市场的朋友们说："这并非一条前人没有走过的路，但却是孤寂之路。祝愿有心之人可以坚持下去，从而到达成功的彼岸。"

第100章　邱正新："顺势＋变通"方能长久

> 　　邱正新似乎特别受幸运之神的眷顾，虽然偶有失利，但较高的胜率和谨慎的操作风格，使他在任何外部环境下都保持着较高的盈利水平。例如，他在期货实战排排网上展示的账户，净值曲线几乎没有回撤。

攻守兼备，寻找合适的方法

　　"大学毕业正赶上金融危机，新闻媒体到处报道金融消息，报纸上、网络上随处可见，想不注意都难，这让人感觉很兴奋。"谈及如何接触到期货这个行业时，邱正新告诉《期货日报》记者，大学毕业后他像很多普通人一样，到一家企业上班，生活按部就班，日子平淡无奇，当感觉微薄的薪水无法支撑自己在大城市立足时，他萌生了到金融行业冒险一试的想法。

　　或许是误打误撞，或许是命中注定，他应聘到期货公司做经纪人时，恰逢公司筹备参加全国期货实盘交易大赛，于是那些与交易数据打交道的日子，那些与交易高手频繁交流的日子，激发了他投身于期货市场的激情。从此，他潜心研究行情，努力补充金融知识，勇于实战操盘，一发不可收拾。

　　谈到最初的经历，他坦言，投资诱惑一旦在心中扎根，想放弃就很难，只能暗暗告诫自己：一定要慎之又慎。"还好我比较幸运，一开始就认识不少期货高手，交流下来自然受益匪浅，少走很多弯路，也给了自己很大的信心和决心。"邱正新说，他是2009年年底开始实盘交易的，从此沉迷其中不可自拔。

"刚入市的那几年正赶上期货市场的黄金岁月，2009—2011 年期货市场的波动率非常大，当然做对了收益也相当可观，只是我刚入市有点谨小慎微，仓位极低，风险控制极好，收益虽不像行情那么让人惊叹，但我还是很满意的。"首战告捷，邱正新并未被胜利冲昏头脑，他开始慢慢思考自己的投资方式，思考投资者普遍认可的"金科玉律"是否适合自己。

"做投资必须有自己的判断和思考，有时候对的策略换一个环境后完全不同，不要拘泥于传统。"邱正新举例说，比如很多投资者建议总仓位控制不超过 30%，但方向对了如何慢慢追加呢？方向错了如何斩仓呢？虽然根据那些"金科玉律"操作完全没有问题，但也会使收益平常化，不会有突破。

市场人士常常谈到操作手法的激进与保守，但这是相对而言的，不可一概而论。"好的交易员应是该激进的时候激进，该保守的时候保守。"邱正新认为，如果时机（趋势）到了，仓位开到 80%—90% 也并非不可行，但此时度的把握、拿捏，进攻防守的分寸尤为重要。

顺势而为，做确定性强的交易

"做自己熟悉的品种。"这是《期货日报》记者采访中常听到的一句话，特别是关注基本面较多的投资者。邱正新亦是如此，他的账户涉及最多的品种是化工类，但谈到 2015 年的铁矿石交易他仍心有余悸。"黑色系在 2015 年迎来了波澜壮阔的上涨行情，当时我认为在这个延续几年的趋势下，升贴水结构随时可能发生逆转，反套的代价依然是巨大的，现货一天 10% 的涨幅即便是套利也难以承受。近期贴水，远期更低，为了避免更大损失，我不得不挥泪离场，亏了一大笔。"经历过极端行情的邱正新心态更加平和，他目前主要交易黑色系和化工品，对于 2017 年抓到一两波机会他相当满足，虽然中间也有一些机会放过了，但他一点也不感到遗憾。

邱正新主要做套利交易，所以基本不去判断单边走势，无论行情怎么走，产业逻辑、基差等都很重要。对于品种选择，他认为，要以自己熟悉的品种为主，同时还要看波动率，波动率越大、越明显，规律性越好，就越赚钱。他说："套利的幅度和空间主要根据套利的历史走势来判断，如果不能在大波动的时候赚到钱，赚钱的机会就大大降低了。"

提到止损，邱正新表示，套利有时候可以不止损，反倒是越亏越加仓，有些时候必须止损，至于什么情况下要止损，取决于在做怎样的交易。他分析说："重仓时风险管理一定要注意风吹草动，感觉情况不对要砍仓，超出预期时也要砍仓。风险管理要绝对严格，资金管理可以自己斟酌拿捏分寸，连续亏损的时候就把资金降低到极小仓位，然后再去试探行情，或者轻仓观望、仔细观察。"

对于交易周期，邱正新说："长短结合，日内隔夜均有，最短一秒结单，最长持仓达三个月，一般持仓时间在三天到三个星期内。"对于结束单子的原因，他说是多种多样，有时候凭直觉，感觉拿着不舒服便结单观望，有时候感觉逻辑不存在了，有时候感觉入市时机不对，还有就是下错单了赶紧砍仓止损。

"交易一定要有自己独立的判断，不可人云亦云。珍惜自己的'弹药'，切勿轻举妄动，一定要瞄准目标，感觉有非常大的确定性时再出重手。天上下'黄金雨'的时候一定要拿筐装，不要只拿个勺子接。"邱正新解释说，没感觉的时候可以轻仓试盘，一旦方向不对立即撤退，方向对了再加仓扩大盈利，顺势而为，方得长久。

由于套利交易基本用不上技术分析，所以他信奉市场的一切喧嚣最终还是要回归基本面。虽然心理层面确实也是一个较大的因素，但理顺市场的逻辑关系，心理自然会增加一些确定性，再结合盘面就知道如何选择合适的策略。"若有盈利，心态自然会好，如此良性循环，才能保持平常心。"邱正新期望，未来管理规模能做大、做强，能够把视野扩展到股票债券、海外市场等相关领域，同时挖掘整个产业链的对冲投资机会，做好资产管理的持续稳定增长。

第 101 章　魏小平：别把得失看得太重要

> "亏亏赚赚才是行情，盈亏就像坐过山车，有高峰，也有低谷。这意味着眼下行情无论是好还是坏，都只是暂时的，又何必把一时得失看得那么重要。"这是魏小平对交易的感悟，历经多年期市沉浮，他对成败早已坦然处之。2017 年，他在期货实战排排网展示的账户"宇宙"，以累计净值 17.1 的优异成绩荣获"盈利能力奖"。

把握投资机遇

早在 1996 年，从事会计工作的魏小平听说了很多暴富神话，于是开始尝试买卖股票。后来偶然的机会接触到期货，他发现期货能提高资金利用率，还可以当天买卖，就迫不及待地开了账户进行操作。1998 年年中，他开始进行香港恒生指数交易，2001 年转入国内商品期货。魏小平告诉《期货日报》记者："记忆中最深刻的一笔交易是在 2001 年 7 月 21 日做空大豆，当时我保持中线持有的思维，其间逢反弹就加仓，直到 11 月 30 日平仓获利了结，最后共收获 4 倍的利润。"

据他回忆，同样的操作发生在 2008 年，当时国内股指自 2005 年 9 月到 2007 年 10 月，从 1100 点连续上涨两年到 6100 点。"我预感到股市泡沫出现，后市将会有大跌空间，所以自股指涨到 6000 点后，我就一直保持空头思维，如果股指下跌，那么铜和橡胶是领跌品种，所以选择做空这两个品种，最终获得了 10 倍的收益。"魏小平总结说，无数次的 K 线形态和历史图表推演，以及多年来的实战磨炼，让他拥有了极强的盘感，他始终认为历史会重演，在价格的"天花板"（相对高点）和"地板"（相对低点）位置都会有较大的投资机遇。

据了解，在交易前，魏小平会巡视一两遍国内外所有商品以及美元和美指，以充分理解内外盘相互联动的关系，摸清市场的大方向。"对于小方向，我会关注 K 线形态组合以及波浪的高低点，因为这些图表有助于测算大概的目标价位。"魏小平说，在投资品种选择上，首选自己比较熟悉，具有良好流动性、成交量大、波动较大，具有良好趋势性的品种。

据魏小平介绍，首先，对于风险控制，起始阶段他每笔交易的亏损控制在总资金的 2%—3%，当盈利资金达到 20% 以上时，每笔交易的亏损控制在总资金的 3%—5%；其次，对于交易周期，一般为一到两天，最长的单子可以拿一到两个月，最短的单子也就几分钟。他说："当仓位比较重，行情又没朝预想的方向运行时，我会将这笔亏损单尽快了结。交易中盈利最大的单通常是当日单边市，回撤极小，几乎以当日最高或最低价收市，留到第二个交易日冲高或冲低时出局。"

"风险控制和资金管理是核心，做交易若不做好风控，随时都有可能被市场消火。合理的资金管理和仓位控制，不仅能够合理控制和降低风险，而且能让利润实现最大化。"魏小平分析说，如果说进场时机、盈亏比等都是针对单笔交易，那么单笔交易的仓位控制，既可以实现单笔交易的资金管理和风险控制，又能对无数笔交易的仓位进行控制，再加上加仓、减仓等环节，就构成了整体账户的资金管理和仓位控制。

当持仓出现盈利时，魏小平依然会保持平常谨慎的心态，因为市场千变万化，随时都有可能发生我们意想不到的极端行情。按照他的经验，极端行情发生时将止盈点逐渐移动，这样能保证这笔交易有盈利，等到行情衰极时，则可以全部清仓，将利润落袋为安。他说："当账户出现连续亏损时，我会在清空持仓的同时清空大脑，并站在场外重新审视市场。"

理性看待市场

在魏小平看来，做交易是一个修身养性的过程，不以物喜，不以己悲，要尽量理性看待市场，时刻警惕投资风险，保存实力，留得青山在，不怕没柴烧。一个相对完善的交易系统能够在行情发展的不同阶段作出不同调节，既不错过盈利机会，又能回避市场风险，这需要交易者具备极大的耐心和意志，以及操作时精细化的切入点和极高的盘面敏感度。他说：

"一个成熟的交易者应该具备良好的交易心态，而这种心态不会随着账户权益的起伏而变化。"

期货市场与其他市场没什么两样，差别只在于现货是即时的买卖，期货是未来的贸易，期货市场的交易方法和现货贸易没有本质区别。"期货市场出现之后，买卖双方在对期货和现货市场进行比较后，能够选择价格更有优势的市场进行交易，就像原来只有商店和超市，后来又有了网店，人们可以挑选价格更低的地方购买商品。"魏小平向《期货日报》记者举例说。

提及未来的发展道路，魏小平做出这样的规划：一方面，在增加资本运作能力的同时，更加重视公司经营风险的防范，健全公司决策机制、执行机制、监督反馈机制和风险防范机制，规范投资管理操作流程和风险控制流程，形成完备的风险控制体系，确保资金安全和投资收益；另一方面，强化员工的执行力，引进专业人才，提高工作效率。他指出，在复杂多变、竞争残酷的期货市场，保住本金或尽量不亏损才是生存和发展的基础，只有长期生存下来，才能在经历更大机会的同时，增加持续盈利能力。

第 102 章　刘跃：认准目标后紧追不舍

刘跃在期货实战排排网展示的账户名为"磁性战法2"，他涉及的品种并不多，主要以农产品为主。从多空走势图上可以看出，该账户几乎只做多单，以长线策略趋势化交易为主。

"期货是为实体经济服务的。"身为现货企业的掌舵人，组建期货投资团队似乎理所当然，同时兼职公司期货操盘团队领导者的却不多见，而青海文泰粮油科技有限公司董事长刘跃便是其中之一，足见其对期货市场的重视。

"期货市场是很好的行业跨界载体。作为在现货市场经营传统粮油业务的企业，在菜籽油期货上市之前，我们就与期货公司有了密切联系，就在那时，我开始接触期货并组建了期货投资团队。"刘跃告诉《期货日报》记者。

做好各方面的准备

入市之初，刘跃的期货交易之路走得并不顺利。"2008 年做油脂，手持多单历经 9 个跌停，损失惨重。当时由于入市时间短，而且保持着现货企业喜欢做多的惯性思维，我在年中入场做多棕榈油，恰逢顶部形成，接下来便开启了'一路跌、一路买'的模式，其间我曾多次遭遇强平。"刘跃描述说，一直到 2008 年 12 月行情反转，他们加大资金继续买入，到 2009 年上半年终于扭亏为盈。正所谓"前事不忘，后事之师"，经过反思，这段经历成就了这支期货投资团队，他们最大的收获是形成了自己的投资思路和模式，这也为他们的磁性战法策略奠定了基础。

近十三年的期货交易经验，逾二十年的粮油现货企业经验，说刘跃已精通粮油品种并不为过。他告诉记者："其实这个做起来并不难，做交易之前，熟悉这个品种甚至这个行业非常重要，了解这个行业，便可以清楚什么时间是投资期、什么时间是风险期。你要知道这个品种的成本线和可变动的成本线在哪里，哪些因素会导致该品种价格上涨或下跌。"

在判断行情方面，刘跃提到了五个要素：政治、经济、供应、库存和需求。据他介绍，综合这些因素做详细分析后便可确定多空方向，再根据情况寻找合适的入场点，短期由于影响因素繁多，则有事件行情、问题行情、供应行情、库存行情、需求行情、资金行情之分，所以解读判断盘面各种行情，解读资本市场、行业、政治等因素也非常必要。

"我们有专业的团队，又有现货行业经验，再有适合自己团队的理念和策略，做好了各方面准备，赢是必定的。"刘跃底气十足地说，正是由于这种自信，他们并不在意一时的输赢，短期亏损是正常的，做长期趋势的话，盈利目标一般设定到 50%，甚至 300% 都是正常的。

不去追求完美操作

猎豹面对成百上千个猎物，会如何捕食？对于这个问题，或许大部分人都有一个明确的答案，那就是紧追一只，不达目的决不罢休，这也是磁性战法的核心理念。磁性战法要求不止损，只止赢。"因为做趋势，持仓周期在几个月甚至一两年不等。止损因素无外乎方向错了，或动用资金过大、仓位过重，或进场点位不合适，或交易品种选择失误等，而把这些意外因素做到合适的范围内，便是不止损策略的生存之本。"刘跃解释说，按照他们对交易品种和相关行业的了解，是没必要去止损的。对于亏钱的单子，就留着，虽然中短期看是亏钱的，但长周期看一定会赚钱。

不过，由于不止损，刘跃的期货投资团队在 2017 年的橡胶品种上吃过一次大亏。据他介绍，那次依然做多，由于入场时机不对，当时回撤非常大，最主要的是入场前没理解透 09 合约和 01 合约新老胶的交割条款，对供应端的研究也不够透彻，再加上限仓制度，到临近交割换月时价差过高而形成风险，最后不得不认错离场。他说："我们认错，但并不认输，当时已经判断未来几年橡胶会有大行情，但供应弱势使行情延迟了而已。这次大亏让我们更注重基本面的研究，知道不能完全凭价格判断行情，也更理解了制度的重要性。"

对刘跃来说，期货交易的风险主要来自心态，由于他多年不看账户盈亏，又极少盯盘，自然就回避了人性中最难克服的贪婪和恐惧。他说："我们大概一个月做一次交易计划，投资团队有专职下单员、事件风控员等，完全按照交易计划执行即可。这个市场亏钱的人太多了，所以我们不会去追求完美操作，一波行情能赚到30%就非常满意了，甚至不亏损已经算成功了，因为100分的策略几乎不存在，能达到60—70分就可以了。"

准确运用磁性战法

所谓磁性，就是你走到哪里，我跟到哪里，紧追不舍。据刘跃介绍，实际上，磁性战法来自朝鲜战场的一场胶着战，胶着就是指贴着价格走。他说："磁性战法也就是磁性策略，需要将价格分区，明白哪些区域应该怎么做，其中需要运用6个指标，即资金、时间、品种、仓位、点位、技术，这是我们做长线的一个排序方式。"

具体来看，正所谓"兵马未动，粮草先行"，资金排第一位是显而易见的。如果你有足够的资金，就会形成一种优势，对选择方向、操作模式都会有很大助力。

第二是时间。期货市场的行情走势有高低点之分，而这种高低点存在于每一个时间周期内，但如果以年为单位来看这个周期的话，周期就相对会更加明确。时间周期确定了，就不怕顶和底了。

第三是吃透品种。你参与交易了哪个品种，就得关注该品种所涉及到的各行各业。虽然很多时候是大资金流入，把这个行业打散了，短期品种周期也就随之被打散，但长期来看是不会变的。"虽然我并不用技术分析，但我喜欢关注做短线的交易者，关注他们的方法、心态、时间周期、品种选择等。"刘跃说。

第四是能把握好仓位，有计划地进行交易。通过资金表进行资金管理的投资者，要有秩序地进行试仓、轻仓、加仓或减仓。

第五是点位，也就是价格选择。刘跃说："在点位的选择上，我们一般会遵循7次点位选择法，把价格划分为若干小区，简单点说就是网格化交易，也叫机制交易。"

第六是技术。由于在期货市场的参与主体中，散户比例高、力量大，所以技术分析变得更加有章可循，但对刘跃来说，技术只是用来小试一下，如果技术完全符合，会选择稍微增加仓位。

"与此同时，我们也有很多弱点，也会受到其他策略方法的质疑。"对于质疑，刘跃并不避讳。他说："我们很细心地看，在这个优化的过程中，结合了实体企业的优点以及多年来对资本市场的理解，从短线资金、长线资金、长期品种和新上市品种的波动率以及运行空间来看，我们起码能达到及格水平。"

2017 年，对刘跃来说收获巨大，但也有美中不足。"2017 年我们反向做空螺纹钢，从 2900 点拿到 4200 点，一路'倒型'加仓，回踩 3600 点以下全部离场，略有损失。"正所谓"祸兮福所倚，福兮祸所伏"，谈到那次失利，他并没有太多遗憾，反而觉得刚好可以弥补磁性战法在反向做空方面的短板。他告诉《期货日报》记者："其实'轻仓＋进退'有序交易，回报率还是很高的。"

对于未来几年的发展，刘跃认为，他们需要深度解读与调研有色、黑色、化工等行业，优选出备用品种，发现机会。他说："后期会继续优化策略，更全面地解读市场，更透彻地了解行业，把投资做大、做强、做长。"

第103章　王春泉：勇于下重手捕捉行情

王春泉在期货实战排排网上展示的账户名为"融葵投资"，交易品种主要集中在油脂、谷物、黑色品种上，各品种基本都有收获，其中 2017 年盈利最大的单子是焦炭，回撤最大的单子是铁矿石。

完成原始积累

当《期货日报》记者问及王春泉如何进入期货市场时，他回答说："由于就读的是经济学专业，学校开设的证券投资基金课程让我很早就对期货有了认识，那时只觉得期货市场多空灵活、收益大，令人着迷。"毕业后，他果断去期货公司应聘，从事了商品期货研究和产业客户服务的工作，在工作的过程中，他对期货的风险控制和专业性要求有了更深刻的认识和思考。随着时间推移，他逐步整理出自己的交易体系，并取得了不错的实战业绩。

在从事农产品研发的几年时间里，王春泉一边自己做研究，一边指导客户操作。在客户赚钱的过程中，他的交易体系也不断得到验证，于是在 2011 年下定决心参与期货交易。"我印象最深刻的一笔交易是在 2014 年 5—6 月做空菜粕，并一直持续到 2014 年 12 月。当时全球大豆刚好经历了从 2012 年的减产到 2013—2014 年的增产过程，全球豆类市场看空，而国内菜粕经过 2013 年的大涨后，与豆粕以及其他杂粕之间的比价失衡，同时菜粕的消费需求降到低位，供应比豆粕更过剩。"王春泉说，综合各方面的因素后，他认为蛋白粕特别是菜粕后期将出现大跌，于是在 2014 年 5 月菜粕出现 3150 元 / 吨的高点后，从 3000 元 / 吨开始做空 1409 合约。

直到 6 月菜粕才开始下跌，最终跌到 2015 年 11 月的 1756 元 / 吨。

经此一役，王春泉完成了自己的原始积累。当谈及自己的操盘经验时，他直言："交易方法很简单，先做好基本面研究，判断商品的宏观环境、供需格局、市场结构和资金情绪，明确商品目前所处的阶段，再决定后续的应对策略。在商品供需矛盾大的时候，以单边趋势为主、套利为辅；供需矛盾不突出且认为没有行情的时候，以套利为主、单边趋势为辅。最重要的是，当发现供需矛盾错配严重时，要勇于下重手去捕捉大行情。"

开启基金之路

2015 年，王春泉创立了融葵投资，从个人交易者向私募基金经理转变，有了自己的交易、研究和风控团队，操作资金也扩大到亿元规模，投资范围除了油脂油料外，也逐渐向黑色品种延伸，并取得了一定收获。

"操作私募基金与个人交易截然不同，风控、回撤、仓位让我的交易体系有了新的提升。"王春泉告诉《期货日报》记者，在个人交易阶段，他的止损是没有规律的，主要看心理承受能力，而成立公司以后，他设置了风控体系，止损工作除了自己防控外，还有其他专人执行，总体上会根据仓位和资金的回撤来设置。他说："在具体的交易周期上，持仓一般在一周以上，时间最长的单子曾超过 8 个月，最短的单子日内触及止损线就出场。"

回顾 2017 年的实盘操作，王春泉总结说："2017 年是我参与交易以来波折最大的一年。虽然跟往年相比业绩缩小了许多，但最后还是获得了不错的正收益。"在他看来，2017 年的期货市场发生了较大变化，行情的连续性骤降以及波动率的骤增，使得他不适应第一季度的交易节奏，交易账户集体出现了连续回撤，于是他启动了风险机制，暂停交易一段时间。接着，通过公司商讨、研究调整，他修改了止盈、止损幅度和交易周期，主动适应新的市场频率，果然在调整交易策略后，账户又开始继续盈利。

"2017 年的交易品种主要集中在油脂、谷物、黑色品种上，各品种基本都有收获，其中盈利最大的单子是焦炭，主要由于通过研究发现焦炭供应紧张、需求旺盛、库存很低，不仅价格一直往上涨，而且基差很强，市场资金投资氛围浓厚，所以一路做多，最终取得了不错的收益。"王春泉介绍说，回撤最大的单子是铁矿石，原因主要是对行情判断失误。

细化风控体系

"我的风险管理理念主要在仓位控制上，仓位和风险成正比，仓位越大风险越大。在行情比较顺畅的时候，我会适当提高风险度；在行情大幅振荡或回撤比较大的时候，会把风险度降低；当出现连续亏损，最好的办法就是清盘观望。"据王春泉阐述，他的交易系统根基在基本面，需要对产业的供需格局以及产业数据有较好的了解。他解释说："这个系统的优势是不容易犯大错，容易抓住和拿住大行情，劣势是经常进场可能会暂时被套，无法做到精准入场和出场，波动相对较大。"

"正常情况下，盈利单说明执行的策略正确，只需继续持有头寸就可以了，只要这个策略的几个条件没有发生变化就一直拿着，直到基础条件发生变化了才考虑止盈。然后，在持有盈利单的同时，研究跟踪程度以及交易对手的心理。综合多种因素后，进行适时加减仓，包括对锁单等。"这些措施是王春泉构筑风险管理体系的重要一部分。

在实际的交易过程中，王春泉的风险管理体系更加细化，他主要做净值管理，在不同的净值下风险设置截然不同，比如，1.05 净值以下基本都是套利对冲策略，并且仓位控制严格。"随着净值提升，逐步融入单边趋势策略，同时提升仓位，高净值时可能会做一些风险容忍度更大的策略。另外，还有月度回撤、季度回撤、高点回撤等多种风控措施，使得产品风险收益比能维持在 1：3—1：5。"王春泉告诉《期货日报》记者，目前来看，这套风控体系还是比较有效的，公司所有的产品都是正收益，并且没有低于 0.97 净值，产品往往在 1.2 净值以下，回撤基本控制在 5% 以内，到了 1.2 净值以上才出现 8%—9% 的回撤。

结合多年的交易经验，王春泉认为，技术分析、资金管理和心理调节这三部分都是交易不可或缺的因素。只有技术分析到位，资金管理得当，心理状态平和，三者相互匹配才能获得比较好的结果。

对于自身的交易风格，王春泉说："我是基本面研究出身，技术分析不是我的强项，成立公司后有专人负责技术形态分析，对进出场、加减仓以及对锁保护的时机还是有很大帮助的。资金管理现在更多是公司的风控体系直接控制，我现在更多的是调整心态，每天收盘后去健身，隔段时间的旅游度假让我的交易心态松紧有度，张弛有道。"在他眼里，人生的最终目的是认识世界、认识自己，这个过程会伴随着各种烦恼、幸福等心态，并最终完成每个人对世界的认识和自我修行。投资交易也是如此，最终过程也是了解自己的过程，从头寸分析到建仓，再到离场，整个过程会伴随着焦虑、兴奋等心态，最终达到投资者的自我修行，故投资即人生。

"于我而言，期货交易已经成为生活中不可或缺的部分，未来的主要目标是让自己的交易视野、交易理念和交易体系进一步升华，并进一步打造符合我的交易体系的团队。"王春泉展望说。

第104章 王成：找寻到适合自己的"鞋"

王成在期货实战排排网上展示的账户获得2017年重量组第三名的好成绩，该账户最鲜明的特点就是重仓交易，主做日内短线，以技术分析为主。

防范未知的风险

据王成回忆，铜企的一段工作经历，潜移默化中将他带入了期货市场。"电缆化验员的工作或许对期货投资算不上助力，但电缆的价格却直接与铜价挂钩，因而在电缆行业工作的人都会十分关注铜价。"王成说，只要铜业公司采购的铜到货了，短期铜价就会下跌。

很多时候，行情启动之时并无明显征兆，但却从最基本的供求关系中透露了蛛丝马迹。当然，成功并非如此简单，失败是期货交易常态，长期盈利是靠无数次失败或经验积累慢慢形成的。

"新手哪有不亏钱的，想要在这个市场赚钱，一定先摆正心态，亏钱是必修课，成功不是一蹴而就的。要在高风险、高回报的投机市场实现真正盈利，至少需要三年时间。"王成分析说，开始交易阶段时赚时亏，但盈利不能覆盖亏损，总权益偶尔会创新低，而后会进入不赚也不亏的阶段，这个时期难熬且漫长，熬过不亏也不赚的漫长阶段后，就是稳定盈利阶段，如果悟性不好，也许再长的时间也走不出来。

老子说："不知常，妄作，凶。"所有人都渴望最低风险下的最大收益，但风险和收益必然相伴，而对重仓交易者来说，风险的发生有时是灾难。"2010年一次豆粕隔夜经历给我狠狠上了一堂风险课。"据王成回忆，2010年10月8日尾盘他挂出了豆粕空单，尾盘几十秒钟要平仓，价格挂高了却没平掉，等撤单再挂的时候就收盘了，结果第二天开盘豆粕涨停，不得已割肉平仓，这次经历让他认识到隔夜持仓的风险。

本杰明·格雷厄姆曾说："以安全性为代价追求利益率，最终往往得不偿失。"尽管王成在交易方法上选择重仓出击，但豆粕投资失利的教训让他认识到，必须根据自己的交易方式制定相应的风险防范措施，以降低那些无法预料的突发事件所造成的损失。因此，他调整交易作息，果断放弃隔夜交易，即便偶尔有隔夜单，也会提前将短期的国内外财经事件做好标注，以防范未知风险的出现。在他看来，危机意识直接影响了账户收益，大的亏损皆因自己心存侥幸，未能果断止损。

投资要做到专注

重仓出击、分批快速平仓是王成的交易理念。据他描述，通常开仓后只要行情向着仓位的反向跳动两个价位，就先平掉一半仓位，然后依次逐步减仓。一旦重仓交易出现反向波动的情况，必须果断砍仓。他每次开仓都用固定的资金额度来做，随着盈利增加，逐步提高固定资金额度，提升资金额度后，如果交易不顺，就再回到提升前的资金额度，重新交易一段时间，等待下次有信心的时候再去尝试。

"仓位重，就意味着要承担大波动、大回撤的风险。"在风险管理上，王成主张将持仓时间和仓位结合起来，仓位重则持仓时间短，仓位轻则视情况延长持仓时间。他说："虽然我爱重仓，但我的爱并不泛滥。成功的交易并非持续的胜利，而是长久的盈利，失败更是家常便饭，不可避免。做点其他事情，十年磨一剑都应该有点成就了，期货投资却未必，它是一场负重前行的旅程，你必须学会坦诚面对自己，然后有选择地舍弃。当出现连续亏损的时候，要学会控制自己，不顺利的时候，要学会空仓，只看盘，不做交易。"

交易风格和习惯的形成有助于实现长期盈利。那么怎样才算已经形成了自己的交易风格呢？王成表示，有些人可能认为自己主要以中长线操作为主，并有不错的成绩，但在实际操作中，长线中穿插很多日内操作，经不住市场无处不在的机会的诱惑，无法克制自己不参与日内间大波动的行情，这种情况就不是把中长线交易策略作为一种交易风格，换言之，投资并未做到专注。他说："长线、短线，主观、程序化……多种方法来回变，不能长期坚持一种交易方法，这不利于在实战中形成适合自己的交易思想，即便可能一时获利，但并不能长久维持。"

专注一种方法，不仅可以帮助投资者在无数次实战中摸索着形成适合自己的投资思想和交易策略，而且可以快速发现自己的问题，及时纠错。要知道，有舍方有得，贪多嚼不烂。

控制冲动交易

2017 年，王成通过螺纹钢交易获得了大幅收益。"一年下来也就抓住了这一波行情，其他的品种没怎么碰。期货市场不缺机会，抓住一个机会做对了，就可能会达到自己的预期。"王成告诉《期货日报》记者，需要注意的是，交易者应当在实战中不断改善交易方法，高度贴合复利原理的投资方法，可以平衡风控和利润的天平，保证整个交易体系良性运转，但前提是必须符合自己的实际情况。他认为，学习高手的成功经验和方法有时候的确对自己有所助益，尤其是在瓶颈期，可能他人的点拨会令自己茅塞顿开，但学习并不是照搬，而是在借鉴基础上的吸收转化，只有寻找到适合自己的"鞋"，才能舒服地走下去，才能最终获得收益。

"这是一个充满诱惑且险象环生的博弈，谁能在这场拉锯战中，控制好自己的贪念，最大限度地限制损失，谁才是真正的赢家。"王成认为，获得持续盈利的关键通常有两点：一是学会控制自己，不顺利时空仓等待；二是严格止损，做好资金管理。他说："当趋势出来，单子与其相反，一定要学会砍仓止损，克服拖延。面对不熟悉品种的大行情，学会拒绝诱惑，控制冲动性交易带来的意外损失。执行力真的非常重要，强制自己空仓也是一种执行力的体现。重仓交易稍有不慎就会出现大回撤，无论是砍仓还是观望等待，对自己的内心都是一种煎熬。"

然而，一时的不如意、一段时间的低谷不会是成败的终结，胜败乃兵家常事，期货市场的魅力之一就是有无限可能性。"作为以重仓为主要交易模式的风险偏好者，盈利似乎比常人要快，但从长远看，会控制风险的人才能成为期货市场真正的'长寿者'。"王成说。

第105章 张大方：投资要习惯于开 "慢车"

> 张大方在期货实战排排网的账户一旦出现较大回撤，他会大幅降低仓位，直到净值再次涨起来才慢慢提高仓位，如果出现连续亏损，就持续降仓，直到空仓为止。

张大方，原为公募基金公司金融工程部负责人，由于衍生品研究工作的需要，自然而然地接触到了期货，并由此进入期货市场。经过多年积淀，他锤炼出一套完善的投资交易体系，并铸就了自己的私募基金平台——铭杉投资。

在他看来，期货市场的主要作用是风险再分配。"在实体经济中，生产企业通过套期保值锁定原材料价格，从而减少生产经营的波动。在期货市场中，投资者承担了价格波动风险，所以在可能的情况下，他们应当获得更高的收益。"张大方向《期货日报》记者表述说。

"我的第一笔期货交易是 2010 年的螺纹钢操作，当时采用半程序化的方式（程序化系统产生信号后，手工下单交易），一年下来总体虽是正收益，但波动略大。"在随后的实盘交易中，张大方除了不断提升交易系统的程序化性能，还逐渐向其他方向拓展，比如，对大类资产的配置，并由此形成了以大类资产配置与严格风控体系相结合的交易模式。

以大类资产配置为基础

"对铭杉投资来说，其最底层的投资逻辑是大类资产轮动，即资金会在债券、股票、商品、货币四大类资产间轮动流转，但不会凭空消失，公司要做的就是判断出资金可能流到哪个大类资产上，然后投资这个大类资产。"据张大方描述，投资逻辑的最上层是中美两国的经济对比，在此基础上可以对美元和人民币汇率做出大致的判断，接着对大类资产的轮动进行预测，同时根据宏观环境以及大类资产的资金流动情况，判断大类资产未来可能的表现。通过这样的方法判断市场行情和市场走势变化，进而选择投资品种。

"在大类资产配置的基础上，选择当前阶段最优的大类资产进行投资，比如，看好股市则配置沪深300股指期货，看好商品则配置相应的商品期货。目前的交易模式就是在大类资产配置的基础上，选择最优品种，具体交易过程采用了程序化和手工交易相结合的方法。"张大方分析说，判断一波行情的幅度和空间也是结合大类资产轮动进行的，比如，当债券资产轮动到股票资产时，这个过程债券是下跌的、股市是上涨的，如果判断债券可能跌不动了，那么股市上涨可能也接近尾声了。或者也可以进行大致的定量测算，比如，债券跌去的市值是否在股市的上涨中反映出来，如果还没有，行情可能仍会持续。

经过多年历练，张大方已经形成了偏好于长期投资的风格。"因为我们主要是做长期投资，在整体投资框架下，对价格走势有一个大致的目标价判断，如果当前价格离目标价还很远，并且价格波动对净值伤害不大时，对价格波动的容忍度会相对较大；如果价格离目标价较近，我们会提高警惕，观察价格的跳动变化，如果感觉有异常，就进行快速降仓或清仓，这时候往往是阶段性顶部。"张大方解释说，通过这种方式可以更好地把握行情，当然在此过程中心态的控制也很重要，始终要保持平稳、理性的心态，不被短期价格波动所干扰，理性执行投资计划。

把投资提升到兵法级别

"在投资交易中，我始终把风险控制放在第一位，宁可牺牲一些收益率也要把风险控制住。"这是张大方严控风险的基本原则，风险控制总是结合资金管理进行，资金管理具体表现为账户的仓位，大部分时间里他都不会使用杠杆，即所持有的期货合约价值不会超过账户总资金量，所以风险度总是很低。

在张大方的操作过程中，一旦出现较大回撤，他会大幅降低仓位，直到净值再次涨起来才慢慢提高仓位，如果出现连续亏损，就持续降仓，直到空仓为止。他举例说："2017年9月，我在期货实战排排网展示的账户出现了连续亏损，无论怎么操作都是亏损，那么每亏损一次，下次交易时就大幅降仓，直到后来空仓，所以 9 月的净值出现了一条水平线，这是空仓的缘故。空仓一段时间后，直到随后再交易出现盈利时，才将账户仓位逐渐提高，从而成功控制最大回撤。"

回顾投资交易的初期阶段，张大方说，他曾遇到的最大挑战是对风险的认识不足："印象最深刻的是 2014—2015 年，牛市行情一路做多股指期货，虽取得了较高的收益率，但波动相对比较大。特别是 2015 年股市大跌时，回撤略大，大部分账户收益率还可以，但收益率曲线显得不够完美，在最高点处入场的账户存在净值跌破 1 的回撤风险。经过那次回撤后，我认识到控制回撤比做高收益率更关键，之后就不再把追求高收益作为主要目标，而是把控制回撤放在第一位。"

大部分投资者喜欢的收益率曲线是上涨一定幅度后，休息盘整一段时间再继续上涨，一个台阶一个台阶地往上走，这样会感觉风险较低，倘若收益率也还不错，他们就愿意追加更多资金进行投资。然而，张大方认为，对于净值波动较大的产品，即便收益率很高，却也很难让投资者接受。正常情况下，净值波动幅度较大的操作往往只能在少数几个账户中操作，要想扩大规模难度会比较大。他解释说："单账户操作的收益率比较高，更类似于一种厉害的武术，当你武术水平较高时，一个人可以打败多个人，但当对手人数再增多时，操作者就疲于应付了。反过来说，如果回撤控制得较小，自然会有更多的资金愿意交给你投资，这时的投资就从原先的武术级别提升到兵法级别，资金规模就扩大了，格局也随之扩大了很多。"

交易和生活要相互平衡

多年的投资交易让张大方养成了一个习惯：当打开行情软件去分析一个合约的价格走势时，他做的第一件事情是删除所有技术指标，只看纯粹的 K 线图。那么撇开技术分析后，该如何平衡资金管理和心理调节呢？他回答说："资金管理和心理调节是相辅相成的，在净值下跌时，操作者的心态会不稳定，各种投资方法容易变形。如果资金管理按既定计划执行，比如，净值回撤时降低仓位，这样即使价格再继续往下跌，对整体净值的影响也不大，不稳的心态也会慢慢消除。因此，心态调节的基础实际上是资金管理，任何时候心态出现问题都可以通过资金管理进行调节。"

对于交易和生活的平衡问题，张大方认为，交易做到最后可能会升华到哲学层次，哲学涵盖的层面比较广，包括交易、生活等。"在交易里形成的哲学往往会迁移到生活中，比如，交易中我总是把风险控制放在第一位，生活中我开车总是比较慢，这也是出于风险控制的考虑。曾有朋友质疑我开车慢是因为不擅长运动或反应慢，实际上运动是我的特长，但出于风险控制的考虑，我还是要让自己慢下来。投资如同生活，也要习惯于开'慢车'。"张大方比喻说。

谈及未来的发展，张大方向《期货日报》记者表示，能够实现配置的工具基本上都会采用，而期货是其中一个非常重要的工具。他说："交易的过程实际上也是对心态、哲学等方面的修炼和提升的过程，当各方面得到一定升华时，自然也会获得一定收益，所以长期目标是努力提升自己，其他一切自然水到渠成。"

第 106 章　周俊：在穿越成败的幻境中寻求投资真相

> "金融行业的神奇之处在于，它能反复创造奇迹，让人的价值感极度膨胀，然而一旦风险控制不力，也能让昔日成功者一败涂地，所以这是个将人性扩张到极限的行业。"深圳前海盛世喜鹊资产管理有限公司（下称盛世喜鹊）总裁周俊说。

回顾一路走来，周俊经历太多喜悦与痛苦。2014 年到 2015 年年初，他在香港涡轮市场从 200 万元做到 4 亿元，2016 年个人账户获利 14 倍。但是这一切荣耀在 2017 年骤然崩塌，伴随着公司 4 个 CTA 产品连续触及清盘线，曾经的喜悦化作无限煎熬，一点一滴积累的财富和信心犹如海市蜃楼般虚幻……

从香港涡轮市场起家

高中时代，周俊开始接触股票市场并逐渐爱上了投资，大学毕业后赴美深造金融专业。青年时期，他就下定决心要成为有影响力的行业精英，并以此为终身奋斗目标。在此目标下，他在留学期间更是如饥似渴地把美国个股、原油、玉米、小麦、大豆等期权和期货交易尝试了个遍，经过无数次实战，在市场上积累了丰富的经验，也曾多次做到高额收益：2012 年年底美国留学归来前，他的资金规模从 3 万美元增长到 300 多万美元；2013 年，他从美国回中国发展，进入香港涡轮和期货市场交易，其中包括安硕 A50 和海通证券、中国平安、恒大地产、民生银行、招商银行等 AH 大盘蓝筹股的期权。

据周俊介绍，2014 年 9 月到 2015 年 4 月，他从 250 万港元最高做到 4.6

亿港元，创造了8个多月150倍的惊人收益。回忆当时的情形，他分析说："2013年美股已经创新高，而道琼斯接近14000点的历史新高，所以判断港股是大概率往上走的。按照过往经验，香港市场会跟随美股的波动而波动，而当时市场却反应不大。究其原因，同期国内经济处于转型升级中，各方面指标表现不佳，A股一直在2000点附近波动，受A股下跌拉低港股价格的影响，港股表现不及预期。"

尽管过早布局港股市场使周俊损失上百万港元，但是他始终坚持自己的观点，坚信港股价格合适并已经有了上涨逻辑。他说："因为在美国做了很久的期权，我的策略其实就是'十网九网空，一网补前空'，基于对基本面、周期各个方面的深入研究，我觉得一切都只是时间问题，所以一定会坚持到底。"

据周俊介绍，2014年7月，他补仓200万港元交易安硕A50。他告诉《期货日报》记者："当时安硕A50的价格为8块8毛港元，我买了10港元的行权价，权利金是1毛4分港元，但是跌到最后权利金只剩下3分港元，200万港元账户资金也回撤到不足40万港元。在这基础上，我继续加仓了40多万港元。"2014年9月28日，央行宣布首次降息，他终于等到了蓝筹股启动的日子，到了9月31日，安硕A50大幅涨至13—14港元，权利金也从之前的3—4分港元涨到3—4港元，资金账面浮盈4000多万港元。

"这是第一波盈利，也是因为我的运气好。当时香港按照最后5个交易日的平均价现金结算，钱打到我账户上差不多需要半个多月时间，中间恰好有一波回调，而我有幸躲过了这波回调。等资金结算到账户后，我又以比较重的仓位买进去了，之后刚好碰到沪港通，两地基金互认迎来第二波行情，账户最高时达到4.6亿港元。"周俊回忆说。

然而，他认为，这次成功对他来说借鉴意义不大，从250万港元最高做到4.6亿港元关键还是行情的推动，所以这段经历具有不可复制性，反而一些失败的经历更具有启发性，更能让他反思、总结和进步。他说："这里面唯一可以借鉴的是必须要有交易逻辑并坚持下去，特别是要做好资金布局，假如2013年我全军覆灭了，或者没有后续资金补仓了，就会错过这一波大行情。"

失败中学会敬畏市场

2015年，周俊成立了盛世喜鹊，注册资本5000万元。至此，他从单打独斗改为团队作战。公开资料显示，盛世喜鹊专注于宏观和产业基本面研究，通过深入产业链调研，挖掘产业细节，辅以量化手段，做出交易决策。

凭借之前的优秀业绩，周俊在2017年募集了近3亿元资金。2017年是国内商品期权元年，由于国内期权市场能够容纳的资金有限，他把大部分资金配置到商品期货，但是源于对供给侧结构性改革力度的低估，他的预判方向失误，4个CTA产品连续触及清盘线。

回忆当时的情形，周俊总结说："推翻自我比被人质疑更痛苦，人性被无限拉升再揉碎，那时的每一秒对决策者来说都是煎熬，我整夜整夜地失眠，美食变得形同嚼蜡，体重在30天迅速瘦下来20斤，满腔的创业热情也随着产品清盘消失殆尽。"但是逃避解决不了问题，他不得不硬着头皮面对所有不理解和突然变化的面相。经历这次重大失败和诸多反思，他越来越明白一个道理：在资本市场没有永远的成功者，失败是他必须穿越的困境。事实上，交易从来都是一条荆棘丛生的路，唯有不断增长勇气和智慧才能支撑自己前行。

"我意识到想要练就更强大的内心，必须学着理解和接纳这个市场，那些稍纵即逝的成功与失败，带给我既虚无又如此真实的感受，跌宕起伏的行情让我身体疲惫不堪，心却始终不甘退缩。"周俊告诉《期货日报》记者，深思熟虑之后，他决定回归自己最擅长的领域，2017年10月12日，公司搬迁到现在只有200平方米的办公室里，他组织团队重整旗鼓，将期权定位为公司的新业务方向。

据记者了解，期权定价是周俊在美国读研究生时的主要课题，回顾自己在美国股票和商品市场、我国场内期权市场以及香港股票市场曾经的业绩，让他越来越清晰自己的目标和使命。他始终难以舍弃那种努力做研究、寻找有效线索、最终在交易中获得战绩的感觉，但与以往不同的是，他以前拼命追求高收益带来的成就感，现在却能保持冷静、抵抗诱惑，花更多时间思考如何在创造高收益时持续赢得低回撤。

经历无数成功与失败，周俊越来越善于分析自己的交易细节，总结出每次交易思维模式的利弊，不断修正和完善交易体系，结合越来越精进的投资理念，逐渐形成独特的交易风格。他认为，高风险不等于高收益，投资者对高风险市场的管控能力越强，管理头寸的能力就越强，提高投资的确定性就是最有力的风险管控之一。

"资金管理能力和自我控制能力成正比，投资是人性弱点最透彻的印照，当欲望和恐惧来袭的时候，保持清醒是对投资者最大的考验。欲望驱动往往让人得意忘形，盲目追求高收益，到头来却是竹篮打水一场空；恐惧则很容易绑住投资者的手脚，行情来到了却动弹不得。"周俊坦言，在资本市场很难有人真正克服这两个弱点，只有保证自己活着才能有机会谈未来，很多人不能深入了解这个行业的压力，感受不到坚持不懈背后的煎熬，这需要我们有更坚韧的拼搏精神。

事件对投资都是机会

从 2010 年至今，周俊研究农产品十二年有余，他曾多次去主产区调研，已然成为一名农产品研究员。他是这样定义农产品的：农产品是结合期权的最佳标的物，因为需求和供给决定了价格，而农产品的需求端稳定，供应由单产和种植面积决定，天气则决定了单亩产量，种植面积由价格来引导，"谷贱伤农"，今年的价格会决定明年的面积。

"人在婴儿和老年时期最脆弱，农产品其实跟人一样，也是刚播种和收割的时候最容易发生问题。"周俊分析说，在收割的时候，如果遇到连续雨水，棉花会烂到田间，大豆豆荚会发霉，玉米会发酵。在播种的时候，如果遇到雨水推进不了播种，光合作用周期就会缩短；如果遇到干旱，植株就会营养不良，未来的生长高度会受限。因此，农产品价格的上涨和大跌，主要集中在 3—4 月的播种季和 9—10 月的收割季，农产品交易一定要把握住这两个时间节点。

"任何事件对投资都是存在机会的，有时候事件发生能引导我们顺势梳理出清晰的投资逻辑。就像破案，有线索才能把案件调查得水落石出。"周俊指出，投资首先要基于相对成熟的宏观研判，加上自身勤奋努力和足够的知识积累，如果对事件解读能精准到位，同时具备足够的敏感度，相信会创造不一样的局面。

期权土壤里播种希望

谈及盛世喜鹊为何要聚焦期权，周俊回答说，对我国金融市场而言，期权还在发展初期，需要专业人士来推动，越多的机构运用期权，越有利于增进市场成熟。同时，期权的风险可控，绝不会让高净值投资者一夜之间跌入谷底，而高收益的特质却极有可能会让穷人成为富人。他说："期权是知识积累变现最高效的工具。如果你通晓行业知识、熟悉现货供求关系和交割规则，那么在基本面研究部分就占了先机，另外技术分析甚至行业不对称讯息都能够达到一定积累，然后再借助期权工具，就会有意想不到的收获。"

据周俊介绍，期权的投资功能多元化，可以结合不同的投资种类使用，投资者可以选择自己熟悉的领域。比如，结合期货使用期权，对买方来讲，假设判断资产标的价格在底部，但是并不确定价格上涨时间，此时适合买入期货；当价格上涨到顶部区域，却很难判断还要上涨多久的时候，投资者往往舍不得离场，可是期货仓位过高随时会有损失保证金的风险，那么此时利用期权就是个好时机，即便在 3 个月内期货行情回落，期权头寸也会获利，相当于买了一份保险。也就是说，当投资者持有期货头寸，期权结合期货使用可以有一个保护性的策略。对卖方来讲，期权和期货是一样的，所以使用期权的先决条件是一定要确定趋势，这是对投资最基础的判断。

另外，从资金管理的角度来看，期货和期权有很大区别。周俊表示，期货仓位控制在 10% 以内，类似于不带杠杆，风险也很小。期货风险来自仓位控制，这需要管理好人性的贪婪和恐惧。投资都有一定风险，期货风险高是因为需要保证金，而期权使用资金量占比小，基本可以做到事先风控，所以两者可以相互结合，在不同行情时搭配使用。他说："期权买方一定要做好事先风控，事先合理安排好资金。100 万元可以分成 10 份交易，交易过程中尽量不去考虑止损问题。你是看中了这一波有趋势性，所以才会选择去交易，没必要再对点位进行控制，因为最大的亏损就是 10 万元。我使用期权的频率相对更少一些，因为我们主要是做好趋势分析，买卖节点的把控最关键，会适当降低交易频率。"

相较于期货，周俊认为，期权更适合阶段性交易，因为它的时间价值会让投资者在对一波行情有巨大预期的情况下相对安心。比如，在贸易摩擦的背景下，如果将农产品的时间节点把握好，完全可以利用期权获得丰厚收益。如果平时没有大的事件驱动，没有明显的时间节点，就不建议使用期权进行交易。

2017 年是国内商品期权元年，为了确保期权"控风险、稳起步"，交易所推出了一系列举措，其中限仓制度规定上市初期单边持仓限额为 300手，后来又上调到 2000 手。"2000 手限仓相对之前的 300 手是市场的进步，但是对机构投资来说此限仓还是过于局限，所以我建议未来金融衍生品市场要加大开放力度，使国内金融市场发展更健全、更具竞争力。"周俊向《期货日报》记者举例说，例如，一个现货贸易商做对冲，他每年需购买豆粕现货 24 万吨，这相当于 24000 手期权，而 2000 手的期权根本完成不了套保，所以只能多开账户，但是这会加大操作的复杂程度，而且更大的贸易商可能需要更大的交易量来满足套保需求，所以加大期权市场开放有利于提高商品市场的活跃度。

回顾自己的交易历程，周俊认识到，跌倒后爬起继续前行的过程尤为珍贵，这需要巨大的勇气和思考，需要不断穿越输赢成败的幻境，才能寻找到真相。可如果成败是幻境，那么真相又是什么呢？起初他为了脱离交易中患得患失的苦痛，走上了一条自我觉察的路，后来那些无穷尽的挫败和欣喜让他领悟到了所谓的真相——忠于自己的选择。

"金融市场充满可能性，彻底做到荣辱不惊很难，但是既然选择了这条路就要坦然接受一切的发生，心甘情愿地付出并享受这个过程，'知行合一'才是虚幻世界中最踏实的真相。因此，那些过去或未来的成败不重要，生命不会因为你的沉溺而停滞不前，重要的是不负当下。"周俊感悟道。

第 107 章　富犇投资：严控回撤是盈利的关键

在"期货实战排排网 2018 年度优秀账户展示"中，富犇投资旗下产品——"富犇—弈祥期权量化 1 号"取得了不错的成绩，截至 2019 年 3 月 15 日，该产品累计净值为 1.2250，累计收益为 22.50%，最大回撤为 2.34%，整体表现十分稳健。

选择多样化投资组合

"现在单一策略越来越难适应复杂多变的市场，我们必须有足够多的武器面对各种类型的敌人。"富犇投资相关负责人告诉《期货日报》记者，在长期投资的基本原则指引下，公司为实现长期稳健的盈利目标，主要选择期货高频套利、股票量化对冲、期权套利等多样化的投资组合。同时，通过合理调配投资比例来控制账户资金风险，创造可持续的稳定投资回报。简而言之，实现长期稳健的绝对收益是整个交易团队的最终目标。

如其所言，记者发现"富犇—弈祥期权量化 1 号"是一个多策略产品，涵盖了股票量化对冲、期货及期权高频套利策略等。"对于多策略产品，大家不能只看产品组合中单个账户的盈利表现。比如，一个组合中的期货账户，有可能仅是量化对冲策略中的一个对冲端，也有可能是做股指期货的高频套利，还可能是独立的商品 CTA 高频子策略，所以大家更需关注产品的整体表现。"相关负责人表示，再通过公司严格的投资纪律约束以及风险管理手段，将战略资产配置与投资时机有效结合，精心选择投资方向，并适度主动投资，谋求基金资产的长期稳定增值，最终切实保证投资组合的流动性、稳定性和收益性。

把控好资金回撤幅度

如果说策略组合的多样性是为了保证在不同的市场环境下都能有稳健的收益，那么全程严控回撤则是保持整体账户长期稳定复利的关键。

相关负责人告诉《期货日报》记者，公司的风险控制体系极其严格，通过机器和人工两条风控线进行实时风险控制，打破风控盲点。同时，公司的量化交易策略也是实现低回撤的重要因素之一。他解释说："在量化交易中，不用去判断大盘走势如何，而是要求策略能适应不同的市场情况。在实际操作中，团队会根据市场环境对策略进行微调，通过不断学习和总结去丰富和优化量化模型，同时把控好整体的回撤幅度。"

据他介绍，公司十分重视产品的收益回撤比，即在有限的风险下尽量能够获取较高的投资收益。具体表现在仓位控制上，一般是低风险策略配置高仓位，高风险策略配合低仓位，将保收益策略作为安全垫，高收益策略作为增长点，以获得稳定收益，减少回撤幅度。

"公司会针对客户不同的风险预期去定制不同的策略组合。比如，为相对稳健预期的客户打造的'富犇弈祥超稳系列'产品，整体的最大回撤都控制在1%，其中'超稳1号'的产品收益率目前为29.60%，'超稳2号'的累计收益已达到39.90%。"相关负责人举例说。

注重投研团队的培养

"我们的交易团队组建于2013年，开始主要关注股指期货高频交易，但在股指期货受限后，为了寻找新的业绩增长点而转为多策略研发，主要通过自有资金进行操作。在2015年成立了私募后，团队多年潜心研究的成果才得以转换为产品，之后不断走进大众的视线。可以说，投研力量是公司发展的命脉，而我们的交易团队也是在市场'真枪实弹'中锻炼起来的。"相关负责人向《期货日报》记者说道。

据他介绍，目前公司团队成员将近30人，拥有通信工程、计算机、数学、物理等专业背景，其中公司总经理夏轶翔也是交易团队的负责人，长期从事数据挖掘、数学建模的研究开发工作，对基于金融市场数据的人工智能技术应用拥有独到的见解。在总经理的带领下，公司自主研发了量化交易平台，并接入人工智能辅助，交易策略覆盖高频、量化对冲、套利等。同时，公司将资源精力都投入到交易中，在策略研发中注重结果导向，不论是老策略优化还是新策略研发，都要确保产品能够稳定复利增长，将收益回撤比做得极高。

　　"在人才培养方面，交易团队并不十分关注学历背景，而是要求其良好的适应市场、抗压应变的能力，并且团队也欢迎勇于改变、思维活跃的年轻成员。"相关负责人认为，对一个团队而言，成员是否具备责任感、使命感和艰苦奋斗的精神，将直接关系到整个团队的凝聚力和战斗力，这也使得相关产品能够在不稳定的市场环境下表现出较好的业绩水准。

第 108 章　丁笠：要坚守自己的交易系统到极致

自 2018 年 1 月 2 日以来，在"期货实战排排网 2018 年度优秀账户展示"中，丁笠以净值 2.98、最大回撤 5.68% 吸引了《期货日报》记者的注意。

"道"与"术"有机结合

谈及如何在收益最大的情况下控制好回撤，丁笠却更愿意先谈谈对交易的理解，他认为"道"与"术"要有机结合，因为这是交易者在市场的立足之本，也是能否做好交易和控制回撤的关键。

作为一名市场资深交易员，丁笠有着近十年的期货交易经历，其中在实盘业绩展示的五年中，每年都把最大回撤控制在 6% 以内。"这是因为我做交易更看重回撤，尽管只给自己做交易，但也没放宽止损，仍然小心翼翼地把风险控制放在第一位，尽量不出现大的回撤。"他比喻说，得到再失去对投资者的心理伤害远远大于从来没有过，就像皮肤被火烧过一样，虽然时间会冲淡受伤的痕迹，但受伤的痛感记忆却始终存在。

"期货交易是一个负和游戏，一年下来整个市场中估计只有 5% 的人能赚钱，在当前期货市场进入机构时代的背景下，相信这个比例会更低。"丁笠表示，每个投资者尤其是散户在做交易之前，首先要想明白自己凭什么能在这个市场赚钱，自己的优势在哪里。

丁笠告诉记者，他在十多年的证券期货交易生涯里发现，尽管市场中赚钱的方式千差万别，但太阳底下无新鲜事，流行于市场上的各种交易模式都有人在用，每一种交易模式也都有人能实现阶段性盈利，所有成功的交易员都具有一个共性，即在不确定中找到确定，把一套或几套交易模式做到极致。

他解释说："期货交易是纤毫之争，表面上看有些交易模式是低胜率的策略，对外在条件要求不高，但真正要想赚到钱，任何模式都要做到极致，因为在这个交易模式的领域里必须形成自己独特的优势，所以从这个角度看，找到适合自己实际状况且能彻底执行的交易系统十分关键。"

"任何交易系统都有优点和缺点，盈亏同源。"丁笠认为，任何一种交易模式都有盈利边界，投资者最常犯的错误就是频繁地寻找交易圣杯，最后无法形成自己固定有效的交易模式，到头来，每个交易模式都不精，却又不愿舍弃，最后把所有模式的学费都交了一遍。

练就风控的本领

丁笠认为，搭建交易系统的是为了练就风控的本领，从而约束自己的行为，以应对不断变化的行情，做交易不是有了好的交易系统就能赚钱，不管是程序化交易还是手工交易，都是在考验操盘者的金钱观和人生观，每笔交易都蕴含了人性，如果缺乏信仰支撑或交易训练次数不够，执行力就会大打折扣。

"当然，最好先能深刻理解交易和交易系统，才能有助于交易执行力的提升。"他告诉《期货日报》记者，许多成熟的交易员在实际交易中，无论什么时候都能坚持自己的交易系统，就是因为在千万次的交易过程中，他们对自己的交易系统形成了充分信任，并把这种信任提升到了信仰的程度。

"在整个交易系统里，最难做的就是止损，这里说的止损是指止损的一致性。"丁笠分析说，期货交易对止损的一致性要求特别高，一次犯错，可能赔掉很长时间的盈利，即使对许多资深职业交易员来说，赚钱容易，赔钱也更容易。

"大亏的出现，就是主观犯错恰好碰到了客观极端行情，所以做期货首先要不犯错。期货市场是一个放大人性缺点的地方，做期货应该先看缺点，再看优点，因为优点的发挥需要行情的配合，这需要一定的运气。"丁笠说。

保持正确的状态

丁笠认为，成熟的交易员不仅有丰富的盘面经验、坚定的系统信仰、知行合一的执行力，而且能深刻理解期货交易，有深刻的交易哲学支撑，任何时候都能坚守自己的交易系统。实际上，就是简单纯粹、真诚地面对自己、面对交易，这是交易职业特性所决定的，因为交易系统要想做到极致，就必须够简单、够纯粹，而这种行为和思维长时间反复就会给交易员的性格打上简单纯粹的职业烙印。

"只有深刻理解交易中的'道'，才有可能保持正确的交易状态，但知易行难，世界最远的距离就是'知道和做到'，而且是要求持续做到。然而，市场充满了诱惑和无常，要想持续保持正确的交易状态，就需要不断地控制自己，直至退出交易舞台，这恰恰是对人要求最高的地方。"丁笠向《期货日报》记者说道。

他认为，市场中没有高手和低手，只有新手和老手，老手脱离正确的交易状态也会亏钱。因此，要想做好交易，修行必须贯穿一生，这是交易行为一致性的要求。"修行的漫漫无期容易催生交易员对交易的疲倦和厌倦，进而对交易产生懈怠，这是成熟交易员的天敌，所以很多职业交易员通过追求终极人生的意义来获取长期修行的原动力。做交易，最好的状态就是平平淡淡，不要大起大落。但愿交易像人生一样平淡无奇，这是我个人认为的最理想境界。"丁笠说。

对于初入市场的投资者，他告诫说，初学交易如同黑夜走迷宫，不知道当下努力的方向是对还是错，关键要找对努力的方向，否则就如想去北京却坐上了南下的火车。

据丁笠介绍，当前期货市场已经进入机构时代，各种交易流派并起，期货交易也沿着交易的艺术性和科学性分岔口向前发展。以手工交易为代表的交易正呈现艺术的特性，优点是相对灵活，能发挥出交易员的优势个性，体现出交易的艺术的特征，能产生暴利。缺点，一是成功率低且难于复制；二是收益的稳定性相对较差，交易员需要长期修行来控制自己的状态；三是不同阶段的交易员都有资金规模容量的限制。以程序化量化交易为代表的交易正呈现科学的特性，优点一是可复制，相对不受资金规模的限制，二是部分解决人性问题，提高交易行为的一致性水平，熨平交易的不稳性，能在赚钱人数的盈利面中提高概率。缺点也十分明显，灵活性不足，交易员的个性发挥空间相对较小，艺术性差，追求暴利相对困难。

"初学者进入市场之前，了解交易市场的各种状况十分必要，只有清楚了解期货交易的本质和当前市场所处的状态，才能做出正确的选择。"丁笠总结说。

第109章 郑旺旺：科学的资金管理能使交易事半功倍

郑旺旺在"期货实战排排网"中展示的"叁元量化旺旺稳赢一号"账户整体保持稳定盈利态势，截至2018年12月31日，账户累计净值为1.82，参考收益率达58.67%。"较短周期的波段策略＋科学的资金管理方案＋心态＋运气"是他长期盈利的秘籍，其中科学的资金管理方案是重中之重。

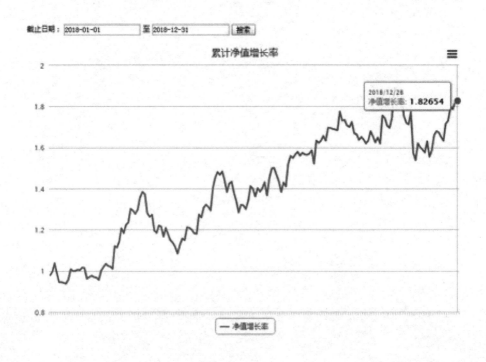

郑旺旺给人一种既谦虚又平易近人的感觉，"品德要好、不急功近利、执行力强、善于总结、谦卑好学、勤奋执着"是他在长期交易中总结出来的经验，他认为这样才能在市场中立于不败之地。

方法非常重要

期货市场长期存在不确定性，郑旺旺觉得良好的资金管理是保持稳定交易心态的基础，把仓位和亏损的最差结果限定好后，会知道自己每次"出兵"好的结果大致如何，最差的结果是什么，自然就看淡了结果。"我个人的主要策略还是以小波段交易为主，交易机会比较多，结合好资金管理方案后，能很好地把盈亏比和胜率展现出来。"郑旺旺说。

迄今为止，他已经在期货市场拼搏了十年，从最初入职到期货公司工作接触交易，到现在有自己的交易方法，十年的时间他不断完善自己，努力研究资金管理方案。

在如履薄冰的期货市场中，他不断建立科学的资金管理方案，并清晰认识阶段性行情的风险以应对危机。"其实，我刚接触期货的前三年是没有大风险意识的，当时参与市场的资金也就 5 万元，几乎每天都是重仓交易，盈亏 1.2 万元再正常不过，但在 2012 年 12 月 1 日重仓持有棕榈油空单，而且跌停收盘，我满心欢喜，还约上朋友出去聚餐庆祝，谁知晚上六大央行联合'救市'，第二天开盘瞬间涨停，让我从大比例浮盈到巨亏。多次的'黑天鹅事件'总是让我遇到，不是我倒霉，是因为我每天都在重仓。"郑旺旺回忆说，之后，他开始研究资金管理方案，没赚钱之前仓位严格限定，单笔交易亏损额度限定，再倒推可开仓位，采取阶段性回撤熔断措施。

"交易策略整体还是跟随趋势，顺应大周期，捕捉小波段机会，周期共振的时候会适当重仓。"提到交易策略，郑旺旺告诉《期货日报》记者，他在趋势交易和波段交易之间也徘徊过，早期接触期货的时候，他看了很多经典书籍，学了一些趋势交易方法，赚过钱也赔过钱，整体比较依赖行情，交易阶段性不是很稳定。

"那一阶段我也迷茫过，总感觉把交易当作长期事业，如果一直起起落落，未来结局是个未知数。如何能让自己赚钱更平稳，是我一直思考的问题。"郑旺旺分析说，如果钱是通过多次交易赚来的，那么亏损的时候也是小额亏损，在不确定性的行情中寻找确定性，方法还是不变，如果把周期缩短，小波段策略的轮廓也就慢慢出来了。

在他看来，小波段要想赚钱就要一根筋，一个方向，围绕自己判断的大方向一直同向操作，直到行情真的转向了，再掉头操作。那么方向怎么看？就是看大级别的行情（日线）目前处于什么阶段。假如当前行情处在上涨过程中，那么他就耐心等待小周期的回调，其中回调时间和空间的比例都是进场的节点，至于到了这个具体的位置要不要进，就要看小周期技术形态有没有反转信号。

优化操作策略

学习使人进步，在不断变化的市场中，郑旺旺不断丰富知识，并在实盘中不断优化操作策略。他说："整个市场结构其实都在不断变化，交易的核心思想不会变，但具体的交易策略还是要优化，主要是调整合适的周期，选择适合自己策略的大波动率品种。"

郑旺旺介绍说，他长期交易螺纹钢期货，2013—2015 年螺纹钢期货整体行情振荡下跌，每天的波动率非常小，一周整体下跌也就 40 个点，当时的行情很适合留一部分底仓滚动操作。"到了 2015 年以后，螺纹钢价格开始上涨，上涨的过程中波动幅度剧烈，我连续稳定亏损了整整 7 个月。后来，我重新整理了一下，把进场细节和仓位进行了调整，底仓的比例留得非常少，交易周期也放得更小，新优化后的策略很适合后面的市场行情。"他回忆说。

"实际上，我的交易策略非常简单——交易品种选择适合自己策略的，品种波动属性适合自己性格，品种的波动率不能太低，成交持仓量一定是很大的。"郑旺旺告诉《期货日报》记者，2017 年至今，他一直交易螺纹钢期货，也会测试其他大品种。螺纹钢这个期货品种成交活动非常活跃，而且还有几个很好的优点，就是大行情和小级别行情都具备非常多的波段交易机会，成交量大，未来螺纹钢的整体行情还是看宽幅振荡或振荡上涨。

他分析说："目前来看，螺纹钢日线结构从 2018 年 11 月 26 日开始上涨以来，2019 年 2 月 11 日形成一个高点，在对应 2018 年 11 月 26 日到 2019 年 2 月 11 日上涨时间周期的 45 个交易日，未来整理的时间大致也需要这个周期。目前螺纹钢期货在整理的时间周期内，价格重心比较坚挺，所以深幅下探的可能性就很小，未来结束整理行情重新上冲的概率比较大。"

在交易的过程中，出入场点非常重要。"大周期方向选择，小周期结合形态（价、量配合），时间周期空间预测决定入场时机和目标价位（时、空）。我个人是日线确定大方向后，小级别周期按照时间、空间位置，以及当时的小周期形态，分批次入场，右侧信号明确后再补齐仓位，出场的时候同样按照对应的时间点，空间位置预期目标到了出大半部分，右侧明确破坏形态后剩余仓位全部离场。"郑旺旺认为，很多行情在前后反向走的过程中具备时间上的相对应性，预测未来的空间，要看行情反方向整理时候的表现，去估算未来行情的整体空间。总之，好的执行力和资金管理方案能让自己的心态处于很平和的状态。

"我最大的亏损单是在 2018 年 12 月 3 日做空螺纹钢，当时的价格瞬间上升，最后出场成交的单子离止损位超了 50—100 个点。我最大的盈利单来自 2018 年 8 月下旬，当时阶段性的行情比较明朗，顺应趋势，把握阶段性的脉冲行情一定是胜算最高的。"郑旺旺总结说，应该时刻对这个市场保持敬畏之心，过大的单边头寸随时会带来灭顶之灾。

静下心做交易

其实，长期的期货交易对人的身心健康有很大伤害，尤其是夜盘交易会影响人的生物钟，长期在电脑前很容易产生亚健康状态，如果长期处于交易亏损的状态，对心理也会造成负担。"期货市场比较残酷，整个市场的风险很大，能在市场长期存活下来的交易者微乎其微。我觉得存活下来的人都挺不容易，现实生活中有很多行业通过长期的积累会比期货行业好很多，未来前景也大很多。"郑旺旺告诉《期货日报》记者，如果真的已经进入了这个市场，至少要建立好资金管理方案，科学地在这个市场博弈，尽量选择闲余的资金参与，在资金规模小的时候建立交易体系，不要让交易影响了自己的生活。

郑旺旺平时比较喜欢健身和户外运动，每天复盘结束后，他会去健身房锻炼身体或者去公园跑步，周末约上朋友打羽毛球或者去爬山，平时阶段性大幅盈利后也会安排一次旅行。他说："分配好在期货和生活上的资金，不要让交易影响了生活，同时分配好时间，固定的时间给交易，固定的时间给生活。"

"品德要好、不急功近利、执行力强、善于总结、谦卑好学、勤奋执着"，郑旺旺在自己的交易生涯中不断秉承着这样的理念。他认为，在交易中偶尔要要小聪明，很快就会得到教训，忠于市场、忠于自己内心的想法很重要。他说："刚接触市场时，我每天都想着快速赚钱，但现实很残酷，走得越急越容易掉入'坑'中。慢慢静下心来把交易计划做好，严格执行交易计划，阶段性做得不顺时，就把自己某一时段的交易记录翻出来，看看犯了什么常见的问题。"

"自我反省和总结就是避免在同一个地方跌倒两次，做交易不可能不犯错，但最终一定要知道错在了哪儿，提醒自己下次不能再犯了。"郑旺旺认为，"贪、嗔、痴"是人性的弱点，人人都会有。同样，"贪婪、迁怒、痴迷"这些也是做期货的"三毒"，要克服这些问题，就需戒律、总结、反省。

第110章　大埔资产：做投资市场中的一颗"恒星"

　　"大埔资产1"于2018年6月19日开始在"期货实战排排网"上展示，到了2019年1月初该账户就取得了22.32%的参考收益率，基本与2016年、2017年的收益率持平。大埔资产总经理鲍瑞海表示，早在团队成立初期，他们就决定要做复利，并定下了很多不可碰触的红线。

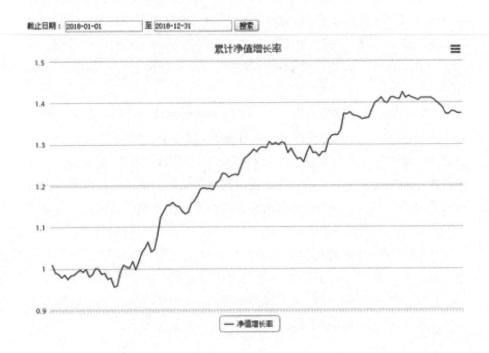

2018 年，受国内外政治金融环境的影响，股票价格持续振荡，传统主观股票投资策略普遍呈现负增长，反倒是一些拥有保险策略或与 A 股相关性较低的投资策略有着不错的盈利。在"期货实战排排网"上，代表上海大墉资产管理有限公司（下称大墉资产）的"大墉资产 1"就是一个这样的典型。

大墉资产总经理鲍瑞海告诉《期货日报》记者："我们并不想做投资市场中的一颗'流星'，而是要做一颗'恒星'，为客户提供持续稳定的收入。"

严控风险下实现复利

作为一个成立于 2015 年 9 月的私募公司，大墉资产自 2016 年开始发行产品以来，目前已发行了 10 余只产品，而公司的管理规模整体也达到了 3 亿元。公司的管理规模之所以可以在不到三年的时间有着如此快速的提升，在鲍瑞海看来，主要还是因为他们拥有稳定的投资团队，策略比较持续，叠加他们始终追求的不是在风险很高的情况下获得更高的收益率，而是在有限的风险下实现复利，让投资者可以持续获得比较稳定的收益。

"2016 年虽然在投资公司普遍获得不错收益率的情况下，我们只获得了 25% 左右的收益率，但在 2017 年那个 CTA 策略的小年，我们仍保持了 20% 左右的收益率，叠加 2018 年我们再次获得了 20% 左右的收益率，可以说以我们的投资方式，投资者可以获得一个比较稳定的长期收益。"鲍瑞海说。

"之所以可以做到这一点，主要是因为我们始终坚持在风险可控的条件下实现盈利。"鲍瑞海告诉《期货日报》记者，虽然在重点机会中，全仓进入或单边持有较高头寸，在做对的情况下可以获得很高的收益率，但风险也相对较高。实际上，只要出现一次方向做错的情况，就会面临很高的回撤风险，而这对于一个私募的成长而言是非常不利的。因此，早在团队成立初期，他们就决定要做复利，并定下了很多不可碰触的红线。

他举例说，在品种配置上，他们往往会配置同一产业链上的多个品种，比如，在黑色系产业链上，他们会配置焦煤、焦炭、螺纹钢、铁矿石、热轧卷板等品种。实际上，他们配置的品种远不止黑色系产业链上的这些品种，还包括农产品及能化产业链上的一些相关产品。

此外，记者了解到，在某些合适的情况下，他们也会进行一些单边策略操作，比如，2018 年的苹果和玉米，他们在确认将会出现单边行情后就始终做多，同时他们还在空头方面配置了一些鸡蛋等存在下行趋势的品种。

然而，无论是采取对冲还是单边策略操作，他们在风控的操作上都是非常谨慎的。"实际上，在做单边交易时，我们往往在操作前就已经定好了这一策略的止盈止损线，一旦超出就会开始止盈止损。与此同时，我们对于仓位的管理也非常严格。虽然在抓住一些阶段性的主流矛盾时，我们的仓位也会上升很快，但考虑到自己的止损止盈线，往往会将仓位控制在一个较为合理的水平，进而将风险控制在一个可控的范围内。"鲍瑞海说。

至于多品种对冲策略的风险控制，鲍瑞海表示，主要在于风险敞口的控制，除非在某一阶段中，他们特别看空或看多某一品种，否则在做这类操作时，他们会将配置品种间的风险敞口控制在 5% 左右。

要长期跟踪精细数据

说到他们的投资策略，鲍瑞海表示，往往是在对产业基本面数据进行深入研究后推导出来的。目前，大墉资产的日常交易策略往往是由投资策略委员会讨论得出的，而因其核心团队成员都曾在期货公司的研究部门任职，所以他们的投资框架主要建立在产业链的供需库存以及上下游利润分配等情况之上，需要长期跟踪相关的精细数据。

鲍瑞海举例说，以黑色产业链为例，在目前整个产能非常稳定的情况下，往往需要跟踪一些更精细的数据，比如，焦化厂的产量、未来新增投产数据等。实际上，随着大数据的便利化，其中的竞争越来越激烈。目前他们所做的就是从一些数据比较全面且在某一产业内比较权威的数据商手中购买一些相关的数据，进行进一步的分析处理。

"比如说，我们经常做的利润头寸，就是根据钢厂、焦化厂等利润情况进行的一种投资。以黑色系为例，目前整个供给侧结构性改革已经进入后半期，'十三五'规划也基本完成，这是否会对黑色系产品的需求产生一定影响呢？在增量不足的情况下，又会对整个黑色系产业链的利润产生怎样的影响？这些都是我们在研究投资策略时需要考虑的内容，而且可以通过长期观察一些相关的数据，来了解到具体的情况。"鲍瑞海向《期货日报》记者描述说。

然而，这类数据往往会有很多，有些数据商不仅会提供月度数据，而且会提供一些周度甚至当日数据。虽然这样的数据可以让跟踪者更好地了解产业链上的情况，从中找出适合的交易机会，但这也并不意味着每个数据都是有用的，研究人员往往需要根据自己的关注重点进行筛选。实际上，鲍瑞海认为，数据上的量化研究将是未来投资盈利的主要研究方向，未来他们也会在这方面投入更多。

"对于交易，虽然每年可以交易的机会有很多，但只要在个人认知的范围内去抓住一些交易机会就足够了，不需要面面俱到，特别是那种自己看不懂的行情，宁愿不做，也不要人云亦云。"鲍瑞海表示，不断换场地不见得就会赚钱，叠加个人的精力有限，相对于那些七八十人的投研机构，人数较少的投资机构只要做好自己的优势品种，不断将研究做得越来越细，这样赚钱的概率才会越来越大。

2020 年更看好能化产品

对于 2020 年的配置，鲍瑞海更看好化工类品种，对于黑色系和农产品还需要进一步观察。他分析说："目前之所以更看好化工品种，主要是因为国内期货品种在能化产业链上覆盖得越来越多，会在原油化工以及煤化工细分下游中产生很多错配的机会。在此前的价格下跌中，国内的一些煤化工相关产品已经出现了产能收缩或预期悲观的情况，未来持续进一步下行的空间并不是很大。因此，在未来的操作中，我们应该会进一步关注价差或升贴水方面的机会。"

据他当时的判断，黑色系品种方面，2020 年将是钢铁先进产能释放的重要一年，目前需要进一步观察钢铁产业方面的产能释放情况。反倒是原料方面，之前铁矿石供应出现了问题，或给成品带来成本支撑，2020 年年内应该不会有很大的升跌。农产品方面，市场目光会重新回到国内蛋白消费见顶的题材上，而大豆全球供应充足，整体表现会偏弱，玉米及淀粉下行空间有限。"2020 年我们还考虑配置一定的股指期货，目前总体方向已定，总之是跌下来就买入"，鲍瑞海说。

第111章 吴齐利：投资之道在于恪守常识

吴齐利在"期货实战排排网"上展示的账户盈利主要来自 2018 年苹果和 PTA 的两波上涨行情，苹果盈利了 3000 多点，PTA 也盈利了 3000 多点，利润大大超出他年初的预期。

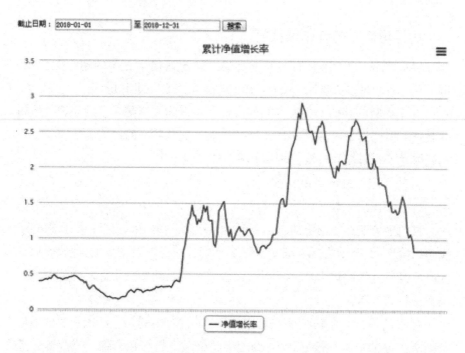

投资的道路上，从来都是荆棘密布，如若能驰骋沙场 10 余年，谁不是卧薪尝胆又百炼成钢一路坚持下来的呢？专注交易之外，吴齐利热爱读书，是一名深度资料控，他的很多交易感悟以及对宇宙万物运行规律的理

解，都是从书中和生活中深度思考而获得。

"上善若水，水善利万物而不争，处众人之所恶，故几于道。""大成若缺，大巧若拙，柔弱胜刚强。"《道德经》，是他最喜欢的书籍之一，这本蕴藏着哲学和智慧的古籍是他的人生宝典，无为而无不为，得失心不重就不会过于计较眼前利益，而且能够平静地保持独立思考的能力，制定策略并严格执行。

他推崇的另一本书是著名的《穷查理宝典》，多年如一日地从事金融投资，回忆往昔越发认同大道至简。他说："偏离价值过低就可以买入，过度高于价值就卖出，遵循这一条简单原则就可以获取投资收益，而我们要做的往往是恪守常识。"

芒格尊崇的价值，同中国的儒家道家思想也有异曲同工之妙。实际上，遵循价值理念不但有助于投资，同样也有助于相对成功地过好这一生。

历经磨砺，扛住市场摔打

吴齐利从2001年开始做股票交易，就遭遇接连五年的超级大熊市，每个月工资填进"火坑"，从来不知道赚钱是怎么一回事儿。

一个失败的开始，让吴齐利的投资人生也陷入迷茫。事后回想，他很感激这一段经历，吃亏要趁早，最早的损失也是最小的损失，所以他一开始就树立了对市场的敬畏，培养了浓厚的风险意识。

苦苦守望，被市场吊打得痛极了，才终于迎来了牛市。"在这轮行情中，我的操作战战兢兢、如履薄冰，一边交易、一边抱着对牛市怀疑的态度，直到中信证券复权价从3元涨到140元，我感到市场泡沫达到了极致，股票风险巨大。"他告诉《期货日报》记者，按照他对市场的判断和理解，此时已经不能继续做多了，反而可以放空，于是就选择了辞职并到期货市场上做空商品期货。

所幸的是，他在做股票时就对交易有着深刻的感悟，所以很快便适应了期货交易的节奏，恰好遇上2008年的金融危机行情，铜、橡胶等工业品都是十几个跌停板，在半年时间里，他的账户翻了10倍，一举树立了以职业投资为生的信心。

他回忆说，在2010年下半年，棉花开始进入历史性牛市，某一天价格突破往昔历史最高点 18000 元 / 吨的时候，他开始感到这个品种的疯狂，并且选择在一个周五的 22000 元 / 吨附近放空，不料当日接近涨停板收盘，周末两天现货价格继续大涨，他焦躁不安，冥冥之中感觉到自己站在了趋势反向的一端。

然而，幸运的是，国家出台了部分利空政策，次日行情顺势低开，他果断开盘平掉空单，反手做多，一路持有到 34000 元 / 吨的价格，仅仅 10 天的时间资金翻了 4—5 倍。做完棉花一波行情之后，他开始选择放空，但在历史顶部，市场情绪一直极度亢奋，价值规律虽会兑现，但不一定会马上兑现。做空被套了几天后，他又受市场情绪的影响反手做多，结果遇到连续 3 个跌停板，第 3 个跌停甚至是 10% 的扩板，致使所有棉花上的盈利全部回吐。

"虽然本金没有损失，但在短时间内账户资金巨大的波澜起伏严重影响了我的心态。这是我印象中非常深刻的一次交易经历，也深刻体会出了'强者恒强'和'物极必反'的道理。"他总结说。

自此，他开始想方设法建立并完善适合自己的交易系统，建立规则，减少主观随意性交易，达成在一定条件内固定仓位进行买入、卖出的操作，增强资金管理，减少账户资金的波动性，保持平稳的心态，力求资金曲线的稳健增长，创造复利效应。他在 2013 年年底完善自己的交易系统之后，2014 年遵循系统交易，完美把握住了焦炭、鸡蛋等行情，由此开始获得了 8 倍的投资收益。

"另一个教训发生在 2015 年，当时受股票大牛市的影响，期货市场不温不火，受到股票的诱惑，我偏离自己的交易系统，转而去投资自己并不擅长的股票，后来又遇上股市大跌，资金遭遇了一定回撤，更重要的是我错过了等待已久的 2015 下半年商品的大跌趋势行情。"吴齐利说，从此他更坚定了一定要坚持自己的交易系统的想法。

有句话叫，人生的痛苦并不是财富，对痛苦的思考才是。

"我应该更专注一些，弱水三千，只取一瓢饮，只赚自己能赚的钱。要有独立的思维，反人性弱点的思维，不要受市场情绪的影响。"他说，建立在这样的思考之上，他选择了一个远离市中心、环境优美的僻静处，独立研究、独立做交易，不听、不闻、不看、不说，遵循自己的交易系统。

经过市场一次又一次的锤炼，他的交易策略越来越成熟。"哪里炮声最响就冲到哪里。"战争时期的这句名言，放在如今的期货市场同样适用，就是去把握最强势、最流畅的龙头品种。

他介绍说，在 2016 年大宗商品处于低点时做多，完全把握住了一波拉升行情。让他印象最深刻的莫过于 10 月焦炭忽然连续拉了几根小阳线，强势的行情之下，他在焦炭 1560 元 / 吨附近（当时的最高点）果断进场，紧接着焦炭行情 12 连阳，十几天时间涨到了 2300 元 / 吨附近，短时间内他就获得了数倍收益，完美把握到了自己最擅长的做趋势末端的加速行情。

吴齐利在"期货实战排排网"上展示的账户盈利主要来自 2018 年苹果和 PTA 的两波上涨行情。"苹果我盈利了 3000 多点，PTA 也盈利了 3000 多点，利润大大超出年初预期，在比赛上也取得了一定名次，对我的交易系统也是非常成功的检验。"吴齐利说，职业期货交易 10 年来，他的账户净值总共增长了 200 多倍。

修身养性，待到时机成熟

"天之道，损有余而补不足。人之道则不然，损不足以奉有余。"这是《道德经》中颇为有名的句子，也是吴齐利建立交易系统的核心思想。

天之道，讲究调和平衡，行情涨高了就要跌一跌，当商品长期低于成本迟早也要涨上来，价格很高了，市场供应必然增加，接着就自然而然跌下来。这也是世间万物蕴含的客观规律，只要悉心观察盘面，千变万化中也蕴含着不变。

人之道和天之道的表现恰恰相反，历史上每一个朝代建立之后都是富者越富，穷者越穷，贫富差距拉大。弱者屡弱、强者恒强，换到交易中的具体操作，就是要选择已经非常强的品种。李佛默曾说，如果不能在龙头品种上赚到钱，就不可能在其他品种上赚到钱，龙头品种的趋势是最明显的，幅度是最大的，也是最安全的。为此，吴齐利专门聘请助理来搜集、整理盘后数据，不断跟踪最强的品种、最有机会的品种。

他举例说，在 2018 年的行情中，主要收益来自苹果价格在 8000—11000 元 / 吨区间，横向对比，当时苹果价格在 8000 多点的时候，行情已经走得非常陡峭，但他信奉只要没有偏离价格区间，选择强的品种会得到更好的回报。

"趋势最强的品种基本面肯定也是最好的，趋势也是价值的外在表现。"他告诉《期货日报》记者，这个理论与西方所说的"马太效应"异曲同工，看似与"平衡之道"相悖，却与"二八定律"相似，实际上也是"平衡之道"的一种。就像在市场上，掌握有效信息的是少数人，能够保持盈利的永远是少数人，但这也是符合规律与自然的。

一个人，要做好每一件事是烦琐而又疲惫的，专注并坚持做正确的事，剩下的交给时间，这便是一种人生之道。他将读书与思考转换到盘面上、转化到人生中，运用最朴素的哲理，托起自己的人生。他认为，投资的意义不仅在于盈利、实现财务自由，更重要的是通过资本市场这个高效率的渠道，去明白世间的许多真理，这才是乐趣之所在。求道若渴，进一寸有进一寸的欢喜。

资本市场，没有超乎常人的坚韧不拔，是很难实现交易上步步进阶的。他的理想是成为一名卓越的基金经理，现在已是福建君盈资产管理有限公司基金经理的他认识到，要有团队合作，一起搭建更大的平台，去最大程度地发挥自己的价值。

"金属材料往往是经过淬火后，才能提高它的整体性能，人生亦如此。"吴齐利表示，事物发展总是在曲折中前进的，善战者，无智名，无勇功。保持终身成长，持续进化，抱朴守拙，才能不断完善自己的性格和生存之道。

第 112 章　陆灿权：信心是持仓能否获利的关键

从 2017 年开始，陆灿权开始在"期货实战排排网"上展示账户。展示期间，他的账户一直表现稳定，尤其是在 2018 年第一季度后，不仅账户收益亮眼，而且回撤控制平稳。

自信可以说是成功的第一秘诀，正如大文豪萧伯纳所说："有信心的人，可以化渺小为伟大、化平庸为神奇。"在期货市场也是如此，坚定的信心常常换来出乎意料的收获，而信心则需要对行情有确定性的把握。近日，《期货日报》记者采访到了"期货实战排排网"优秀账户"雨后的树林"的交易者陆灿权，他的交易策略正是从行情的确定性中获取信心，用信心支持持仓获取收益。

在确定性中获取信心

这个关于交易与信心的故事，要从陆灿权走入期货市场说起。2009 年，A 股市场刚刚走出熊市的阴霾，从单边上涨到区间振荡，但温和上涨并没能给投资者太多刺激。那年 7 月，他接到一个期货经纪人的电话，说既然股市不景气，不如考虑一下期货。

"在这之前，我对期货并没有太多了解，只知道期货能赚钱也能亏钱。不过，因为对新事物有好奇心，我就去他们公司现场观摩了一下，觉得跟炒股也没有什么不同，但机会比股票要多，熊市做空也能赚大钱。"他回忆说，自己就这样开设了期货账户，由此进入了期货市场。

2020 年是他和期货结缘的第十年。十年之后，面对期货这位"老朋友"，他觉得期货的魅力就在于对人性的考验。十年中，除了金钱，他觉得从期货市场获得更多的是对自己人格的完善，比如，言行一致、人前人后一个样、谦虚低调和对风险的深刻认识。

为了给自己的交易过往留下痕迹，也为了观察自己的操作，通过获得一些历史数据来了解自己的交易状态和需要改进的方面，从 2017 年开始，他开始在"期货实战排排网"上展示账户。展示期间，他的账户一直表现稳定，尤其是在 2018 年第一季度后，不仅账户收益亮眼，而且回撤控制平稳。

对于在这期间是如何取得了不错的收益，他告诉《期货日报》记者："主要来自做多苹果期货的操作。能抓住这波行情机会，主要得益于通过基本面的分析，让自己对行情有了一个确定性的把握，重仓博取了比较好的收益。通过这次交易，也让我对把握基本面、把握行情的确定性有了深刻认识。"

然而，在做多苹果期间的一次大跌，也是他去年印象最深刻的交易经历。他回忆说："苹果期货 1901 合约 7 月 17 日的一次下跌，是 3 天连续下跌后的一次大跌，最大跌幅达到 600 点，1 手苹果就有 6000 元的亏损。我记得很清楚，那天下午开盘后继续深幅下跌，本来账户中还有 30 万元的备用资金，一瞬间就没有了，我又赶紧调集了 30 万元，结果一打进去，瞬间又没有了。"

然而，那时他的心里却无比兴奋，因为他觉得加仓的时刻到了。"但账户上已经没有钱了，怎么加呢？正当我要继续往里面打钱的时候，盘面开始回升，账户里的备用保证金回来了一部分，我赶紧加仓。盘面继续回升，资金继续回转，我继续加仓。一直到我问自己，明天如果继续下跌怎么办？回答是差不多了，才停止加仓。"陆灿权描述说。

"这个事例充分说明，持仓的信心是多么重要。如果没有信心，可能我就减仓出来了。如果没有合适的仓位管理，我又怎么敢于在大跌中加仓呢？所以对品种基本面的确定性把握以及合适的仓位管理，对于持仓的信心非常重要。"他坚定地表示，只有持仓有信心，才能泰山崩于前而色不变，才能在不利之时做出正确的应对。

自创"无所谓"仓位管理法

事实上，陆灿权平时的交易策略和操作风格，就是根据行情的确定性和自己的承受能力来确定仓位管理。如果一个行情的确定性非常强，起动的时间确定、方向确定、空间确定，那么就重仓，而且只要基本面逻辑没有改变就会一直持仓，通过重仓、长线去博取几倍的收益。

在平时交易涉及的品种上，他主要根据品种基本面的确定性来筛选，哪个品种有行情就做哪个，不会刻意去回避某些品种。不过，在过去交易中的成功和失败，带给他的心得和经验就是不要交易自己不熟悉的品种。

此外，在交易中，他最看重确定性，所以不会去交易基本面没有确定性的品种，不仅要交易"三确定"的品种，即方向确定、起动时间确定、空间基本确定，而且确定性越强，仓位越要重。

在确定好品种、管理好仓位之后，如何控制好持仓的时间呢？陆灿权认为，对持仓的信心是获取收益的关键。"没有信心，就不敢重仓，就拿不住仓位，即使有大行情，即使你做对了方向，因为行情的波折也可能让你亏损。没有信心，往往让你在应该加仓的点砍仓。"他说，信心来自对行情确定性的把握，如果知道基本面的来龙去脉，知道行情涨跌背后的逻辑，又怎么可能被行情的一点波折而吓倒呢？

虽然确定性可以给持仓带来信心，但在期货交易中，风险意识这根弦必须绷紧。他介绍说，自己规避风险、控制回撤的方法主要是做到两点：一是要清楚品种的基本面，把握行情涨跌背后的逻辑；二是做好对仓位的控制。

值得注意的是，关于"到底多少仓位是合适的"问题。他解释说："其实多少仓位是合适的，也是因人而异，关键要看自己的持仓心理是不是淡定。我有一个对自己的持仓心理的诊断法，举个例子加以说明，比如做多，要问问自己，你希望明天是大涨，还是大跌？如果答案是迫切希望大涨，那么害怕下跌就麻烦了，那就说明仓位过重了，就要立刻减掉一些，减到明天即使下跌也无所谓的心理状态。然而，如果答案是希望明天大跌，那就说明仓位太轻了，因为你希望下跌来找到一个合适的加仓位置。这样的话，就应该立刻加一点仓位，不要等明天下跌，因为行情往往与你的期盼反其道之。"

他给这个找到合适仓位的管理方法起了个有趣的名字——"无所谓"仓位管理，意思就是"无论明天涨跌，都无所谓"。"方向对了自然好，就能赚钱了，方向不对，也没有关系，我正好可以加一点仓。"不过，他表示，如果基本面对自己的持仓方向是支持的，那他就会有信心持仓，不会因为亏损多少而主动出局，因为通过"无所谓"仓位管理法，他的仓位一定是合适的，不会太重也不会太轻，总是与基本面的确定性和自己的持仓心理相匹配，如果连续跌，跌得多了，反而会选择加仓。

生活与交易相辅相成

在期货市场探索前进的多年，让陆灿权明白，想要成为一名优秀的交易员，首先要具备良好的心理素质，不恐惧也不贪婪；其次基本功也是必需的，比如，技术方面的知识、会做基本面调研、对获取的信息加以正确的解读以及较强的逻辑思辨能力。不过，最重要的还是对资金的管理，什么时候应该用什么仓位，需要有一个确定性。

具备了良好的心理素质和基本功，就拥有了成为一名期货交易员的基础。然而，要在期货市场中长期生存，一方面需要勤奋，通过大量阅读和亲自调研对基本面有很好的把握；另一方面需要自信，合适的仓位管理会让自己对持仓有信心。"我想再强调一遍，持仓信心是能否赚钱的关键，而信心来自对行情确定性的把握和合适的仓位。"他向《期货日报》记者说道。

平时的生活中，他的爱好是练习书法，因为练习书法能够让他沉静下来，这种安静能培养自己做一个有耐心的投资人，耐心等待机会，也耐心持仓。不过，在处理交易和生活的关系中，他会和多数人不同，他会把交易的要求转移到生活中。"比如，生活中的一些烦心事，我会把它想象成做反了交易，所以我不会逆势而上，自寻烦恼，而是调整心态，顺势而为。我相信，生活中处处可以体现出交易的一些特征，生活中也能锤炼一个人的交易能力。"他认为，交易能力的提升，也让他能更好地处理生活中的烦扰，所以生活与交易是相辅相成的。

对于未来交易生涯的规划，他表示，目前还是兼职做交易，不过等规模做大了会考虑专职做交易。"因为我做的是趋势交易，所以工作、生活不会受交易的影响，加上工作比较清闲，与专职做交易也无差别了。"陆灿权说，除了计划专职做交易，他也希望未来达到一定规模后，能组建一个团队，成立公司。在这个期货交易已经进入资产管理的时代，如果有机会，他也非常愿意尝试管理资管产品。

第113章 "有风尽驶"：大隐于市的常胜将军

在"期货实战排排网"上昵称为"有风尽驶"的账户，2018年以54.3%的收益率、最大回撤25%的成绩，荣获2018年度收益额组"优秀账户"称号。

高手如云的期货江湖，在"期货实战排排网2018年度优秀账户评选"中，"有风尽驶"的战绩并不算耀眼，所以起初并没有引起《期货日报》记者太大的关注，再加上采访他实属不易（最初他一句"不知道说点啥"就轻松婉拒了采访）。因此，他的低调从一开始就已经体现出来，但他稳赚

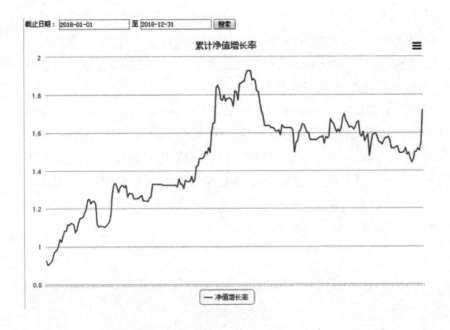

15 年的真正战绩、"做期货就是做人"的期货信仰、所追求的"手中无期货，心中有期货"的投资境界……慢慢让记者觉得自己挖到了一块宝藏。

从 1995 年到 2019 年，从"骗钱"炒股赔完 30 万元，到用 5000 元开设期货账户，转战期货市场，"有风尽驶"持续保持着 1 年 1 倍以上收益的战绩长达 10 年之久。24 年一路走来，他放下妄想、分别和执着，用哲学、佛法建立自己的期货投资信仰和理念，就是这样一位别人眼中的"怪人"，最终创造了属于自己的投资神话。

"骗钱"炒股？苦练 9 年基本功

"有风尽驶"在 1995 年大学三年级就开始炒股，从一开始就是一位职业交易员，没有从事过其他工作。成功的交易员大多都有过相同的赔钱经历，不同的是，他在没有工作收入的情况下，一赔就是 9 年。

"我从小就对赚钱感兴趣，上初中的时候就会买小鱼，把小鱼养大，然后卖掉，赚零花钱。"他告诉《期货日报》记者，赚钱的爱好使他只对金融类知识感兴趣，高中毕业，他虽考上了当地的医学高等专科学校，但不顾家人反对，他报名上了吉林大学的财会自考班，大三的时候上午上课，中午吃个盒饭，下午就开始看盘炒股。大学毕业后，不去找工作，就在家专职炒股。可是没工作，炒股的本钱从哪里来呢？靠"骗"。

他的家庭条件不错，从 1995 年到 2004 年他以做股票可以赚大钱为由，先后从家里"骗"了 30 多万元，但到 2004 年自己孩子出生的时候，他手里只剩下不到 3 万元。在 20 世纪 90 年代，大学毕业后不去找工作，而是做一位职业交易员；大好的青春年华不去接触社会，而是整天在家里对着电脑，还不断"行骗"，种种不同于常人的行为，让他渐渐成了周围人眼中的"怪人"，不可理喻。

然而，在这 9 年里，他几乎一半的时间都在电脑前研究股票，每天收盘后会把所有的股票行情图全部看一遍（也就是复盘），他把股票的图形熟记心中，不断在心里寻找自己熟悉的该跌或该涨的图形，在实际的操盘中，复制这些图形走势，这就是大概率发生的事情。因此，当记者问他具体的操盘策略时，他回答不出来，因为行情图已经印记在他的脑海中，他能在千变万化的行情走势中，锁定自己熟知的图形，并实施操作，什么时候进场，什么时候离场，都由他脑中刻印的图形来决定。

可以说，9 年日复一日的潜心修炼，30 万元惨败换来的经验教训，数百万张行情图的剖析总结，长期面对外人的嘲讽以及自己自信心的摧残，武装了"有风尽驶"的心力和脑力，使其不仅练就十八般投资技能，而且还树立起了强大的心理防线，不断修正自己的性格，为他日后长达 15 年的期货投资盈利打下了坚实基础。

1 元得"武林秘籍"？期货投资"开挂"

用"有风尽驶"自己的话来说，9 年的股票投资是惨不忍睹。不过，虽然股票总体是赔钱的，但他发现自己在股票牛市中比别人挣得多，而赔钱总是在熊市中忍不住交易，又不能做空，才会把利润再次回吐进去。当时他就想，如果能做空，就可以把所有赔钱的经验教训都用到期货上，那样一定能挣钱。

其实，他很早就听说过期货，只是之前长春当地开设期货账户要求比较高，账户里要有 10 万元，而靠"行骗"度日的他，一直没有股票账户里超过 10 万元的机会。2004 年，已经为人父的他偶然遇到一个期货经纪人，知道了做期货没有资金限制了之后，他便蠢蠢欲动想进军期货市场。

2004 年他手里有 3 万元，在家照顾妻子和孩子的同时，他在长春市图书馆办了一张借书卡，把图书馆里所有期货类的书籍看了一遍，看完以后对期货有了更详细的了解，同时对之前在马路边花 1 元钱买的一本书有了新的领悟。这本书叫《金融怪杰》，前半部分讲的是如何算命和星座上面的一些事情，后半部分是一位记者对十位期货炒家采访的实录。最初看的时候他并不理解后面的内容，等到看完图书馆里的期货类书籍后，他才真正理解十位成功期货交易员的交易理念和策略。这本书他反复地看，到目前为止看了 30 多遍，并做了详细的读书笔记。

对期货的进一步了解，再加上没有了资金门槛限制，他决定正式转战期货市场。因为有了儿子，母亲给他 5000 元让他去买个摄像机，记录下儿子的成长过程，而他却拿着这 5000 元跑去开设了自己的第一个也是至今唯一一个期货账户。他从进入期货市场开始就看日线，做中短期的趋势交易，每笔交易都做计划，并用自己较强的自控力，严格按照计划执行，就这样一路走下来，一直以来都是如此操作。

"我是纯技术派主观交易者，从不看重基本面，如果关注基本面，那就说明我对这波行情的判断没有信心，要从基本面找依据，所以这笔交易基本上就失败了。""有风尽驶"说，他追求"三位一体"，即基本面、技术面和大环境（大盘），三个方面达到一致的时候，行情就会比较准确。

可以说，他在进入期货市场之前就已经有了成熟稳定的方法。从2004年进入期货市场后，他至今没再赔过钱，期货可以做空的机制，使他将股票上赔钱的经验发挥得淋漓尽致。到了期货市场的他如鱼得水，从2004年到2008年，他的期货账户从5000元达到3万元，并一直将账户资金保持在3万元左右。

参悟佛法，打通"任督二脉"

2008年是"有风尽驶"期货投资生涯的转折点，这一年他的期货账户从3万元达到了将近20万元，一年时间翻了6倍多。记者问其原因，他总结了两点：一点是经济危机，大熊市，有行情的推动力；另一点是接触了佛法，从佛法中受益，将佛法里的东西运用到期货交易中，他才觉得自己成了真正的期货交易者。

"做期货想要成功，首先人品要正派，要做一个坦坦荡荡的人，能够直面自己的一切缺点、毛病。"令他感悟最深的就是佛法中的"放下妄想、分别和执着"，他认为，妄想在期货交易中是最大的障碍，总想着自己是对的，这样就很难放下自己的观点而融入市场。只有放下自己的妄想和执着，尊重市场，面对自己的缺点，时时跟着大盘走、跟着图形走，做市场的跟随者，而不是做市场的主导者，才能在期货中有所收益。

"性格的形成和期货的成功也是相辅相成的，如果不具备或不修正自己性格中的一些因素，一定会在期货市场中到处碰壁。严谨、勤奋和严密的逻辑思维能力是在期货交易中不可或缺的性格因素。"他总结说。

多年来，他在投资市场摸爬滚打，不断磨炼性格，修正品行，最突出的改变就是严谨和思维的不从众。他解释说："毕竟在投资市场上成功的人占少数，所以大多数成功的交易者在外人看来都是'怪人'。我就有这样的体会，我的思维和想法往往是别人预计不了的，有时候一些举动可能会被人认为很可笑、小题大做或者是无理取闹。"

同时，在期货投资中也处处流露着他的严谨。从做交易至今，他的最大回撤没有超过25%，达到20%的时候都很少，并且从不满仓操作，资金量小的时候最高仓位也只有 70%，而随着资金量扩大，单品种最大仓位达到过 40%，但一般都会控制在 25%—35% 之间。

他对佛法深有感触，虽然只是读了一些经书，接触一些皮毛，但运用到期货里就有很大收获，不仅在方法上有收获，在心态上也有收获。他认为，不管是佛法还是《道德经》，只要带着期货的问题去感悟，都能找到答案。从 2008 年参悟佛法以后，他的期货账户每年以 1 倍多的速度增长近 10 年之久，随着操作资金量增大，2017 年、2018 年的收益率稳定在 30% 左右。

继续修炼，只盼天地任逍遥

"有风尽驶"从 2004 年用 5000 元开设期货账户以来，就没有再入过金，一直都是不断出金，直到现在。他告诉记者："我每笔出金都有记录，并且会在每年的农历春节记录下自己本年度的总收益，包括后来帮助亲戚朋友理财的出金记录和年度收益我都会记下，和当初的 5000 元比较，整体收益上万倍。"

"我对自己 2018 年的收益情况不是很满意，主要原因是，2018 年以后我已经没有挣钱的欲望了，没有干劲儿了，心思不在期货里面了，恨不得一挣完钱就休息。"他说，在世人看来，做期货无非有两个目的：一是名，二是利，对于利，他已经很满足了，因为已经实现了财务自由，而对于名，他没有追求，所以觉得自己没有了奔头。

"从 1995 年到现在，20 多年日复一日、年复一年，每天做一样的事情，这么多年我每天当同一天过，人这一辈子再这么活下去就太没有意思了。到 2020 年已经 44 岁，再过一个 15 年，就成老头了，把剩下的时间和精力都用到期货交易上，太枯燥了。"他说，从 1995 年开始到 2020 年整整 24 年，交易几乎是他生活的全部，他每一天都严格律己，用严谨的逻辑思维，制定自己的交易计划，并放下妄想和执着，用严格的自律精神，控制自己的交易行为，他的辛勤付出，换来了自己在期货市场上 15 年的稳定盈利。

44 岁的他累了、倦了、知足了，但仍旧放不下期货。"期货对于我来说已经不是名和利的问题了，它一直萦绕着我，除了期货我不会做其他事情。"身已倦，但心仍在，期货那片战场给了他自信，证明了他的价值，也得到了别人的肯定，是自己生活的全部，放下它也许就没有了自我。因此，他未来的规划是"不做期货，开开心心地离开期货市场。"然而，他所谓的"离开"，是要达到一种"手中无期货，心中有期货"的忘我的投资境界，让自己的交易变得轻松、自在，不为盈亏所牵绊，使交易变得自然，成为一种习惯，达到跌宕不羁、行云流水的状态，不管市场如何演绎，都可以轻松应对。

再辉煌的战绩都已成历史，而他的期货投资修炼之路还在继续。期货江湖从不缺少战绩显赫的明星，但"有风尽驶"不是流星从夜空划过留下一时璀璨的光芒，而是星空中那不起眼却永久发光发热的一颗小行星。

最后，他奉劝想要进入期货市场的投资者："做期货很苦、很累，期货就是浓缩的人生，处处存在矛盾，收获与努力不一定成正比，如果没有哲学思想、自控力和信仰就不要入市。"

后 记

《期货日报》社副总经理　丁笠

　　众所周知，期货市场既是一个专业性市场，也是一个周期性市场，期货圈俗称的"三年一次小机会、五年一次中机会、十年一次大机会，一波行情一波人"等都是对行情与机遇的形象描绘，把握行情先机赚取人生第一桶金对每个投资者都具有十分重要的意义，而成功的先行者经验能起到事半功倍的效果，如何"在黑夜走迷宫"中寻求"确定性"是每个期货投资者努力的方向。本书从不同角度刻画了不同的投资者对市场、对机遇的理解，以及其在行情中挣扎的全过程，力争以"管中窥豹"的形式揭示期货交易的全貌。同时，期货交易是一个重结果的行业，多以成败论英雄，成功的背后往往是交易过程的艰辛和心路历程的磨练，挖掘成功者背后的故事、还原他们身上自律坚韧和百折不挠的精神远比宣扬赚钱暴富神话更有价值。本书的意义是通过对成功投资者的记载，反映他们对市场的认知以及如何将这种认知通过实操在市场中变现，以此希望对期货交易员构建适合自己的投研体系和逻辑框架提供帮助。

　　为了本书出版，报社全体同仁付出了辛勤劳动，尤其感谢李航同志为本书的撰写和编校工作付出了大量的心血，更感谢广大读者对本书的厚爱，关于本书内容有何疑问或者身边有成功交易员值得其他投资者学习借鉴的，请与我们联系。QQ：52486330，微信：15939015353。